鎌倉時代の権力と制度

上横手雅敬編

思文閣出版

目次

第一篇　公家政権

第二篇　鎌倉幕府

第三篇　宗教と寺社

第一篇　公家政権

中世貴族社会における家格の成立

佐伯智広

【要旨】　中世貴族社会の家格について、従来の通説はその成立時期を鳥羽院政期に置いてきた。しかし、鳥羽～後白河院政期には、数代にわたって議政官に到達していながら、子孫がその地位を維持しえない事例が、複数見られる。このように世代間の継続性という点で安定を欠く状況を、家格として評価することはできない。

　そこで本稿では、院政期に新たに形成される階層である清華の成立に着目し、清華の官途の特徴である近衛大将と大臣について、院政期における変化を分析した。その結果、後鳥羽院政期に①左大将には摂関家嫡子が、右大将には清華の中の大納言筆頭が、それぞれ任じられる、②大臣は左大将・右大将・摂関家庶子の中から選任される、③右大将は大臣昇進後に右大将を辞任する、という三つの原則が確立することを明らかにした。また、それまで見られなかった大臣の辞任が、後鳥羽院政期に一般化することを明らかにした。

　これらは後鳥羽院による上級貴族各家に対する勢力均衡政策の結果であると考えられ、後鳥羽院は昇進をめぐる競争の調停者として貴族社会に臨んだと評価できる。この政策を可能としたのは、議政官の地位と実際の政務運営との分離であった。官職が徹底して実質を失い、完全に名誉職化したことにより、家格としての安定化が可能となったのである。

　承久の乱での敗北により後鳥羽院政が終焉を迎えたのちも、官職の完全な身分標識化と血統の固定化という後鳥羽院の整備した官位秩序の枠組みは維持され、中世貴族社会の身分秩序を規定し続けたのである。

はじめに

中世貴族社会の身分秩序を考える上で、家格という要素はその根幹に位置する。特に公家にとって、家格は近代に至るまで彼らの行動規範の中核をなしていた。

家格の確立過程についての先行研究は、その画期を院政期に置いてきた。家格の確立について最初に見通しを立て、現在の通説の基礎となった研究は、橋本義彦「貴族政権の政治構造」(1)である。橋本は、まず摂関期に一部官職が名目化し単なる身分標識となり、その結果、公卿昇進ルートとして、摂関家を除く上級貴族が経る頭中将ルートと、中級以下の貴族が経る頭弁ルートが形成された、と論じた。そして、院政期に入ると院による貴族社会再編の中から家格が生まれたこと、摂関と外戚の分離によって摂関家が確立するとともに、太政大臣を極官とする清華の家格が生まれたこと、頭中将ルートは主に上級貴族庶流の官途とされて羽林の家格が、頭弁ルートは実務能力のある中流以下の貴族の官途とされて名家の家格がそれぞれ成立したこと、を指摘した。

講座論文の一節ということもあり、橋本の見解はあくまで見通しを示したに過ぎなかったが、詳細なデータからこれを具体化したのが、玉井力「「院政」支配と貴族官人層」である。(2)玉井は、まず道長・頼通期について、摂関家主導で公達／諸大夫／侍の区分が成立したこと、一〇世紀以降の摂関家・賜姓源氏の子孫である公達が近衛次将コース・弁官Aコースで昇進し、それ以外の四・五位層＝諸大夫はごくまれに高年で参議や非参議従三位に昇りうる存在となったことを明らかにした。そして、院政期に院が人事権を掌握し、貴族社会を再編したことによって、清華・羽林・名家の家格が成立した、と論じた。玉井は各家格の成立の契機についても詳細に論じており、まず清華については、①王家との外戚関係、②大将任官および三位中将→権中納言への昇進の世襲的な職歴への取り込み、③院近臣としての地位、の三点をてこに、鳥羽院政期に閑院流が基準を打ち立て、その後成立する家に援用された、とする。次に羽林については、後白河院政期に近衛ルートの昇進階梯である侍従・近衛次将の定員が大幅に拡大し、従来の公達層に受領を歴任した院近臣が新規に加わったとした。そして名家については、弁官ルートが高藤流・内麻呂流・平氏の専用とされ、彼らは院近臣として組織されたとした。

以上の通説には、一つ大きな問題点がある。確かに、のちの清華家・羽林家・名家になる家において、始祖がその家格相当の官職に任官する起点の時期は、多くが院政期であった。しかしながら、後述するように、一方で院政期には、「家格相当の昇進ルートにより昇進し、最終官職に任官していながら、それが子孫に受け継がれない」事例も多数見られる。また、結果的に家格の維持に成功した家においても、院政期には政治情勢の影響により子孫の昇進が困難となる時期を経験する例が、特に清華家において多数見られている。家格の成立を論じるためには、単に個人の極官や昇進ルートの問題ではなく、昇進が政治状況に左右されず、出自によって半自動的に昇進過程と上限が決定され、それが子孫に継承されるようになる過程を明らかにすることが必要であろう。そのためには、家格確立に失敗した事例も合わせ、家格の定着時期を明らかにし、そこからさらに貴族社会の変容とその要因を探る必要性があると考える(3)。

なお、家名の呼称が確立するのも鎌倉後期以降であるが、本稿ではのちに成立する家名を便宜上使用する。また、特に断りのない限り、各家系の血縁関係は『尊卑分脈』に、昇進履歴は『公卿補任』による。

一　家格確立以前の貴族社会

1　羽林・名家の家格を確立できなかった家系

本項では、羽林・名家について、「数代にわたって、特定の昇進ルートをたどって議政官に到達しながら、それが家格として確立しなかった家系」の具体例を挙げてゆく。

①羽　林

(a) 摂関家頼宗流

藤原道長の庶子頼宗の子孫は、頼宗の孫宗俊・宗通の代で枝分かれし、ともに近衛ルートでの昇進者を多数輩出した。なかでも、宗俊流の宗忠・宗輔・宗能、宗通流の伊通は、近衛大将に任官することはなかったものの、大臣まで到達している。

しかし、こうした繁栄は長くは続かず、宗俊流の場合、宗輔の家系は子の俊通の代で途絶えてしまい、宗忠の家系は宗能以後大臣を輩出することなく、羽林の家格に止まった。一方、宗通流の場合、伊通の子伊実は権中納言止まりであり、以後子孫は続くものの、議政官を輩出することはなく、羽林の家格すら維持することができなかった。宗通の子で近衛ルートを経て議政官昇進を果たした者は信通・伊通・成通・重通の四人であったが、羽林の家格を維持することができたのは、結局成通の家系のみであった。

(a) 摂関家頼宗流系図

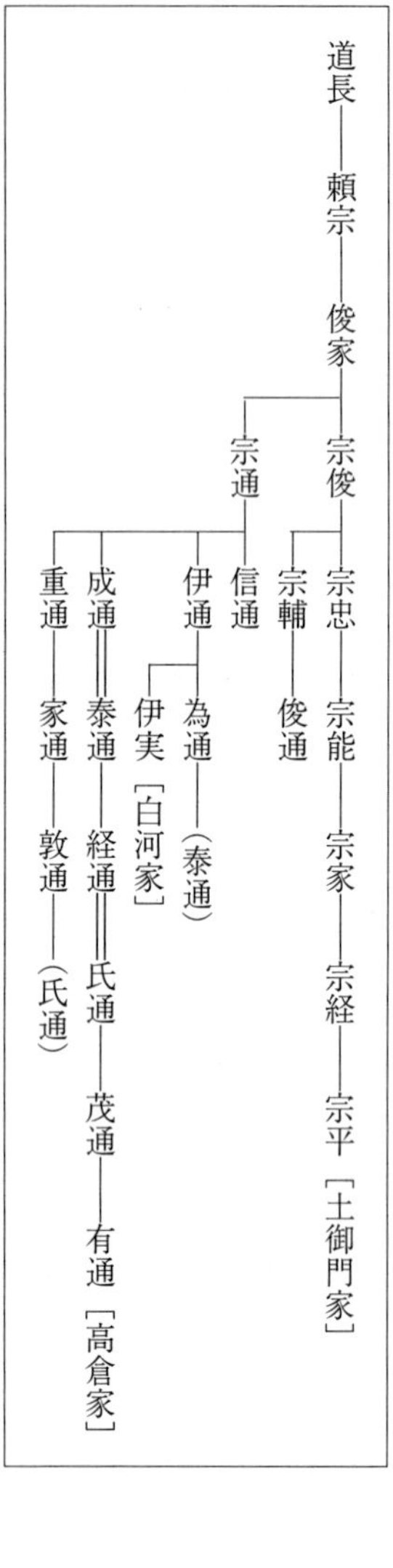

※＝は養子関係を、（　）内は養子に出たことを示す

（b）摂関家経実流

藤原師実の庶子経実は大臣昇進を果たせず、近衛ルートを経て大納言まで昇進したが、経実の嫡男経宗は左大臣まで昇進し、子孫は清華の家格に到達した。

一方で、経実の庶子経定・その子頼定は、ともに近衛ルートを経てそれぞれ権中納言・参議に昇進したが、頼定の子頼房は散三位止まりであり、以後この家系から議政官が出ることはなかった。

（c）摂関家忠教流

藤原師実の庶子忠教・その子忠基は、ともに近衛ルートにより昇進し、それぞれ権大納言・権中納言に到達したが、本来嫡流であるこの家系からは、以後公卿昇進者は出なかった。羽林の家格に到達したのは、鎌倉期に入り雅経が参議昇進を果たした、庶流の頼輔流であった。

以上の事例に対して、後白河院政期までに枝分かれし、近衛ルートによる議政官昇進を鎌倉期に維持しえた家系は、表1の通りである。内訳の示す通り、羽林の中核をなしたのは摂関家・閑院流の傍流であった。また、大国受領系院近臣と羽林との関係についてであるが、まず中関白流水無瀬家は、大国受領系院近臣であった時期には議政官昇進を果たせず、後鳥羽天皇の践祚後に外戚として議政官昇進を果たしたものである(4)。基家が後白河院・上西門院の近臣として議政官昇進を果たした持明院家(5)も、そもそもが摂関家傍流である上に、受領としての官歴は能登守・美作守を務めたのみであり、大国受領系院近臣とは評価できない。結局、大国受領系院近臣が

（b）摂関家経実流系図

経実―経宗―頼実―師経［大炊御門家］
　└経定―頼定―頼房

（c）摂関家忠教流系図

師実―忠教―忠基―教宗
　　　　└頼輔―頼経―雅経［飛鳥井家］

表1　羽林家一覧（[ ] 内は家名）

出　自	系　統
摂関家傍流(6)	宗忠流[中御門]、成通流[高倉]、基家流[持明院]、定家流[冷泉]、忠親流[中山]、雅経流[飛鳥井]
閑　院　流(5)	西園寺家傍流…実明流、公定流[清水谷] 徳大寺家傍流…実家流、公親流[山科、実教は成親六男・公親養子] 三条家傍流…実国流[滋野井]
中 関 白 流(1)	親信流[水無瀬]
善 勝 寺 流(1)	隆季流[四条]

表2　名家一覧

出　自	系　統
為 房 流(6)	為隆流…経房流、光長流 顕隆流…光雅流、宗頼流、顕長流、親隆流
日 野 流(2)	顕業流、実光流
村上源氏(1)	雅兼流
桓武平氏(1)	親宗流

家格を上昇させた結果羽林に列した例は、善勝寺流の四条家のみということになる。先述したように、玉井力は院政期になって従来の公達層に受領を歴任した院近臣が新規に加わって羽林の家格が形成されるとしたが、実際には院政期にも、議政官昇進はほぼ公達層に限定されていたと考えてよい。

そして、先に見た近衛ルートでの議政官昇進を維持しえなかった家系は、鎌倉期まで近衛ルートでの議政官昇進を維持した家系と比較して、出自の点では同等の存在である。このことは、鎌倉期以前における近衛ルートでの議政官昇進に、家格と評価できるだけの安定性がまだ備わっていなかったことを示している。むしろ注目されるのは、後鳥羽院政期に摂関家傍流の冷泉家・飛鳥井家が新たに加わっていることであろう。この点については後述する。

②名　家

後白河院政期までに枝分かれし、弁官ルートによる議政官昇進を鎌倉期まで維持しえた家系は、表2の通りである。名家は為房流を中心とした構成であり、それ以外は日野流・村上源氏・桓武平氏が小数を占める程度であった。こうした構成は、鎌倉中期以降に院評定制の実務担当者として名家の家系が一気に拡大しても変わらない。

このように名家の家系は非常に固定的であったが、それでもなお、「数代にわたって弁官ルートをたどって議政官に到達しながら、それが家格として確立しなかった家系」が存在する。為房流朝隆流がそれである。

◎朝隆流系図

為房――朝隆――朝方――朝定

為房の庶子朝隆・その子朝方は、ともに弁官ルートで昇進し、それぞれ権中納言・権大納言に到達する。しかし、以後朝方の子孫からは議政官昇進者は出なかった。

以上のように、羽林・名家の双方において、後白河院政期にもなお、昇進ルートと極官を家格として維持しえない家系が存在した。また、昇進過程の問題についても、羽林・名家の昇進ルートの骨格はすでに摂関期の段階で出来上がっており、大きな変動はない。以上の点から、鳥羽院政期に摂関期との画期を見出すことは難しい。

2 清華の昇進過程と家格

次に、清華について、家格成立の画期を鳥羽院政期に見出すことができるかどうかを検証する。はじめに述べたように、玉井力は清華の家格確立の契機として、大将任官および権中納言直任を世襲的な職歴として取り込んだことを指摘している。玉井が具体例として注目しているのは、閑院流で初めてこの両方を経た、徳大寺家の祖藤原実能である。これに対し、実能個人の昇進と徳大寺家の家格確立とを直結させて考えることができないことは、すでに一部拙稿で示したが(6)、ここでは清華全体の動向とあわせて再論する。

第一に、実能の権中納言直任について論じる。保安三年（一一二二）に実能は三位中将から参議を経ず権中納言昇進を果たしたが、これは摂関家・賜姓源氏以外の者が権中納言に直任された初例であった。

この人事についてまず注目されるのは、実能と王家との関係である。鳥羽天皇の母藤原苡子は実能の父公実の同母妹であり、実能は鳥羽天皇のいとこにあたる。また、鳥羽天皇中宮の藤原璋子（待賢門院）は実能の同母妹であり、璋子が元永二年（一一一九）に生んだ顕仁親王（崇徳天皇）は、実能の権中納言直任の翌保安四年（一一二三）に即位する。

しかし、注意すべき点は、当時の閑院流内部において、実能が公実の嫡男ではなかったことである。実能の兄弟の当時の地位は表3の通りであり、実能は権中納言に直任されても、上位にあった実隆・実行・通季の三人を超越することはできなかった。公実の嫡男は実能の同母兄通季であったと考えられる。

表3　保安三年(1122)の藤原公実子の官職

	官職
実隆(次男、異母兄)	中納言(実能と同日付で転正、座次2)
実行(三男、異母兄)	権中納言(実能と同日付で昇進、座次5)
通季(四男、同母兄)	権中納言(座次4)
実能(五男)	権中納言(座次8)

この点と関連して、実能の昇進速度に注目すると、実能は保安二年（一一二一）に左近衛中将のまま従三位に叙されたが、この三位中将昇進も摂関家・賜姓源氏以外での初例であった。しかし、一〇代で従三位昇進を果たす摂関家・賜姓源氏の事例に対し、実能の昇進時の年齢二六歳ははるかに遅い(7)。なにより、同母兄通季は六年前の永久三年（一一一五）に、実能と同年齢の二六歳で参議昇進を果たしていた。

以上の点を考え合わせると、実能の権中納言直任はたしかに優遇ではあるが、あくまで遅れていた昇進を兄弟や他の上級貴族と同格に引き上げたものに過ぎない。一〇代で権中納言に直任される摂関家や、二〇歳前後で直任されるのちの藤原実定（二〇歳、徳大寺家）・藤原実房（二〇歳、三条家）・藤原兼雅（二一歳、花山院家）の事例とは、次元が異なるのである。また、実能の昇進時の公卿の欠員は、太政大臣・左大臣・大納言二人・中納言一人の合計五人も生じており、実能の昇進は、公卿内の昇進者一三人という大規模人事の一環として行われた。この点でも、実能の昇進は特別な人事として行われたわけではない。

そもそも、実能の父公実は権大納言止まりであり、実能の権中納言直任は、将来の大臣昇進や家格の確立を保証するものではありえない。実際、権中納言直任は嫡子公能にも受け継がれていないのである。家格確立との関係で注目すべきは後白河親政期の実定以後の事例だが、実定が永万元年（一一六五）から治承元年（一一七七）にかけて一二年間の長きにわたり前権大納言の地位に甘んじねばならなかったように、その段階でもまだ、権中納言直任と大臣昇進とはまだ直結していない。

第二に、実能の近衛大将任官について分析する。藤原実能は保延五年（一一三九）に閑院流で初めて右近衛大将に任じられた。その後、実能が内大臣に昇進するのは、一一年後の久安六年（一一五〇）のことである。これに対し、実能の異母兄実行は近衛大将任官を逃したにもかかわらず、久安五年に実能に先んじて右大臣昇進を果たしている。この点から、近衛大将任官が大臣昇進に直結していないことは明らかであろう。

また、実能の嫡子公能は、永治元年（一一四一）から保元二年（一一五七）まで一六年間中納言に据え置かれており、実能の内大臣昇進後も遅滞は解消されていない。公能の昇進の遅れが解消されるのは、徳大寺家が待賢門院所生の後白河天皇の即位によって外戚の地位を回復し、さらに保元の乱で左大臣藤原頼長が死去し、その子たちが流罪となって、公卿に多数空席が生じたのちのことであった。その上、公能は保延四年（一一三八）の参議昇進と同時に近衛中将から右大弁に転じており、このことは、当時昇進ルートがまだ完全に分化していなかったことを示している。

むしろ、閑院流による近衛大将の昇進過程への取り込みで注目されるのは、保元の乱後に実能が公教に左大将を譲渡し、公能が中納言ながら右大将に任じられたことである。これは、近衛天皇期に外戚でなくなっていた閑院流が、後白河天皇即位によって外戚の座に返り咲いた結果であり、大将の地位が彼らに重視されたことの表れといえる。しかし、こうした努力にもかかわらず、先述の通り公能の子実定は長く前権大納言に据え置かれた。実定が左大将に任じられるのは権大納言還任後の治承元年であって、それ以前に徳大寺家が近衛大将任官を安定的に果たせる環境が整っていたとは考えられない。

さらに、後述する通り、後白河院政期には、大臣昇進後に大将を兼ねる事例が依然として見られる。これは、大将の権威が重要視されていることを示す一方で、近衛大将任官がいまだ大臣昇進の前提として定着していなかったことも示している。

以上、特に清華の家格確立の指標とされてきた徳大寺家の事例を中心に見てきたが、後白河院政期までの昇進の不安定な状況は他家の場合でも見られる。まず、源師房以後連続して大臣に到達した村上源氏顕房流久我家の場合、師房は関白藤原頼通の養子として権中納言に直任されたが、その後は顕房~通親まで五代にわたり、権中納言に直任されたものは出ていない。また、通親は治承四年（一一八〇）の参議昇進時に三二歳であり、同時期の他の清華家嫡子に比してはるかに遅い昇進であった。通親以前の段階で、久我家が清華としての特権的な昇進を確保できていたとは考えられない。

また、摂関家傍流の大炊御門家の場合も、経宗が長く左大臣に在任していながら、その息子頼実は仁安三年（一一六八）に一四歳で正四位下に叙されたのち、従三位昇進を果たすのは一一年後の治承三年（一一七九）であり、権中納言直任はさらに四年後の寿永二年（一一八三）であった。権中納言直任時の二九歳という年齢は、他の清華家の事例に比してかなり遅く、大炊御門家の家格が確立するのは頼実の権中納言直任以後と考えられる。以上のように、清華についても、後白河院政期以前の段階では、いまだ家格と評価できるだけの安定性は備わっていなかったと言えよう。

それでは、貴族社会における家格の確立時期、すなわち、各家の昇進ルートと極官が固定化する時期は、いつに求めればよいだろうか。院政期以降の身分秩序を摂関期と比較すると、羽林・名家の昇進ルート自体は摂関期の延長にあり、変化は基本的にはその枠組みの中での血統の固定化にとどまっている。これに対して、清華は摂関家の血統が固定化した結果成立した家格であり、複数の家系が継続的に近衛大将を経て大臣に至るという事態は、摂関期には見られないものである。清華の成立と羽林・名家の成立はこの点で質的に異なるものであり、清華の成立こそ中世の家格秩序を特徴づけるものと評価できる。よって次節では、清華の家格成立の問題を、近衛大将と大臣の変容から分析する。

二　大臣・大将の変質

1　近衛大将の変質

摂関期から院政期にかけての近衛大将については、すでに笹山晴生『日本古代衛府官人の研究』で分析されている[8]。笹山の指摘する当該期の近衛大将の特徴は、①摂関期に途絶えていた右大将→左大将の遷任が院政期に復活する、②若年化の傾向が進む、③院政期に終身官としての色彩が薄れ、在任期間が全体の傾向としては短くなり、辞官申任や摂関家子弟など後進のための辞任も見られる、の三点である。しかしながら、笹山の論はあくまで近衛府全体についての考察の一環に過ぎず、また古代についての考察が主であって、院政期以降の問題は論じていない。そこで本項では、院政期から鎌倉期にかけての近衛大将の変化を分析し、清華の成立との関わりについて考察する。

表4は後三条親政期〜後鳥羽院政期の近衛大将の一覧であり、表5はそれぞれの大将任官時の大納言の構成をまとめたものである（摂関家嫡子および初任時すでに大臣であったものを除く）。この二つの表から読み取れる内容は、以下の六点に集約される。

ⓐ藤原実房（㉕）以後、右大将→左大将の遷任が見られなくなる。

ⓑ藤原良経（㉗）以後、摂関家嫡子が左大将に任じられる（例外は源実朝）。

表４　院政期・鎌倉期近衛大将一覧

No.	名前	出自	大将	就任時官職	在任期間	任大臣後の在任	辞任理由
①	藤師通	摂関家嫡子	左	参議	15年８か月	９年11か月	
②	源顕房	村上源氏	右	権大納言	12年４か月	９年11か月	×
③	源雅実	村上源氏	右	権大納言	25年２か月	18年７か月	
④	源俊房	村上源氏	左	左大臣	３か月	(左大臣)	
⑤	藤忠実	摂関家嫡子	左	権中納言	８年８か月	２年４か月	
⑥	藤家忠	摂関家庶子	右→左	大納言	31年２か月	12年２か月	
⑦	藤忠通	摂関家嫡子	左	内大臣	２年１か月	(内大臣)	◎
⑧	源有仁	後三条源氏	右→左	権大納言	18年９か月	17年	
⑨	藤頼長	摂関家嫡子	右→左	権大納言	５年	３年２か月	
⑩	藤実能	徳大寺	右→左	権大納言	16年２か月	５年６か月	
⑪	源雅定	村上源氏	左	権大納言	13年５か月	４年10か月	
⑫	藤兼長	摂関家庶子	右	権中納言	２年	(大臣に到達せず)	△
⑬	藤公教	三条	左	権大納言	４年４か月	２年11か月	×
⑭	藤公能	徳大寺	右	中納言	４年11か月	１年	×
⑮	藤基房	摂関家庶子	左	内大臣	６年	(内大臣)	◎
⑯	藤兼実	摂関家庶子	右→左	権中納言	５年２か月	２年	
⑰	藤忠雅	花山院	右	大納言	２年	１年６か月	◎
⑱	藤経宗	大炊御門	左	右大臣	１年10か月	(右大臣)	×
⑲	源雅通	村上源氏	右	内大臣	５年11か月	(内大臣)	×
⑳	藤師長	摂関家庶流	左	大納言	８年４か月	１年２か月	
㉑	平重盛	平家	右→左	権大納言	２年11か月	３か月	△
㉒	平宗盛	平家	右	権中納言	２年１か月	(大臣に到達せず)	
㉓	藤実定	徳大寺	左	大納言	８年11か月	３年７か月	
㉔	藤良通	摂関家庶流	右→左	権中納言	８年３か月	１年４か月	×
㉕	藤実房	三条	右→左	大納言	３年１か月	５か月	
㉖	藤兼雅	花山院	右	権大納言	２年１か月	１年４か月	△
㉗	藤良経	摂関家嫡子	左	権大納言	８年１か月	２年２か月	
㉘	源頼朝	鎌倉将軍家	右	権大納言	11日	(大臣に到達せず)	
㉙	藤頼実	大炊御門	右	権大納言	７年10か月	２か月	
㉚	藤家実	摂関家嫡子	左	権大納言	８年２か月	６年９か月	◎
㉛	源通親	村上源氏	右	権大納言	３年９か月	３年４か月	×
㉜	藤忠経	花山院	右	権大納言	４年５か月	１年	
㉝	藤道家	摂関家嫡子	左	権中納言	11年８か月	５年８か月	△
㉞	藤公継	徳大寺	右	大納言	２年９か月	９か月	
㉟	藤公房	三条	右	大納言	７年	１年１か月	
㊱	源通光	村上源氏	右	権大納言	２年10か月	８か月	
㊲	源実朝	鎌倉将軍家	左	権大納言	10か月	２か月	×
㊳	藤家通	摂関家嫡子	左	内大臣	５年６か月	(内大臣)	
㊴	藤公経	西園寺	右	大納言	２年９か月	10か月	

辞任理由：◎摂関・太政大臣就任　△政治事情　×死去・病気・出家

表5　近衛大将初任時の状況(摂関家嫡子および初任時すでに大臣であった場合を除く)

No.	大納言の構成（色付きが大将任官者、------の下段は中納言の構成）									
②	源俊房 B1	藤忠家 C	**源顕房 B1**	藤実季 D	藤師通 A1					
③	源経信 D	藤宗俊 C	源師忠 B2	**源雅実 B1**	藤家忠 A2					
⑥	源師忠 B2	源俊明 D	**藤家忠 A2**	藤公実 D	藤経実 A2					
⑧	藤家忠 A2	藤経実 A2	源雅俊 B2	藤仲実 D	**源有仁 S**					
⑩	藤忠教 A2	藤実行 D	源雅定 B1	**藤実能 D**						
⑪	藤忠教 A2	藤実行 D	**源雅定 B1**	藤実能 D	藤宗輔 C					
⑫	藤宗輔 C	藤伊通 C	藤宗能 C	藤成通 C	藤公教 B1					
	藤重通 C	藤公能 B1	藤季成 D	藤清隆 E	**藤兼長 A2**	藤忠雅 C	藤経定 C			
⑬	藤宗輔 C	藤伊通 C	藤宗能 C	藤成通 C	**藤公教 B1**					
⑭	藤宗輔 C	藤伊通 C	藤宗能 C	藤成通 C	藤公教 B1					
	藤重通 C	**藤公能 B1**	藤季成 D	藤忠雅 C	藤基実 A1	藤経宗 C				
⑯	藤宗能 C	藤忠雅 C	源雅通 B1	藤光頼 E						
	藤兼実 A2	藤公通 D	藤実定 B1	藤雅教 C	藤実長 B2	源定房 B2	藤公光 D	藤顕時 E		
⑰	**藤忠雅 C**	源雅通 B1	藤公通 D	平清盛 H	源定房 B2					
⑳	**藤師長 C**	源定房 B2	藤公保 B2	平重盛 H	藤実房 B1					
㉑	藤師長 C	源定房 B2	**平重盛 H**	藤公保 B2	藤隆季 E	藤実房 B1	藤実国 B2			
㉒	源定房 B2	平重盛 H	藤隆季 E	藤実房 B1	藤成親 E	藤実国 H	藤実国 B2			
	藤邦綱 E	藤宗家 C	**平宗盛 H**	藤兼雅 B1	平時忠 E	藤資長 E	藤忠親 C	藤成範 E	平頼盛 H	源雅頼 D	藤実綱 B2
㉓	**藤実定 B1**	源定房 B2	藤隆季 E	藤実房 B1	藤邦綱 E	藤実国 B2				

㉔	藤実定 B1	源定房 B2	藤隆季 E	藤実房 B1	藤実国 B2	藤宗家 C					
	藤兼雅 B1	平時忠 E	藤忠親 C	**藤良通 C**	藤成範 E	平頼盛 H	藤朝方 E	藤実家 B2			
㉕	源定房 B2	**藤実房 B1**	藤宗家 C	藤兼雅 B1	藤忠親 C						
㉖	藤実房 B1	藤宗家 C	**藤兼雅 B1**	藤兼房 C	藤忠親 C	藤実家 B2					
㉘	藤忠親 C	藤実家 B2	藤実宗 D	藤隆忠 A2	藤頼実 B1	藤良経 A1	**源頼朝 K**				
㉙	藤忠親 C	藤実家 B2	藤実宗 D	藤隆忠 A2	**藤頼実 B1**	藤良経 A1					
㉛	藤実宗 D	藤隆忠 A2	藤忠良 A2	**源通親 B1**	藤経房 E	藤家実 A1					
㉜	藤実宗 D	藤忠良 A2	源通資 B2	**藤忠経 B1**	藤宗頼 E	藤兼良 C	藤道経 A2				
㉞	藤兼良 C	**藤公継 B1**	藤公房 B1	藤兼宗 C	藤良輔 A2	藤兼基 A2	源通光 B1				
㉟	藤兼良 C	**藤公房 B1**	藤兼宗 C	藤兼基 A2	源通光 B1	藤定輔 E	藤公経 B1	藤道家 A1			
㊱	藤兼宗 C	藤兼基 A2	**源通光 B1**	藤公経 B1	藤師経 B1	藤良平 A2	源通具 B2	藤忠房 A2			
㊲	源通光 B1	藤公経 B1	藤師経 B1	藤良平 A2	源通具 B2	藤忠房 A2	**源実朝 K**	藤家通 A1			
㊴	**藤公経 B1**	藤師経 B1	藤良平 A2	源通具 B2	藤忠房 A2	源定通 B2	藤教家 A2	藤忠信 B1	藤隆衡 E		

記号：A摂関家　B清華家　C摂関家傍流　Dその他公達　E諸大夫　H平家　K鎌倉将軍家　S賜姓源氏
　　0始祖　1嫡子　2庶子

注1：藤基通は政変により従二位より直任。
　2：№は表5と対応。

ⓒ藤原実房（㉕）以後、清華家の現任大納言中の席次最上位者が右大将に任じられる（例外は源頼朝）。
ⓓ源雅通（⑲）以後、現任の大臣が大将に新任されることがなくなる（例外は藤原家通）。
ⓔ源通親（㉛）を最後に死去まで右大将に在任する事例が見られなくなり、大臣昇進後短期間での右大将辞任が一般化して、右大将は終身官的性格を完全に失う。
ⓕ藤原良通（㉔）以後、摂関家庶子・庶流の大将任官がなくなる。

これらの現象から、後白河院政末期～後鳥羽院政期にかけて、摂関家（近衛・九条）嫡子＝左大将、清華家の現任大納言筆頭＝右大将という原則が確立したことは明らかである。これにともない、近衛大将の地位は、左大将＝次期摂関／右大将＝次期大臣をそれぞれ表す身分標識となったのである。

補足すると、最後に右大将から左大将に転任した三条家の藤原実房について、藤原忠親は「権中納言藤原基家第一参議、従二位、摂政二男二位中将良経、不レ被レ任如何、内大臣去二月薨逝、然者至二于今一二位中将可レ謂二一人之嫡子一、今度任二中納言一可レ被レ兼二左近大将一也、尤不便事也、」(9)と、摂政藤原兼実の嫡男良経ではなく実房が左大将に任じられたことを批判している。実房、およびそのひとつ前の右大将から左大将に転任した事例となる徳大寺家の藤原実定は、それぞれ摂関家嫡子に左大将を譲っており、この時期が摂関家と清華家の左右大将の住み分け状態への過渡期と評価できるだろう。

また、摂関家嫡子以外で左大将となった例外である源実朝（ⓑ・㊲）と、現任大臣で大将に新任された例外である藤原家通（ⓓ・㊳）の事例はともに、源実朝が強引に左大将昇進を望んだために引き起こされた事態であった。本来朝廷は実朝を右大将に任じるつもりであったが、実朝は強く左大将昇進を望んだため、九条家の嫡男藤原道家が左大将を辞任し、実朝が後任となった(10)。そのあおりで、近衛家の嫡男である藤原家通は左大将任官が遅れ、大臣昇進後となってしまったのである。実朝が右大将ではなく左大将への任官にこだわったのは、清華家と同格ではなく摂関家に準じる家格を求めたためであり、これは摂関家と清華家の左右大将の住み分けが確立したからこその事例と評価できるだろう。

2　大臣の変質

次に、清華家の最終到達官職となる大臣について、近衛大将と同様に、院政期から鎌倉期にかけてのあり方を分析する。

表6から、源通親（㊷）以前において、非摂関の大臣は基本的に終身官であり、時折辞官申任が行われる程度であったことが読み取れる。ところが、通親以後は一転して、死去まで大臣に在任したのは、若くして死去した藤原良輔（㊼）・家通（㊸）のみとなる。このことは、源通親以降、大臣の終身官的性質が失われたことを示している。

北山良雄は、前官の公卿が後白河院政期から一般化し、後鳥羽院政期に増加すること、その背景に、人事の回転を良くして公卿全体の昇進を早めようとする傾向があることを指摘している[11]。これらの変化は『公卿補任』から明らかに読み取れるが、付け加えるならば、治承・寿永内乱期以前の前官はほぼ大納言以下に限定されており、大臣の場合には通親以前にはほとんど見られない。大臣はこの点でも、大納言以下と隔絶した地位だったのである。

3　近衛大将任官と大臣昇進

以上のような近衛大将・大臣の変化に関連して、さらに注目されるのは、近衛大将と大臣昇進の関連性の問題である。表7は大臣昇進者について、昇進時点での大納言の構成をまとめたものである。源俊房（③）・藤原宗

表６　院政期・鎌倉期大臣一覧

No.	名前	出自	大将	在任期間	退任理由
①	藤俊家	摂関家庶流	×	２年２か月	死去
②	藤能長	摂関家庶流	×	２年３か月	死去
③	源俊房	村上源氏	×	38年１か月	病気
④	源顕房	村上源氏	○	11年８か月	死去
⑤	藤師通	摂関家嫡子	○	16年５か月	死去
⑥	藤忠実	摂関家嫡子	○	12年９か月	摂政
⑦	源雅実	村上源氏	○	24年	出家
⑧	藤忠通	摂関家嫡子	×	14年３か月	摂政
⑨	藤家忠	摂関家庶子	○	13年５か月	出家×
⑩	源有仁	後三条源氏	○	24年１か月	出家×
⑪	藤宗忠	摂関家庶流	×	６年２か月	出家×
⑫	藤頼長	摂関家嫡子	○	19年７か月	政変
⑬	藤実行	三条	×	８年１か月	辞任
⑭	源雅定	村上源氏	○	４年10か月	出家
⑮	藤実能	徳大寺	○	６年11か月	出家×
⑯	藤宗輔	摂関家庶流	×	３年10か月	辞官申任
⑰	藤伊通	摂関家庶流	×	８年５か月	病気×
⑱	藤基実	摂関家嫡子	×	７年３か月	辞官申任(関白)
⑲	藤公教	三条	○	２年11か月	死去
⑳	藤公能	徳大寺	○	１年	死去
㉑	藤基房	摂関家庶子	×	６年３か月	摂政
㉒	藤宗能	摂関家庶流	×	３年２か月	辞官申任
㉓	藤経宗	大炊御門	×	24年４か月	出家
㉔	藤兼実	摂関家庶子	○	22年	辞官申任
㉕	平清盛	平家	×	６か月	病気
㉖	藤忠雅	花山院	○	３年４か月	天皇加冠役
㉗	源雅通	村上源氏	×	６年６か月	死去
㉘	藤師長	摂関家庶流	○	４年	政変
㉙	平重盛	平家	○	２年	病気×
㉚	藤基通	摂関家嫡子	×	２年７か月	摂政
㉛	平宗盛	平家	△	４か月	辞任
㉜	藤実定	徳大寺	○	７年１か月	辞官申任
㉝	藤師家	摂関家嫡子	×	２か月	政変
㉞	藤良通	摂関家傍流	○	１年４か月	死去
㉟	藤実房	三条	○	６年８か月	病気
㊱	藤兼雅	花山院	○	９年11か月	辞官申任
㊲	藤兼房	摂関家庶子	×	６年４か月	政変
㊳	藤忠親	花山院庶子	×	３年４か月	辞任（出家×）
㊴	藤良経	摂関家嫡子	○	９年５か月	摂政
㊵	藤頼実	大炊御門	○	６年１か月	天皇加冠役
㊶	藤家実	摂関家嫡子	○	７年７か月	摂政
㊷	源通親	村上源氏	○	３年４か月	死去
㊸	藤隆忠	摂関家庶子	×	８年11か月	辞任
㊹	藤実宗	西園寺	×	４か月	辞任
㊺	藤忠経	花山院	○	２年２か月	辞任
㊻	藤道経	摂関家庶子	×	２年１か月	辞任
㊼	藤良輔	摂関家庶子	×	10年４か月	死去
㊽	藤公継	徳大寺	○	６年６か月	辞任
㊾	藤信清	坊門	×	８か月	辞任
㊿	藤道家	摂関家嫡子	○	９年１か月	政変
51	藤公房	三条	○	６年	政変
52	源実朝	鎌倉将軍家	○	４か月	政変
53	藤家通	摂関家嫡子	×	５年８か月	死去
54	源通光	村上源氏	○	２年４か月	政変

注１：退任理由欄の×は退任直後に死去していることを示す。

注２：平宗盛は大臣昇進以前に大将を辞任。藤忠親は辞任後まもなく出家・死去。

注３：辞官申任については、酒井宏治「辞官申任の成立」（大山喬平教授退官記念会編『日本国家の史的特質　古代・中世』思文閣出版、1997年）参照。

表7　大臣初任時の状況

No.	大納言の構成（色付きは大臣昇進者）								
①②	藤俊家 C	藤能長 C	源俊房 B1	藤忠家 C	源顕房 B1				
③	源俊房 B1	藤忠家 C	源顕房 B1・右	藤実季 D	藤師通 A1・左				
④⑤	藤忠家 C	源顕房 B1・右	藤実季 D	藤師通 A1・左					
⑥⑦	源師忠 B2	源俊明 D	源雅実 B1・右	藤家忠 A2	藤忠実 A1・左				
⑧	藤家忠 A2・右	藤経実 A2	源雅俊 B2	藤宗通 C	藤忠通 A1				
⑨⑩	藤家忠 A2・左	藤経実 A2	源有仁 S・右						
⑪	藤能実 A2	藤宗忠 C	源能俊 D	藤忠教 A2					
⑫	藤忠教 A2	源師頼 B1	藤実行 D	藤頼長 A1・右	源雅定 B1				
⑬⑭	藤実行 D	源雅定 B1・左	藤実能 D・右	藤宗輔 C	藤伊通 C				
⑮	藤実能 D・右	藤宗輔 C	藤伊通 C	藤宗能 C	藤成通 C				
⑯⑰	藤宗輔 C	藤伊通 C	藤宗能 C	藤成通 C	藤公教 B1・左				
⑱⑲	藤宗能 C	藤成通 C	藤公教 B1・左	藤重通 C	藤基実 A1				
⑳㉑	藤宗能 C	藤重通 C	藤公能 B1・右	藤基房 A2	藤忠雅 C				
㉒	藤宗能 C	藤忠雅 C	源雅通 B1	藤光頼 E					
㉓㉔	藤経宗 C	藤忠雅 C	源雅通 B1	藤兼実 A2・右	藤公通 D				
㉕	藤忠雅 C・右	源雅通 B1	藤公通 D	藤師長 C	平清盛 H	源定房 B2			
㉖	藤忠雅 C・右	源雅通 B1	藤公通 D	藤師長 C	源定房 B2				
㉗	源雅通 B1	藤師長 C	源定房 B2	藤公保 B2	平重盛 H				
㉘	藤師長 C・左	源定房 B2	平重盛 H・右	藤公保 B2	藤隆季 E	藤実房 B1	藤実国 A2		
㉙	源定房 B2	平重盛 H・左	藤隆季 E	藤実房 B1	藤成親 E	藤実国 B2			
㉛	藤実定 B1・左	源定房 B2	藤実房 B1	藤実国 B2	藤宗家 C	平宗盛 H	藤兼雅 B1		

㉜	藤実定 B1・左	源定房 B2	藤実房 B1	藤宗家 C	藤兼雅 B1	藤忠親 C	藤良通 C・右	平時忠 E	
㉝	源定房 B2	藤実房 B1	藤宗家 C	藤兼雅 B1	藤忠親 C	藤良通 C・右	藤師家 A1		
㉞	源定房 B2	藤実房 B1	藤宗家 C	藤兼房 A2	藤忠親 C	藤良通 A1・右			
㉟㊱	藤実房 B1・左	藤兼雅 B1・右	藤兼房 A2	藤忠親 C	藤実家 B2	藤隆忠 A2			
㊲	藤兼房 A2	藤忠親 C	藤実家 B2	藤実宗 D	藤隆忠 A2	藤良経 A1・左			
㊳	藤忠親 C	藤実家 B2	藤実宗 D	藤隆忠 A2	藤頼実 B1・右	藤良経 A1・左			
㊴	藤実宗 D	藤隆忠 A2	藤頼実 B1・右	藤忠良 A2	藤良経 A1・左	藤定能 D			
㊵	藤実宗 D	藤隆忠 A2	藤頼実 B1・右	藤忠良 A2	源通親 B1	藤家実 A1・左			
㊶㊷	藤実宗 D	藤隆忠 A2	藤忠良 A2	源通親 B1・右	藤経房 E	藤家実 A1・左			
㊸	藤実宗 D	藤隆忠 A2	藤忠良 A2	源通資 B2	藤忠経 B1・右	藤宗頼 E	藤道経 A2		
㊹	藤実宗 D	藤忠経 B1・右	藤兼良 C	藤道経 A2	藤公継 B1	藤公房 B1	藤良輔 A2		
㊺	藤忠経 B1・右	藤兼良 C	藤道経 A2	藤公継 B1	藤公房 B1	藤兼宗 C	藤良輔 A2		
㊻	藤兼良 C	藤道経 A2	藤公継 B1	藤公房 B1	藤兼宗 C	藤良輔 A2	藤兼基 A2		
㊼	藤兼良 C	藤公継 B1・右	藤公房 B1	藤兼宗 C	藤良輔 A2	藤兼基 A2	源通光 B1	藤公経 B1	
㊽	藤兼良 C	藤公継 B1・右	藤公房 B1	藤兼宗 C	藤兼基 A2	源通光 B1	藤公経 B1	藤道家 A1・左	
㊾	藤公房 B1・右	藤信清 D	藤兼基 A2	源通光 B1	藤公経 B1	藤道家 A1・左	藤師経 B1	藤良平 A2	
㊿	藤公房 B1・右	藤兼宗 C	藤兼基 A2	源通光 B1	藤公経 B1	藤道家 A1・左	藤師経 B1	藤良平 A2	
51	藤公房 B1・右	藤兼宗 C	藤兼基 A2	源通光 B1	藤公経 B1	藤師経 B1	藤良平 A2	源通具 B2	
52 53	源通光 B1・右	藤公経 B1	藤師経 B1	藤良平 A2	源通具 B2	藤忠房 A2	源実朝 K・左	藤家通 A1	
54	源通光 B1・右	藤公経 B1	藤師経 B1	藤良平 A2	源通具 B2	藤忠房 A2	源定通 B2	藤教家 A2	藤忠信 B1

記号：A摂関家　B清華家　C摂関家傍流　Dその他公達　E諸大夫　H平家　K鎌倉将軍家　S賜姓源氏　0始祖　1嫡子　2庶子

注１：藤基通（㉚）は政変により従二位より直任。

　２：№は表6と対応。

忠（⑪）・藤原実行（⑬）・藤原宗輔（⑯）・藤原伊通（⑰）のように、院政期には近衛大将でないにもかかわらず近衛大将を兼ねている者や摂関家子弟に先んじて大臣昇進を果たす事例が存在することから、近衛大将任官と大臣昇進とは、まだ必ずしも直結していなかったといえる。

その最後の事例となったのが、藤原忠親（㊳）である。摂政藤原兼実が「無二才漢一、又非二英華一、然而年来営二礼儀作法之道一、当時頗有二其褒一、雖レ無二相承之可一レ恐、又有二嗜学之可一レ優、且又奉公年久、労効差積、仍余置二左大将良経一、強以挙レ之、豈非二攘災之計一哉、[12]」と述べているように、忠親の昇進は血統によるものではなく、有職に通じ年功を積んだ公卿であることによるものであった。

ところが、源通親以後、大臣昇進者は基本的に左大将・右大将・摂関家庶子の中から選択されるようになる。ここで、左大将＝摂関家嫡子、右大将＝清華家出身大納言の最上臈であることは、先に確認した通りである。

こうした原則の例外は、閑院流西園寺家の藤原実宗（㊹）、中関白流坊門家の藤原信清（㊾）の二例である。言うまでもなく、前者は息子公経の妻が源頼朝の姪であるという鎌倉将軍家との姻戚関係によって、後者は後鳥羽院の外戚であることによって、それぞれ大臣任官の壁を破ったものである。しかし、注目すべきことに、両者の大臣在任期間は、実宗が四か月、信清が八か月と、同時期の他の例に比して極端に短い。このことは、実宗・信清の大臣昇進が当初から例外的・名目的なものであったことを意味しており、実際、信清の就任翌年の辞任は、すでに昇進前からの決定事項であった[13]。

この点と関連して、さらに注目されるのは、藤原信清の昇進過程である。信清は権大納言を昇進後わずか一年で辞し、長く前権大納言だったが、大臣人事の直前に権大納言に再任した上で、内大臣に昇進している。実は、坊門家・四条家出身者には、大納言在任期間も極端に短いという特徴が見られる[14]。このことは、摂関家・閑院流・村上源氏以外の大納言昇進はあくまで名目的なものであり、坊門家・四条家は格下として扱われていたこと、また、それぞれの出自で望みうる極官に達した後はすぐに辞任するという慣習が確立していたことを意味する。信清の場合、本来は大納言止まりのはずであったが、後鳥羽院の外戚として強引に大臣昇進が実現されたものとみるべきであろう。

ただし、西園寺家がその後清華家として定着するように、この時点で清華家の範囲が閉じられていたわけではない。実際、実宗の内大臣任官に際し、藤原定家は「相門又増加、如二鼎峙一歟」(15)と、大臣を輩出する家に西園寺家が新たに加わり、徳大寺家・三条家・西園寺家という閑院流の三家が鼎立するという見通しを述べている。坊門家の場合も、信清の子忠信が権大納言昇進後に辞官しなかったことから、承久の乱で処罰を受けなければ坊門家も清華家として定着した可能性が高い。

三　家格形成と後鳥羽院政

1　後鳥羽院の勢力均衡政策

第二節で見たように、後白河院政末期から後鳥羽院政期にかけて、近衛大将・大臣の性格は大きく変化した。そして、右近衛大将が清華家出身の大納言の序列一位の人間に固定され、右大将が大臣に昇進し、大臣昇進後すぐに右大将を辞任する、という原則が確立する。こうした変化によって、清華各家は当主を安定的に大臣に到達させることが可能となったのであり、これをもって、清華の家格の成立と評価することができると考える。

以上のような原則は、すでに後白河院政末期からその端緒が見られはじめるが、これに反して大臣・大将に死ぬまで在職した最後の事例は源通親であり、原則の確立は通親の死後と考えられる。それでは、以上のような原則はなぜ源通親死後に確立するのか。本稿ではその要因として、後鳥羽院の貴族社会に対する勢力均衡政策の存在を指摘したい。この点について参考になるのは、後鳥羽院による対摂関家の勢力均衡政策である。

建久七年（一一九六）の政変で源通親により摂政藤原兼実（九条家）が排除されたのち、藤原良経（兼実嫡子）が内大臣を罷免されるとの予測がなされたり[16]、良経が太政大臣に任じられ摂関の座に就く望みが失われるとうわさされたりした[17]。ところが、実際には左大将が良経から藤原家実（近衛家基通の嫡子）に譲られたのみで、良経は正治元年（一一九九）に左大臣に昇進した。そして、建仁二年（一二〇二）に源通親が死去すると、摂政・氏長者の地位は近衛家の藤原基通から良経に譲渡されたのである。上横手雅敬・橋本義彦は、こうした推移を九条家と近衛家の並立が確定した事件と評価し、その背景として、両者の分立の上に主導権を確立しようとする後鳥羽の意思を想定したが[18]、これらの分析は正鵠を射たものであると考える。

こうした後鳥羽院の発想は、清華家の並立状況にも敷衍可能であろう。すなわち、後鳥羽院は清華家の昇進体系を整備することにより、各家が安定的に大臣に昇進できる枠組みを作り、調停者として貴族社会に臨もうとしたものと考えることができる。こうした後鳥羽院の政策の有効性は、『愚管抄』の載せる近衛大将任官をめぐる次の逸話からうかがえる。

建保五年（一二一七）、西園寺家の藤原公経が後鳥羽院の勘気を蒙って籠居するという事件が起こった。『愚管抄』によると、この事件の主な原因は、公経が大炊御門家の藤原師経と大将任官を争った際、鎌倉幕府との縁故を盾に取り放言したことにあった。先述の通り、公経の父実宗は例外的な人事で大臣昇進を果たしたが、公経にとって近衛大将任官は、今後の大臣昇進を確実にするために是が非でも必要だったのである。

そもそも、このとき具体的に近衛大将の欠員が生じていたわけではなく、公経と師経は欠員が生じる以前から、将来の大将任官の約束を後鳥羽から取り付けようとして競争を繰り広げていた。こうした状況を、慈円は「大方ハ官ハヌシノ心ニテ、サセルトガナケレバ死闕ヲコソマツヲ、コノ世ニハナリツレバ辞セヨトテ、人ノ心ヲユカシテ、アマネキ政ヨカルベシトテアレバ、コノ風儀ニ入ヌレバ、カネゴトノカク大事ニモナルニヤ、[19]」と評している。昇進人事の促進のため官職の辞任が一般化し、将来の任官の約束が重要になっていたこと、これを貴族側も善政と受け止めていたことを述べており、後鳥羽院の政策が有効に機能し、人事権をてこに後鳥羽院が求心性を高めていたことを表すものである。

後鳥羽院政期以前においても、各家の間での昇進をめぐる競争は当然存在した。こうした状況に対し、後鳥羽院とは反対に、欠員を補充しないことで求心性を高めようとしたのが鳥羽院である。久寿元年（一一五四）に源雅定が右大臣を辞任したことにより欠員が生じた際、藤原頼長は藤原宗輔を後任に推した。これに対する鳥羽院の返答は、「勘㆓古今例㆒、大臣闕後経㆓年月㆒任㆓其替㆒、因㆑茲、近日不㆑可㆑任㆓大臣㆒」(20)というものであった。実際、鳥羽院政期においては保延四年（一一三八）から実に一一年以上の長きにわたり、右大臣の座が空席となっている。元木泰雄が指摘するように、これには、鳥羽院が美福門院派の源雅定と待賢門院派の藤原実行・実能とのあいだで板ばさみとなっていた、という事情があった(21)。その根本的な原因は、大臣が終身官の場合、大臣昇進を逃した者は長く不遇をかこつことになるため、任官を巡る争いがおのずと深刻化せざるをえなかったことにある。

鳥羽院政期の人事の停滞は、当然大納言以下の官にも及び、保元の乱による藤原頼長以下の壊滅後にようやく解消された。さらに、後白河院は大納言・中納言の定員を拡大し、それまで中納言止まりであった諸大夫の大納言昇進を認めることにより、積極的に近臣を昇進させた。しかし、一方で大臣の終身官的性格は維持させたため、左大臣藤原経宗・右大臣藤原兼実が二〇年以上の長きにわたり在任し、大臣人事の停滞状況は後白河院政期にも継続したのである。こうした状況にようやく終止符を打ったのが、後鳥羽院の政策であったといえよう。

逆に、清華の各家にとっても、後鳥羽院の政策は好都合だったであろう。辞官により昇進を促進しないかぎり、大臣という定員に限りのある地位に、各家が継続的に昇進することは不可能であったからである。

2　議政官の変質と公卿議定

さて、こうした大臣の地位の「たらい回し」は、政務の実態の面にどのような影響を与えたであろうか。この点で注目すべき事例として、院御所議定・在宅諮問といった公卿議定制度の運用が指摘できる。

美川圭によると、院が蔵人や院近臣を公卿の邸宅に派遣し政治上の問題について諮問を行う在宅諮問は、その開始時点である後白河院と二条天皇の対立時期には、諮問の対象を公卿層の一門の各家長とし、官職・位階にかかわらず老齢の者や出家した者も政治参加させるのに最適である、という特質をもっていた[22]。ところが、後白河院政期の在宅諮問の全事例を網羅的に収集した下郡剛は、諮問の対象は治承年間以降原則的に現任の議政官に限定されたことを指摘した[23]。また下郡は、在宅諮問は大臣のみに対して行われたものと、大臣のほかに二～三名を加えたものの二種類に分類できることも指摘している。本稿の問題関心から注目されるのは、大臣のみを対象とする在宅諮問である。下郡の業績に依拠すると、三四例が検出され、これは全事例一〇二のちょうど三分の一を占めている。

これに対し、後鳥羽院政期の在宅諮問については史料の残存状況により不明な点が多いが、源通親が政務を主導していた時期については、藤原家実が正治元年（一一九九）の右大臣任官直後から諮問の対象とされており[24]、大臣であることの規定性は後白河院政期と同様に強かったものと想定される。

ところが、通親の死後に確認される在宅諮問の事例のうち、諮問の対象が確認できる事例は四例検出されるが、対象を大臣に限定した事例は一つも見出せない（表8）。それだけではなく、大臣以下の官の者や前官の者が諮問の対象とされていながら、現任の大臣が諮問の対象となっていない事例が存在する。さらに、先述した藤原家実と同じく摂関家出身の藤原道家に対する諮問は、大臣昇進以前からすでに見られている。以上の点から、通親死後の鳥羽院政期の在宅諮問においては、現任大臣であるかどうかは対象の選定を規定していないと考えら

表8　後鳥羽院政期在宅諮問(対象が複数判明するもののみ)

開催日・出典・議題	諮問対象者
建永元年(1206) 6/19・21 (『三長記』) 専修念仏宣旨事	松殿基房(前摂政・入道)、花山院忠経(内大臣)、三条実房(前左大臣・入道)、近衛家実(摂政)、大炊御門頼実(前太政大臣)、松殿隆忠(右大臣)、徳大寺公継(権大納言)、中山兼宗(権大納言)、日野資実(権中納言)、日野親経(権中納言)、清水谷公定(左大弁)
建暦2年(1212) 2/8 (『玉蘂』) 大神宮宮司大中臣重長改補事	九条良輔(左大臣)、徳大寺公継(右大臣)、三条公房(大納言)、中山兼宗(大納言)、久我通光(権大納言)、九条道家(権大納言)、堀川通具(中納言)、日野資実(前権中納言)
建暦2年(1212)10/20 (『玉蘂』) 高陽院行幸間事	松殿基房(前摂政・入道)、近衛基通(前摂政)、九条良輔(左大臣)、徳大寺公継(右大臣)、九条道家(内大臣)、葉室長兼(前権中納言)、日野資実(前権中納言)
建暦2年(1212)12/4 (『玉蘂』) 雅成親王元服袍調進事	近衛家実(関白)、九条良輔(左大臣)、徳大寺公継(右大臣)、九条道家(内大臣)、中山兼宗(大納言)

れる。

もう一つの公卿議定である院御所議定についても、後鳥羽院政期に注目すべき変化が見られる。院御所議定の特色も、院が出席者を現任の公卿に限らずに選定する点にあったが、一方で、後白河院政期までは前官の者の出席はあくまでイレギュラーなものとして位置づけられていたことが、下郡剛により指摘されている。[25]

これに対し、後鳥羽院政期の院御所議定については、その出席者を網羅的に検出した永井英治の業績[26]に依拠すると、建暦年間以降は前官の者の出席が常態化している。永井は元久年間に院御所議定の出席者が固定化することを指摘しているが、出席者の固定化と前官の増加は、必然的に前官の出席者の出現へとつながる。

以上の後鳥羽院政期における公卿議定の変化を総合すると、そこに読み取れるのは政務運営と現任官職のかい離という現象である。後白河院政期までは現任の議政官であることが一定の規定性を保っていたが、後鳥羽院政期に至ってその規定性は完全に消滅したと見ることができる。このことは議政官一般の形骸化をも意味しており、家格の成立は議政官がその実質を喪失したことによって達成されたと言えよう。

建久元年(一一九〇)に上洛し権大納言・右大将に任じられた源頼

朝は、離洛の際に両官を辞任した。建保六年（一二一八）、源実朝は鎌倉に居ながらにして、相次いで左大将・内大臣・右大臣に任じられた。両者の相違は、この三〇年弱の期間に起こった官職の形骸化がもたらしたものである。後鳥羽院政期に羽林に加わった例として先に述べた冷泉家・飛鳥井家の事例も、同様に議政官形骸化の産物と評価できる。

おわりに

承久の乱での敗北により後鳥羽院政が終焉を迎えると、後鳥羽院によって整備された清華家の官位秩序自体は事実上崩壊する。まず、後鳥羽院政期に摂関家嫡流に限定された左大将に、西園寺家が進出を果たす[27]。これにともない、右大将から左大将に転任する事例も再び現れるようになる。また、摂関家の分立がさらに進んで五摂家が成立し、さらに西園寺家・久我家・花山院家で庶子も大臣昇進を果たしたことにより[28]、大将・大臣の昇進候補者は大きく増加する。その結果、大臣への昇進順は、再びその時々の政治情勢に左右されることとなったのである。

しかし、一方で、清華家出身の大臣は多くが在任一年程度で辞任するなど[29]、在任期間の短期化はさらに進行する。また、清華家出身者の大将任官者が大臣任官後に大将を辞する慣行も、後鳥羽院政期から継続され完全に定着する。その結果、大臣候補者の数が増加しても、清華家嫡流が安定して大臣昇進を果たすことが可能な状況は維持された。官職の完全な身分標識化と血統の固定化という点で、後鳥羽院の生み出した枠組みは承久の乱後も維持され、中世貴族社会の身分秩序を規定し続けたのである。

注

（1）橋本義彦「貴族政権の政治構造」（『平安貴族』平凡社、一九八六年、初出一九七六年）。
（2）玉井力「「院政」支配と貴族官人層」（『平安時代の貴族と天皇』岩波書店、二〇〇〇年、初出一九八七年）。
（3）なお、「清華」・「羽林」・「名家」といった各家格の呼称が成立するのは鎌倉後期以降であり、名称の成立から家格の成立時期を直接論じることはできない。
（4）後鳥羽天皇の即位は寿永二年（一一八三）八月二〇日、藤原親信の任参議は同月二五日。後鳥羽の母七条院藤原殖子の父信隆は治承三年（一一七九）一一月一七日にすでに死去しており（『山槐記』同日条）、殖子の同母弟信清はまだ二五歳・正五位下侍従に過ぎず、信隆の同母弟で正三位修理大夫の親信は一門内の最上位者であった。
（5）藤原基家は応保元年（一一六一）に能登守・右少将を解官されているが、この日解官された者は「上皇近習之輩」であった（『百錬抄』同年九月二八日条）。また、基家は上西門院の御給を三度受けている。
（6）拙稿「徳大寺家の荘園集積」（『史林』八六巻一号、二〇〇三年）。
（7）従三位昇進時の年齢は、摂関家嫡子の場合、藤原忠実・忠通ともに一四歳。庶子の場合、師実の次男家忠が一九歳、三男経実が一七歳。賜姓源氏の源有仁（後三条天皇孫・輔仁親王子）は一七歳。
（8）東京大学出版会、一九八五年。
（9）『山槐記』除目部類文治四年一〇月一四日条。
（10）『吾妻鏡』建保六年二月一二日条。
（11）北山良雄「平安中・後期の公卿の補任状況」（『古代文化』三九巻五号、一九八七年）。
（12）『玉葉』建久二年三月二八日条。
（13）『玉蘂』建暦元年九月二〇日条。
（14）権大納言在任期間は、坊門家の藤原信清が一年、同じく中関白流である水無瀬家の藤原定輔が一年九か月、四条家の藤原隆房が八か月、隆衡が一〇か月。
（15）『明月記』元久二年一一月一七日条。
（16）『玉葉』建久九年正月七日条。
（17）『明月記』建久九年正月八日条。
（18）上横手雅敬「幕府と京都」（『鎌倉時代政治史研究』吉川弘文館、一九九一年、初出一九七一年）、橋本義彦『源通親』（吉川弘文館、一九九二年）。

(19)『愚管抄』巻第六、順徳。
(20)『台記』久寿元年七月一六日条。
(21)元木泰雄『藤原忠実』(吉川弘文館、二〇〇〇年)。
(22)美川圭「院政をめぐる公卿議定制の展開——在宅諮問・議奏公卿・院評定制——」(『院政の研究』臨川書店、一九九六年、初出一九九一年)。
(23)下郡剛「後白河院政期における国家意思決定の周辺」・「公卿議定制に見る後白河院政」(『後白河院政の研究』吉川弘文館、一九九九年、初出はともに一九九六年)。
(24)家実の右大臣昇進は正治元年(一一九九)六月二二日、家実への最初の諮問が行われるのは同年七月二一日(『猪隈関白記』)。
(25)注(23)下郡前掲論文。
(26)永井英治「鎌倉前期の公家訴訟制度——記録所・評定・新制——」(『年報中世史研究』一五号、一九九〇年)。
(27)実有(仁治二～三年)、公相(建長五～七年)、公基(建長七年)など。公相・公基は右大将からの遷任。
(28)西園寺家の実雄(正嘉元～弘長三年)、久我家の定通(嘉禎二～三年)・具実(建長二年)・通成(文永六年)、花山院家の師継(文永八～建治元年)。
(29)在任期間が二年未満の者は、西園寺実兼(正応二年)・公守(正応三～四年)、三条実親(暦仁元～延応元年)・公親(弘長元～二年)・実重(正応五～永仁元年)、徳大寺公孝(正応四～五年)、大炊御門冬忠(文永二～四年)・信嗣(正応三年)、久我定通(嘉禎二～三年)・具実(建長二年)・通成(文永六年)・通基(正応元年)。なお、清華家から枝分かれしたものについても、枝分かれ前の家名で表記した。

女院制の展開と執事

樋口健太郎

【要旨】　女院庁における院司のポストに執事と年預というものがある。従来、執事は院司の筆頭、年預はその補佐とされてきたが、諸司・諸家では実務責任者として年預のみしか見られないものも多い。そこで、本稿では、なぜ女院に年預に加え、執事が設置されることになったのかについて分析を加えた。

　女院においても、儀式運営の中心にあるのは年預であり、執事は儀式全体を沙汰するなど、女院の権限を代行し、補佐する役割を担っていた。また、女院年預はすでに鳥羽院政期には確認されるが、執事の存在は後白河院政期以降にしか確認されない。やはり女院の経営は年預を責任者として行われるのが基本であり、執事の制度は後になって成立するのである。

　執事の存在は、もとは女院の近親者が後見として経営に関与したのに由来する。宣陽門院以降、准三宮出身の女院が出現すると、政治的権威をカバーする存在として執事を任じ、後見役とすることが多くなり、執事制度が一般化していった。

はじめに

　院や摂関家、幕府、女院といった中世権門に共通して見られる家政職員のポストに執事がある。執事とは、『日本国語大辞典』（第二版）に「有力諸家の主人の近くに侍して家政をもっぱらとり行う者」とあるように、家政職員の筆頭・長官と理解されることが一般的である。また、とくに鎌倉幕府における「執事」と「執権」の違いを検討した五味文彦は、執権が「理非決断の職」であったのに対し、執事とは後見としての役割を果たすものとした。[1] この五味の指摘をうけ、秋山喜代子は、貴族社会においても、乳父が執事として養君の後見となり、雑事を取り仕切っていたとの指摘をしている。[2]

しかし、院や摂関家、女院などには、執事とならび年預というポストもあった。年預については、『日本国語大辞典』（第二版）が「執事などの下で雑務をつかさどった職」というように、執事につぐ役職で、執事を補佐するものと理解されることも多い。だが、近衛府や大蔵省、内蔵寮といった諸官司では、実務責任者は執事ではなく年預であり、その設置は一〇世紀に遡ることが知られている。[3] また、摂関家でも、政所執事を設置しているのは摂関のみで、摂関未就任者や退任者、北政所などの家政機関には年預しか確認できず、諸家の家政においても諸官司と同様に、年預が実務責任者となるというのが基本であったと思われる。[4]

では、院や摂関、女院といった権門では、なぜ年預に加えて執事のポストが設置されたのだろう。従来、院執事については、院政の制度的研究として研究が進められている。橋本義彦は、かかる年預を含めた院司の職制の整備について、院政期以降、院司数の増加により名目化が進行し、実質的責任者を任じる必要からなされたと説明した。[5] また、白根靖大は、院政期以降、院による貴族支配の媒介として院中行事の重要性が増大し、行事を円滑に行うために、運営責任者としての執事と、財政的責任者としての年預が設置されたという。[6] 一方、摂関家に関しても、筆者は以前、執事と年預の職掌の違いを検討し、年預が家族の通過儀礼や昇進儀礼の実務など、プライベートな役割を担う存在であったのに対し、執事とは摂関が藤氏長者や摂政・関白などとして行う儀礼の実務など、オフィシャルな役割を担う存在であったこと、執事が名家出身者に独占されることから、名家による蔵人・弁官独占体制の確立と連動して成立することを指摘した。[7]

では、女院の場合はどうだろうか。女院にも執事・年預が設置されていたことは『拾芥抄』に記載された女院司の一覧から明らかである。(8) だが、女院の場合、通例女院が直接政務に関与するわけではないし、貴族支配のために執事を必要としたとも考えにくい。本稿では、女院の執事とその成立について明らかにすることで、自説を含め、従来の執事に関する研究を見直したい。また、女院司に関しては、金子和夫の研究を嚆矢に研究が進展しているが、(9) 女院ごとの個別研究の段階にとどまっており、院司の職制については実態の解明が遅れている。そこで、ここでは執事・年預に注目しつつ、女院制の展開についてもあわせて考えていきたい。具体的には、第一節でそれぞれの職掌の分析から、年預と執事の性格の相違を明らかにし、第二節では執事の成立とその背景を検討する。

一　執事・年預とその職掌

1　女院年預

女院の家政職員で、年預と称されるポストは二つあった。宜秋門院の院号定について記す『玉葉』正治二年（一二〇〇）六月二八日条は、この日補任された院司のうち、非参議別当の前丹後守藤原長経を「年預」と記す一方、主典代の安部（倍）資兼にも「元少属、年預」と注している。このうち、ここで問題にするのは前者の年預別当の方である。ちなみに、後者の年預主典代は「庁年預」とも称され、院庁の下級職員である。槇道雄・本郷恵子の研究によれば、かれらも荘園支配や文書作成・保管などの実務に当たっていたとはされるが、(10) かれらは六・七位の地下官人で、四位以上の貴族である別当とは身分上大きな差があった。本稿では以下、両者の混同を避けるため、前者を「年預」、後者を「庁年預」と記すことで、区別したい。

さて、白根靖大は院の年預について、行事における用途調進などの経済的な役割を果たし、受領や経済関係の官職にある人物が多く任じられたとしている。これは女院の場合も同様で、経済的な奉仕が年預の果たすべき役割として認識されていたようである。寛喜二年（一二三〇）、北白河院は年預藤原家時を解任したが、その理由は、新造北白川殿への移徙にさいし、車副装束が「年預所課等懃仕」とされていたのに、家時が「不レ可レ叶之由」申し立てたためであった。[11]用途調進ができない年預は解任されてしまうのである。しかも、右の北白河院の場合、家時の後任となった平親長も同様の失態を犯し、年預解任の窮地に陥っている。寛喜三年二月一五日、後堀河天皇の中宮・藤原竴子は皇子秀仁（のちの四条天皇）を出産し、九夜の産養は天皇の母である北白河院の沙汰によって行われることになった。だが、ここで御前物を勤仕することになっていた年預親長は、このうち懸盤の用意が間に合わず、七夜の産養で用いられた懸盤を借りることで間に合わせようとした。[12]ところが、このとき、親長は自分の失計をごまかすため、自身の独断であったにもかかわらず、関白九条道家には女院の指示があったと言い、女院には道家の計らいがあったと嘘をついていたらしい。道家から女院への問い合わせによって、これが虚言であったことが発覚し、親長は道家に召し出されることになったのである。『民経記』によれば、道家の訊問で、親長は「為二年預一勤二此役一事頗難レ叶歟」ということになり、かわって平経高が年預就任を希望してきたという。親長もやはり所役勤仕の不能をもって年預解任が適当とされたのである。結局、親長は尊性法親王のとりなしによって解任という事態を免れたが、[13]かえって「微力難レ及、無レ術」と道家に訴えたことが功を奏して、知行所を与えられた。虚言を申した者が結果的に褒賞を与えられるという不合理に、世間では「是如何之由近日人々謳歌」したというが、このことは、そもそも北白河院が親長に充分な知行地を与えていれば済んだ話であり、女院の側にもそれに見合うだけの経済力が必要だったといえるのかもしれない。

一方、それでは年預とは、このような経済的な機能を果たすだけの役職であったのだろうか。白根は、院の執事と年預について、「執事は院の関わる行事の遂行責任者、年預は院庁内部の経営責任者」という違いがあったと述べている。しかし、女院の場合、行事の運営において年預が果たしていた役割は、用途調進などの経済的な役割だけにとどまるものではなかった。ここでは具体的に院号定と殿上始における年預の活動に注目してみよう。

まず院号定とは、文字通り女院の院号を定め、院号宣下を行う儀式のことである。[14] 院号は内裏の陣で公卿仗議によって決定され、宣下も勅旨によってなされたが、このあと女院御所でも「本所儀」が行われ、院司の補任や拝礼が行われた。ここで注目するのは、この「本所儀」である。正安三年（一三〇一）、昭訓門院の院号定における「本所儀」に関して、『実躬卿記』同年三月一九日条には「本所事、日来定房朝臣申沙汰、而依二所労一俄定資朝臣奉行、即可レ為二年預別当一」とある。これによれば、このとき「本所儀」の奉行として事前準備に当たってきたのは、吉田定房であったが、病のため当日の奉行ができなくなった。そこで、かわりに坊城定資が奉行を務めることになり、かれが年預になったというのである。このことから、「本所儀」の奉行を務める者が年預になること、つまり、かかる儀式の奉行が年預の職務と認識されていたことがわかるだろう。

では、年預は奉行として、「本所儀」で具体的にどのような活動をしていたのだろう。残念ながら、右の坊城定資の奉行としての活動については詳細がわからないので、久安五年（一一四九）、美福門院の院号定における年預平忠盛の活動を見てみよう。この院号定については『本朝世紀』所載の「侍従大納言成通卿記」同年八月三日条に詳しいが、これによれば、内裏での院号宣下の後、右大臣藤原実行以下の公卿が院御所に参上している。そこで、鳥羽院は実行に「別当・判官代・主典代事」を命じ、実行はこのことを庁に下知するが、院の仰せは忠盛を介して実行に伝達され、実行の仰せも忠盛を介して下知がなされた。そして、この後、院司となった者が庭上に列して院・女院に拝賀を行ったが、ここでも忠盛は女院の申次となっている。忠盛は院司の代表として、女院や院の仰せを取り次ぎ、それを他の院司や庁へと伝える役割を務めていたのである。

次に殿上始は、女院が近臣である殿上人を任じ、主従関係の中枢となる殿上間を開設する儀式である。殿上始では殿上人だけでなく、院司も加補されることが多く、実質的に女院庁の本格的な始動を意味する重要な儀式であったと理解されるが、これも、たとえば正元元年（一二五九）、東二条院の殿上始では、「年預高経朝臣奉行」と見え、[15]年預が奉行を務めていたことがわかる。正治二年（一二〇〇）、宜秋門院の殿上始では、年預藤原長経の所役として①日給簡作成の日時勘文を筥に入れ女院に啓上、②殿上人交名を上臈院司から下され、庁に下知、③吉書を筥に入れ女院に啓上、といった活動が確認できるが、[16]これは正安四年（一三〇二）、陽徳門院殿上始での奉行藤原光方の場合もほぼ同じである。[17]光方は年預であったか明確ではないが、儀式における奉行＝年預とすれば、その所役は固定していたものとみていいだろう。院号定同様、殿上始でも年預が、女院と庁との間をつなぎ、院司の中心的位置にあったのである。

ただ、これについては、次のような例外にも注意したい。寛喜元年（一二二九）、鷹司院の殿上始では、吉書について「年預院司奏レ之、而年預範輔公卿之間、他院司奏レ之」とある。[18]このときは奉行も年預の平範輔ではなく、その子・範頼が務めていた。年預が公卿である場合、他の院司がかわって奉行を務めたのである。そもそも、建春門院年預であった藤原定隆について、藤原成頼は「雖二三位一尚年預也」と記しているから、[19]年預とは三位以上には不相応の地位という認識があったらしい。

また、年預が公卿でなくても、他の院司が奉行を務めているケースもあった。建久二年（一一九一）、宣陽門院の殿上始では、右の①〜③の所役を勤めたのは、年預源通具ではなく、右少弁藤原資実であった。[20]これは通具がこの時点では別当でなく、判官代であったためと思われる。というのは、これについて記した『山丞記』は、ここでの通具の行動について、なんら非難を加えていない。ところが、通具が別当に就任した後の女院初度御幸では、日時勘文や吉書を通具以外の院司が行っていることについて、「先例年預院司覧レ之歟」、「年預因州可レ覧二吉書一歟、而退出」と記し、年預が行うべきとの認識を示しているからである。[21]以上から考えれば、女院の年預とは本来、公卿ではない四位の別当であり、女院の運営する儀式もまた、四位別当によって実務が担われるべきとする認識があったことがわかるだろう。これは摂関家の家司が四位以下であったように、かかる儀式運営の実務執行が公卿には相応しくないと認識されたためと思われる。院の場合も、『吉記』文治四年（一一八八）一二月一九日条には、院御所移徙にさいしての吉書について「年預為二公卿一之間、度々用二他院司一也」とある。院もまた、儀式の実務は本来、四位別当である年預によって担われるのが基本だったのである。

2 女院執事

以上のように、女院の年預とは、単に経済的な役割を果たすのみならず、儀式の運営においても院司の中で中心的な役割を果たす存在であった。だとすれば、一方、執事とはどのような存在だったのだろう。そこで、これについても、ひきつづき女院庁の開設儀礼としての院号定・殿上始における役割について見てみよう。

そのため、ここではまず院執事の場合から確認したい。前述のように、院号定や殿上始では院司・殿上人交名が院庁に下され、その補任が行われた。これは院庁始でも同様であり、寛元四年（一二四六）、後嵯峨天皇の譲位について記した『葉黄記』同年正月二九日条によれば、このとき院司・殿上人交名は執事・土御門顕定に下され、自分の座において一見した後、顕定から年預・四条房名に下され、房名から院司交名は主典代に、殿上人交名は蔵人に下されている。これについて、記主の葉室定嗣は「建久或記、執事召二主典代一、直給二此折帋一、承久故殿（光親）御所為又如レ此歟、此条叶レ理歟」としているが、年預を介すにしろ、そうでないにしろ、ここで交名を下すのが執事の役割という認識があったことがわかる。

一方、問題は女院の場合である。前述した正安四年、陽徳門院の殿上始では、確かに院司・殿上人交名は後宇多院から奉行光方に与えられた後、執事である権中納言今出川兼季に下されている。ところが、これについて

『実躬卿記』同年七月二三日条には、次のような興味深い事実が見える。今回の殿上始は宣陽門院の例を用いて行われたので、執事兼季は宣陽門院執事通親の先例を踏まえようとしたらしい。だが、宣陽門院の場合、交名を下されたのは執事ではなく「上首之院司」であったというのである。実際、宣陽門院の殿上始について記した『山丞記』建久二年（一一九一）七月九日条を見ると、殿上人・蔵人交名について「資実賜レ之書二折紙一、覧二右府一即被二返下一」とあり、交名は執事の中納言源通親ではなく、院司のうち最上首にあたる右大臣花山院兼雅に下されていたことがわかる。また、鎌倉初期には宜秋門院の殿上始でも、院司交名は女院の弟・左大臣九条良経から「授二公卿院司上臈一、上臈召二年預別当長経朝臣一下レ之」している[22]。執事に交名が下されるというのは、本来は上首院司に下されるものだったと考えられるのである。なお、『実躬卿記』によれば、殿上始では執事はこのほか、日給簡作成の日時勘文や吉書の啓上に当たり、これを内覧している。これも『山丞記』によれば、宣陽門院のときには、後者を右大臣兼雅が勤めていることが確認される（ただし、前者は執事の通親）。かかる儀式は基本的には奉行である年預と上首院司を中心に進行されたのであり、執事については必ずしも所役が定まっていたわけではないと思われるのである。

　だとすれば、執事の職掌とは何だったのだろうか。宣陽門院の院号定・殿上始における執事・源通親の活動を見てみると、右に見たように日時勘文の内覧は確認されるものの、ほかには他の院司と異なった所役は見いだせない。だが、『山丞記』には、この院号定について、次のような事実が見える。院号定では、陣において院号宣下がなされ、年官年爵や御封をもとのごとくすること、院司を置くことなどが仰せ下される。だが、宣陽門院の場合、院司設置については宣下がなされなかった。これについて、右大臣兼雅は内大臣藤原忠親に「可レ置二院司一之由不レ被レ仰之由猶不審、左衛門督（通親）計申歟」と示したというのである[23]。ここでは通親の指示があったか、と推測するのみだが、宣下を仰せ下した摂政九条兼実の『玉葉』にも、通親と資実が兼実に「不レ可レ仰二院司一之由」示したとあるから確実である[24]。また、そもそもここで『玉葉』は通親について「今日之事、本家執行人」と言い、通親の指示を「本所命」と記している。通親は、儀式を進行する上首院司や奉行とは別のレベルで、儀式運営全体に関わる実権を有していたのである。

このような通親の宣陽門院主催の儀式への関与は、次の『玉葉』建久四年（一一九三）正月一日条も注目される。

殷富門・宣陽門両女院、可レ居二所々饗一之由、御後見等骨張、余加二制止一了、依レ為二未曾有違例一也、嘉承（父院喪、子帝、）・大治（鳥羽院喪、白河院、）・安元（故院喪、建春門院、）・治承（故院喪、高倉院、）等、皆以不レ居レ饗、而保元美福門院不レ居レ饗之由、有二豫議一（止レ居之由無二、所見一云々）、仍可レ居之由、道（通）親卿張行、隆房卿追二後非拠一歟、然而余仰二子細一停止了、此事、余雖二不レ可レ知事一、自二後院庁一被二催送一事也、仍尋沙汰也、

ここで元日の饗を設けるか否かが問題になっているのは、この前年三月に後白河院が没し、諒闇の期間であったためである。宣陽門院・殷富門院は饗を設けようとしたが、記主の関白兼実は「未曾有違例」と断じ停止させた。ここで注目されるのは、饗を設けるべきと主張した「御後見」こそ、通親とされていることである。このことは、通親が宣陽門院の「後見」として行事を行うか否かといった決定権まで掌握していたことを示すものだろう。また、ここでは通親がこのことを張行し、四条隆房は後に従ったとあるが、通親は宣陽門院の執事であったから、恐らく隆房は殷富門院の執事に当たるものと思われる。そして、だとすれば、隆房についても興味深い史料がある。この前年一一月九日、殷富門院は遁世したが、『女院御出家部類』には「今日事、前右衛門佐隆雅朝臣奉行、大都右衛門督（隆房）沙汰歟」とある[25]。隆房は奉行とは別に、仏事を沙汰する存在として記載されているのである。「沙汰」も「奉行」もよく似た意味で用いられるが、「沙汰」と「奉行」が並記される場合、「沙汰」は、家司や院司の行為よりも、権門自体の主体的な行為を指すことが多いようである[26]（『広辞苑』でも、「奉行」とは「上命を奉じ

て公事・行事を執行すること」であるのに対し、「沙汰」とは「主君または官府の指令・指図」とされている)。だとすれば、ここで殷富門院の遁世を沙汰すべきとされた隆房とは、単なる院司というより、女院の権限を代行する地位にあったというべきなのではないかと思われるのである。

さらに、このことを裏付けるものとして注目したいのが、次の正親町院の事例である。寛元元年(一二四三)、正親町院の院号定について、『増鏡』には「よろづ定通のおとゞ事おこなひ給」とある。[27]「定通のおとゞ」とは、通親の四男で、このとき前内大臣であった土御門定通である。定通は兄通宗の娘通子所生の後嵯峨天皇の後見となったことで知られるが、正親町院覚子内親王はその同腹の姉妹であった。残念ながら定通が執事であったことは確認できないが、「よろづ」「おこなひ給」という表現から考えれば、定通は宣陽門院の院号定における通親と同様、後見として「本家執行人」たる立場にあったものと理解していいだろう。そして、だとすれば、興味深いのが儀式における定通の位置である。『増鏡』には「院号のさだめはべるまゝに、陣より上達部みな引つれて、承明門院へまいる。おとゞはみすのうちにて、女房の事どもなど、しのびやかにおきてのたまひけり」とある。陣において院号宣下が終わり、上達部が本所である承明門院(定通義妹)御所に参ったところ、定通は御簾の内側にあって、女房のことなどを沙汰していたのである。定通が執事とすれば、執事とはやはり儀式においても、単なる院司の位置になかったといえる。後見たる執事とは、院司というよりも、むしろ女院の側に位置しており、女院の権限を補佐、代行する存在だったのである。

3 執事と年預の関係

以上のように、女院の場合、年預とは儀式経営の実務を行う存在、執事とは女院の権限を補佐・代行して院司に指示を行う存在であることを明らかにした。このように、執事と年預とは、その職掌を全く異にする存在であったと考えられるが、従来の院司研究では、同一人物が執事・年預のどちらにも見える事例から、執事と年預との兼任が指摘されてきた。たとえば、髙橋昌明は、執事は公卿別当・四位別当の二名おり、このうちの四位別当が年預であったと述べている[28]。また白根靖大も、執事は二名で、そのうち一名が年預であったが、髙橋のいうように四位別当とは限らなかったという。果たしてこのようなことはあったのか、女院司の場合で検証してみよう。

実は女院の場合も、史料上、同一人物が「執事」とも「年預」とも見える事例はよくあることである。たとえば、藤原盛頼は『玉葉』承安元年（一一七一）一二月一四日条に「女院執事院司也」、同三年一〇月五日条に「彼院年預別当」と見える。「女院」「彼院」とは、いずれも建春門院である。この場合、「年預」と見える方が後であるから、年預から執事になったと考えることは不可能である。では、これは髙橋・白根のいうように、執事が年預を兼任していたことを示すのだろうか。

このことについて考える上で、興味深いのが次の史料である。

一近江守実清当時宮中執事也、而位為二五品一補二判官代一可レ為二執事一歟、将雖レ為二五位一可レ補二別当一歟、又臨時叙二四位一可レ為二別当一歟事《ママ》、但判官代執事不レ聞事歟、又於二五位別当一者殊被レ撰レ人之由、故院御時承レ之事也、為レ補二別当一臨時四品、不レ可レ忘二然事一歟、只今執事別当無二最要一、逐二便宜一之時、叙二四位一可レ叙二別当一歟者、

（『成頼卿記』応保元年（一一六一）一二月一四日条＝『歴代残闕日記』）

右は暲子内親王（八条院）の院号宣下に当たり、奉行蔵人藤原重方が権大納言藤原光頼に問い合わせた内容の一部で、藤原実清の処遇を問題とした部分である。実清については石井進・五味文彦の研究に詳しいが[29]、暲子内親王の乳父で、女院家政の実力者であったことが知られる。その実清について、ここでは「当時宮中執事」であったが、位階が五位であったために、院司としての待遇が問題になったのである。これに対し、ここでは、①五位

官職	補任	典拠
		『中右記』寛治8（1094）4・9
		『中右記』大治4（1129）7・8
皇后宮亮	久安5（1149）10・2	『兵範記』同日条
	治承元（1177） 治承2（1178）3・11	『玉葉』同年10・13 『玉葉』同日条
近江守 丹後守		『山丞記』建久2（1191）7・9 『玉葉』建久7（1196）1・10 『明月記』正治元（1199）8・10
 左京大夫	嘉応元（1169）4・12 嘉応元4・19	『成頼卿記』同日条 『兵範記』同日条 『玉葉』承安3（1169）10・5
右馬頭		『吾妻鏡』建久6（1195）3・9
因幡守	建久2（1191）・7・9	『山丞記』同日条 『明月記』建久3・3・14 『明月記』嘉禄2（1226）2・25 『明月記』嘉禄2・3・4 『明月記』嘉禄2・4・26 『明月記』嘉禄3・壬3・6
前丹後守	正治2（1200）6・28	『玉葉』同日条 『明月記』嘉禄3・5・9
		『明月記』建仁3（1203）9・29 『陽龍記』寛元4（1246）2・16
頭右大弁	建永2（1207）6・9	『明月記』同日条
 治部卿 散位	 寛喜2（1230）8・21 天福元（1233）6・5	『平戸記』寛喜2（1230）8・21（院宮御移徙部類記） 『明月記』同日条 『明月記』同日条
大宰大弐		『明月記』貞永2（1233）2・9（辞任）
	寛喜元（1229）6・20	『民経記』同日条
修理大夫		『民経記』天福元・4・19
前権中納言 右中弁	 文永11・4・15	『兼仲卿暦記』文永11（1274）4・15 同上 『勘仲記』弘安6（1283）10・9
前中宮亮 権中納言	正元元（1259）12・19	『民経記』同日条 『東二条院御落飾記』正応6（1293）6・7 『勘仲記』正安2（1300）1・10
右少弁		『公衡公記』弘安6（1283）8・13
		『勘仲記』正安2（1300）1・10
		『勘仲記』正安2（1300）1・10
右中弁 民部大輔	正安3（1301）3・19 乾元元（1302）冬	『実躬卿記』同日条 『昭訓門院御着帯記』乾元2（1303）1・23 『昭訓門院御着帯記』乾元2・1・23
  前右中弁 前尾張守	乾元元・7・23 貞和3・6・1	『実躬卿記』同日条 『園太暦』貞和3（1347）6・1 同上 同上
	正慶2（1333）5・20	『花園天皇宸記』同日条
	応永32（1425）7・29	『薩戒記』同日条

3：「執権」は『東二条院御落飾記』正応6年（1293）6月7日条に「執権年預」と見えることから、年預に分類し、名前の後に（執）を付した。

4：表記の順番は女院号宣下の順による。

表　女院執事・年預一覧

女院	執事	門流（家名）	官職	年預	門流（家名）
郁芳門院	橘　俊綱（*）	橘氏	修理大夫		
待賢門院	藤原顕隆（*）	高藤流（葉室）	権中納言		
美福門院				平　忠盛	平氏高望流
皇嘉門院	藤原経家（*）	末茂流（六条）	中務権大輔		
	藤原基輔（*）	末茂流	美作守		
八条院				藤原実清	末茂流（八条）
				藤原長経	末茂流（八条）
	源　通資	村上源氏（唐橋）	権大納言		
建春門院	平　時忠	平氏高棟流	右衛門督		
				藤原定隆	良門流
				藤原盛頼	末茂流
七条院				藤原信清	道隆流（坊門）
宣陽門院				源　通具	村上源氏（堀川）
	源　通親	村上源氏	中納言		
	藤原公房	公季流（三条）	太政大臣		
	藤原公継	公季流（徳大寺）	左大臣		
				藤原家衡	末茂流（六条）
	藤原公房	公季流（三条）	前太政大臣		
宜秋門院				藤原長経	末茂流（八条）
	源　兼時（*）	醍醐源氏	修理権大夫		
承明門院				藤原隆衡	末茂流（四条）
	源　通忠	村上源氏（久我）	権大納言		
修明門院	藤原公継	公季流（徳大寺）	大納言	藤原光親	高藤流（葉室）
北白河院				藤原家時	頼宗流（持明院）
				平　親長	平氏高棟流
				藤原家信	師実流
安嘉門院				藤原光俊	長家流
鷹司院				平　範輔	平氏高棟流
藻璧門院				藤原資頼	高藤流（葉室）
室町院				藤原経光	内麻呂流（勘解由小路）
				藤原兼頼	内麻呂流（勘解由小路）
	源　基具	村上源氏（堀川）	大納言		
東二条院	藤原公持	公季流	権大納言	藤原高経	高藤流（吉田）
				藤原俊定（執）	高藤流（坊城）
				藤原資冬（執）	内麻呂流（日野）
今出河院				藤原俊定	高藤流（坊城）
遊義門院				藤原資冬（執）	内麻呂流（日野）
永福門院				藤原資冬（執）	内麻呂流（日野）
昭訓門院	源　通重	村上源氏（土御門）	権大納言	藤原定資	高藤流
	藤原公顕	公季流（西園寺）	権大納言		
				藤原長隆	高藤流（葉室）
陽徳門院	藤原兼季	公季流（今出川）	権中納言		
達智門院	藤原公賢	公季流（洞院）	前左大臣		
				平　親名	平氏高棟流
				平　親兼	平氏高棟流
礼成門院				藤原為治	高藤流（中御門）
光範門院				藤原資宗	内麻呂流（日野西）

注１：便宜上、史料に見える表記により分類した。「執行」「大別当」は執事に分類している。
　２：史料上「執事」「執行」などと表記されるが、検討を要するものについては名前の後に（*）を付した。

なので判官代に補して「執事」にする、②五位ではあるが別当にする、③臨時に四位に叙し、別当にする、④別当に補し、後日四位に叙す、⑤便宜のときに四位に叙し、別当とする、という五通りの案が示されている。ここから、五位が判官代相当であること、一方「執事」が四位別当であるべきと認識されていることがわかるだろう。

では、ここに見える「執事」とは何だろう。すでに槇道雄はこの記事について注目するとともに、一方で実清が同時期の記録に「大宮年預」と記載されていることから、(30)「執事と年預が混同して使用されている」と述べている。(31)従うべき見解ではあるが、これだけではまだ執事と年預が兼任である可能性も残る。そこで、再び注目したいのが、『山丞記』建久二年七月九日条の宣陽門院殿上始の記事である。実は、ここには年預通具について「年預、本判官代、代々今夜補㆓別当㆒、左衛門督（通親）被㆑示曰、八条院々号之時、実清依㆑為㆓年預㆒補㆓別当㆒云々」という注記があるのである。ここで重要なのは傍線部である。『成頼卿記』では、八条院の院号宣下にさいして、実清を「執事」とした上で、別当に補すか、判官代に補すかが問題になっていた。ところが、ここでは同じ内容について、実清を「年預」とし、別当に補任したといっているのである。これは通具が五位ながら年預に補任された前例として語られている。さらに通具の場合、かれとは別に執事通親の存在が確認できるので、ここから考えれば、『成頼卿記』に記された「執事」とは、年預をさすものであり、執事ではあり得ないことがわかるだろう。

そして、だとすれば、このことは八条院の院号宣下の段階では、いまだ執事の制度が確立していないことを示すものでもある。というのは、年預に関しては『成頼卿記』では、実清が年預であるため別当であるべきとか、四位であるべき、とされているのであるから、それが「執事」と称されようとも、年預に相当するポストは制度的に確立していたことになる。ところが一方、執事に関しては、年預が「執事」と称されたのであるから、この段階でそれとは別に執事という地位があったとは理解しにくいからである。つまり、女院の場合、院政期、同一人物が「執事」とも「年預」とも見られるのは、鎌倉期以降の年預につながるもので、両職を兼任しているわけではない。執事のポストはこれとは別に遅れて成立するのである。それでは、かかる執事の地位とはそもそも何に由来し、執事制度はなぜ成立するのか。次節ではこのことについて考えていきたい。

二　女院執事の成立

1　女院執事の淵源

女院司において、年預とは実務責任者であり、執事とは女院を補佐・代行する存在であった。筆者は以前、摂関家の政所執事について、摂政・関白という職務に関わった実務を担う存在であることを指摘した。また、白根靖大も院執事について、院中の実務責任者であったとした。一方、「はじめに」で紹介したように、五味文彦は幕府執事について後見としての役割を果たす存在としていたが、女院の場合、執事の実態は、筆者や白根が明らかにしたものより、むしろこちらに近いといえるだろう。乳父が養君の後見として執事となったとする秋山喜代子の説に対し、白根は執事とは、あくまで「院政支配を支えた一役職」であったことを強調し、実務責任者としての能力によって任じられるものであって、乳父などの個人的な関係によって任じられるものではなかったことを示唆している(32)。しかし、女院の場合、少なくとも鎌倉前期まで、儀式において執事にはとくに決まった所役は見いだせない。四位別当がなるべき、などと認識されていた年預とは異なり、執事には補任に関する規定も見当たらず、制度的な役職であったとは考えにくいのである。では、執事とは、いかなる立場をもって女院の後見となり、その権限を代行したのだろう。

そこでまず、秋山の論じた乳父から見ていこう。後白河院の乳父信西やその子たちが院近臣として権勢をもったように、院政期には乳父やその一族が養君の側近集団として影響を有していた事例は珍しくない。女院についても、八条院の乳父であった藤原実清とその子・長経が女院中の実権を掌握していたことはよく知られている。だが、女院の場合、具体的に乳父と養君の関係をもって執事に任じられているという事例は確認できない。むしろ、前述のように、実清は「宮中執事」と見えるものの、その実態は年預につながるものであった。だとすれば、このことは女院においては、乳父＝執事とはいえないことを意味するだろう。しかも、八条院の場合、庁年預として藤原親忠が確認できるが[33]、かれは八条院の母・美福門院の乳父であった。乳父として養君たる女院に影響力をもったとしても、それが院司としての地位のあり方にまで直接つながるわけではなかったのである。

　このように、女院の乳父であることと執事に直接の関係がなかったとすれば、執事とは誰が任じられたのだろう。つづけて女院と執事の関係について見直してみると、改めて注目されるのは女院の近親者の存在である。『成頼卿記』嘉応元年（一一六九）四月一九日条は、この日、院号定の行われた建春門院の院司について、別当六人・判官代四人・主典代二人の計一二人のリストを記載しているが、このうち右衛門督平時忠に「傍親、可㆑為㆓執事㆒云々」との注記がある。いうまでもなく時忠は、建春門院の実兄であり、「傍親」でもあった。この事例は女院執事が確認される事例としては管見の限りもっとも早いが、建春門院には時忠と別に右京大夫藤原定隆が年預として確認できるから、前節で見た八条院年預藤原実清のように、「執事」と称されていても実際は年預ということはあるまい。八条院の院号宣下では執事の存在は確認できなかったが、八年後の建春門院では近親者が執事として確認できるのである。

　もっとも、宣陽門院執事の源通親が女院の近親者ではないように、このあとの執事はつねに近親者とは限らない（四二～四三頁の表を参照）。だが、ここで注目したいのは摂関家出身の女院の経営である。摂関家では、九条兼実が姉である皇嘉門院の経営に関与し、その嫡子良経が姉・宜秋門院の経営に関与する、というように、女院の経営に近親者が深く関わっていることが知られている。皇嘉門院の経営と兼実の関係について考察した野村育世は、女院が主体的な経営を行っていたこと、兼実はあくまで女院の命令によって実務に携わるのみであったことを明らかにした[34]。そして、兼実が女院経営に関与した理由として、「兼実が皇嘉門院の弟で、かつ猶子として、すなわち皇嘉門院領の相続権を有する立場の人間として、女院の経営に参加していたゆえであろう」と指摘する。だが、女院執事について見た上で、皇嘉門院の経営における兼実の役割を見直すと、かなり執事と共通していることに気づくのである。

たとえば、ここではまず、年預の補任に注目しよう。『玉葉』治承二年（一一七八）二月一二日条には「参二女院御方一、申二経家朝臣執臣辞退事一、仰云、可レ仰二基輔朝臣一者」、同年三月一一日条には「今日召二基輔一、仰女院執臣事」とある。ここには「執臣」とあるが、辞任した藤原経家の後任となった藤原基輔は、前月六日の叙位で従四位下に叙されたばかりであった[35]。年預が四位のポストと認識されていたことから考えれば、この「執臣」とは年預のことと考えるのが自然だろう。兼実は女院の命により年預補任の手続きを行っていたのである。だが、実は同様のことが執事によって行われていた事がわかる事例がある。時期は下るが、貞和三年（一三四七）、洞院公賢は達智門院から「年預事、可レ被レ補二親兼一、可二下知一」という女房奉書を賜り、年預補任の御教書を女院庁と、年預に補任された平親兼本人に下した[36]。これについて公賢は「是彼院事、予為二大別当一申沙汰也、仍有二此仰一」と述べているが、「大別当」とは執事のことであるから[37]、公賢は執事であるゆえに年預補任の実務を執り行ったことがわかるだろう。

また、儀式における役割も同様である。承安元年（一一七一）、兼実は皇嘉門院の仏名において、奉行の判官代藤原光経を召して「事具否」を問い、光経が「具了之由」申すと、「可レ打レ鐘」と仏事開始を命じている[38]。一方、弘安六年（一二八三）、安嘉門院の五七日法事は室町院の沙汰として行われたが、奉行院司の勘解由小路兼仲は、参加者がほぼ全て参入すると、女院執事堀河基具のもとに行って「事具由」を申している[39]。皇嘉門院において、兼実は執事の位置にあったと考えられるのである。

しかも、このような近親の経営関与は、皇嘉門院だけではなかった。待賢門院では、兄の藤原実行が女院の経営に深く関わっていた。大治四年（一一二九）、白河院没後に待賢門院が行った仏供養は「是別当（実行）之申行也」とされている[40]。また同年、源師時は別当に補任されたが、これも「補㆓別当㆒由、右衛門督（実行）所㆑被㆓仰下㆒也」という[41]。儀式運営や院司補任の手続は女院近親の院司によって行われていたのである。実行は鳥羽院にとっても母方の従兄弟で、執事でもあった[42]。野村は、兼実が皇嘉門院領の相続人としての立場で、女院の経営に関与したとしているが、近親による経営関与とは兼実のみに特別なものではなかったのである。以上から考えると、執事とは、本来的には、このような近親者による女院の補佐・代行機能を継承したものであったと理解できるだろう。

2　画期としての宣陽門院

それでは、なぜ、このような近親者による女院の補佐・代行の役割が、執事という院司の一ポストに転化していくことになるのだろう。筆者はこのことについて、女院制自体の変化に起因するものであったと考える。

前項では、女院において、執事を明確に確認できる初見が建春門院であることを指摘したが、最初に近親者以外の人物が執事と確認できるのは、宣陽門院の事例である。宣陽門院の執事となったのは源通親であり、前節で見たように、かれはまさに女院の後見人として女院を補佐した。だが、そもそも、なぜ宣陽門院は近親者でもない通親の後見を必要としたのだろう。このことこそ、女院執事成立の鍵になる問題のはずである。

そこで、改めて女院の側の問題に注目してみると、いくつかの理由がすぐに見付けられる。まず、一つは宣陽門院（覲子内親王）が、内親王であっても、有力な外戚を持たない存在であった、という点である。周知のように覲子は、後白河院と、愛妾・丹後局こと高階栄子との間に生まれた皇女である。丹後局の父は澄雲という延暦寺僧であったから、[43]覲子には外戚などないに等しい。ただし、丹後局は、もともと後白河近臣であった平業房の妻で、業房没後、院の寵愛を得たものであったから、覲子には、丹波と業房との間に生まれた異父兄弟の存在があった。長田郁子によれば、宣陽門院は、その殿上人に異父兄弟の平業兼・藤原教成（藤原実教養子）を登用したとされているが[44]、かれらは院号宣下時には、五位程度であったから[45]、やはり有力な近親者とは言いがたい。建春門院や皇嘉門院の場合と異なり、宣陽門院には、彼女を補佐・代行しえる近親者が存在しなかったのである。

そして、もう一つは彼女自身の政治的性格である。建久三年（一一九二）、後白河が没すると、六条殿や長講堂領といった莫大な院領の多くが宣陽門院によって伝領され、彼女の存在は丹波局をはじめとする旧院勢力の中核になっていく[46]。だが、彼女はこうした政治的に重要な位置にありながら、一方で女院としては、従来の女院より政治的権威を欠いた、不完全な存在であった。というのは、宣陽門院以前の女院は、天皇の母（国母）か后位にあることを女院宣下の原則としていた。郁芳門院以降は、不婚内親王が天皇の准母として立后するようになり、八条院は初めて立后を経ずに准母として女院となった。ところが、宣陽門院の場合、彼女は天皇の母でも后位にもなく、准母でもなく、初めて准三宮という資格だけによって女院号宣下を受けたのである[47]。

宣陽門院の院号宣下は、先行研究では、橋本義彦や野村育世によって院号宣下対象者の拡大として注目され、女院制の段階を画するものとして評価されてきた[48]。しかし、橋本も述べているように、こうした院号宣下対象者の拡大は、「概ね太上天皇に准じ、后宮に勝るとも劣らぬもの」であった女院の地位や待遇を、それだけでは「いちがいに律し切れないもの」とするものでもあった[49]。橋本が引用する『百錬抄』応保元年（一一六一）一二月一六日条によれば、八条院の院号宣下にさいし、太政大臣藤原伊通は「只院号ハ不ㇾ可ㇾ貴㆓於后位㆒事也」と述べたという。つまり、女院といっても、ただ院号があるだけでは、后位より下に見なされるだけだったのである。このことは、一大荘園領主とはいえ、国母でもなく后位にもない、宣陽門院のような女院にとってまさにアキレス腱となる問題であった。

このような政治的権威の欠落は、女院にとって、その家政運営のあり方に直接響くことにもなりかねない。ここでは、とくに御給の申請に注目してみよう。年官・年爵といった御給の申請が、女院と院司の関係を結びつける媒介として機能していたことは、永井晋の研究にくわしいが[50]、氏によれば、給主のもつ権利はあくまで申請権であって、御給申文が給主から太政官に渡された後も、太政官において審査が行われたため、ここに権力者の口入や介入が入ることがあり、ここで任人改変にいたる場合もあったという。正治二年（一二〇〇）、九条兼実は家人・藤原能季の加階を八条院に申請したが、このさい、九条家は、もと兼実の年預で、このときは後鳥羽院の執事となっていた権中納言藤原宗頼を通じて院への申し入れを行っている[51]。御給といえども、思うとおりの結果を得るには、権力中枢につながるコネクションや政治的力量が必要なのである。

かかる状況を考えれば、宣陽門院が通親を執事とした理由とは、まさに通親を通じて権力中枢とつながり、本来准三宮にすぎない自身の政治力をカバーするという点にあったと思われる。確かに宣陽門院の場合、後白河院生存時は、彼女自身が権力中枢にあったといっても過言でない。しかし、後白河は彼女が院号宣下を受けた翌年には没している。後白河に代わって後鳥羽の治世となると、宣陽門院は後鳥羽にとって、父の異母妹でしかなく、『吾妻鏡』建久四年（一一九三）九月七日条には「宣陽門院、当時無人也」とまでいわれている。一方、通親は後白河の側近であったが、後鳥羽院政でも執事となるなど、「院中申二行諸事一之人也」と称された[52]。橋本義彦は、通親の宣陽門院執事就任について、「通親は新女院の院中を自家の廷臣で固め、それを足場にして法皇および丹後局との結びつきを不動のものとしたのである」と評したが[53]、宣陽門院や丹後の側にも、通親を執事にすることで、政権中枢との結びつきを維持するという目的があったのである。そして、だとすれば宣陽門院以降、女院執事が一般化するのも、宣陽門院を画期として准三宮女院が一般化することに関係があるのではないだろうか。すでに第一節でもふれたように、正安四年（一三〇二）、陽徳門院の殿上始は、彼女が准三宮であったこともあり、「毎レ事被レ用二宣陽門院例一」とされているが、ここでは「其時執事別当通親公」というように、執事が誰であったかまでが問題となっている。宣陽門院の事例が先例として踏襲されるとともに、執事制度も先例として後世の女院へと引き継がれていく。こうして女院執事は制度として一般化していったのではないかと考えるのである。

おわりに

以上、本稿では、女院司のポストである執事と年預の地位に注目し、女院制の変質について考察してきた。女院庁において、儀式運営などの実務を統括するのは年預の役割であり、執事とは女院を補佐、代行する位置にあった。また、執事の存在は平安末期以前では確認されず、年預より遅れて確立したと考えられる。女院を補佐・代行するという執事の役割とは、本来は女院の近親者によって担われる機能であった。鎌倉期以降、女院号宣下の対象者が拡大する一方で、彼女らの政治的権威は前代の女院と同格というわけにはいかず、このことが女院の活動にも大きく影響を与えることになった。ここに女院は後見として有力貴族を執事に任じ、政権中枢とつながることで、自らの政治力を補おうとしたのである。

ところで、最後に、女院の執事・年預と、院との関係はどのようになっていたのだろう。女院研究において、女院が院から自立した存在であったのか否か、という問題は大きなテーマの一つである。[54]細かい分析は今後の課題としたいが、女院の院号定や殿上始の事例を見ると、院司が院の命によって補任されたり、院司・殿上人の交名も院のもとで執筆される場合[55]も多く、女院司の選定にさいし、院の影響がなかったとは考えにくい。だが、一方で嘉禄二年（一二二六）、宣陽門院は養女藤原長子（のちの鷹司院）を入内させようとして、それに不快の意を示した執事三条公房を罷免して、知行する荘園を全て改易している。[56] 鎌倉前期においては、女院側も独自に院司の任免権をもち、その経営を維持していたのは事実であろう。

ところが、鎌倉末期になると、こうした状況は確実に変化している。『公衡公記』永仁六年（一二九八）七月二二日条は、この日譲位した伏見上皇の院司のうち、判官代の左少弁坊城定資を「年預」と記載し、「父卿俊光一院年預也、今被レ渡二此御方一、公卿不レ可レ然之間、以二資冬一被レ補レ之、一院年預被二還補一、別被レ仰畢」と注記を付している。[57] 定資の父は前権中納言俊定で、このとき現任権中納言の日野俊光とは別人物であるから、本文と注記との関係ははっきりしない。だが、注記に従えば、日野俊光が一院（後深草）の年預で、新院でもかれが年預に補任されようとしたこと、しかし、俊光が公卿であったので息子の資冬が新院年預になり、俊光は一院年預に戻ったことがわかるだろう。だとすれば、注目されるのが、かれらと女院との関係である。四二～四三頁の表を見ればわかるように、資冬は東二条院・遊義門院・永福門院の執権として確認できる。東二条院は後深草の皇后、遊義門院はその皇女、永福門院は伏見の皇后であるから、俊光が後深草の年預、資冬が伏見の年預とすれば、この時期、持明院統の実務が俊光―資冬の父子に掌握され、一体化していたことがうかがえる。白根は、両統迭立期に各皇統の一院・新院の執権が同一人物になっていたことを指摘して、「執権もまた皇統単位でとらえられていた」と述べているが、[58] 女院もここに含まれるものであったことがわかる。両統迭立期、各皇統の経営は一体化を強め、女院の経営もここに吸収されていったのである。

注

（1）五味文彦「執事・執権・得宗」（『吾妻鏡の方法――事実と神話にみる中世――』吉川弘文館、一九九〇年。初出は一九八八年）。

(2) 秋山喜代子「乳父について」(『史学雑誌』九九編七号、一九九〇年)。
(3) 中原俊章「諸寮司年預の成立と展開」(『中世王権と支配構造』吉川弘文館、二〇〇五年。初出は一九八七年)。
(4) 拙稿「摂関家政所執事の成立と展開」(『史学雑誌』一一六編二号、二〇〇七年)。
(5) 橋本義彦「院評定制について」(『平安貴族社会の研究』、吉川弘文館、一九七六年。初出は一九七〇年)。
(6) 白根靖大「院司の基礎的考察」(『中世の王朝社会と院政』吉川弘文館、二〇〇〇年。初出は一九九二年)。
(7) 注(4)前掲拙稿。
(8) 『拾芥抄』中・院司部第八(『新訂増補　故実叢書』)。
(9) 金子和夫「女院司についての一試論――八条院司を中心に――」(竹内理三編『荘園制社会と身分構造』校倉書房、一九八〇年)。このほか、永井晋「十二世紀中・後期の御給と貴族・官人」(『國學院大学大学院紀要』一七号、一九八六年)、野村育世「皇嘉門院の経営と九条兼実」(『早稲田大学文学研究科紀要』別冊第一四集、一九八七年)、細谷勘資「内麿流藤原氏の台頭と摂関家・女院――藤原資長・兼光を中心として――」(細谷勘資遺稿集刊行委員会編『中世宮廷儀式書成立史の研究』勉誠出版、二〇〇七年。初出は一九九〇年)、同「末茂流藤原氏に関する一考察――皇嘉門院と九条兼実との関係を中心として――」(『藝林』四〇巻一号、一九九一年)、長田郁子「鎌倉前期における宣陽門院の動向とその院司・殿上人について」(明治大学大学院文学研究科『文学研究論集』二二号、二〇〇五年)など。
(10) 槙道雄「院領荘園関係申請雑事の処理形態」(『院政時代史論集』続群書類従完成会、一九九三年)。本郷恵子「院庁務の成立と商工業統制」(『中世公家政権の研究』東京大学出版会、一九九八年。初出は一九八八年)。
(11) 『平戸記』寛喜二年八月二一日条(『院宮御移徙部類記』)。
(12) 『民経記』寛喜三年二月一八日条。親長の一件に関してはすべて同史料による。
(13) ここで尊性が仲介に入ったのは、かれが北白河院の実子であることとともに、幕府との関係が密接で、当該期の政界にも影響力をもっていたためと思われる。尊性については、高橋慎一朗「尊性法親王と寺社紛争」(『遙かなる中世』一九号、二〇〇一年)参照。
(14) 院号定については、橋本義彦「女院の意義と沿革」(『平安貴族』平凡社、一九八六年。初出は一九七八年)、高松百香「平安貴族社会における院号定――女院号の決定過程とその議論――」(服藤早苗編『女と子どもの王朝史――後宮・儀礼・縁――』森話社、二〇〇七年)を参照。

(15)『民経記』正元元年（一二五九）一二月二〇日条。
(16)『重長朝臣記』正治二年一〇月一九日条（『大日本史料』第四編之六。以下同じ）。
(17)『実躬卿記』正安四年七月二三日条。
(18)『民経記』寛喜元年六月二〇日条。
(19)『成頼卿記』嘉応元年（一一六九）四月一九日条（『歴代残闕日記』）。
(20)『山丞記』建久二年七月九日条（『大日本史料』第四編之三。『山丞記』は以下同じ）。
(21)『山丞記』建久二年七月一三日条。
(22)『重長朝臣記』正治二年一〇月一九日条。
(23)『山丞記』建久二年六月二六日条。
(24)『玉葉』建久二年六月二六日条。
(25)伏見宮御記録（『大日本史料』第四編之四）。
(26)たとえば、『兵範記』保元二年（一一五七）二月一日条には、最勝金剛院修二月について「為皇嘉門院御沙汰、院司李兼朝臣奉行之」、『吉続記』文永九年（一二七一）一〇月七日条には、土御門院御八講について「此御八講旧院沙汰也」「御八講奉行公卿院司也」とみえる。
(27)『増鏡』第五「内野の雪」附載。テキストは『新訂増補国史大系』による。
(28)髙橋昌明『清盛以前――伊勢平氏の興隆――増補・改訂版』（文理閣、二〇〇四年。初版は平凡社、一九八四年）、二〇一頁。
(29)石井進「源平争乱期の八条院領――「八条院文書」を中心に――」「源平争乱期の八条院周辺――「八条院文書」を手がかりに――」（ともに『石井進著作集』第七巻、岩波書店、二〇〇五年。初出はいずれも一九八八年）。五味文彦「八条院をめぐる諸権門」（『日本中世政治社会の研究』續群書類従刊行會、一九九二年）、「八条院関係紙背文書群」（『国立歴史民俗博物館研究報告』四五集、一九九二年）。
(30)『為親朝臣記』応保元年一二月一六日条（東山御文庫本『院号定部類記』。『皇室制度史料』后妃五）。
(31)注(10)槇前掲論文（引用部分は前掲書、二四九頁）。
(32)注(6)白根前掲論文。
(33)「御幸始次第」（『洞院家記』一〇＝『古事類苑』官位部二〇）。

(34) 注(9)野村前掲論文。
(35) 『玉葉』同日条。
(36) 『園太暦』貞和三年六月一日条。
(37) 『名目抄』。
(38) 『玉葉』承安元年一二月一三日条。
(39) 『勘仲記』弘安六年一〇月九日条。
(40) 『長秋記』大治四年七月二〇日条。
(41) 『長秋記』大治四年八月一六日条。
(42) 『葉黄記』寛元四年正月二九日条。
(43) 『尊卑分脈』高階氏。丹後局については、上横手雅敬「丹後局と丹波局」(『鎌倉時代——その光と影——』吉川弘文館、一九九四年。初出は一九七二年)、西井芳子「若狭局と丹後局」(古代學協會編『後白河院——動乱期の天皇——』吉川弘文館、一九九三年)を参照。
(44) 注(9)長田前掲論文。
(45) 建久二年六月二六日、宣陽門院院号宣下の時点で、平業兼は正五位下民部権大輔、藤原教成は正五位下右兵衛佐(『公卿補任』元久二年項)。
(46) 宣陽門院をめぐる政治状況については、上横手雅敬「式子内親王をめぐる呪詛と託宣」(『古代文化』五六巻一号、二〇〇四年)にくわしい。
(47) 宣陽門院の院号宣下については、橋本義彦『源通親』(吉川弘文館、一九九二年)にくわしい。
(48) 橋本義彦「女院の意義と沿革」(『平安貴族』平凡社、一九八六年)。野村育世「家族史としての女院論」「不婚内親王の准母立后と女院領の伝領」(ともに『家族史としての女院論』校倉書房、二〇〇六年)。
(49) 注(48)橋本前掲書、一五一頁。
(50) 注(9)永井前掲論文。
(51) 『明月記』正治二年正月六日条。
(52) 『猪隈関白記』建仁二年(一二〇二)一〇月二一日条。
(53) 注(47)橋本前掲書、一一四頁。

(54) たとえば、待賢門院の院司は鳥羽院の仰せにより補任された（東山御文庫本『院号定部類記』所収『長秋記』天治元年（一一二四）一一月二四日条＝『皇室制度史料』后妃五）。

(55) たとえば、建礼門院の場合、院司交名は後白河院の御前において平時忠が執筆し、後白河は奉行の元中宮亮平通盛を召して交名を下している（『吉記』養和元年（一一八一）一一月二五日条）。

(56) 『明月記』嘉禄二年二月二五日条。

(57) 徳仁親王・木村真美子「〈史料紹介〉西園寺家所蔵『公衡公記』」（『学習院大学史料館紀要』一〇号、一九九九年）。

(58) 注(6)白根前掲書、三二頁。

後鳥羽院政期の在京武士と院権力——西面再考——

長村祥知

【要旨】 本稿は、院政期在京武力の展開史上に後鳥羽院政期を位置づける視角から、鎌倉前期における在京武士の特質と、後鳥羽による軍事動員および権門武力組織を論じるものである。

鎌倉前期の在京武士につき、従来は在京する西国守護に関する研究が主であった。鎌倉時代の京武者については未解明な点が多く、在京御家人についても、なお考察の余地はある。また、従来、後鳥羽による御家人動員の根拠として、西面などの院の権門内の武力組織や、守護制度の公的性格が重視されてきた。それに対して本稿では、院の公権力にも注意して軍事動員の実態を解明した。また、既往の西面の理解の見直しを試みた。

まず、在京武士の武力と存在形態を考察した。京武者は、院政期的な存在形態を維持し、京のみを基盤としていた。一方、在京御家人は、京のみならず鎌倉をも基盤とし、一族で活動を分担していた。後鳥羽院政期の在京武士の主力は、京・西国に重心を置き、守護等として西国に強固な支配を樹立しえた有力な在京御家人である。京武者の武力には限界があった。後鳥羽の武力は、在京御家人に武力基盤を分与して在京奉公を推奨する鎌倉幕府を、必須の要素として組み込んでいた。

次に、後鳥羽による軍事動員と権門武力組織を考察した。後鳥羽は、公権力によって在京武士を動員しえた。後鳥羽の権門武力組織は、軍事動員の必須の前提ではなく、強大な院権力の表れといえる。大規模軍事動員のさいの史料に記される「西面」は、有力な在京御家人とは別に、個々は弱体な武士が編成された部隊と考えられる。後鳥羽は、在京御家人を西面等に組織してゆくと共に、藤原秀康などの在京御家人以外の武士をも育成し、その一部を「西面」として大規模軍事活動に起用した。

後鳥羽による在京武士の動員は、基本的に、院政期以来の院権力による在京武士動員の延長上にある。ただし、後鳥羽院政期在京武士の武力の構成は、院政期とは大きく異なっている。後鳥羽はその上で新たに「西面」を組織したのである。

はじめに

本稿の課題は、鎌倉前期における在京武士の存在形態と、後鳥羽院による在京武士の動員・組織の特質を論ずることにある。

承久三年（一二二一）、後鳥羽院が、皇統を背後に持たない武士勢力に敗北し、隠岐に流された。この承久の乱の先行研究で中心的課題とされてきたのは、鎌倉幕府の成立後にあって、後鳥羽が武士、とりわけ多くの西国守護を動員しえた理由の解明であった。

諸説の中で、今日にいたる研究史の基礎となったのは、在京御家人に注目した上横手雅敬の研究である。上横手は、近国守護であり、洛中警固を担った後藤基清等の在京御家人を、後鳥羽が北面・西面や検非違使に組織していたことを重視した(1)。そして、後鳥羽は守護個人を組織しながらも、守護の管国の御家人は組織しえなかったとし、承久の乱は権門後鳥羽に対して公権力である幕府の守護―御家人制が勝利したと論じたのである(2)。

その後、上横手は、本格的論証は伴わないものの、「近国守護―御家人の体制が、諸国守護の一環である以上、彼らに対する命令者は、鎌倉殿でも院でもよい筈」とし、院の権門的側面を重視した過去の自説の見直しを示唆した(3)。

かかる守護制度の公的性格という見通しを批判して、院の権門的側面の重視を徹底したのが平岡豊である。平岡は、幕府の積極的関与を前提として、在京御家人が西面に祗候していたため、後鳥羽は彼らを京中の軍事活動に動員しえたとした(4)。また平岡は、承久の乱の院方軍事動員についても、権門としての私的動員は成功したが、治天の君としての公的動員は非制度的なものであったため失敗し、乱に敗北したと論じている(5)。

これら鎌倉幕府の守護・御家人を主軸とする研究に対して、近年では、院政期在京武力の展開史上に、後鳥羽院政期を位置づける試みがなされつつある。院政期在京武力研究の豊かな成果の中で、本稿の前提として踏まえるべき重要な論点は、次の二点であろう。①白河・鳥羽院政期には、京武者が京の軍事・警察力の中枢であり、院が京武者を北面等に組織し、動員していた[6][7]。②京は、京武者のみならず、東国はじめ諸地域の侍層武士にとっても、重要な意義を持つ活動の場であった[8]。

如上の研究動向を受けてのことと思われるが、洛中警固を担う武士を組織・動員した主体への注目から、白河・鳥羽院政期と後鳥羽院政期の類似が指摘されている[9]。とりわけ川合康は、院が武士を直接指揮する伝統的な武士社会の秩序を「「京武者」秩序」と呼び、「鎌倉幕府権力をも呑み込んで機能していた」その秩序が解体された事件として、承久の乱を位置づける見通しを提示している[10]。

本稿も、院政期在京武力の展開史上に後鳥羽院政を位置づける視角は共有したい。実態に即した考察を進めるにあたって、特に次の二点に注意する必要があろう。

第一は、鎌倉前期における「在京武士」の特質である。川合は、「「京武者」秩序」という呼称を用いながら、鎌倉幕府成立後の京武者が、いかなる存在であったのかには触れていない。かかる鎌倉時代の京武者[11]の不十分な位置づけは、既往の研究状況に起因する。既往の鎌倉前期在京武士研究は、主に、西国守護を中心とする在京御家人に関する研究として進められてきた[12]。その反面、御家人としては発展しなかった、あるいは非御家人である、京武者についての研究は不十分であった。西国守護についても、在京武士の中で果たした意義や、当該期における特質など、なお考察の余地はある。在京御家人に限らず、京武者や、その他の在京する武士を含む、在京武士総体の特質を解明する必要があろう。

今日の武士論分野では、武士と京・貴族との関係の究明が重要な論点となった（注8元木論文・伊藤論文参照）。しかし、既往の研究の多くは、個別武士団内部の在京者や、院政期の京武者、鎌倉期の在京御家人と、議論の対象が分散している。また、治承・寿永内乱期以前に比して、鎌倉前期の武士論は低調である。鎌倉前期在京武士の研究は、院権力による組織・動員を考える前提であるとともに、如上の武士論研究の現状からも要請される課題と考えられる。

第二は、院権力による在京武士の動員・組織の特質や性格である。従来、後鳥羽による御家人動員の根拠として、西面などの、院の権門内の武力組織が重視されてきた。また、守護制度の公的性格も注目されている。しかし、従来は看過されてきた、院の公権力という側面にも注意する必要があろう。白河・鳥羽院は、他権門の家人を含む武士を、公権力により動員することができた。その上で、北面を拡充する方向性を有したとされる（注7横澤論文）。すなわち、権門内の支配関係や守護制度が存在せずとも、院は武士を動員しえたのである。鎌倉幕府による御家人動員を基準とせず、院権力による武士動員を基準に、後鳥羽の特質を解明するという視角が必要であろう。また、西面の軍事的意義に関する先行研究の理解には見直すべき点もある。後鳥羽院の公権力と権門という二つの性格について、改めて考察する必要があろう。

以上の問題関心から、京武者と在京御家人それぞれの特質と相違を踏まえた上で、後鳥羽による軍事動員と権門武力組織を論ずることとする。

一　京　武　者

ここでは、白河・鳥羽院政期に在京武力の中枢を占めた京武者が、後白河・後鳥羽院政期にいかなる存在であったのかを考えたい。なお、武士の武力規模をはかる指標として、強訴防禦や追討等の大規模軍事活動と、盗人追捕や儀式警備等の警察活動とを区別する（注7横澤論文、注9木村論文参照）。

1　治承・寿永内乱期以前の京武者

まず、従来から研究の進んでいる、治承・寿永内乱期以前の京武者を概観しておく。

鳥羽院政期の大規模軍事活動で活躍した京武者は、大半が保元・平治の乱で没落した。その中で唯一、平清盛が、京武者的性格を脱して、広範な地方武士を組織する「武門の棟梁」となる（注6元木論文）。治承・寿永内乱期より前に、後白河が大規模な軍事活動に動員した武士は、平家一門・家人以外では、次の事例が確認できるにすぎない。

・嘉応元年（一一六九）の山門強訴…美濃・尾張の清和源氏満政流重定（『玉葉』同年一二月二三日条）、摂津の清和源氏頼綱流頼政（『玉葉』安元三年四月一九日条）。

・安元三年（一一七七）の山門強訴…源頼政（『玉葉』同年四月一九日条）、伊勢の桓武平氏貞季流兼隆（『玉葉』同年五月一五日条、『愚昧記』同一六日条）。

強訴経過を検討すると、どちらの場合も平家が主力であり、源重定・源頼政・平兼隆ら京武者は、副次的な武力に過ぎなかったことがわかる(13)。

ただし京武者は、京近辺に本拠地を有し、流通・交通上の要衝を掌握していた。治承・寿永内乱期には、その利点を活かした参向・敵対が、平家・木曾義仲・源義経の上洛や都落ち等の節目で重要な役割を果たすこととなる。しかし、一時的に浮上する者もいたとはいえ、その多くは討死や所領没収などの打撃を受けた(14)。

2　清和源氏満政流

次に、後鳥羽院政期の京で軍事・警察活動が確認できる京武者の一族の、武力と存在形態を考えたい。表1には、後鳥羽院政期の京・近国の大規模軍事活動と、それに関与した武士の名を整理した。

動員された武士等	出典
	古・自
●**大内惟義**　←**中原親能**	百・猪・明・愚
●三尾谷十郎　（→）源仲章・**佐々木定綱**	明・吾
←渋谷高重・土肥惟光	
●佐々木信綱　（→）**佐々木定綱**	吾
	明
●葛西清重・同重元・豊島朝経・**佐々木定綱**・同広綱・**同経高**・**同盛綱**・同重綱・伊佐太郎・熊谷三郎・**大内惟義**・大岡時親・**安達親長**・**斎（首カ）藤経俊**	明・天・吾・業
●**佐々木定綱**	明
◎●（→）**平賀朝雅**　●紀泰永（奉永とも）・関実忠・**首藤経俊・同通時**	明・仲・三・吾・紀・尊
●**佐々木定綱**・同広綱・**平賀朝雅**	明・天
●**中原親能子（大友能直カ）**・**後藤基清**・小野義成・同成時・鶴丸	明・天・仲・不
	天・薬
	明・天
●源頼茂・**大内惟信**・**後藤基清**・五条有範・中原親清・藤原秀能・源広業・野三左衛門尉・新藤左衛門尉（景家）・糟屋左衛門尉（久季）・花山佐藤兵衛尉・志幾佐恵兵衛尉・熊江兵衛尉（直宗）・庄日太郎・糟屋七郎・上毛及左衛門子息・野三左衛門子息・中原尚綱・藤原実員・藤原忠村・佐伯正任	明・仲・仁・天・吾・皇
←**大友能直**	
●**後藤基清**・惟俊（**大内惟信カ**）	一・明・仲
（→）**大内惟信**	仁・皇・百・吾
	天・百
●加藤光員・同光資・**後藤基清**・**大友能直**・**佐々木広綱**	天・吾・仁・百
●平宗成・左衛門尉盛時	仁・百・吾・愚・六
◎**後藤基清**	吾
◎**大内惟義**　◎●**佐々木広綱**　●**後藤基清**　←**安達親長**	明・吾
●**小山朝政**・**中原親能**・**佐々木定綱**	百・猪・三・吾
	吾
	吾
◎（→）源仲章　◎●**佐々木定綱**　←大江能範	吾・尊
●**金持広親**・首藤持寿丸（通基）・**安達親長**・**後藤基清**・五条有範・**佐々木広綱**・**同経高**・**同盛綱**・同高重・同信綱・隠岐前司親重	明・吾・愚・尊・清
◎**中原季時**・**佐々木広綱**　←足立元春	明・吾（元年）
◎**佐々木広綱**・五条有範	明・吾
	吾

表1　後鳥羽院政期の京・畿内近国における大規模軍事動員

	西暦	和暦	月・日	内容	命令者
A	寺社問題・追討等				
①	1198	建久9	10・	興福寺衆徒強訴の聞こえ	幕府
②	1199	正治元	2・14	後藤基清・小野義成・中原政経、世を乱すの風聞	
③	1200	2	11・26	【近江】柏原弥三郎（為永）を追討	後鳥羽 幕府
④	1201	建仁元	5・9	【近江】柏原弥三郎を誅戮	
⑤	1203	3	9・13	入洛した山堂衆を搦む	
⑥			10・15	【近江】山門堂衆を追討	後鳥羽
⑦	1204	元久元	1・21	【近江】山門堂衆を追討	後鳥羽
⑧			3・22	【伊勢・伊賀】謀叛追討	後鳥羽 幕府
⑨			7・22	【近江】山門堂衆余党を追却	後鳥羽
⑩	1206	建永元	9・25 9・27	【近江・宇治・京】今津浜等乱入の堂衆と八島冠者（時清）を追討	後鳥羽
⑪	1211	建暦元	8・20	山門衆徒を防禦	後鳥羽
⑫	1213	建保元	5・4	山門大衆を防禦	
⑬			8・3	清水寺・清閑寺相論鎮圧	後鳥羽
⑭			11・15	【宇治】興福寺衆徒を防禦	後鳥羽
⑮	1214	2	8・7	【宇治・勢多】興福寺衆徒を防ぐ	後鳥羽
⑯	1215	3	3・16	【近江】園城寺衆徒の三井別所城郭を破却	後鳥羽
⑰	1218	6	9・16	山門衆徒を防禦	後鳥羽
⑱	1219	承久元	7・13	源頼茂追討	後鳥羽
B	幕府内紛・幕府の指令				
⑲	1193	建久4	3・16	【丹波】越中盛継追討	幕府
⑳	1200	正治2	2・7	梶原景時与党を追捕	幕府
㉑	1201	建仁元	1・23	城長茂、頼家追討宣旨を請う	
㉒			2・22	【吉野奥】城長茂を誅	幕府
㉓			2・29	城長茂余党を誅	
㉔	1203	3	7・16	頼全（阿野法橋全成男）を誅	幕府
㉕	1205	元久2	⑦・26	平賀朝雅を追討	幕府
㉖	1212	建暦2	2・23	山衆徒に対し園城寺警固	幕府
㉗	1213	建保元	5・14	和田義盛与党の追捕	幕府
㉘	1214	2	11・13	和田義盛余党を襲撃	幕府

●**大内惟信**・**大友能直**・**安達親長**・山田重忠・熊谷実景・加藤光時・金持広成・源（大江）親広・若狭忠季・江能実・同範親・民部右衛門尉能広・**佐々木広綱**・中条信綱・同範俊・**佐々木経高**・同高重・内藤盛家・加藤景廉・朝日頼清・内部蔵人・**惟宗孝親**・重原次広・備前国守護代・河内国守護代	明

出典の略称：明＝明月記、猪＝猪隈関白記、三＝三長記、仲＝仲資王記、自＝自暦記、不＝不知記、藥＝玉藥、天＝天台座主記、仁＝仁和寺日次記、百＝百練抄、古＝古記部類、吾＝吾妻鏡、一＝一代要記、愚＝愚管抄、六＝六代勝事記、尊＝尊卑分脈、紀＝紀氏系図、清＝清和源氏系図。

まず、既述の嘉応の強訴に動員された満政流重定の一族を見ておく。重定の男重継は、中宮（任子）侍長から内親王（昇子）御監に補任され、吉田経房の行列で前駆をつとめる等[15]、京の貴族社会で諸大夫としての地歩を保った。しかし、重継の軍事・警察活動は確認できない。

一方、源重定の兄重遠は、源氏の「累代御家人」であり、平治の乱後も平家に従わなかったという（『吾妻鏡』文治元年四月二八日条）。重遠の子孫である葦敷重隆・高田重家・山田重忠も御家人に列した[16]。建久三年（一一九二）、美濃国の「存二家人之儀一輩」が、守護大内惟義の催促に従い、洛中強賊禁遏のための大番役勤仕を命ぜられたさいに、葦敷重隆は特に勤仕が要求されている（『吾妻鏡』六月二〇日条）。重隆の武力は守護に編成されたのである。ここに西国守護の軍事的優越の一因が示されていよう。また、山田重忠は法勝寺九重塔供養守護に動員されている（表1㉙）。しかし、後鳥羽院政期に、彼らの大規模軍事活動は確認できない[17]。

満政流は、御家人に列した者もいるが、京武者の存在形態を維持した。その武力は、守護の武力の一部や警察活動に限定されたのである。

3　藤原氏利仁流斎藤氏

次に、越前の藤原氏利仁流河合系斎藤氏を見ておきたい。河合系斎藤一族には、平安時代から、検非違使や院宮諸家の家政機関職員等として在京する者が多

C　参考					
㉙	1213	建保元	4・26	法勝寺九重塔供養守護	後鳥羽

武士等の注記：●＝追討・防禦・警固、◎＝幕府からの指令の相手、←＝使節等として本人が上洛、（→）＝書状・使者を鎌倉に派遣。
武士等の人名：**太字**は被動員時に西国守護在任の者（同一事例に正員が見えない場合は子息）。守護の任免は、佐藤進一『増訂鎌倉幕府守護制度の研究』、田中稔「大内惟義について」（同『鎌倉幕府御家人制度の研究』）による。二重下線は御家人と確認できない者。下線は「西面」と明記されている者。

かった。ただし、平安時代には、源平の京武者よりも一段下層の家格に位置していた[18]。上層の京武者の多くが没落ないし性格を変化させた結果、後鳥羽院政期には斎藤氏の活動が目立つようになる。

河合系斎藤氏系図（『尊卑分脈』による）

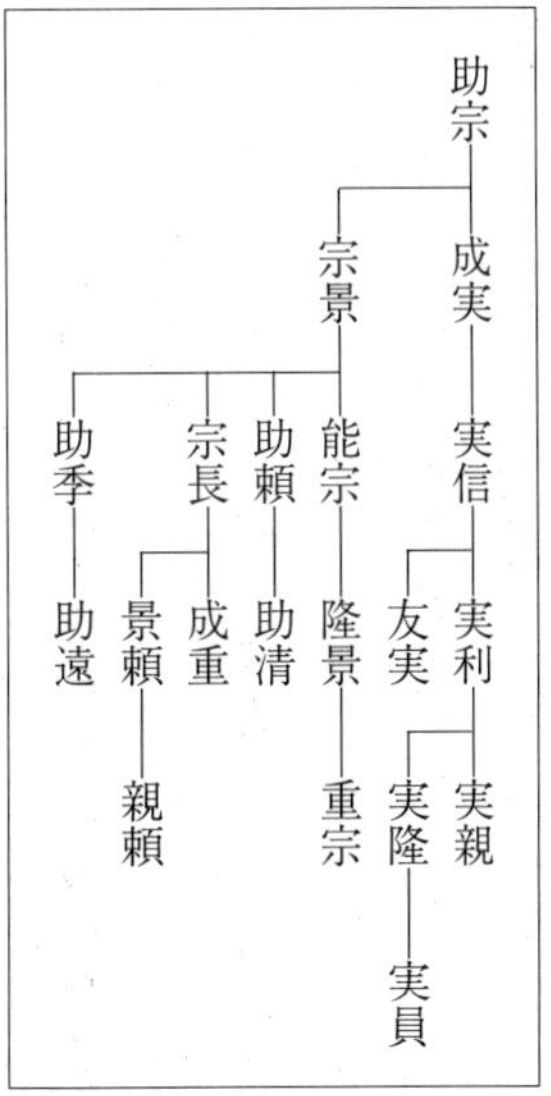

成実の子孫のうち、実員は建保元年（建暦三＝一二一三）の清水寺・清閑寺相論鎮圧（表1⑬）で処罰された「西面」の藤原実員（『皇帝紀抄』八月九日条）に比定できると思う。後述するごとく、「西面」個々の武力は弱体だったと考えられる。

宗景子孫のうち、能宗は、検非違使であった建久七年（一一九六）四月一五日、解官された藤原仲頼を陣で請け取っている（『明月記』）。正治二年（一二〇〇）六月、能宗は、郎従が大津神人と問題を起こしたため、延暦寺衆徒の訴えにより、隠岐国に配流された。能宗息男の左衛門尉隆景と帯刀重宗は解官された（『天台座主記』六四、弁雅）。

成重は、建久九年正月二二日の後鳥羽院北面始から祇候し（『参軍要略抄』）、大夫尉[19]であった元久二年（一二〇五）には、法住寺殿内で強盗を搦めた（『明月記』五月六日条）。同年、大和守に補任されている（『明月記』一一月三〇日条）。景頼は、院北面に候し、新日吉社小五月会の競馬を勤仕している[20]。親頼は、『玉蘂』承久二年一一月五日条に皇太子懐成の帯刀として所見し、『美濃国諸家系譜』の景頼男親頼の項に「承久二年庚辰四月、始テ美濃国目代ニ被レ任、住二彼国各務郡一」とある（『大日本史料』四編之一六、一三九頁）。

左衛門尉であった助清は、流鏑馬を勤仕している（『明月記』建保元年五月九日条）。

以上のごとく、鎌倉前期の河合系斎藤一族は、受領・目代・検非違使・衛門尉・帯刀といった官職・任務につき、北面に候し、競馬や流鏑馬等の武芸で院に奉仕している。成重の活動から、警察活動を遂行する武力は保持していたことがわかる。しかし、大規模軍事活動の所見は、「西面」の実員のみである。河合斎藤氏の一族で御家人に列したものは確認できない。

4　藤原氏秀郷流秀康・秀能

如上の院政期以来の活動実績がある京武者に対して、後鳥羽が新たに育成した京武者が、藤原秀康・秀能兄弟である。この兄弟については平岡豊の研究に詳しい。秀康・秀能は、御家人ではなく、河内・大和・備中に所領を有し、破格の昇進にあずかった。また、有力御家人の大内惟義と姻戚関係を結んでいる。

その軍事・警察活動を見ると、建保元年（建暦三＝一二一三）七月一一日に河内守藤原秀康が強盗を搦め（『明月記』）、建保四年二月二九日に淡路守藤原秀康・大夫尉秀能兄弟が東寺の仏舎利を盗んだ群盗を捕らえている（『吾妻鏡』三月二二日条）。また秀能が建保元年の清水寺・清閑寺相論の鎮圧に動員されている（表1⑬）。秀康の父秀宗は軍事的活動がほとんど確認できず、後鳥羽が秀康を爪牙として育成したことは間違いない[21]。しかし、大規模軍事活動は、わずか一件のみである。彼らの武力は、在京御家人に及ぶまでには成長しえなかったのである。

以上のごとく、後鳥羽院政期における京武者は、警察活動を遂行する武力は保持していたが、大規模軍事活動への関与は少ない。ここにとりあげたほかにも、京武者は多く存在し、その実態には未解明な点が多々ある。今後追究すべき課題といえるが、物理的な武力に注目する限り、低く評価せざるを得ない。白河・鳥羽院政期に、在京武士の主力を占めた京武者は、後白河・後鳥羽院政期には、在京武士の主力たりえなくなったのである。

二　在京御家人

ここでは、西国守護を中心とする在京御家人の、武力と存在形態について考えたい。

1　後鳥羽院政期在京武士の武力構成

まず、後鳥羽院政期における、在京武士の武力の構成を考察する。表1に整理した事例のうち、正治～元久年間の謀叛人追討・山門堂衆追討（表1②～⑨）と、建保元年～六年の強訴防禦（表1⑭⑮⑰）に動員された武士は、ほぼ全て御家人であることが確認できる。その他でも、建永元年（一二〇六）九月二五日に、近江国今津浜・和邇浜の在家に乱入した延暦寺堂衆を追討したのは、御家人の「左衛門尉（大友能直カ）某、親能法師子」・小野義成・後藤基清である（『天台座主記』六八・承円、『明月記』）。同二七日、堂衆に同意した八島時清[22]を追討したさい、初めて御家人と確認できない者が見える。小野義成・小野成時・後藤基清と共に、院の童鶴丸が、八島を討った（『明月記』）。この時も主力は在京御家人であろう（表1⑩）。建保元年の清水寺・清閑寺相論鎮圧（表1⑬）のさいも、後述するごとく、主力は在京御家人と考えられる。以上の事例全てに、西国守護やその子息が所見する。[23]動員された武士が一人も御家人と確認できないのは、わずかに承久元年の源頼茂追討（表1⑱）のみである。

以上のごとく、後鳥羽院政期在京武士の主力は、西国守護を中心とする在京御家人だったのである。

2 清和源氏頼綱流

次に、京武者と対比して、在京御家人の武力と存在形態を考えたい。

既述のごとく、後鳥羽院政期に、清和源氏満政流重定の子孫は、京武者の存在形態を維持していた。一方、重定と共に嘉応強訴に動員された頼政の孫頼茂は、清水寺・清閑寺相論の鎮圧に動員されている（表1⑬）。わずか一件だが、警察活動のみが知られる満政流に比して、大規模な武力を有していたといえよう。

その背景と考えられるのが、鎌倉幕府内での位置である。頼茂は、『吾妻鏡』から、鎌倉での行列に四度供奉したことが確認できる。また、実朝の家司に補任される（『吾妻鏡』建保六年一二月二〇日条）。鎌倉下向時に起こった和田合戦のさいは、名越に陣を張り、和田義盛の御所襲撃に備えた（『明月記』建保元年五月九日条、『吾妻鏡』同年五月三日条）。

畿内近国に本貫地を有し、御家人に列した源氏門葉の中でも、京のみを基盤とする満政流とは異なり、頼茂は京と鎌倉の双方に基盤を有していたのである。頼茂は、京武者と呼ぶに相応しいとされるが（注9木村論文）、京武者とは存在形態が異なる。本稿の区分に従えば、むしろ在京御家人と呼ぶべき存在といえよう。

3 有力在京守護一族の存在形態

後鳥羽院政期に、大規模軍事活動の所見が特に多いのは、いずれも西国守護の、佐々木定綱・広綱父子、後藤基清、大内惟義・惟信父子である。幕府も彼らに直接指令を宛てており（表1の◎印）、彼らが在京御家人の中心的存在と認識されていたことがわかる。

彼ら在京する西国守護個々人に注意すれば、京武者に類似する点も多い。たとえば、彼らは畿内近国に所領を持ち、諸大夫相当の官位まで昇進している。周知の通り、彼らは、北面・西面への祗候や院領の知行が確認できるなど、後鳥羽と親密な関係にあった。後鳥羽の推挙・給付によって獲得した官位・所領も確認できる。(24)また、後藤基清は、父祖（藤原氏秀郷流佐藤・後藤）に遡ると京武者である。

しかし、定綱・基清・惟義の父（秀義・実基・平賀義信）は、源義朝に属して平治の乱で敗れた結果、本拠を追われたり、逼塞を余儀なくされたりした。一旦没落した後、鎌倉幕府を背景に、京・畿内に地歩を回復したという点で、公家権門に従属・依存し続けた京武者とは異なる。

とりわけ、在京御家人と京武者の相違は、一族総体の存在形態から明確にわかる。近年の武士論では、院政期の武士が京と在地での活動を家人型郎従や一族と分担していたことや、(25)鎌倉後期の御家人が在鎌倉・在京・在国という分業形態にあったことが明らかにされている。(26)鎌倉前期の西国守護の在京も、一族内の活動分担者として位置づけることができると思われる。

そこで、在京御家人の代表として佐々木・後藤・大内をとりあげ、活動分担の構造と特質を考察したい。

（1）佐々木氏

佐々木一族は、『吾妻鏡』を始めとして史料が豊富に残っており、活動分担の構造が明確にわかる好例である。やや詳細に見ておきたい。表2には、佐々木一族の略系図と、史料に確認できる活動地を整理した。なお、『吾妻鏡』には、儀式のさいの行列に供奉した者の交名が載せられている。地の文よりも信頼できる史料だが、儀式のために鎌倉に下向したと思われる事例もあるので、(27)他の活動とは区別した（△印）。

元暦元年（一一八四）、伊勢・伊賀平氏の反乱で落命した父秀義（『吾妻鏡』八月二日条）から、太郎定綱が本貫地近江を継ぐ。文治年間は、基本的に定綱のみが京で活動し、残る兄弟が鎌倉で活動している。三郎盛綱は、鎌倉のみならず越後でも活動するようになる。

建久二年（一一九一）、延暦寺との紛争により、定綱男定重が処刑され、定綱は流罪宣下の前に逐電する（『吾

表2　佐々木一族の活動

（秀義）の子：義清・高綱・盛綱・経高・定綱／定綱の子：信綱・広綱

		義清		高綱			盛綱				経高			信綱			広綱			定綱		
		京	鎌倉	西国	京	鎌倉	西国	京	鎌倉	東国	西国	京	鎌倉	西国	京	鎌倉	西国	京	鎌倉	西国	京	鎌倉
1185	文治元					△			△												○	△
1186	2				?				□											近江カ		
1187	3												□							近江		
1188	4								□												○	
1189	5		□			□△			□	越後			□									
1190	建久元								□		阿波										○	
1191	2		□		●				□△												（逐電）	
1192	3		△						□△			?										
1193	4		□		○				□△			●										□△
1194	5		△	周防					□△	越後			□△									△
1195	6								□	越後カ		○										
1196	7																					
1197	8																					
1198	9																					
1199	正治元								□													
1200	2		□									●						●			○	
1201	建仁元								上野・**越後**			○		**近江**						**近江**	●	
1202	2														○							
1203	3			高野山			伊予カ・**近江**				**近江**	○					**近江**		□	**近江**	●	
1204	元久元																**近江**	○		**近江**	○	
1205	2							●			**阿波**	●			?			●		?		
1206	建永元		□														**近江**					
1207	承元元																					
1208	2																					
1209	3																		□			
1210	4																近江					
1211	建暦元																					
1212	2		□														**近江**	○				
1213	建保元		■									●				□△		●				
1214	2															□△	近江					
1215	3									越後カ						□						
1216	4															□△		○				
1217	5																	○				
1218	6																	●	□			
1219	承久元		△																			
1220	2																					
1221	承久の乱								(■男信実)			●				■		●				

注１：○＝京、●＝京（方）で武力行使、□＝鎌倉、■鎌倉（方）で武力行使、△＝行列供奉。**国名の太字**＝当該国での武力行使。

２：文治五年の奥州合戦、建久元年・六年の頼朝上洛は除く。

３：『吾妻鏡』『鎌倉遺文』『玉葉』『明月記』『三長記』その他『大日本史料』所収史料による。

妻鏡』四月一一日条）。騒動の発端時に、定綱自身は在京し、その男達は近江に在国していた（『玉葉』四月二日条）。同年四月の山門衆徒の強訴のさいは、四郎高綱が在京しており、防禦に動員された（『玉葉』四月二六日条）。やがて、高綱に加えて次郎経高も京・西国で活動するようになるが、高綱は遁世する。

正治～元久年間には、経高に加えて、赦免された定綱が在京活動を再開する。定綱存生中には、その男広綱・信綱も京・近江で活動しており、親子で京・近江を往返・分担していたと考えられる。なお、盛綱は、建仁三年（一二〇三）の延暦寺堂衆追討や元久二年（一二〇五）の平賀朝雅追討（表1⑥㉕）に参戦しているが、伊予守護である関係から在京中だったのであろう。

以上のごとく、文治～元久年間は、大まかな傾向として、定綱・経高が京を中心に西国で活動し、盛綱・五郎義清が鎌倉を中心に東国で活動していた。元久二年（一二〇五）に定綱が没した（『吾妻鏡』四月九日条）後は、広綱が在京し、弟信綱が鎌倉で活動するようになる。既述の定綱と同様、広綱自身は基本的に在京し、男達が近江に在国していたと考えられる。第二世代による新たな活動分担が成立したのである。

以上から、一族による西国と東国、西国内での京と在地所領、東国内での鎌倉と在地所領、という活動分担の構造がうかがえよう。院政期の武士は、京を核に在地所領の活動を分担していたが、都市鎌倉の成立により、活動分担の構造は、京を西国所領網の核とし、鎌倉を東国所領網の核とするものに再編成されたのである。

（2）後藤氏

後藤基清は、長期にわたる在京軍事活動が確認できる。男基綱は実朝の「学問所番」に候している（『吾妻鏡』建保元年二月二日条）。後藤父子でも京・鎌倉の分担が見出せよう。

（3）大内氏

平賀・大内一族は、源氏門葉中の最有力家門であった。[28] 大内惟義は、治承・寿永内乱期から、京や畿内近国で活動すると共に、鎌倉でも活動している。惟義の父平賀義信は、鎌倉・武蔵など、東国で活動している。惟義の弟平賀朝雅は、建仁三年（一二〇三）に京都守護として上洛する。朝雅も、後鳥羽に近侍したが、室の両親（母牧の方と父時政）の失脚に連座して京で討たれた。一族の庶流は、信濃国平賀郷・信濃国小野牧・越後国金津保で活動していたと考えられる。(29)

大内惟義は、他の在京西国守護とは少し異なり、頻繁に鎌倉での活動や行列供奉をしている。惟義は、鎌倉殿の在京活動分担者ともいうべき存在であり、(30)西国守護の中でも統括者的位置にある（『吾妻鏡』建暦二年七月七日条）。代役可能な人材がいないため、頻繁に京・鎌倉を往返していたと考えられよう。

以上のごとく、有力在京守護は、京・西国のみならず、鎌倉・東国にも基盤を持ち、一族で活動を分担することが多かったのである。

4　在京武士と西国守護

次に、既述の有力在京守護の武力を、在京武士総体の中に位置づけたい。木内正広は、西国守護が、その職務ゆえに在京を必要とし、管国の「国軍勢」すなわち大番役御家人を率いて、「帝都警衛」にあたる（『吾妻鏡』正治二年七月二七日条）存在であることを論じた（注3木内論文）。ただし、西国守護の中でも、京・近国での軍事活動が多い者と、見えない者とがいる。また、西国守護ではないが、軍事活動が確認できる御家人もいる。

これらを整合的に理解する前提として、西国守護などの特殊な職務を帯びた御家人に限らず、武士という存在自体が京を重視したことをふまえておかねばならない。先学が明らかにした通り、院政期の京は、武士にとって、公家権門との関係や家格・所領を維持・獲得し、流通に携わるための、重要な活動の場であった。既述のごとく、鎌倉前期にも京武者が在京し、御家人との間に姻戚関係も結ばれている。西国守護ではない東国御家人にも、確実な在京の事例や、[31]在京が推測できる事例が多々ある。[32]京は依然として重要な活動拠点だったのである。そして、後鳥羽の軍事動員の対象は、在京守護に限らず、京武者を含む、在京武士である。ただし、多くの在京武士の中でも、軍事活動が可能な武力を保持したのは、「西国有二所領一之輩」（『吾妻鏡』建仁三年一〇月三日条）であった。これは建仁三年の堂衆追討（表1⑥）のさいに見える記述であり、後述する。その他、表1A・Bに見える武士のうち、守護やその息男以外でも、源頼茂、加藤光員に、本人や父の西国所領が確認できる。[33]既述の佐々木・後藤・大内は、強大な在京武力を保持する前提として、西国に多くの所領を有し、強固な支配を樹立したことが推測できる。西国守護職は、大番催促以外に、私的武力の供給源となる所領の保持・支配という点でも、重要な役割を果たしたのである。[34]

しかし、東国を本拠とする御家人の多くは、西国守護本人や一族・代官の在京が確認できても、大規模な軍事活動の所見は少ない。たとえば土佐守護の三浦義村の場合、自身は東国で活動しているが、一族の誰かが在京し、警察活動を遂行する武力は有していた。[35]大規模軍事活動に関与していたとしても、西国所領が少なく、在京中の武力が小規模なため、目立たなかった（結果、史料に残りにくい）のであろう。

東国御家人は、三浦のごとく、当主・嫡流が鎌倉や東国にいる場合が多い。東国御家人にとっても、京は重要な活動の場であったが、彼らは京以上に鎌倉を重視していたのである。逆に、佐々木・後藤・加藤は、当主・嫡流が京や西国におり、子弟・庶流が鎌倉や東国にいることが、『吾妻鏡』等からわかる。京・西国を重視した活動分担といえよう。大内・源頼茂も、鎌倉・東国より京・西国の活動が主である。京・西国を主とし、一族で鎌倉にも基盤を持つ有力な御家人が、在京武士の主力を占めたのである。

以上を勘案すると、後鳥羽の動員対象である多くの在京武士の中で、一定以上の在京武力を保持したのが、西国に重心を置く有力御家人であり、その「有力さ」を支えた重要な権限の一つが、西国守護職であったといえよう。

後鳥羽院政期在京武士の武力構成を以上のごとく考えると、在京御家人なしに、京・畿内の治安は維持できなかったといえる。それに対して、鎌倉幕府の姿勢は、御家人の「在京奉公」を賞するなど（『吾妻鏡』建暦二年三月二〇日条等）協調的なものであった[36]。後鳥羽の武力は、在京御家人に武力基盤を分与して在京奉公を推奨する鎌倉幕府を、必須の要素として組み込んでいたのである。

三　軍事動員と権門武力組織

ここでは、後鳥羽による軍事動員と権門武力組織を論ずることとする。

1　後鳥羽院による在京武士動員

まず、後鳥羽による在京武士動員の根拠を考えたい。建仁三年（一二〇三）、延暦寺の堂衆と学生に対立が生じた（『天台座主記』六六、実全、八月二五日条）。一〇月一五日、城郭を構えた山門堂衆追討のため、後鳥羽は「官軍」を派遣する（表1⑥）。「官軍」はほぼ全て御家人と確認できる。平岡豊は、後鳥羽が御家人を直接動員しえた理由として、比企能員の乱、鎌倉殿の交代という当時の関東の政治情勢をあげる。そして、北条時政が、後鳥羽の支持を取り付けるために、平賀朝雅を上洛させて、在京御家人の指揮権を付与したとする。それを間接的に示したのが、『吾妻鏡』一〇月三日条の「武蔵守朝雅為㆓京都警固㆒上洛。西国有㆓所領㆒之輩、為㆓伴党㆒可㆑令㆓在京㆒之旨、被㆑廻㆓御書㆒云々」という記述とする。

しかし、御家人に対する後鳥羽の指揮は、すでに正治二年の柏原弥三郎為永の追討から確認できる[37]。この時、幕府の使節が到着する前に、後鳥羽の派遣した「官軍」が柏原を攻撃していた（表1③。『明月記』一一月二六日条、『吾妻鏡』一二月二七日条）。元久元年の伊勢・伊賀平氏の蜂起のさいにも、御家人に対して、後鳥羽と幕府の動員命令に重複がある（表1⑧。『明月記』三月二一日条、『吾妻鏡』三月一〇日条）。後鳥羽は、幕府の意向と無関係に、在京御家人を直接動員しえたのである。

話を建仁三年に戻すと、「西国有㆓所領㆒之輩」に在京を命じた「御書」は、関東の政変による京の混乱に備えるために発せられたと考えるべきである。その結果増えた在京御家人を、後鳥羽は動員したのであるが、特に葛西清重の動員は注目される。葛西清重は下総を本貫とする。『吾妻鏡』によれば、当該事例以外は奥州や鎌倉など東国での活動が多く、一時的に西国にいたと考えられる。また、清重に西国守護職の保持は確認されていない。すなわち、西国守護ではない、急遽在京した（ゆえに院との私的関係がないと思われる）御家人も、院に動員されたのである。このことは、後鳥羽の軍事動員が公権力に基づくこと、動員の対象が全ての在京武士に及ぶことを示す。これまで重視されてきた西国守護制度の公的性格や権門内の支配関係は、後鳥羽による軍事動員の必須の前提ではないのである。

そして、如上の院の公権力は、突如として成立したものではない。従来は、頼朝が対峙した後白河を基準に、後鳥羽による在京御家人の直接動員を異常な事態とする認識があったと思われる。確かに後白河は、在京御家人のみならず、鎌倉幕府成立以前から、平家や木曾義仲をも統制できなかった。しかし、在京武士を動員した白河・鳥羽院を基準とすれば、後白河こそが異常な存在というべきである。また、限界があるとはいえ、後白河も、強訴などのさいに京武者や検非違使を動員している。後白河による在京武士動員の総体的解明は今後の課題だが、白河院政期以来、在京武士に対する院の公権力は、弱体化・強大化を伴いながらも、機能し続けたのである。後鳥羽は後白河の正統後継者として遺領の大半を継承した（『玉葉』建久三年二月一八日条）。治天の君としての権威を保障された後鳥羽の成長によって、強大な院の公権力が復活したと考えるべきであろう。

2　西面と「西面」

次に、後鳥羽の権門武力組織を、西面を中心に考察する。西面の専論を著した平岡豊・秋山喜代子の見解は、設置目的と構成員につき異なるもの[38]、建保年間以降は官軍の主力・中心とする点で一致している。その主たる論拠が、建保元年（建暦三＝一二一三）の清水寺・清閑寺相論の鎮圧（表1⑬）における西面の活躍である。この事例を中心に、西面の軍事的意義について再検討したい。なお、以下では便宜的に、西面（祇候者）と、軍事動員の史料に表記される「西面」とを区別する。

建保元年七月、延暦寺末寺清閑寺と、興福寺末寺清水寺とで境相論が起こった（『明月記』七月二五日条）。八月三日、山僧が清水寺を焼き払おうと長楽寺に集結し、寺僧が清水寺に城郭を構えた。これに対して後鳥羽は、清水寺には検非違使（『吾妻鏡』八月一四日条によれば五条有範・大内惟信・後藤基清）を遣わして武備の制止を求め、寺僧は応じた。しかし、庁官長季を遣わした長楽寺では、山僧が「不レ及レ承二綸言一」などと言い、承引しなかった（『明月記』八月三日条[39]）。庁官の報告を受けて、後鳥羽は軍勢を派遣する。

【史料1】『明月記』八月三日条

忽然被レ仰二㋑西面之輩并在京武士・近臣家人等一、囲二彼寺四至一、不レ泄二一人一可二搦取一由宣下。須臾之間、各馳向。白日未レ及レ移レ晷、已獲二其什七八一、面縛生虜。……㋺西面壮士先登之輩、或有二死傷者一云々。官軍之中多有レ之。未レ聞二定説一。近江守頼茂、将二伏兵一遮二嶺東之険阻一、多搦下逃二山上一者上云々。

【史料2】『天台座主記』七十、公円、八月三日条

於レ今者差二遣武士一、可レ剥二却甲冑一云々。即差二遣近江守頼茂、駿河大夫判官惟信、検非違使親清・秀能、并西面衆等一、且破二却清水寺城郭一、且可レ令レ剥二取山僧甲冑一之由被二議定一。……官軍又有二被レ疵殞レ命之輩一。其内、西面衆源広業被レ疵忽死去。

【史料3】『仲資王記』八月三日条

悪僧卅余人斬首。生取又五十人許云々。官兵少々、両（西）面者一両、為二山僧一被レ討。

【史料4】『皇帝紀抄』八月三日条

遣二武士并西面輩一被二追散一之間、両方及二刃傷殺害一云々。

【史料5】『一代要記』八月三日条

差二遣官兵并西北面衆等一。

【史料6】『六代勝事記』

官兵・西面の衆をつかはして、十余人を殺害し、廿余人を被二召搦一了。

後鳥羽の派遣した軍勢は、すぐに馳せ向かい、山僧を生捕ったり、斬首したりした（史料1・3・6）。「西面」が先陣をきり、源広業などの死傷者を出したこと（史料1・2）、源頼茂が機転を利かせたことがわかる（史料1）。

八月七日、山僧は、「西面之輩、有官者解二却見坐（ママ）一、無官者可レ給二検非違使一」と要求し、引き換えに帰住すると持ちかけた。翌八日、後鳥羽はこの要求に応じた（『明月記』八月七日条、同八日条）。処罰された「西面」十数名の名前は、『皇帝紀抄』八月九日条と『天台座主記』八月六日条に記される（表1⑬で下線を引いた人物）。

平岡は、「西面」の処罰が求められていることから、後鳥羽が派遣した「軍勢の主力」は「西面」であったとする[40]。そして、処罰された「西面」に御家人が含まれることから、在京御家人（平岡は、洛中警衛のために在京する御家人を指している）と西面は、明確に区別できる関係ではないとする。また、西面かつ在京御家人かつ近臣家人である後藤基清をあげて、【史料1】傍線㋑等は「同一実体の多側面を表現」しているとする。

しかし、「西面」が処罰されたのは、先陣をきって戦闘し（史料1傍線㋺）、「狼藉」に及んだ者が多かったからであり[41]、兵力規模が主力だったとは限らない。

後藤基清・五条有範は、のちに西面祇候が確認できるが、「西面」として動員されたわけではなく（注39）、処罰されてもいない。【史料1】傍線㋑は、「西面之輩」と「在京武士・近臣家人」を区別していると解釈するのが自然であろう。同様に、【史料2】傍線部は、源頼茂・大内惟信・中原親清・藤原秀能と「西面」を区別していると解釈するのが自然である。そして、【史料1・3〜6】が「官軍」「官兵」「武士」と「西面」とを区別していることも注目される。

処罰された「西面」の内、出自が確定できる御家人は糟屋久季のみである。糟屋久季は鎌倉での政治的地位を失って京に来たと考えられる[42]。他では、平岡の指摘する源広業と熊谷直宗、さらに野三左衛門尉父子[43]と庄日太郎にも、御家人の可能性がある。その場合、熊谷・小野・庄は、武蔵の党的武士団の出自と考えられ、西国所領も少なく、在京武力は小規模と想定される。さらに、既述の私見が妥当であれば、「西面」の藤原実員は、越前の河合系斎藤氏であり、御家人であった明証はない。上毛乃《ママ》左衛門子息や佐伯正任は近衛府の下級官人の家系と思われる。「西面」を構成した武士個々の武力は、いずれも小規模・弱体と考えられる。

「官兵」と区別される「西面」が弱体な武士を集めた一部隊とすれば、この時以降も、在京武士の主力は西国守護を中心とする在京御家人と想定されよう。その想定は、これ以降の大規模軍事活動の事例からも裏付けられる。

建保六年（一二一八）、山門衆徒の強訴に対して、後鳥羽は、次のごとく武士を動員した（表1⑰）。

> 山門衆徒頂二戴日吉・祇園・北野等神輿一入洛、奉レ振二閑院殿陣頭一。仍遣二北面衆一、被レ防二禦之一。又住京健士光員・基清・能直・広綱等、依二 勅定一馳二参宮門一、相支之処、加藤兵衛尉光資、（光員男。後号二加藤新左衛門尉一）切二落八王子駕輿丁男腕一之間、令レ汚二穢神輿一。仍奉二振棄一帰レ山。
>
> （『吾妻鏡』九月二九日条）

院の命を受けて即行動できる場所に居た「北面衆」と、勅定を受けて御所まで来て門を支えた「住京健士」とが区別されている。後者こそ、後鳥羽が緊急時に真に必要とした武力といえる。『吾妻鏡』の記す「在京健士」が、実は「西面」であった可能性も考えられなくはないが、西面祗候が確認できる加藤光員・後藤基清・佐々木広綱とは異なり、大友能直が西面であった明証はない。当該事例は、有力在京御家人の動員と見るべきである。

承久元年（一二一九）七月、源頼茂を追討（表1⑱）したさいは、「西面」が活躍した。

ちか比西面とてえらびおかれたる、㋑いつはりて弓馬の芸を称するたぐひの、官禄身にあまり、宴飲心をまどはして、朝にうたひ夕に舞、㋺たちゐのあらましには、あはれいくさをしてさきをかけばやとのみねがひて、烏帽子ををり、魚父を打はきしともがら、皇居にはせいりてせめた丶かふに、頼茂火をはなちてやけしに、……

（『六代勝事記』）

傍線㋑は、「いつはりて」の厳密な解釈は困難だが、「西面」は御家人ではない、といった意味かと思われる。傍線㋺には、「西面」が先駆を願っていたとある。他の武士以上に、貪欲に勲功を欲していたのであろう。建保元年の相論鎮圧（表1⑬）や当該事例で、「西面」は先陣をきったにすぎず、武力規模が大きかったわけではないのである。『仁和寺日次記』七月一三日条には「於㆓頼茂朝臣㆒者、左衛門尉平宗成誅㆑之」とある。この平宗成は、平岡・秋山が氏不詳としてきた、西面の宗成であろう。当該事例の「西面」も、有力在京御家人ではなく、(44) 個々は弱体な武士が編成されていたと思われる。「西面」を構成した個々の武士は、京武者的な存在形態にあったと想定されるが、出自等で不明なことが多すぎ、確言することは出来ない。

以上から、後鳥羽院政期を通じて、後鳥羽の派遣した軍勢の主力は西国守護を中心とする在京御家人と考えられる。確かに、西面祗候の在京御家人は、確認できない者も含めて、相当多かったと想定される。しかし、権門武力組織は在京御家人動員の必須の前提ではない。公権力による軍事動員を盤石なものとする、院権力の強大さの表れといえよう。

さて、後鳥羽は、在京御家人の動員を重ねるのと並行して、在京御家人以外の武力をも新たに組織・育成しようとしたと考えられる。育成の中核的存在は、やはり藤原秀康・秀能兄弟であろう。無論、新たな武力の組織・育成が、幕府の否定を意味するわけではなく、秀康の起用にあたっては、大内惟義と姻戚関係を結んでいた点を重視したと思われる。推測となるが、後鳥羽が新たな武力の育成を考えた契機は、元久二年（一二〇五）閏七月の、平賀朝雅の追討ではないだろうか。朝雅を討った在京御家人は、関東の命を受けていたのである（表1㉕。『明月記』閏七月二六日条、『吾妻鏡』同二〇日条等）。

約一年後、建永元年九月の八島時清追討（表1⑩）が、御家人と確認できない武士を動員した初例である。この時に動員された鶴丸は、のちに西面祇候が確認できる。これが西面の初見（『吾妻鏡』建永元年五月六日条、加藤光員）に近い時期であることも注目される。後鳥羽は藤原秀康・秀能など在京御家人以外の武力を育成し、その一部を編成した「西面」を動員すると共に、在京御家人をも西面に組織してゆくこととなる。西面創設の直接の目的は不明だが、後鳥羽による新たな在京武力構想の一環と考えられる。(45)

おわりに

後白河院政期以降、京武者の武力には限界があった。後鳥羽院政期の在京武士の主力は、西国守護を中心とする在京御家人であった。京武者と在京御家人との相違は、その存在形態に表れている。京武者は、院政期的な存在形態を維持し、京のみを基盤とした。一方、在京御家人は、京のみならず鎌倉をも基盤とし、一族で活動を分担していた。多くの在京武士の中でも強大な武力を保持したのは、京・西国に重心を置き、守護等として西国に強固な支配を樹立しえた有力御家人であった。

京武者と在京御家人の双方を含む在京武士を、後鳥羽は公権力によって動員しえた。一時的に在京する東国の御家人等も動員対象となった。さらに後鳥羽は、公権力による動員を前提に、権門武力組織を拡充した。在京御家人を西面等に組織してゆくと共に、在京御家人以外の武士をも育成し、軍事活動に起用した。大規模軍事動員のさいの史料に記される「西面」は、有力な在京御家人とは別に、個々は弱体な武士が編成された部隊と考えられるが、源頼茂を討つだけの武力を有していた。後鳥羽の権門武力組織は、軍事動員の必須の前提ではなく、強大な院権力の表れといえる。

以上のごとく、後鳥羽による在京武士の動員は、基本的に、院政期以来の院権力による在京武士動員の延長上にある。ただし、後鳥羽の動員対象となった在京武士の武力の構成は、院政期とは大きく異なっている。後鳥羽の武力は、在京御家人に武力基盤を分与して在京奉公を推奨する鎌倉幕府を、必須の要素として組み込んでいた。もはや京武者は在京武士の主力ではなくなっており、「「京武者」秩序」という呼称は適切ではない。後鳥羽は、その上で新たに「西面」を組織したのである。

如上の鎌倉前期在京武士の特質と、後鳥羽の強固な動員力は、承久の乱のさいにもうかがえる。事例の提示は省略するが、多くの京武者は一族をあげて京方に属した。対照的に、西国に重心を置く有力御家人の一族では、京・西国で活動していた者が京方に属し、鎌倉・東国で活動していた者が鎌倉方に属した。存在形態を異にする京武者と在京御家人は、ともに在京武士として、後鳥羽に動員されたのである。従来、承久の乱の京方軍事動員は、院の権門としての限界が重視されてきた。しかし、本稿の在京武士の検討からは、承久京方の中核が権門的軍事動員を受けた武士であったとしても、治天の君としての公権力による動員が機能しなかったとは考えがたい(46)。権力の質とは異なる視角から、承久の乱を総体的に考察する必要があろう。

注

(1) 上横手雅敬「六波羅探題の成立」(同『鎌倉時代政治史研究』吉川弘文館、一九九一年。初出一九五三年)。
(2) 上横手雅敬「承久の乱の諸前提」(同『日本中世政治史研究』塙書房、一九七〇年。初出一九五六年等)。上横手雅敬「鎌倉幕府と公家政権」(注1上横手前掲書。初出一九七五年)も参照。
(3) 上横手雅敬「建久元年の歴史的意義」一六二頁(注1上横手前掲書。初出一九七二年)。その後、木内正広「鎌倉幕府と都市京都」(『日本史研究』一七五号、一九七七年)が、守護制度の公的性格を具体的に論じている。
(4) 平岡豊「後鳥羽院西面について」(『日本史研究』三一六号、一九八八年)。なお、他に西面の専論として、秋山喜代子「西面と武芸」(同『中世公家社会の空間と芸能』山川出版社、二〇〇三年)がある。以下、特に注記しない限り、西面祗候者は両論文による。また、平岡・秋山の説は本注による。
(5) 平岡豊「承久の乱における院方武士の動員についての概観」(『史学研究集録』九号、一九八四年)。
(6) 京武者概念は、元木泰雄「摂津源氏一門」(『史林』六七巻六号、一九八四年)参照。
(7) 元木泰雄『武士の成立』(吉川弘文館、一九九四年)、横澤大典「白河・鳥羽院政期における京都の軍事警察制度」(『古代文化』五四巻一二号、二〇〇二年)等。
(8) 自治体史や個別武士団研究以外では、米谷豊之祐「院武者所考」(『日本史論集』清文堂出版、一九七五年)、米谷豊之祐『院政期軍事・警察史拾遺』(近代文芸社、一九九三年)、野口実『坂東武士団の成立と発展』(弘生書林、一九八二年)、野口実『中世東国武士団の研究』(高科書店、一九九四年)、野口実『源氏と坂東武士』(吉川弘文館、二〇〇七年)、川合康「中世武士の移動の諸相」(『歴史のなかの移動とネットワーク』桜井書店、二〇〇七年)等。研究史整理として、平安後期を主とする元木泰雄「武士論研究の現状と課題」(『日本史研究』四二一号、一九九七年)、東国武士を主とする伊藤瑠美「東国武士・武士団研究の軌跡」(『茨城大学中世史研究』四号、二〇〇七年)がある。
(9) 木村英一「六波羅探題の成立と公家政権」(『ヒストリア』一七八号、二〇〇二年)。
(10) 川合康「鎌倉幕府研究の現状と課題」(『日本史研究』五三一号、二〇〇六年)。
(11) 京武者は、院政期の具体的事例から構築された概念だが(注6元木前掲論文)、鎌倉時代にも同様の武士は存在する。しかし、後述するごとく、鎌倉幕府を重要な基盤とする在京武士は、京武者とは性格が異なる。無論、複主への兼参自体は院政期の京武者にも確認できるので、御家人であっても、武家権門を重要な基盤とせず、公家権門に強く依存する諸大夫・侍上層の在京武士は、京武者と呼んで差し支えないと考える。

(12) 注(2)上横手前掲「鎌倉幕府と公家政権」。注(3)木内前掲論文。藤本元啓「鎌倉初期幕府の在京勢力」(『藝林』三三巻二号、一九八三年)等。なお、「在京御家人」という語は、論者により概念規定が異なる。本稿の論旨で用いる場合は、一時的に在京している御家人も含めるが、考察の便宜上、京武者は(御家人に列していても)除外する。

(13) 二度の強訴の経過等、田中文英「後白河院政期の政治権力と権門寺院」(同『平氏政権の研究』思文閣出版、一九九四年。初出一九八三年)、上横手雅敬「平氏政権の諸段階」(『中世日本の諸相　上』吉川弘文館、一九八九年)、高橋昌明「嘉応・安元の延暦寺強訴について」(河音・福田編『延暦寺と中世社会』法蔵館、二〇〇四年)参照。

(14) 義仲・義経に関与した京武者の総論として、浅香年木「義仲軍団と北陸道の「兵僧連合」」(同『治承・寿永の内乱論序説』法政大学出版局、一九八一年)、元木泰雄「頼朝軍の上洛」(上横手雅敬編『中世公武権力の構造と展開』吉川弘文館、二〇〇一年)、元木泰雄『源義経』(吉川弘文館、二〇〇七年)参照。

(15) 松島周一「山田重貞とその一族」(『日本文化論叢』一〇号、二〇〇二年)。

(16) 『玉葉』元暦元年一〇月一三日条、『吾妻鏡』建久元年六月二九日条等。彼等の動向については、注(14)浅香論文、伊藤瑠美「11~12世紀における武士の存在形態」(『古代文化』五六巻八・九号、二〇〇四年)参照。

(17) その他、後述のごとく、重遠の甥八島時清が、追討対象となっている(表1⑩)。

(18) 注(14)浅香前掲論文二四三頁等。同『治承・寿永の内乱論序説』所収の諸論文も参照。

(19) 父宗長は、『尊卑分脈』に「建仁二年正月廿二、叙留。下二向上野目代一。未二上洛一之処、男成重依レ任二廷尉一、無二父子相双《(並)》例一之間、被レ叙レ之了」とある。『明月記』建仁二年正月二三日条に、宗長が従五位下に叙されたとあり、『尊卑分脈』の記載は信憑性が高い。

(20) 『明月記』承元二年五月九日条、『猪隈関白記』承元三年五月九日条。後者に左衛門尉と見える。

(21) 平岡豊「藤原秀康について」(『日本歴史』五一六号、一九九一年)。

(22) 『明月記』九月二七日条に「や島次郎」、『不知記』同日条に「堂衆同意之者、近江国源氏八島冠者。不レ知二実名一。八島式部大輔《(ママ)》子也」とある(『大日本史料』第四編之九、二二三八頁)。清和源氏満政流、式部大夫重成の男時清であろう(『尊卑分脈』三巻六三頁。新訂増補国史大系本。以下同)。

(23) 守護の任免は、佐藤進一『増訂鎌倉幕府守護制度の研究』(東京大学出版会、一九七一年。第二刷一九八四年)、田中稔「大内惟義について」(同『鎌倉幕府御家人制度の研究』吉川弘文館、一九九一年。初出一九八九年)による。

以下では、煩雑となるため一々注記しない。

(24) 注(1)上横手前掲論文、注(2)上横手前掲「承久の乱の諸前提」、注(4)平岡前掲論文、注(5)平岡前掲論文等参照。

(25) 注(6)元木前掲論文、須藤聡「平安末期清和源氏義国流の在京活動」(『群馬歴史民俗』一六号、一九九五年)、注(16)伊藤前掲論文、注(8)野口前掲『源氏と坂東武士』。鎌倉前期の京武者については、史料的制約から、活動分担の詳細な検討は出来なかった。院政期と同様、父子や兄弟、あるいは家人型郎従と分担していたと想定される。

(26) 秋山哲雄「都市鎌倉の東国御家人」(同『北条氏権力と都市鎌倉』吉川弘文館、二〇〇六年。初出二〇〇五年)。鎌倉前中期では、三浦について野口実「承久の乱における三浦氏」(『明月記研究』一〇号、二〇〇五年)、宇都宮について山本隆志「関東武士の在京活動」(『史潮』新六〇号、二〇〇六年)がある。京を中心とする活動分担の構造は南北朝期にも継続する(山田徹「南北朝期の守護在京」『日本史研究』五三四号、二〇〇七年)。

(27) 行列には、鎌倉殿の威儀に相応しい、諸大夫層の御家人が必要とされた。たとえば前駆に関して、『吾妻鏡』文治三年七月三日条(山城守橘維康)、同建暦二年九月二日条(筑後前司村上頼時)、同建保六年六月一四日条(新蔵人長井時広)参照。

(28) 平賀義信・大内惟義・平賀朝雅については、注(23)田中前掲論文、彦由一太「鎌倉初期政治過程に於ける信濃佐久源氏の研究」(『政治経済史学』三〇〇号、一九九一年)等参照。

(29) 庶流の名字による。『尊卑分脈』三巻三五四・三五五頁、承久三年八月二一日「関東下知状写」(小早川家証文。『鎌倉遺文』五巻二八〇五号)、『吾妻鏡』承久三年六月八日条。

(30) 京を囲む摂津・丹波・越前・美濃・伊勢・伊賀の守護(注23田中前掲論文)、摂津国多田荘の知行(多田神社文書、元暦二年六月八日「源頼朝袖判大江広元奉書案」)、後鳥羽即位後の八十島祭の随兵勤仕(『玉葉』建久二年一一月九日条)等。多田荘は摂津・河内源氏の祖満仲の所領。かつて二条・高倉の八十島祭では、随兵の多くが平家一門であった(『山槐記』永暦元年一二月一五日条。『兵範記』嘉応元年一〇月二五日条)。

(31) たとえば、『吾妻鏡』承元二年閏四月二七日条(東重胤)、元久元年一一月二〇日条(畠山重保)、元久二年一一月三日条(小澤信重)等。

(32) 建保二年の園城寺の堂舎修造(『吾妻鏡』五月七日条)に関して、注(26)山本論文参照。他の畿内寺社造営の史料からも、御家人の在京が推測できる。

(33) 『吾妻鏡』文治二年三月八日条、同三年四月二九日条等。源頼茂・加藤は治承・寿永内乱期より前にも畿内近国を本拠としていた。

(34) 佐々木・後藤は、治承・寿永内乱期より前に畿内近国が本拠だったことも勘案すべきかもしれない。ただし、大内（平賀）は信濃が本拠であった。守護国の多さが強大な在京武力の保持を可能としたと考えられる。

(35) 建保元年の和田合戦の直後、京で、中原親能の養子某（「実父三浦之輩」）を、小野成時が筑紫から上洛して討とうとしているとの風聞があった。某を「依二本姓一、其弟警固」していたという（『明月記』五月一五日条）。『吾妻鏡』五月二二日条には、某は大友能直で、「三浦輩」が「外家之好」により警固したとある。

(36) 上横手雅敬（前掲注1～3等）が主導してきた、融和的公武関係という理解を踏まえて、平岡もこの点を重視している。ただし平岡は、実朝が御家人の西面化に積極的であったとする主張と関連させている。すでに頼朝期から御家人による京都警衛を奨励しており（『吾妻鏡』建久四年二月二八日条）、実朝や西面にひきつける必要は無いと考える。

(37) 従来は系譜・名未詳であったが、『赤松系図』三種と『有馬系図』（群書系図部集三巻四四八・四六六・四六九・四七三頁）の村上源氏顕房流為永に「柏原弥三郎」「弥三郎、号柏原」と注記がある。

(38) 設置目的につき、平岡は京中の治安維持とし、秋山は様々な芸能者を含む下北面とは別の武芸専門の奉仕集団を組織するためと想定する。また構成員につき、平岡は御家人が大半だったとし、秋山は非御家人も多かったとする。構成員に関しては、秋山の見解を妥当と考える。設置目的については、なお考察の余地がある。

(39) 以上は、記主藤原定家が、日没後に藤原実信から聞いた話である。申の時に定家が聞いたのは、清水寺と長楽寺に「遣二上下北面衆・主典代・庁官等一、頻被レ仰二可レ止由一」という風聞であった。事実であれば、五条・大内・後藤は「上下北面衆」に相当する。

(40) 注(9)木村前掲論文は「官軍の中核」とし、秋山は「官軍の中心」「中核」とする。両氏の理解も、概ね平岡と同様と思われる。

(41) 後鳥羽は、軍勢派遣の本意は、衆徒から兵具を没収することにあったと説明している（『明月記』八月七日条、『天台座主記』八月三日条）。後日、源頼茂は、「不レ及二狼藉一、只両三人剥二甲冑一、相具所レ参也」と、自慢げに話している（『明月記』八月三日条）。

(42) 母は比企能員の女。父有季は比企能員と共に討たれ戦死（『吾妻鏡』建仁三年九月二日条）。

(43) 菊池紳一「承久の乱に京方についた武蔵武士」(『埼玉地方史』二〇号、一九八七年)は、小野盛綱と時成に比定する。しかし両者は父子ではない。時成は「野次郎」を名乗り(『吾妻鏡』)、盛綱は「野五郎」を名乗る(『小野氏系図』群書系図部集六巻一一九頁)。「野～」を名乗るのは、この一族に限らないので、別の小野氏と考えるべきであろう。

(44) 後鳥羽が動員した武士は、「洛中武士馳走」、「官軍多手負」と表記される(『百練抄』七月一三日条)。「官軍」に在京御家人が含まれていたか否かは確認できない。

(45) 『尊卑分脈』の秀康・秀能の一族には西面と注記がある(諸本により相違)。西面を御家人が主とみる平岡は否定する(注21前掲論文)。秋山は、秀能は承久の乱の参戦が疑問視されているので注記の誤りとし、それ以外は信憑性があるとする。しかし、西面を御家人や承久京方に直結させる必要はなく、秀康・秀能一族全てを西面祗候者と見ても難はないと考える。なお、『明月記』建保元年正月一〇日条に「連歌始二百句一。……定通、実氏卿、頼資、秀能、候二西面一之縁、西座六人也」とある。「候二西面之縁一」と読むかもしれないが、注目される。

(46) 宮田敬三「「承久京方」表・分布小考」(『立命館史学』二二号、二〇〇一年)は、統計的方法を用いて、承久京方が、京を中心に同心円的に分布することを指摘している。

〔付記〕 本稿は、平成一九年度文部科学省科学研究費補助金(特別研究員奨励費)による成果の一部である。

鎌倉時代初期における朝廷の貨幣政策

伊藤啓介

【要旨】　鎌倉時代初期は、社会における渡来銭貨の流通が、国家の禁止にもかかわらず拡大していき、やがて代銭納という形で国家と社会に受容されていく時期として理解されてきた。近年の研究では社会における銭貨の受容と国家とを切り離した議論が主流となっているが、そもそも当時の貨幣経済を、国家財政と切り離して論ずることができるのだろうか。本稿では当時の貨幣政策の要因と契機とを、特に財政面から再検討する。

　この時期の貨幣政策の特徴としては、「沽価法」のために「銭貨禁令」が行われることがあげられる。「沽価法」とは絹基準で定められた、中央官司の諸国等からの色代納における換算価格の目安と考えられるが、一一世紀末以来の絹の購買力低下により市場での価格が混乱し、その換算価格の決定が中央官司と諸国司との間で混乱・紛争のもととなる可能性があった。朝廷はそれを防ぐため、絹基準の「沽価法」に基づく価格体系の維持をしようとした。銭貨禁令は、そのための補助手段だったと考えられる。

　銭貨禁令は、治承年間から議論がみられるが、定着したのは文治から建久にかけてである。閑院内裏や伊勢・宇佐の遷宮といった、大規模造営の時期とかさなり、そのための一国平均役の徴収の実務における混乱防止が、銭貨禁令の契機となったと考えられる。

　承久の乱以降、各国から中央官司への未進が甚だしく増加し、用途調達手段が任官功中心に変化した結果、沽価法に基づく価格体系維持の重要性が減少していった。そんな中、嘉禄元年の宇佐遷宮が、諸国の一国平均役対捍により延引したことが、銭貨流通容認の契機となった。内乱による統制力の低下に伴い、朝廷は社会で受容されていた銭貨による収納を拒否しきれず、銭貨使用を容認せざるをえなかった、と考えられる。

　代銭納成立の貨幣経済への影響を考えた場合、朝廷の、銭貨による収納の容認は重要である。だが結局のところ、朝廷にとっては用途調達が円滑に行われることが至上命題であり、貨幣政策は「あるべき貨幣流通」を目指すものではなく、「収納の円滑化のための技術的手段の補助」にすぎなかったのである。

はじめに

日本の貨幣の歴史において鎌倉時代初期は、中国渡来の銭貨が受容されていく時期とされている(1)。小葉田淳などによって先鞭がつけられたこの時期の銭貨流通に関する研究は(2)、その後『鎌倉遺文』の発刊とともに可能となった史料の網羅的な研究により、売券や代銭納等における貨幣の使用状況から銭貨受容の画期を導き出す研究が先行した(3)。一九九〇年代に入ると、東アジア全体の貨幣流通・経済・政治の状況を視野に入れた論考が発表されるようになり、大田由紀夫が、銭貨受容の契機として中国の政治・経済的要因による銭貨の大量流入を指摘した(4)。その後、黒田明伸の「支払協同体」論に基づく、国家の保証によらない貨幣流通の存在の指摘をうけて(5)、社会が国家に先行して銭貨を受容し、中世の貨幣秩序は国家統制の外で自律的に成立したと説明されている(6)。

現在、中世の銭貨流通における国家の役割は小さく評価されており、それに伴い鎌倉初期の貨幣政策の意義付けも著しく後退した観がある。だが、銭貨が絹の支払手段機能を吸収したとされる一二二〇年代は、朝廷が銭貨流通の容認に転じたとされる嘉禄年間(一二二五〜二七)と重なる(7)。さらにいえば、その指標とされているのは、「公事その他の諸負担のうち、従来、絹布など繊維製品で納められていた部分」の「代銭納化」である(8)。社会における銭貨の受容を考えるうえでも、朝廷の貨幣政策を無視はできないのではないだろうか。

以上から本稿では、鎌倉初期の朝廷の貨幣政策について、なぜ銭貨の流通禁止、あるいは容認が行われたのか、その要因と契機を中心に再検討を加えたい。

一　銭貨禁令から容認へ——研究史と問題の所在——

鎌倉時代初期の貨幣政策は、当初の銭貨通用禁止(以下、銭貨禁令と総称)から、受容への変遷の過程として、小葉田淳によって以下のように整理された(9)。

初めて中国渡来の銭貨について、その使用の可否が議論されたのは、治承三年（一一七九）七月とされる(10)。その後、文治三年（一一八七）に三河国が「今銭」の通用禁止を申請している(11)。翌年には検非違使によって「七条面市幷銭直高法」の禁止と、銭貨禁令が行われ(12)、建久四年（一一九三）には銭貨禁令が宣旨で定められた（以下、建久四年銭貨禁令と略）(13)。その後三〇年余りの空白をおいて、嘉禄二年（一二二六）八月に、鎌倉幕府が「止二准布一、可レ用二銅銭一」と命令し銭貨使用が容認された、とされる(14)。

このうち嘉禄二年の銭貨通用の容認については議論がある。滝沢武雄はこのとき、銭貨の使用は例外的に認められたに過ぎないとした(15)。中島圭一は、この幕府令はすでに公認された銭貨流通を前提とした、准布の忌避に重点があるとし、銭貨流通は嘉禄以前に、明確な撤回なしで「なしくずし的」に受容されたとする(16)。

この中島説が現在の通説的理解となっているが、これに対して井原今朝男は、文治三年の「今銭」停止の申請と、建久四年銭貨禁令において、共に出挙利息の制限令がセットであった事を指摘し、利息制限と銭貨禁令の関係に注目して異議を唱えている(17)。律令法における銭貨出挙の利息は半倍、米出挙の利息は一倍に制限されている。それに対して、建久二年（一一九一）(18)と建暦二年（一二一二）の新制(19)にみえる利息制限令では、出挙の利息は一律に一倍までとされている。井原はこれを、本来利息半倍である銭貨出挙の否定であり、銭貨禁令と対応しているとする。そして嘉禄元年（一二二五）一〇月二九日新制の「可レ禁下断私出挙利過二一倍一、幷挙銭利過中半倍上事」条(20)を、銭貨出挙本来の利息半倍への復帰・銭貨出挙の公認とみなし、これを明確な銭貨流通禁止の撤回と主張した(21)。

井原説は、過去注目されてこなかった利息制限令と銭貨禁令との関係について説明し、嘉禄年間における明確な銭貨流通の容認の存在を指摘した点で評価されよう(22)。

だが井原説もふくめ先行研究は、特に嘉禄年間の銭貨容認の議論に顕著であるが、銭貨流通の禁止・容認の時期区分に終始して、その要因や契機にまで十分な検討が及んでいない。経済学の立場から井上正夫が、銭貨流入による米等の物品貨幣の価値下落から説明を試みているが[23]、これも検討の対象は建久四年銭貨禁令までにとどまっている。鎌倉初期を通じた朝廷の、銭貨禁令から容認にいたる貨幣政策・銭貨対策の変遷の要因・契機について、一貫した形での再検討が必要である。まず銭貨禁令の要因から考えてみよう。

二　沽価法と朝廷財政

先行研究は、銭貨禁令が「沽価法を遵守させる」ことを目的としていたという点で一致している。建久四年銭貨禁令には「自㆑非㆑止㆓銭貨之交関㆒者、争得㆑定㆓直法於和市㆒哉」とあり、直法（沽価法）を遵守させるために銭貨禁令を行うと明記されている[24]。また、銭貨対策の初見史料として有名な、治承三年（一一七九）七月二五日付高倉天皇綸旨（以下、治承三年高倉綸旨と略）に始まる、銭貨の使用可否についての議論自体が、沽価法の制定と関係している。「万物沽価、殊以違法」という状況への対策として「万物沽価法」を改定が議論されている中で、「銭之直法」を定めるかどうか、という文脈で、銭貨（宋銭）の通用の可否が検討されているのである[25]。このとき銭貨の通用が認められたかどうかは不明だが、この年八月には確かに「市塵雑物沽価法」が定められ、一〇月には検非違使によって市で施行されている[26]。鎌倉初期の朝廷の貨幣政策を論ずるにあたって、沽価法は決して無視できない。では、沽価法とはいったいどのようなものであったのだろうか。

治承三年高倉綸旨には沽価法について、「寛和・延久之聖代、被㆑定㆓下其法㆒了」とある。『政事要略』巻八二に「寛和二年沽価官符云、銅一斤百五十文」という記述がある。同様の官符として「永延二年官符」「永延之官符」の存在が確認でき[27]、沽価法とは「沽価官符」によって定められる価格表であったと考えられる。

ではその価格表はいったい何に適用されたのだろうか。この時期の沽価法については保立道久や井原今朝男が、色代納などに適用される国家・荘園領主財政の換算基準としての側面を指摘している[28]。一三世紀半ばの史料であるが、『葉黄記』宝治元年（一二四七）三月一一日条で葉室定嗣は、行事用途の「勘定」が「不レ被レ定二沽価之法一者、争可レ定二布・絹等之直一哉」という理由で沙汰やみになった例をあげている。この記述から行事用途の予算見積もりのさい、諸物の換算基準価格として沽価法が適用されるべき、と考えられていたことがわかる。だがこの記述は「沽価法が定められていないので実務に支障がでる」という主旨であり、その内容を鎌倉初期にあてはめてよいか確認が必要であろう。

治承三年高倉綸旨が記された『玉葉』七月二五日条で記主兼実は、沽価法の先例を問い合わせる先として、法家や検非違使庁・太政官のほか、「当時官行事所、及蔵人所色代検納之制、諸国済例」をあげている。法家をのぞいて、これらは沽価法を運用していた官司という位置づけになろう。この時期の朝廷においては、造営や臨時の大規模行事などの用途は行事所などが、そして平常の行事などの用途は蔵人所や太政官などがそれぞれ、あらかじめ必要な用途額を合計して各国に割り当て、不足分は任官功を募集するという形で調達されていたとされる[29]。太政官・行事所・蔵人所といった中央官司、および諸国で沽価法が運用されていたということは、諸行事の予算見積もりから、諸国所課・成功・一国平均役といった用途調達のさいの、諸国への割り当てと収納において、沽価法が適用されていたということにほかならない。鎌倉時代初期においても、沽価法が財政上の換算基準価格として適用されていたと考えて間違いないだろう[30]。

だが、例えば受領が自国の所済を色代納するさいに、官符によって全国一律に決められた換算価格に従っていたと考えるのには違和感がある。一一世紀の例になるが、『中右記』寛治八年（一〇九四）八月一・二日条で、駿河国が伊勢遷宮役を造宮使へ弁済するさいに、「以二白布一段一、宛二米一石一」という「白布直法」を、「甲斐国例」を参考に申請している。井原今朝男は、治暦三年（一〇六七）に駿河国が東大寺に対して絹一疋を准米三石とする「坂東諸国済例」を主張して訴えた例をあげ、[31]「全国一律の沽価法とは別に、地域ごとの色代の換算比率の公定が一一世紀ごろから史料に登場する」としている。[32]諸国の受領からの色代による徴収にあたっては、実務上「沽価官符」だけでなく、「諸国済例」として蓄積されていた当該国や近隣国の前例も参照して、都度、換算価格が交渉によって決定されていた、と考えられよう。既述のように、兼実は参照されるべき先例の中にその「諸国済例」もあげている。「沽価法」という概念は、「沽価官符」によって一律に定められた価格表のみならず、行事所などに蓄積された「諸国済例」も含めて、各国と中央官司との換算価格の交渉のさいに参照される、より体系的なものだったのであろう。

以上の検討から沽価法とは、朝廷の財政運用の実務に適用される、「沽価官符」「諸国済例」などによる、公定の換算基準の価格体系であったことがわかった。中央官司・行事所は「沽価官符」の換算額に基づいて用途の見積もり、各国などへ負担額を割り当てる。各国はその割り当てられた額を中央官司・行事所へ納入するさいの色代換算額について、「沽価官符」だけでなく、自国や近隣国の前例である「済例」も参照して個別に交渉して決定していた、と考えられる。沽価法は、財政実務のすべての段階において重要な役割を果たしていたのである。

三　沽価法と銭貨禁令――絹の価値と銭貨流通――

では次に、沽価法による価格体系を遵守させるにあたって、なぜ銭貨禁令が有効であると考えられたのか、その理由を考えてみよう。

沽価法が価格の体系であったとすれば、当然ながらその表示基準は統一されていたはずである。小葉田淳は沽価法について、准米あるいは准絹で表示されていたと推定している。[33]前節であげた諸記録をみるかぎり、公事の予算や成功の必要額は全て「疋」を基準として算出されている。『玉葉』文治二年（一一八六）七月五日条には、宇佐宮遷宮に伴う仮殿建設用途の成功について、仮殿自体の費用が七千疋、正殿の遷宮費用が二万疋余りと見積もられており、合わせて三万疋が肥前国司に割り当てられたが、国司との交渉によって、結局二万疋に決している様子が記されている。

これらの記載からは、行事・造営用途の総額を合計し、それを諸国所課や成功という形で受領等に割り当てる段階までは絹表示がされていたことがわかる。そして受領等が割り当て分を納めるさいに、米ほかの諸物による色代納が認められていた、と考えられる。例えば先の二万疋の成功を割り当てられた肥前国司であれば、沽価法に基づく換算額で、絹二万疋分にあたる米ほかの諸物を遷宮行事所に納めたであろう。(34)

さて井上正夫は、銭貨流通が「米等物品貨幣の価値下落」をもたらしたであろうことを理論的に説明している。(35)桜井英治は「宋銭使用の拡大がもたらした経済的影響としてまっさきに考えられるのは貨幣機能を宋銭に奪われた米・絹布が諸物資に対する購買力を著しく低下させた可能性である。（中略）米・絹布建て財政をとっていた朝廷や国衙に大きな経済的打撃をあたえたのではなかろうか」として、漠然と渡来銭流入による絹の購買力の低下を想定している。(36)先にみたように、行事・造営用途の総額算出と各国への負担割り当てが絹建てで行われていた以上、絹の購買力の低下は、出費の増加もさることながら、絹一疋あたりに納められる物資の絶対量の減少——すなわち中央官司にとっては収入の、各国等にとっては支出の減少——につながる。両者の間で絹の換算額を巡っての混乱や紛争の発生は必至といえよう。だがこの時期、絹の購買力低下は確認できるのだろうか。

櫛木謙周は一一世紀後半〜一二世紀前半にかけて、一般の絹（凡絹）(37)の価格低下があったことを指摘している。(38)そして一二世紀半ばには銭貨の使用が始まる。(39)この時期、銭の使用は絹使用の忌避と一体で史料に現れることが多い。例えば、検非違使による銭貨禁令違反のおとり捜査として有名な『天台座主記』六四世弁雅、正治二年（一二〇〇）六月二四日条をみると、代価を「絹布類」で受け取るのを嫌うことを口実に銭貨の使用が持ちかけられている。[40] また先述の通り、銭貨流通を認めた嘉禄二年（一二二六）の幕府令「止二准布一、可レ用二銅銭一」は、むしろ絹布利用の忌避が重点との指摘もある。[41] 銭貨の使用がますます絹の価格・購買力の低下に拍車をかけ、治承三年（一一七九）の「万物沽価、殊以違法」という状況にいたったのではないだろうか。

絹の購買力が低下していく中で、取引における絹の忌避が銭貨の使用と一体だったならば、絹の価値を守るためには銭貨流通の禁止が必須、と認識されても不思議ではない。

つまり朝廷が銭貨禁令を行った目的は、絹基準で計算される公事用途調達の実務円滑化の手段として、「沽価法による価格体系の維持」を実現するためだったのである。銭貨禁令は、財政運営のための技術的問題を解決するための補助的な手段として位置づけられよう。実務円滑化の手段というと効果が限定的に感じられるが、収納における混乱は、免除を巡る訴訟、暴力的な徴取やそれに対する抵抗・訴訟といった紛争や、役負担の対捍につながりかねない問題であり、決して軽視できるものではない。

とすると銭貨禁令の契機は、朝廷財政と関連してくると考えられる。次節以降、朝廷財政との関連から、個々の銭貨禁令の契機と時期的な特質について考えてみたい。

四　建久四年銭貨禁令と伊勢・宇佐遷宮事業

行論の都合上、個々の銭貨禁令のなかで最初に、建久四年銭貨禁令について検討する。建久四年銭貨禁令は当然ながら『鎌倉遺文』にも六七六号文書として収められているのだが、当該の部分、古文書編第二巻七八頁をひらくと、建久四年（一一九三）七月四日という同じ日付をもつ官宣旨が二通、収められているのに気づく。[42] 紙幅の関係で引用は控えるが、この官宣旨は伊勢神宮・宇佐神宮それぞれの役夫工米について例外なき勤仕を命じ、いわゆる「三代起請」による免除地についてのみ、国衙ではなく荘園領主がとりまとめ、直接行事所に納める「本所沙汰」を認める、という内容であり、一国平均役の研究史上「建久四年官宣旨」と称されて議論の対象となってきた重要な史料である(43)。

平山浩三の研究によると、建久元年（一一九〇）に内宮、建久三年に外宮でそれぞれ予定されていた遷宮について、文治四年（一一八八）ごろ〜建久三年にかけて、一国平均役として役夫工米賦課が行われた。各国において、国内の各所領の田積や、幕府との関係も含めた領有関係の資料が調査され、そうやって把握された全国の各荘園・公領について、それぞれ賦課の量・免除の可否が確定され、さらには使が派遣されて済・未済の状況を踏まえつつ催促がなされていた、とされる(44)。

だが、その実務には少なからず混乱が見うけられる。平山は、このとき鎌倉幕府が行事所からの訴えに応じて、弁済の実現を図るべく様々な処置をしていたことを論証しているが(45)、その一例として『吾妻鏡』文治六年四月一九日条をあげている。「造太神宮役夫工米地頭未済事」として、朝廷から役夫工米の未済の報告があった知行国や荘園について、幕府が沙汰した子細を記して内容を京都に注進した書状の内容が記されているのだが、知行国の「国務沙汰人」や当該の地頭への弁済の下知といった処置の報告に混じって、「件所一切不二知行一」や、「非二家人知行之所一、付二本所一可レ有二沙汰一歟」といった記載が散見され、朝廷が必ずしも正確に領有関係を認識していたわけではなかったことがわかる。

また同じ書状で、行事所によって地頭が対捍しているとされた「別紙廿ケ所」について「家人知行地内、未レ請二取配符一庄々、同分之由分明也、就レ之尋二子細一、造宮始之後、至二于今一不レ付レ配レ符云々」とあり、そもそも催促が行われていないにもかかわらず、対捍をとがめられた地頭すらいたことがわかる。治承・寿永内乱後はじめての伊勢遷宮役夫工米徴収であったため、朝廷の側にも相当の混乱があったのであろう。ここからわかるのは賦課の実務のうち、領有関係の確認と催促における混乱だが、他の実務、例えば割り当てや免除の申請・許可においても、同様の混乱が存在したことは容易に推察できよう。

さらに建久四年（一一九三）には、宇佐八幡宮の遷宮も予定されていた。宇佐遷宮の役夫工米賦課においても、前述の確認・賦課・免除・催促といった同様の作業が当然予定されていたと考えられる。いってみれば「建久四年官宣旨」は、前年までの伊勢遷宮事業をうけて、同年の宇佐遷宮役賦課における役負担の原則を明らかにし、一国平均役徴収の実務を円滑化するために発せられたものと考えられよう。

さて銭貨禁令が、沽価法による価格体系の維持を通じて、朝廷の公事用途調達を含めた財政実務を円滑化する目的のために発せられた、ということはすでに述べた。同様の目的をもつ法令が、同日に発せられたのであれば、それは偶然ではありえない。

さらにいえば、建久の伊勢遷宮役夫工米賦課が始まったとされる文治四年（一一八八）の九月には、七条において銭貨禁令が発せられている[46]。内乱直後という条件から、混乱が必至な伊勢遷宮役夫工米の徴収の開始にあたり、色代の換算価格の決定にかかわる混乱だけでも防ごうという目的があったのではないだろうか。

以上の検討から、文治・建久の銭貨禁令は、建久の伊勢・宇佐遷宮という造営事業を契機として発せられていたことがわかった。先行研究では建久四年銭貨禁令と、建久の遷宮事業が関連付けて論じられることは全くなかった。だが財政の実務において、沽価法が非常に重要であったことは前節で述べた通りである。沽価法のための銭貨禁令が、朝廷の大規模な用途調達を契機として発せられるのは当然といえよう。

なお、井原今朝男が指摘した、建久四年銭貨禁令と同年一二月の利息制限令の関係について検討しておく。一二月の利息制限令は、①銭貨禁令のために銭貨での返済ができなくなった「銭出挙」の元本返済時の銭貨の米への換算基準明確化と、②「米出挙なら一倍まで、銭出挙なら半倍まで」という制限利息の銭貨禁令への整合という、二つの目的があったと考えるのが妥当であろう。制限利率の変更と銭貨禁令もまたリンクしていることには疑いがないが、井原がいうような銭貨流通の禁止と銭貨出挙の容認の並列ではないと考えられる。(47)

五　文治三年の銭貨禁令申請と治承三年の銭貨流通公認の議論

以上から、建久四年銭貨禁令は建久の伊勢遷宮事業とかかわりが深いことがわかった。だが、役夫工米の徴収が始まるのは文治四年（一一八八）ころとされている。その前年の三河国からの銭貨禁令の申請と、そもそも治承・寿永の内乱の以前である治承三年高倉綸旨の契機については、別途検討が必要となろう。

まず、文治三年（一一八七）の三河国からの銭貨禁令申請について考える。当時の三河国守源範頼(48)は『吾妻鏡』同年五月一三日条で、頼朝から閑院内裏造営役無沙汰を責められている。とするとこの銭貨禁令の申請は、文治～建久にかけての銭貨禁令と同様に、三河国内における内裏造営役の賦課、および行事所への納入の円滑化が目的と捉えることができる。だが、この時も建久四年銭貨禁令と同様に、利息制限令がセットで申請されており、その理由が問題となる。

この時期の受領の財政状況については、文治六年四月日付の、主殿寮年預伴守方注進状が参考になる。(49)主殿寮の年預が、諸国の油や大粮米の済否や便補保などの負担の有無を列挙したうえで、治承以来の各国の弁済状況を次のように述べている。

……抑自㆓去治承二年㆒、迄㆓于去元暦元年之比㆒、永無㆓弁済国㆒之間、両度大嘗会・内侍所御灯・内裏日貢・陣頭常灯・年中恒例神事仏事以下用途料油等、一時□《無》㆓懈怠㆒励勤了、（中略）文治以降、天下落居之処、彼国々之受領、永忘㆓弁済之心㆒了、……

これによると治承二年（一一七八）～元暦元年（一一八四）にかけては「無㆓弁済国㆒」とされる。このような状況は主殿寮だけではなかったようで、上賀茂社には「借上物」を利用してしのいだ、という史料が残っている。[50] 一一世紀の受領の経営に、借上による金融が組み込まれていた事はすでに指摘されている。[51] 治承・寿永の内乱による収納の途絶によって、受領の経営においても「借上物」の利用が増加したであろう。

さて、荘園・公領からの収納は、収穫の関係から基本的に年に一度となる。とすると「借上物」の返済も年を単位としていたであろう。であれば利息の紛争が顕在化してくるのは、その返済あるいは借り換えを迫られる、内乱から数年後の時点になってくると考えられよう。平家滅亡から約二年後、義経が没落してから一年半後という文治三年（一一八七）六月に、「借上物」の利息が問題になったのは当然といえる。しかも文治年間に入り、「天下落居」してなお「彼国々之受領、永忘㆓弁済之心㆒了」という状況が続いており、さらなる「借上物」の利用が見込まれていたとすればなおさらといえよう。

範頼が三河国守となったのは内乱以降ではないか、という反論もあろうが、治承以前の範頼の地位を考えると、内裏造営役など三河国守としての負担に堪え得るだけの十分な財産の蓄積が、彼にあったとは想定しにくい。どちらにせよ、範頼は「借上物」の利用を切実に必要としており、制限利息に関心をよせる動機は十分だった、といえよう。[52]

桜井英治は、治承年間の銭貨に関する議論がその後「鳴りを潜めてしまう」理由について、「養和の大飢饉によって米価がもちなおし、当面する財政危機が一時的に回避されたため」である可能性を指摘している。[53] だが飢饉と内乱は、収納自体の途絶という、より深刻な危機をもたらしていたのである。所詮は補助手段にすぎない銭貨禁令や沽価法などかまっていられなかった、という理解のほうがより合理的であろう。むしろ、いったん途絶した収納が回復してきたからこそ、内裏修造や伊勢・宇佐遷宮といった大規模造営を行い、沽価法や銭貨禁令に向き合う余裕が生れてきたのではないだろうか。

時系列上は逆になったが、次に治承三年高倉綸旨とそれに伴う議論について、その契機を考えてみよう。この議論は銭貨政策の初見であり、財政的な契機のほかに、なぜこの時期に銭貨政策がはじめて議論されたのかについても検討が必要である。

まず、この諮問がなされた治承三年（一一七九）七月という時期と、朝廷の大規模な用途調達の関係である。ここで治承三年八月一八日付後白河院庁下文に注目したい。[54]禅林寺・石山寺・観心寺に対して「所ニ宛課一之臨時国役及践祚大嘗会初斎院初斎宮勅院事等」を免除する下文である。高倉の践祚は仁安三年（一一六八）であり、関係は薄いかもしれない。だが、斎宮・斎王をみてみると治承三年は、二年前に斎宮に卜定された功子内親王が正月に母の喪によって群行前に退下した年であり、前年に範子内親王が斎王に卜定されたばかりの時期でもある。斎宮・斎王の交代といった大規模行事に関る用途の調達が始まっていたとしても不自然ではない。

つぎに、なぜ治承三年に銭貨政策がはじめて議論されたか、である。既述の通り、銭貨の使用は一二世紀半ばには確認され、その後拡大していったと考えられている。この年の流行病が「銭病」と名づけられたことからは、[55]銭貨が珍奇な外来からの異物として、人びとに身近なものとなっていたことがうかがえよう。中央貴族が財政上の問題として認識するようになるほど、銭貨流通はこの時期に盛んになっていたのである。

そもそも一国平均役の徴収に朝廷が積極的に関与するようになったのは、後白河親政期以降とされている。[56]治承三年に沽価法が議論されたことからは、銭貨流通の影響もさることながら、一国平均役の徴収への関与の結果、中央貴族の沽価法への関心がより高まっていたことも読み取ることができよう。

六　建久三年の「銭直法」——銭貨禁令以外の選択肢——

ただ、治承三年高倉綸旨には無視できない点がある。ここで沽価法による価格秩序の維持のための処方箋として呈示されているのは銭貨禁令ではなく、銭貨流通を公認し、銭貨基準の沽価法を制定するという選択肢だったのである。このときは「所業旨、同二私鋳銭一」という理由での反対があったわけだが、銭貨基準の沽価法制定について議論があったにもかかわらず、なぜ最終的に銭貨禁令が選択されたのか、検討しておく必要があろう。(57)

その点で注目すべきなのが、建久三年（一一九二）八月六日付の宣旨によって「一貫文別以二米一斛一為二正物一」という「銭直法」（以下、建久三年銭直法と略）が定められたとされる問題である。(58)この銭直法については、渡来銭公認の意図があったのかどうか議論がある。保立道久は宋銭流通の公認が一時的にせよなされた、と評価しているのに対し、(59)中島圭一は「一般に中世の法令は、先行法との整合性を十分考慮せずに発せられることが多」いとして、渡来銭公認との解釈は危険とする。(60)

だが治承三年（一一七九）の議論をみるかぎり、沽価法による価格秩序が維持できるならば絹基準にこだわる必要などなく、場合によっては沽価法を銭貨基準に変更してもよいという認識も朝廷内には存在していたと考えられる。とすると建久三年銭直法に銭貨流通容認の意図があったことは十分にありうる。その意味で、建久三年一〇月一日に行われた、「銭貨停否事」に関する僉議における、中山忠親の発言に注目したい。

……群卿一同申下可二停止一之由上、内府独申云、直法事、使庁不二遵行一、最不レ可レ然、先件条、任二宣下旨一、可二施行一之由、可レ被二仰下一歟、其条不レ拘二制法一者、停止又同歟、……(61)

銭貨停否についての僉議において、郡卿が一同に銭貨禁令を主張するなか、内大臣中山忠親がひとり、「検非違使が銭直法の遵行を怠っているのが良くない。まずくだんの条（建久三年銭直法）を宣下の通りに施行せよ、とご命令なさるべきである。その条（直法）が守られなければ銭貨禁令を行ってもまた結果は同じ（効果なし）であろう」と発言している。

ここでも銭貨禁令はあくまでも「直法（＝沽価法）」施行の手段であるという認識が示され、検非違使による遵行の不徹底が糾弾されている。だが、検非違使の強制による物価統制は治承三年（一一七九）[62]と文治五年（一一八九）[63]にも行われているのである。それだけでは不十分だったからこそ、銭貨禁令が発せられてきたのではないか。なぜ改めて中山忠親は今まで効果がなかった物価統制を主張したのだろうか。その理由は、建久三年銭直法の目的が、銭貨と米との交換比率を決定することにより、銭貨を沽価法も含めた従来の物価体系の中に組み込むことにあったからと考えられるのではないだろうか。

この理解のうえで、忠親発言の真意と僉議までの流れを解釈するとつぎのようになる。建久三年（一一九二）八月に価格秩序の維持のため、銭貨を含めた沽価法である「銭直法」が施行された。だが、それでも物価統制の効果があがらないことが判明し、改めて銭貨禁令の実施が一〇月一日の僉議の議題にあがる。そこで中山忠親の発言が行われたのである。

だがこの僉議では、「群卿」は「一同」して銭貨禁令に賛成し、左大臣三条実房も忠親の意見自体に賛同したものの銭貨禁令の実施にも賛成しており、銭直法の制定自体は失敗と評価されている。建久三年銭直法の制定後、わずか一年たらずで銭貨禁令が出されるという、短期間での貨幣政策の大きな変化は、「銭直法」の失敗による揺り戻しの結果ではないだろうか。

ここで重視すべきは、治承以来、朝廷の選択肢のひとつとして存在した、銭貨による沽価法の制定、すなわち財政全体を絹基準から銭貨基準に変更するという試みが、建久三年銭直法の失敗によって潰えたことである。これは銭貨禁令が何度も繰り返し出されているのと対照的である。銭貨禁令は、従来の制度と先例を守る方向の政策であることから、効果が少なくても何度も繰り返された。だが、「銭直法」の制定は、従来の制度を大きく変革する政策であったため、一度の失敗で試みられなくなってしまったのであろう。

七　建久以降の銭貨禁令の実効性

建久四年（一一九三）以降、嘉禄年間（一二二五～二七）まで貨幣政策は空白となる。銭貨禁令が定着していた、という想定も可能かも知れない。だが先行研究は一致して、この時期にも社会における銭貨の使用は続いていたとしている。この空白をどう解釈すればよいのだろうか。

ここまでの検討から、銭貨禁令は大規模造営による一国平均役賦課など、朝廷財政と関係が深かったことがわかってきた。文治～建久にかけて、確かに朝廷財政は収納において困難に直面していた。だが、その主因は銭貨流通による絹布の購買力低下というより、治承・寿永の内乱による統制のゆるみによって惹起されたものということに注意しなければならない。統制の回復とともに用途の調達状況は改善し、貨幣政策への朝廷の関心も薄れていったのではないだろうか。

実際、承元三年（一二〇九）に内宮、建暦元年（一二一一）に外宮で、それぞれ遷宮が行われているのだが、このときの役夫工米賦課にあたって定められた建永元年（一二〇六）の済例は、その後、「建永の済例」とよばれて、以降の役夫工米賦課において規範とされている[64]。だがこのときに銭貨禁令が発せられた様子はない。つまり、この時点では銭貨禁令などなくとも、鎌倉期を通じて規範とされるような賦課・収納が行われていたということになる。もともと銭貨禁令は、財政実務の円滑化のための手段としての、沽価法による価格体系維持にあたっての、さらに補助的な位置づけにすぎない。この時期の中央貴族たちは治承年間と違って、造営事業のための大量用途調達という本来の目的さえ達成されさえすればよく、貨幣政策についての関心を減じてしまっていたのであろう。

八　嘉禄の銭貨容認と、朝廷財政の変化

嘉禄初年の銭貨容認については、第一節で述べたように議論がある。井原今朝男は利息制限令の変更から、嘉禄元年（一二二五）に明確な銭貨公認があったと主張しているのだが、(65)利息制限令以外にも、この前後に収納における銭貨容認や、銭貨による賦課が行われている例が散見される。嘉禄二年には吉田社領に対して、官行事所に納める造伊勢大神宮役夫工米を見米ないし銭で弁済させよ、(66)という下文が発せられているし、嘉禄三年には、相馬御厨から伊勢外宮に対する上分布について、布一段あたりの銭を三〇文から四〇文へ増額することを認める関東下知状が発せられている。(67)これらが銭貨による収納を容認する法令であることは明らかである。

中島圭一は、渡来銭使用の公認が明確に打ち出されることがなかったことをもって、朝廷の渡来銭受容を、社会の現実に引きずられる形での消極的な黙認として捉えている。(68)だが銭貨使用の可否は、中央貴族にとっては、所詮、収納のさいの技術的な問題の、さらに補助的な要素に過ぎない。明確な銭貨流通の解禁令が発せられなくとも、一年たらずの間に連続して、銭貨の収納を容認する複数の法令が相次いで発布されたことからは、やはり朝廷の政策変更の意図を読み取るべきであろう。

さて、嘉禄年間に銭貨流通の容認という貨幣政策の転換があったとして、その契機はどのようなものだったのだろうか。『百錬抄』嘉禄元年条の末尾に次のような記載がある。

　今年宇佐宮、卅三年一度遷宮延引了、庄々勤不㆓合期㆒之故也、

嘉禄元年（一二二五）とは、用途調達の失敗により宇佐宮遷宮が延引された年だったのである。ここでは「庄々」とあるが、『宇佐宮記』には「国郡庄之地頭名主等、皆募㆓権勢㆒、猶依㆑致㆓自由之対捍㆒」とあり、一国平均役の徴収が不調に終わったことが示唆されている。(69)さらにこの後、安貞二年（一二二八）に伊勢内宮、寛喜二

年（一二三〇）に外宮の遷宮が予定されていた。そもそも、先に朝廷が銭納を認めた例としてあげた嘉禄二年（一二二六）の下文自体、そのための伊勢神宮役夫工米の徴収にあたって、行事所が銭納を認めるという史料である。嘉禄における宇佐遷宮役徴収の失敗により、安貞・寛喜の伊勢遷宮のための役夫工米の徴収において、銭貨による収納が容認された、と考えられる。

だが建久四年銭貨禁令も同様に、伊勢・宇佐の遷宮用途調達が目的だった。なぜ建久と嘉禄で政策が正反対のものになったのか、その要因を検討する必要があるだろう。

ここまでの検討からみて銭貨流通容認に伴う最大の問題は、財政実務における沽価法の適用をどのようにするか、になるはずである。だが嘉禄年間に沽価法の改定などがなされた形跡はない(70)。なぜだろうか。

第一に、承久の乱を契機とした、朝廷の用途調達手段の変化をあげておきたい。本郷恵子は、嘉禄年間に朝廷の用途調達手段の変化があったと指摘した。本郷によれば、朝廷は承久の乱後、各国に用途を負担させる諸国所課による用途調達の困難の先鋭化に直面し、その解決策としてより一層、任官功の比重を拡大したとされる(71)。

前節で明らかにしたとおり諸国諸課のさいには、各国ごとに、負担額の絹表示での割り当てと、さらに行事所等との間で色代の交渉が必要となる。それに対し任官功では、そのような色代の交渉は不要となる。つまり承久の乱以降、用途調達手段における任官功の比重が拡大した結果、色代をめぐる混乱・紛争の可能性が建久年間に比して低下し、朝廷財政の実務全般において沽価法による価格体系維持の必要性が著しく減じていたのである(72)。

第二に技術的な対応として、本来絹の単位であった「疋」の、銭の単位としての読み替えが行われたことである。鎌倉中期以降、一疋が銭一〇文を示すようになることはよく知られている。嘉禎四年（一二三八）八月一二日付で、小槻季継が提出した任官功程（任官成功の値段表）の勘文には(73)任官功の額が全て准絹で記されているが、その「絹百疋」が「近日銭一貫文」にあたる、としたうえで「以㆓十文㆒一疋」と記されている。任官功の実務にあたった官人たちは、本来絹の単位である「疋」を銭一〇文と読み替えることによって、絹基準で定められた沽価法の建前と、銭貨による収納という現実との辻褄を合わせたのであろう。(74)

そもそも銭貨の通用を認めないということは、銭貨による収納を拒否することでもある。これは反って円滑な収納を妨げる要因となりうる。嘉禄の銭貨容認が、銭貨による収納の容認という形であらわれているのは、収納における制限を取り払うことによって、役夫工米の徴収自体の円滑化が図られた結果なのではないだろうか。まして絹の価格は低落傾向にあった。いったん、沽価法による絹基準の価格体系維持の必要性が減じれば、朝廷が絹納を忌避し銭納を志向するのは自然の流れであろう。もはや各国に対して用途の納入を強制しきれなくなった朝廷に、銭貨による収納の拒否などできなかったのである。

結局のところ、朝廷にとって貨幣政策は、「あるべき貨幣流通」の実現が目的ではなかった。用途調達が円滑に行われることが朝廷の至上命題であり、貨幣政策はそのための技術的手段、それも補助的なものに過ぎず、その時の財政構造に従属していたのである。

通説的理解では、日本社会における銭貨使用の拡大により、朝廷は銭貨の使用を消極的に追認したと理解されてきた。現実の社会状況が朝廷に銭貨の使用を強制した、と言いかえることもできよう。だがここまでの検討を見る限り、社会が国家に銭貨の使用を強制したというより、内乱に伴う朝廷の統制の弛緩によって財政構造が変化し、社会で使用されている銭貨を国家が受容せざるを得なくなった、と理解すべきであろう。通説的理解は、社会における既成事実に国家が敗北した、という意味では必ずしも間違いとはいえないかもしれない。だが、朝廷の貨幣政策の敗北を論じるにあたって、朝廷自身の財政構造の変化や、造営事業といった大量の用途調達の契機が、全く捨象されてきたのは問題ではないだろうか。

その後、寛喜二年（一二三〇）、外宮遷宮の終了後、寛喜の飢饉が始まりを告げる凶作の年に「以㆓銭一貫文㆒

可レ被レ直二米一石一」という基準が宣旨によって定められた[75]。建久三年（一一九二）に一度放棄された、沽価法の価格体系への銭貨の導入は、嘉禄の宇佐遷宮の失敗を経てここに実現したのである。この後、二度と銭貨禁令が発せられることはなかった。一三世紀後半に成立する代銭納制の基礎は、ここに定まったのである。

おわりに

以上、朝廷の銭貨受容の契機と要因を分析した。社会の銭貨受容にまでは検討が及ばなかったが、代銭納の成立が流通経済に与えたインパクトからみて[76]、社会においても、朝廷の動向、特に「銭貨による収納の容認」を無視することはできないだろう[77]。

黒田明伸は「貨幣を共通しているつながり」を「回路」と呼び[78]、「支払協同体」についても英語での呼称をcurrency circuitとしている[79]。中世日本社会における貨幣の「回路」において、最も大きな部分を占めるのは、やはり荘園制における収納であろう。確かに中世日本のcurrency circuitは国家の統制の外で成立したが、国家財政を排除したまま拡大していったわけではない。中世日本社会における銭貨受容を考えるにあたっては、銭貨が循環していた「回路」の中における、中世国家とその財政、あるいは荘園制の位置づけを改めて考える必要があるだろう。

注

（1）宋銭などの渡来銭と皇朝銭は区別されるべきではあるが、この時期流通していた銭貨の多くは渡来銭と考えられ、史料でも両者が区別されないことがほとんどである。本稿では断りのない限り、両者を区別せず銭貨と表示する。

（2）小葉田淳『日本の貨幣』（至文堂、一九五八年）、玉泉大梁「室町時代における貨幣の流通状態」「鎌倉時代の経済」

（同『室町時代の田租』吉川弘文館、一九六九年）、森克己「宋銅銭の我が国流入の端緒」（同『続々日宋貿易の研究』国書刊行会、一九七五年）など。
(3) 佐々木銀弥「荘園における代銭納制の成立と展開」（同『中世商品流通史の研究』法政大学出版局、一九七二年。初出一九六二年）、滝沢武雄「鎌倉時代前期の貨幣」（竹内理三博士古稀記念会編『続荘園制と武家社会』吉川弘文館、一九七八年）、松延康隆「銭と貨幣の観念」（『列島の文化史』六、一九八九年）など。
(4) 足立啓二「中国からみた日本貨幣史の二・三の問題」（『新しい歴史学のために』二〇三号、一九九一年）、同「東アジアにおける銭貨の流通」（荒野泰典・石井正敏・村井章介編『アジアのなかの日本史Ⅲ』東大出版会、一九九二年）、大田由紀夫「一二〜一五世紀初頭東アジアにおける銅銭の流布——日本・中国を中心として——」（『社会経済史学』六一巻二号、一九九五年）など。
(5) 黒田明伸『貨幣システムの世界史——〈非対象性〉をよむ——』（岩波書店、二〇〇三年）。
(6) 桜井英治「日本中世における貨幣と信用について」（『歴史学研究』七〇三号、一九九七年）、中島圭一「日本の中世貨幣と国家」（歴史学研究会編『越境する貨幣』青木書店、一九九九年）など。
(7) 注(2)小葉田前掲書、注(3)松延前掲論文。
(8) 桜井英治「中世の貨幣・信用」（桜井英治・中西聡編『新体系日本史一二　流通経済史』山川出版社、二〇〇二年）。
(9) 注(2)小葉田前掲書。
(10) 『玉葉』治承三年七月二五・二六・二七・二八日条。
(11) 『玉葉』文治三年六月一三日条。
(12) 『仲資王記』文治五年九月六・八日条。
(13) 『法曹至要抄』「一銭貨出挙以米弁時一倍利事」建久四年七月四日付後鳥羽天皇宣旨。
(14) 『吾妻鏡』嘉禄二年八月一日条。
(15) 注(3)滝沢前掲論文。
(16) 注(6)中島前掲論文。
(17) 弘仁一〇年五月二日格（『裁判至要抄』）。
(18) 『中世法制史料集　第六巻』第一部　公家法　八三条。

(19)『同』同一〇九条。
(20)『同』同一三五条。
(21)井原今朝男『日本中世債務史の基礎的研究』(国立民俗博物館科研費研究成果報告書、二〇〇六年)一五六頁。
(22)井原は、宋銭はまず出挙においての使用が先行したと考え、宋銭流通と宋銭出挙を同一視するが、これに対しては井上正夫の批判がある。「借り入れた宋銭で財購入ができなければ、借入自体に意味がなく、宋銭の交換手段としての使用は宋銭出挙の前提条件として必ず先行するからである。」(井上正夫「一二世紀末の宋銭排除論とその背景」『社会経済史学』七〇巻五号、二〇〇五年)。
(23)注(22)井上前掲論文。
(24)『中世法制史料集　第六巻』第一部　公家法　八九条。
(25)注(10)前掲『玉葉』治承三年七月二五日条。
(26)『大夫尉義経畏申記』(『群書類従』七)。
(27)『平安遺文』三五五・四三九号文書(以下、『平』三五五号文書と略)。
(28)保立道久「中世前期の新制と沽価法――都市王権の法、市場・貨幣・財政――」(『歴史学研究』六八七号、一九九六年)。井原今朝男「宋銭輸入の歴史的意義――沽価法と銭貨出挙の発達――」(池享編『銭貨――前近代日本の貨幣と国家――』青木書店、二〇〇一年)。
(29)本郷恵子『中世公家政権の研究』(東京大学出版会、一九九八年)一六七頁。
(30)注(28)保立前掲論文。
(31)『平』一〇一五号文書。
(32)注(28)井原前掲論文。
(33)注(2)小葉田前掲書、三三頁。中島圭一も、注(6)論文にて、一一世紀の一般的な交換媒体を米・絹・布とし、一二世紀にかけて国家的なシステムとして定着していく、としている。
(34)治承三年高倉綸旨で、「銭の直法」を定めるさいの前例が寛和沽価法まで遡るのは、それ以降の沽価法に銭貨による価格表示が存在していなかったことを示すのではないか。
(35)注(22)井上前掲論文。
(36)注(8)桜井前掲論文。

(37)注(27)で言及した『平』三五五・四三九号文書での絹は「調絹」とされている。他にも唐絹・八丈・白布といった高級絹織物が絹基準で表示されている例が指摘されており(『大日本古文書阿蘇文書之二』阿蘇家文書上二号文書)、沽価法の基準となる「絹」は高級品ではなく凡絹であったと考えられる。

(38)櫛木謙周「平安時代の絹価格の変化」(桜井英治・中西聡編『新体系日本史一二　流通経済史』山川出版社、二〇〇二年)。

(39)滝沢武雄『日本の貨幣の歴史』(吉川弘文館、一九九六年)五七頁。

(40)『華頂要略』巻一二　天台座主記六四世弁雅、正治二年六月二四日条。

(41)注(6)中島前掲論文。

(42)『鎌倉遺文』六七七号・六七八号文書(以下、『鎌』六七七号と略)。

(43)上杉和彦「鎌倉期役夫工米の賦課と免除——中世前期国家財政の一側面——」(『史学雑誌』一〇四編一〇号、一九九五年)。

(44)平山浩三「役夫工米の済例と機能」(『日本歴史』五九九号、一九九八年)。

(45)平山浩三「一国平均役賦課における鎌倉幕府と荘園」(『日本歴史』五六五号、一九九五年)。

(46)注(12)参照。

(47)井原今朝男「『後鳥羽院日記』逸文と懸銭の流行」(『日本歴史』七一四号、二〇〇七年)。井原氏は建久四年一二月二九日宣旨によって、米による利息支払を前提に銭貨による貸付が認められた、と考えている。だが宣旨の本文に「一貫文別以米一斛、為正物」とあり、「正物」すなわち元本も米に換算するように求めているのは明白である。

(48)注(47)井原前掲論文。

(49)文治六年四月日付主殿寮年預伴守方注進状案(『壬生家文書三　六四六号文書』)。

(50)『鎌』四一一八号文書。

(51)戸田芳美「王朝都市と荘園体制」(同『初期中世社会史の研究』東京大学出版会、一九九一年、初出一九七六年)。

(52)ここでは否定的に書いたが、利息制限令と銭貨禁令との関連性を否定するわけではない。制限利息の変更自体は、銭貨禁令もしくは容認という貨幣政策との整合性をとるためのものだったと考えられる。だが、「制限利息の変更」と「利息を制限すること」自体を混同してはならない。利息制限令は、治承・建久・建暦と新制の度に確認されている。目先の用途調達が終われば忘れられてしまう貨幣政策よりもむしろ重要視されていたのではないか。

(53) 注(8)桜井前掲論文。
(54) 『平』三八八四号文書。
(55) 『百錬抄』治承三年六月条。
(56) 上島亨「一国平均役の確立過程――中世国家論の一視角――」(『史林』七三巻一号、一九九〇年)。
(57) 井原今朝男は、注(28)論文にて平氏政権が政策として中国渡来の銭貨の流通を容認しようとした、と評価し、その滅亡が銭貨禁令の採用につながったと考えている。他に利光三津夫も平氏政権と銭貨禁令について論じている(同「建久四年の銭貨禁令について」『古代文化』五一巻二号)。だが、銭貨容認＝平氏・銭貨禁令＝反平氏という捉え方では平氏滅亡後に定められた建久三年銭直法の存在や、嘉禄年間の銭貨流通の容認を説明できない。
(58) 『法曹至要抄』九一条「一銭貨出挙以米弁時一倍利事」。
(59) 注(28)保立前掲論文。
(60) 注(6)中島前掲論文。
(61) 『玉葉』建久三年一〇月一日条。
(62) 注(26)参照。
(63) 注(12)参照。
(64) 注(44)平山前掲論文など。
(65) 注(21)井原前掲書。
(66) 『鎌』三三五〇五号文書。
(67) 『鎌』三三六四九号文書。
(68) 注(6)中島前掲論文。
(69) 『鎌』三四三二〇号文書。
(70) 後述するが、銭貨による直法が定められるのは寛喜二年(一九三〇)のことである。
(71) 注(29)本郷前掲書、一八八頁。
(72) 第二節で引用した『葉黄記』宝治元年(一二四七)三月一一日条は、沽価法の本来の機能を示すと同時に、この時期すでに、沽価法の改定が行われなくなっていたことも示している。
(73) 『鎌』五二九六号文書。

(74) 本郷恵子は嘉禄の前後から、成功および行事や造営用途については、官人たちによって公式の書類上の数値は何倍にも水増しされ、実態から大きく乖離するようになったと指摘している（注29著書一八五頁）。沽価法の適用も建前上のものとなり、実態と乖離していたのではないだろうか。
(75) 『百錬抄』寛喜二年（一二三〇）六月二四日条。
(76) 桜井英治「中世の商品市場」（注8桜井前掲書）。
(77) 規模の貧弱性を理由に国家・領主財政を低く評価する事には、池享が疑問を呈している（同「桜井報告批判」『歴史学研究』七〇五号、一九九七年）。
(78) 注(5)黒田前掲書、一五頁。
(79) 注(5)黒田前掲書、一五頁。同「東アジア貨幣史の中の中世後期日本」（鈴木公雄編『貨幣の地域史――中世から近世へ――』岩波書店、二〇〇七年）三〇頁。

鎌倉時代の国守について

宮本晋平

【要旨】　鎌倉時代の国守は、知行国主によって申任される名目だけで実体のない名国司というのが定説であり、先行研究は国守の下達文書発給への不関与化をその証左としてきた。

しかし、鎌倉時代の国守が国務に全く関与しなくなったわけではなく、知行国主側の窓口として朝廷・他権門との折衝にあたる国守を多く確認できる。また、史料上で「名国司」と表記される国守の中にも窓口として機能する者が存在しており、国務に関与する名国司も存在したことがわかる。すなわち、名国司には広義（知行国主により申任される国守）と狭義（そのうち国務に全く関与しない国守）、二つの用法が存在したのである。当初これらの名国司は併存していたが、一三世紀以降、知行国主が任料をとって名国司を申任する形式が定着し、本来ならば国守になれない階層の者が、次々と名国司となるなかで、狭義の名国司が目立つようになる。こうした名国司の際限ない増加に対し、朝廷は弘長三年新制で、知行国主が「家僕」や「凡卑」を名国司に申任することを制限したのである。

以上のような名国司の用法の変化は、同時期に進行した知行国制の変化と連動すると考えられる。一二世紀後半の知行国制は、国守の存在を前提とし、近親者の知行国主が国守を後見することで成り立っていたため、両者は血縁関係にある必要があった。しかし、一三世紀以降は、国守の存在を前提とせずに知行国主が国務を行うようになったため、両者は血縁関係にある必要がなくなった。この結果、知行国主は自らの家司や任料を払った人物を国守に申任するようになり、国務に関与しない名国司が増加していったのである。

はじめに

院政期に従来の国司制度が変容して知行国制が成立し、知行国主（以下、国主）による国務の実権掌握が進んだ結果、国守は名目だけの形式的な存在となった、というのが現在の定説であろう。(1) この理解を裏付けるものとして、先行研究でしばしばとりあげられてきたのが、次の史料である。

【史料1】　弘長三年（一二六三）八月一三日新制(2)

一、可下撰二其人一任中諸国守上事、

仰、頃年以降、封戸職田之禄、已依二陵遅一、維月仙雲之客、偏致二国務一、申二任其宰吏一、称二之名国司一、或挙二家僕一、不レ撰二品秩一、或依二任料一、不レ嫌二凡卑一、自今以後、撰二其仁一、可レ挙レ之、又一任之中、莫レ改二任之一、

この【史料1】には、国主となった公卿らが国務を行い、家司や任料を払った人物を国守に申任し、そのような国守のことを名国司と呼ぶ、という当時の国守に対する一般的な認識が示されている。このいわば「国守＝名国司」観が定説となっているため、従来の知行国制研究では当然、国主に重点がおかれ、国守についてはほとんど顧みられることはなかったのである。

その中で近年発表された佐藤健一の研究は、国守に関する貴重な専論である。(3) 佐藤は、武家官位制研究の視点から鎌倉・室町初期の名国司を分析し、①従来、名国司の定着を示す好例とされてきた『玉葉』に見える「仮名之国司」「名代国司」という用語は、国守が一定の機能を果たしていた時期に例外的に生まれた国務に関与しない国守についての九条兼実の形容であって、②鎌倉初期には「名国司」という表現は一般的ではなく、史料上の初見は『検非違使補任』宝治二年（一二四八）の記事であり、おおむね宝治・建長年間（一二四七～一二五六）に定着するとした。「鎌倉期の国守＝名国司」とは限らない点を指摘し、名国司が定着・一般化する時期を定説よ

りも引き下げるなど、従来の研究よりも踏み込んで考察した点に佐藤の研究の意義がある。

しかしながら後述するように、佐藤の示した初見例から半世紀余りも前の一二世紀末から「名国司」という用語が使用されるなど、佐藤の見解に問題がないわけではない。そこで本稿では、佐藤の研究を批判的に継承しつつ、鎌倉期の国守および名国司の実態を検討し、そこから当該期の国司制度を考察することを課題としたい。そのさい、①定説のように鎌倉期の国守は本当に名目だけで国務に関与しないのか、②鎌倉期の国守すなわち名国司なのか、③鎌倉期全体の中で国守に変化はないのか、の三つの視点から分析を進めることとする。

一　国守の国務関与

鎌倉期における国守の国務不関与化は、富田正弘の研究(4)などに基づき、国守が国内への下達文書の発給に関与しなくなるという事実をもって論じられてきたが、当該期の国守が発給した下達文書の全容は示されていない。そこでまず、今後の研究の便宜も考慮し、鎌倉時代の国守が発給した下達文書の一覧表として表1と表2を提示する（章末に掲載）。表1は鎌倉時代の国司庁宣（以下、庁宣）、表2は鎌倉時代の国符・国判・国守下文の一覧表である。また表3は、表1・表2の検出件数を一〇年ごとにまとめたものである。

ここで先行研究である富田の見解を確認しておく。富田は庁宣を署判の形態により、①国守の奥署判のみ（奥署判型、以下、括弧内は宮本による分類名）、②国守の奥署判と国主の袖判を持つ（袖判・奥署判型）、③国主の袖判のみ（袖判型）の三つに分類し、袖判を持つ庁宣（袖判・奥署判型と袖判型）は一二世紀後半に現れ、一三世紀前半にはほとんどの庁宣が袖判を持つにいたるとし、この変化の背景として国主による国務掌握の進展を指摘した。また、奥署判型を国主が全く表に出ず国守に完全に国務を任せる段階のもの、袖判・奥署判型を表面上は国守が国務を行うが実際は国主が国守に指示している段階のもの、袖判型を国主が国務を完全に掌握し国守は名目

表3　10年ごとの集計　　　　　　　　　　　　(通)

年代	国司庁宣				国判	下文	国符	合計
	奥署判型	袖判・奥署判型	袖判型	不明				
1180	14	2				1		17(17)
1190	11	1	1	1	2			16(14)
1200	8	2	2	3	1		1	17(12)
1210	2		2	1	1			6(3)
1220	4	1	2	1	1	1		10(7)
1230	5	2	8	5				20(7)
1240	1	1	4	3				9(2)
1250	1		13					14(1)
1260	2		6	2				10(2)
1270	1		5	4	1			11(2)
1280	2		3					5(2)
1290	2		3					5(2)
1300	2		3	1				6(2)
1310								
1320	1		1	3				5(1)

注1：集計期間は1333年5月までだが、1330年代を便宜上、1320年代に含めた。
　2：1185年8月14日の文治改元以前については、注(8)佐藤泰弘論文を参照した。
　3：「合計」の欄の括弧内の数字は袖判型と不明を除外した合計である。

上の存在になってしまっている段階のものとする。

確かに表3を見ると、国守が加判した下達文書(5)は一三世紀前半を通じて減少しており、特に一三世紀半ば以降の残存数は極めて少ない。つまり一三世紀前半に国守の下達文書発給への不関与化が進むわけで、富田の指摘はおおむね正しいといえる(6)。ただし、国主による国務掌握が進んだ鎌倉後期にも奥署判型庁宣は発給され、その中には国主の主導により発給されたことが明らかな事例(7)が存在し、また袖判・奥署判型庁宣の場合、国主が袖判を据えた時点で国主の国務掌握は表面上も明らかであるなど、庁宣の様式の変遷と国主による国務掌握の過程をそのまま結びつける富田の見解に問題がないわけではない。

結局のところ、庁宣の様式の変遷から

判明するのは、国守が下達文書の発給に関わったかどうかという点のみである。当時の国務にはもっと広範な業務があり、これだけをもって国務の全てに関与しなくなったとは言い切れないのではなかろうか。表4は下達文書に加判した院政期の少年受領の一覧である。[8] 少年受領は国務を自力では行えず、父親などの近親者が実際の国務を見ていたものと思われる。ところが表4によると、そうした少年受領であっても下達文書には加判しており、最も幼い者だと一〇歳で加判している。つまり、院政期には形式的にせよ国守が下達文書に加判し、表面上は国守が国務を主導しているのである。ここからも、下達文書への加判の有無だけで国守の国務への関与・不関与を論じることの問題点は明らかであろう。

表4　下達文書に加判した院政期の少年受領

西暦	名前	年齢	文書名	出典
1115	藤原忠隆	15	丹波国司庁宣	1821
1116	藤原忠隆	16	丹波国司庁宣	1850
1126	藤原顕長	10	紀伊国司庁宣案	2083
1128	藤原親忠	17	山城国司庁宣	2117
1129	藤原公能	14	越中国司庁宣	2144
1130	藤原公通	15	丹波国判	2169
1131	藤原公通	16	丹波国判	2212
1131	藤原公重	16以下	紀伊国司庁宣案	2203
1131	藤原公重	16以下	紀伊国司庁宣案	2210
1133	藤原公重	18以下	紀伊国司庁宣	2288
1133	藤原公重	18以下	紀伊国司庁宣	2294
1137	藤原重家	10	周防国司庁宣案	2382
1142	藤原惟方	17	越前国判	2461・2463
1142	藤原惟方	17	越前国司庁宣案	2483

注：「出典」の数字は『平安遺文』のものである。

では、鎌倉期の国守は本当に国務に関与しなくなったのだろうか。次の史料をご覧いただきたい。

【史料2】

①肥前国司庁宣[9]

（花押）

□(庁)宣　留守所

肥前国高来西郷三郎丸名内伊福□□検注収納使職□

藤原通清

右、以レ人補二彼職一、於二収納一者、為二別納不輸一、云二国方万雑公事弁一、云二郡使書生之交一、不レ可レ有二其煩一、

仍在庁官人等宜二承知一、勿二違失一、故以下、

天福二年(一二三四)七月□日

②藤原家広書状

□（大）介藤原朝臣（藤原家広）[10]

公卿勅使禄物事、重被二仰下一之旨、謹奉候了、但子細先度令二言上一候了、当時無二計略一候、可レ然之様、可レ有二御披露一候、家広恐惶謹言、

（寛喜二年）（一二三〇）九月七日　　肥前守家広

【史料2】は、肥前守藤原家広の事例である。藤原家広は、少なくとも寛喜元年（一二二九）一〇月九日から文暦二年（一二三五）五月一八日までは肥前守であった。[11]①は、肥前国内の所職を補任する庁宣（袖判型）で、国主のものと思われる袖判が据えられている。奥上の「大介」は国守の別称で藤原家広のことだが、署判は据えられていない。①を見る限り、国主が国務を主導し、国守が国務に関与しなくなったように思える。ところが②をご覧いただきたい。これは肥前国への公卿勅使禄物の賦課について、勤めがたい旨を伝達した国守の書状で、書いたのは家広なのである。すなわち、藤原家広は下達文書の発給には関与しないが、何らかの形で国務に関与していることがわかる。こうした国守は例外的な存在なのだろうか。

実は他にもこうした国守を確認できる。『民経記』紙背文書には、一二二〇年〜三〇年代の朝廷行事の費用調達（造内裏役・大嘗会用途・公卿勅使禄物など）に関わる国守書状が多数含まれている。紙数の都合により一覧表を掲載できないが、その国数は三六か国にも及び、国主の下で国守が書状を出している事例も多い。つまり国主が存在する国でも、国守は朝廷からの賦課に対して国主側の「窓口」として活動しており、朝廷への報告や諸権門間の連絡などに書状を使用していたのである。こうした国守を確認できる国は全国の過半に及び、例外的な存在でないことがわかる。さて、ここまでは鎌倉前期の事例を示してきたので、次に後期の事例をいくつか見ておく。

【史料3】

①後深草院宣[12]

朝観　行幸(伏見天皇)当国所課事、為二邂逅重事一、猶早任二支配一可レ被二進済一者、依二院宣(後深草上皇)一執達如レ件、

(正応二年)(一二八九)二月一日　中宮大夫公衡

安芸守殿(藤原頼定)

②大隅守中原師顕書状[13]

当国台明寺衆徒等申、為二在庁篤秀(税所)以下輩一被レ致二狼藉一之間事、訴状副二具書一、謹進上候、子細見レ状候哉、

可レ有二洩御　奏聞一候歟、仍言上如レ件、

二月七日　　大隅守中原師顕上

③紀伊守経朝請文案[14]

(追筆部分省略)

高野寺僧訴申当国麻津保(生脱カ)事、承久之比、被レ寄二進彼山一、雖レ為二新立之地一、聊有二殊子細一云々、可レ令レ停二止国衙之妨一由、謹承候了、以二此趣一、早々下二知国一候、経朝恐々謹言、

(建治二年)(一二七六)七月一日　紀伊守在判

①は朝観行幸所課の進済を安芸守に命令したもの、②は大隅守が台明寺宗徒らの訴えについての奏聞を依頼した挙状、③は紀伊守が高野山領への日前宮役賦課の停止を高野山に約束した請文である。鎌倉後期には『民経記』紙背文書のように大量の国守書状が残存する事例はなく、史料的な制約は大きいが、【史料3】の諸文書は、当該期になっても朝廷や他権門に対する窓口として機能していた国守が存在したことを示している。

以上から、鎌倉期の国守は下達文書を発給しなくても、国主側の窓口として朝廷・他権門との折衝にあたって

いたことがわかる。すなわち定説がいうように、鎌倉期の国守は名目だけで形式的な存在とはいえないのである。しかし、こうした国守は例外的で、他に名国司と呼ばれる国務に関与しない国守が多くいた可能性もある。そこで次に、ここで見た国守と名国司の関係を考えてみたい。

二　名国司の実態

まず、史料上に見える名国司の用法を確認したい。「名国司」という用語は一二世紀末頃から見られはじめる。【史料4・5】はその最初と二番目の事例である。

【史料4】　大江広元奉書案(15)

重仰
大夫判官《源義経》沙汰にてしらせ給所知とも、いま《今》ハしらせ給まし、これより人にたひ《給》候はんするに、たゝ《多田》と申
ハ、京にも近国にもきこ《聞》へたるところにて候へハ、かま《構》へてよく〱さた《沙汰》しゐさせ給へし、又京なとに
もわかた《我が》いくわん《代官》に《ママ》あらんと候は、、名国司なとに申なすへし、

元暦二年（一一八五）六月八日、頼朝の仰せを奉じた大江広元が、摂津国多田荘を知行する大内惟義に送った奉書の追而書の部分である。本文書が出されたのは、平宗盛を伴って腰越まできた源義経が頼朝の怒りにふれて空しく帰洛した「腰越状」事件の直後で、義経に加担した多田行綱の所領を没収して大内惟義に給与し、多田行綱の家人らについては鎌倉御家人として安堵する旨が本文で述べられている。この追而書では、大内惟義を名国司に申任するとの意向が示されており、実際に二か月後の文治元年（一一八五）八月二九日、惟義は頼朝知行国の相模守に補任されている（『吾妻鏡』）。『吾妻鏡』同日条には「可㆑令㆑知㆓行国務㆒」とあり、頼朝は惟義に国務を行わせていたようである。この事例によれば、名国司は国主に申任される国守で、国務も行ったことになる。

【史料5】　小槻隆職起請文(16)

（隆職の兄永業は――宮本注）またたかもと《(隆職)》か六ゐ《(六位)》の巡年をとめて、申しなして候しさと《(佐渡)》の国をさへ、さか《(たカ)》もとをなこくし《(名国司)》にて、ひろふさ《(広房)》にしら《(知)》せんと申すほとのこゝろにて、

本文書は年次未詳だが、息子に官務の地位を継承させたい小槻隆職と、その地位を奪おうとする甥の広房とが争っていた時期の史料で、おおよそ建久年間、一一九〇年代のものと思われる(17)。史料の背景について説明しておく。応保元年（一一六一）九月一五日、隆職の兄小槻永業は摂津守を辞し、隆職を佐渡守に申任した。そのさい、隆職が持っていた史巡の権利も放棄して、隆職を佐渡守に申任したようである。隆職は佐渡守となったが、実際の国務は永業が行っており、長寛二年（一一六四）、死に瀕した永業は佐渡国支配に関わる文書を息子広房に譲与した。傍線部によると、永業は隆職を名国司にしておいて、息子の広房に国務を管掌させようと目論んでいたようである。この事例では、名国司は名目だけで国務を行えない国守ということになる(18)。

さて、【史料4・5】によると、名国司とは知行国における国守を指す用語で、実際に国務を行うかどうかは関係ないということになる。ただし、大内惟義のような事例は例外で、名国司の大半は国務に関与しない可能性もあるので、名国司の実態を今少し検討したい。次に見る【史料6・7】によれば、名国司には国主側の窓口として活動する者も少なからずおり、惟義のような国務に関与する名国司が例外的ではなかったことがわかる。

【史料6】

①『民経記』寛喜四年（一二三二）二月七日条

近江守藤　資氏名国司歟、変々如何、

②藤原資氏書状(19)

賀茂祭召物事、謹承候了、但子細先度令㆓言上㆒候了、当国尩弱之間、近年如㆑此事、不㆓勤仕㆒候云々、可㆑然

之様、可㆘令㆓計披露㆒給㆖候、恐々謹言、
（貞永元年《一二三二》）四月十日　近江守資氏□

【史料6】は近江守藤原資氏の事例である。藤原資氏は寛喜四年二月七日、国主藤原伊平の下で近江守に補任されている。[20] ①で資氏は「名国司」とされているが、②で資氏は賀茂祭召物を近江国は近年勤仕していないと報告している。つまり、名国司とされる人物が朝廷からの賦課に応対しているのである。

【史料7】　伏見上皇院宣[21]

当国松崎別宮造営料所禰村郷事、雑掌重申状如㆑此、〻事、先度雖㆑被㆓仰下㆒、于㆑今不㆑被㆑申㆓左右㆒、何様候乎、急可㆑被㆑申㆓分明左右㆒之由、重厳密被㆓仰下㆒候也、仍執達如㆑件、
（正安元年《一二九九》）八月廿六日　左衛門権佐光方
安芸守殿

これは東寺知行国安芸国の事例である。[22] 寺社知行国の国守は普通、国務に関与できない名国司とされ、確かに表1を見ても、寺社知行国の国守は庁宣に署判をしていない。しかし、ここでは安芸国の所領に関する問状が安芸守に対して出されており、国守が窓口となっていることがわかる。[23]

以上、一口に名国司といっても様々な実態があったことを示せたと思う。通説では名国司を形式的な国守としてきたが、これは狭義の意味で、実際には国務に関与する国守も名国司と呼ばれたのである。本稿では、国主によって申任される国守を広義の名国司とし、そのうち国務に全く関与できない国守を狭義の名国司とする。【史料4・5】からもわかるように、当初この二つの用法は併存していた。しかし、時代が降るにつれて狭義の名国司が目立つようになる。そこで、最後に鎌倉期における国守の変化について考えたい。

三　国守の変化

【史料8】『明月記』嘉禄二年（一二二六）一一月四日条

通方卿改二任上野国司一近代以レ任二国司一、為二其得分一之例也、

【史料8】は、上野国国主の源通方が上野介を交替させたさいのもので、傍線部から一二二〇年代には国主が任料をとって名国司を申任することが一般的になっていたことがわかる。こうした任料の支払いによる国守補任が定着するなか、当時勢力を拡大させていた関東御家人の国守が増えていく。[24]別稿で検討したように、一二一〇年代以降、関東知行国以外の国の国守となる御家人が増加している。[25]これらの御家人は、公家や寺社知行国の名国司に任命されているわけで、多くはそのさいに任料を支払っていたと考えられる。実際に国務に関与する者もいただろうが、大半は国務に全く関与しない名国司だったと思われる。[26]

このように一三世紀前半には任料を支払った人物などが、次々と国務に関与しない名国司になっていった。その結果、名国司の際限ない増加が問題となり、【史料1】のような名国司を制限する法令が出されたのである。ここで再び【史料1】を見ると、本来ならば国守になれないような階層の者が、国主の家司であるとか任料を払ったという理由で国守になっており、しかも国主は任料収入を増やすために四年の任期を全うさせず、次から次へと国守を交代させている、ということが問題になっている。すなわち、従来は国守になれなかった階層の者でも国守に補任されるようになっており、国守の階層が下降している。[27]朝廷は、国主が「家僕」や「凡卑」を名国司に申任することを制限することで、こうした事態に対処しようとしたのである。

では、なぜこのような状況が生じたのであろうか。知行国制は本来、国守の国務をその近親者が後見するという行為を前提として成り立っており、国守が補任されないと、国主の支配は成り立たなかった。しかし、一三世

表5　国守の補任と先使の派遣

№	年	月日	内容	出典
1	天永2（1111）	7月29日	藤原宗成を因幡守に補任	中右記
		8月2日	先使を派遣（新司宣を携帯）	
		8月17日	目代を派遣	
2	久寿3（1156）	3月6日	藤原親隆を伊予守に補任	兵範記
		3月13日	先使を派遣（新司宣を携帯）	
3	治承4（1180）	6月29日	平時兼を伊豆守に補任	公卿補任
		9月3日以前	先使を派遣	玉葉
4	元暦元（1184）	4月2日？	某を近江守に補任か？	吉記
		4月8日	先使を派遣（新司宣を携帯）	
5	**元久元（1204）**	**3月21日**	**平賀朝雅、伊賀国主となる**	**明月記**
		3月22日	**伊賀国へ追討使発向**	
		4月13日	**源義成を伊賀守に補任**	
6	元久3（1204）	4月3日	九条兼実が土佐国主となる	三長記
		同日	藤原家行を土佐守に補任	
		4月5日	先使を派遣（「奉書」を携帯）	
7	承久3（1221）	7月28日	藤原実雅を讃岐守に補任	吾妻鏡
		8月23日	先使を派遣（新司宣を携帯）	
8	**安貞元（1227）**	**3月29日**	**藤原為家を信濃国主とする綸旨発給**	**明月記**
		7月5日	**先使を派遣**	
		10月5日	**藤原陳忠を信濃守に補任**	
9	宝治元（1247）	7月8日	葉室定嗣が河内国主となる	葉黄記
		？月？日	国守を補任か？	
		8月19日	先使を派遣（新司宣を携帯）	

紀以降、そうした状況に変化が現れる。表5は、国守の補任と国務の開始の前後関係を分析したものである。これによると、一二世紀後半までは国守の補任後、国守の交替を知らせる先使が、新任国守の発給する庁宣（新司宣）を携えて派遣され、国務が開始されていた（№1〜4）。ところが一三世紀後半になると、まず国主が決定され、その後に国主発給の国宣を携えた先使が派遣され、しばらく経ってから国守が補任される事例が一般的になる（№10〜12、14〜16）。あるいは国守の補任後に先使が派遣される場合でも、それを在庁達に知らせる文書は新司宣ではなく、国宣になっている（№13）。№5は国務の開始が国守の補任に先行する最初の事例であり、また№9

10	**文永10 (1273)**	**6月7日 12月10日**	**吉田経長を河内国主とする綸旨発給 経長の息子を河内守に補任（※1）**	**吉続記**
11	**文永11 (1274)**	**4月3日 7月26日**	**源師親が石見国主となる 源師重を石見守に補任**	**勘仲記 (※2)**
12	**弘安9 (1286)**	**4月27日 4月30日 7月11日**	**藤原兼仲を讃岐国主とする綸旨発給 目代を補任 某を讃岐守に補任**	**勘仲記**
13	弘安11 (1288)	2月10日以前 2月10日 2月27日	藤原顕世を讃岐国主とする院宣発給 源能景を讃岐守に補任 先使を派遣（国宣を携帯）（※3）	勘仲記
14	**正安2 (1300)**	**閏7月8日 8月10日**	**三条実躬を伯耆国主とする院宣発給 藤原光時を伯耆守に補任**	**実躬卿記**
15	**正安3 (1301)**	**2月16日 4月5日**	**吉田定房が伯耆国主となる 和気敦長を伯耆守に補任**	**実躬卿記**
16	**正安3 (1301)**	**2月16日 4月5日**	**藤原実香が能登国主となる 藤原政雄を能登守に補任**	**実躬卿記**

注1：**太字**は国守が補任される以前に国務が開始されたと考えられる事例。
　2：表中の注は以下の通り。
　　※1…勧修寺家本『吉続記』除目部類（京都大学総合博物館蔵、『日記が開く歴史の扉』京都大学総合博物館、2003年）。
　　※2…高橋秀樹「広橋家旧蔵「兼仲卿暦記文永11年」について」（『国立歴史民族博物館研究報告』第70集、1997年）。
　　※3…『鎌倉遺文』16532。

は国守の補任後に新司宣を携えた先使が派遣される最後の事例である。つまり、一三世紀前半は、国守の補任後に国務が開始されるあり方から、国守の補任を前提とせずに国務が開始されるあり方へと変容していく時期なのである。これは国主が国務を行うさい、国守の存在を必ずしも前提としなくなってきたことを示している。

そうしたなか、国主と国守の関係に大きな変化が現れる。一三世紀の第一四半世紀ごろ、血縁関係にある国主と国守の数が大きく減少していき、両者の非血縁化が進行していくのである(28)。つまり、当初は国守の存在を前提に近親者である国主が国務を行ったため、両者は血縁関係にある必要があったが、国守の存在を前提としない国務が定着すると、国守に誰がなっても国主の国務にはさして影響しなくなり両者が血縁関係にある必要はなくなった。この結果、国主が自らの家司を国守に申任したり、あるいは国守のポストを財源化して任料をとったりするという行為が一般化したのである。こうした事態を背景に出されたのが【史料1】であり、それは国主が自らの子弟を国守に申任して国務を行う、という院政期に成立した知行国のあり方が変容したことを物語るのである。

おわりに

さて、本稿では、鎌倉時代の国守について検討した。本稿の論点を以下にまとめる。

①多くの国守は下達文書の発給に関与しなくなるが窓口としての機能を維持していた。

②名国司とは国務に関与しない形式的な国守とされてきたが、それは狭義の用法で、国務に関与する国守も名国司と呼ばれており、広義の名国司は国主に申任された国守のことを指す。

③名国司には当初、広・狭二つの用法があったが、時代が降るに従って狭義の名国司が増加していく。

④その背景には国守の存在を前提としない国務の定着、およびそれにともなう国主と国守との非血縁化の進行という状況が存在し、この変化は一三世紀前半を通じて展開していった。

最後に、上述のような国守の変化を知行国制の展開という視点から位置づけたい。一二世紀後半に成立した知行国制は国守の存在を前提とし、国守をその近親者が後見するというものであった。しかしながら、こうしたあり方は一三世紀前半に変容し、一三世紀後半以降は国守の存在を前提とせず、国主が国務を体現する制度へと変化した。つまり一三世紀前半は、国守を体現者とする国司制度から国主を体現者とする国司制度への転換期に当たる。院政期に成立した知行国制は鎌倉前期に転換し、新たな段階を迎えたといえ、知行国は治天から国主に与えられた家産としての性格を強めていく(29)。これを官僚制的な地方支配から家産制的な地方支配への転換と言い換えることも可能だろう。しかしながら、この点については、たとえば家格による知行国の固定化傾向など治天と国主の関係や、知行国制を下から支える国衙の状況なども含めて検討する必要がある。以上を今後の課題として確認し、ひとまず本稿を閉じることとしたい。

注

(1) 知行国主によって申任された国守を形式的な存在とみなす見解は、和田正夫「鎌倉時代の国司に就いて」(『国史学』七号、一九三一年)・吉村茂樹「領国知行制の進展」(『国司制度崩壊に関する研究』東京大学出版会、一九五七年)などの古い研究から、遠藤基郎「鎌倉後期の知行国制」(『国史談話会雑誌』三二号、一九九一年)・上島享「国司制度の変遷と知行国制の形成」(『日本国家の史的特質』古代・中世、思文閣出版、一九九七年)といった現在の到達点を示す研究まで見られる。

(2) 国立公文書館所蔵、『中世法制史料集』第六巻ノ二五三。

(3) 佐藤健一「鎌倉・室町初期の名国司」(『前田本『玉燭宝典』紙背文書とその研究』続群書類従完成会、二〇〇二年)。

(4) 富田正弘「国務文書　付大宰府文書」(『日本古文書学講座』3古代編Ⅱ、雄山閣出版、一九七九年)。

(5) なお、袖判型庁宣には国守の署判が据えられていないため、国守が加判した下達文書には含めていない。また、署判の有無が不明のものも同様である。

(6) なお、従来の研究は庁宣の袖判を国主のものとするが、表1には袖判加判者と国主が一致しない事例がいくつか見られる。これについては、拙稿「鎌倉期公家知行国の国務運営」(『史林』八七巻五号、二〇〇四年)で検討したので参照されたい。また袖判・奥署判型庁宣については、拙稿「袖判と奥署判を持つ国司庁宣について」(『富山史壇』一五六号、二〇〇八年)で検討を加えたので、こちらも参照いただきたい。

(7) たとえば、表1No.116の正応四年(一二九一)二月二四日石見国司庁宣案は、国主三条実重側の主導で発給されている(『鎌倉遺文』一七五五〇・一七五五九・一七五六一・一七五六二)。

（8）表4を作成するさいには、佐藤泰弘「平安時代の国務文書」（『日本中世の黎明』京都大学学術出版会、二〇〇一年）および寺内浩「知行国制の成立」（『受領制の研究』塙書房、二〇〇四年。初出は二〇〇〇年）を参照した。
（9）大川文書、『鎌倉遺文』四六八三。
（10）『民経記』貞永元年閏九月巻紙背文書、『鎌倉遺文』四二〇七。
（11）いずれも『明月記』同日条。
（12）『実躬卿記』永仁元年八月紙背文書一六ウ、『鎌倉遺文』一八三二〇。
（13）台明寺文書、『鎌倉遺文』一五〇六九・一七五三六。中原師顕は弘安三年（一二八〇）一〇月一日から永仁二年（一二九四）一〇月三日まで大隅守である（『外記補任』）。
（14）高野山文書又続宝簡集、『鎌倉遺文』一二三九一。
（15）多田神社文書四ノ一一六、『川西市史』第四巻。なお、多田神社文書にはいくつか偽文書が含まれているが、本文書が偽文書である可能性は低いと考えられる。本文書の信憑性については、中村直勝「多田院とその文書」（『中村直勝著作集』第五巻、淡交社、一九七八年。初出は一九六五年）および石井進「源頼朝の文書三通をめぐって」（『石井進著作集』第二巻、岩波書店、二〇〇四年。初出は一九七一年）を参照。
（16）谷森文書、『鎌倉遺文』一〇〇六。
（17）小槻隆職は文治元年（一一八五）に源頼朝追討の宣旨を奉行した咎によって官務の地位を剥奪され、代わって兄永業の子広房が官務に就いたため、両者の間で官務の地位をめぐる争いが生じていた。当該期の小槻氏については、遠藤珠紀「官務家・局務家の分立と官司請負制」（『史学雑誌』一一一編三号、二〇〇二年）を参照。なお、隆職は建久九年（一一九八）一〇月二九日に死去しているので、この文書の下限は建久九年となる。
（18）なお、この事例は史料の年代からいうと一二世紀末だが、内容からいうと一一六〇年代の事例となる。したがって、「名国司」という用語を史料的に確認できるのは鎌倉初期からであるが、もう少し前の一二世紀後半、つまり知行国制が成立した段階から使用されていたと考えられる。
（19）『民経記』貞永元年七月記一七ウ、『鎌倉遺文』四三一五。
（20）『民経記』寛喜四年二月三日条。
（21）東寺百合文書こ、『鎌倉遺文』二〇二一四。
（22）安芸が当時、東寺知行国であったことは『鎌倉遺文』一九四四九・二〇七二〇を参照。

(23) この事例では、宛先が安芸守となってはいるものの、あくまでも名目上のことで、実際には国主へと文書が直接送られている可能性もある。しかし、たとえば、淡路国主業資王と国守藤原親俊の事例（『民経記』寛喜三年六月記紙背文書九ウ）では、院宣により造内裏役の督促を受けた国守の親俊が、国主である業資王と連絡をとっており、国守に督促状が送付されていることがわかる。

(24) 注(6)拙稿「袖判と奥署判を持つ国司庁宣について」。

(25) 佐藤健一は、文永年間頃から朝廷が名国司を成功官途に組み込み、受領成功に代わる朝廷の財源の一つとすると、幕府の方でも御家人が成功を通じて任官できる官途の中に名国司を組み込み、御家人が名国司に任官できる道が広げられたと述べ、文永年間以降、関東御家人の名国司の数が増加したとするが、一三世紀前半の時点で関東御家人の名国司任官の増加は始まっており、この見解に従うことはできない。

(26) なお、御家人の名国司への任官が進んだ結果、南北朝期以降には、同一国の名国司に任命された御家人が同時に複数存在するようになる。石坂栄「封建制社会における律令制官位の存在について」（『法政史学』二四号、一九七二年）を参照。

(27) なお、国主が院司・家司を国守に申任する事例は院政・鎌倉期を通じて存在し、当初は院宮分国や摂関家知行国の事例が多かったが、一三世紀前半以降、清華家以下の家司も国守に申任される事例が増えていく。

(28) 注(6)拙稿「袖判と奥署判を持つ国司庁宣について」。

(29) この動きは鎌倉期の公家社会における「家の分立」といった点とも関わってくるであろう。家の分立については、市沢哲「鎌倉後期公家社会の構造と「治天の君」」（『日本史研究』三一四号、一九八八年）および注(17)遠藤珠紀論文を参照。

表1　鎌倉時代の国司庁宣

No.	年(西暦)月、日	文書名(出典)	型	袖判加判者(典拠)	奥判加判者(国守)	知行国主	主な内容
1	文治元(一一八五)一一、三	出雲国司庁宣(千家文書・鎌一一)	A	――	侍従兼大介藤原朝臣K(朝経)	藤原朝方	出雲孝房を国造職に補任
2	文治二(一一八六)二	因幡国司庁宣(座田文書・鎌補四二)	B	源通親(花一五六一)	守源朝臣K(通具)	源通親	賀茂資保を美歎宮神主に補任

3	文治三（一一八七）二	越前国司庁宣案（凡人太政大臣例裏文書・鎌補五〇）	A	—	大介藤原朝臣A（公守）	徳大寺実定	某所の国役雑事を免除
4	文治三（一一八七）八	和泉国司庁宣（久米田寺文書・鎌二六〇）	B	藤原光長（花一四九三）	（署名部分欠損）K（藤原長房）	藤原光長	久米田寺免田の国役等を免除
5	文治五（一一八九）正、一一	和泉国司庁宣（久米田寺文書・鎌三六〇）	A	—	右衛門権佐兼大介藤原朝臣K（長房）	藤原光長	久米田寺を九条御堂末寺に
6	文治六（一一九〇）二	常陸国司庁宣写（鹿島大禰宜文書・鎌四二七）	A	—	左馬頭兼権大介藤原朝臣K	不明	中臣重親の屋敷田畠を安堵
7	建久元（一一九〇）四	河内国司庁宣案（金剛寺文書・鎌四四六）	A	—	A（源光輔カ）	不明	金剛寺末寺に田地を奉免
8	建久元（一一九〇）五、一六	播磨国司庁宣（佐々木惣四郎氏所蔵文書・鎌四四八）	A	—	右近衛権中将兼大介藤原朝臣K（実明）	後白河院	福田櫨谷保を文覚の領知に
9	建久元（一一九〇）九	河内国司庁宣案（金剛寺文書・鎌四八三）	A	—	守源朝臣A（光輔カ）	不明	金剛寺領の国役等を免除
10	建久二（一一九一）六	河内国司庁宣案（金剛寺文書・鎌五四一）	A	—	守源朝臣A（光輔カ）	不明	四至内田畠山野の官物等を免除
11	建久三（一一九二）八、二七	河内国司庁宣案（観心寺文書・鎌六一二）	A	—	守源朝臣A（光輔カ）	不明	観心寺加納の勅院事等を免除
12	建久五（一一九四）二、一九	出雲国司庁宣（北島文書・鎌七一四）	A	—	大介藤原朝臣K（朝経）	藤原朝方	犬丸に杵築社貴徳舞勤仕を命令
13	建久六（一一九五）二	肥後国司庁宣（阿蘇文書・鎌七六六）	A	—	式部権大輔兼大介藤原朝臣K	不明	阿蘇社等免田の入勘雑事停止
14	建久六（一一九五）四	出雲国司庁宣（北島文書・鎌七七九）	A	—	大介藤原朝臣K（朝経）	藤原朝方	犬丸に杵築社貴徳舞勤仕を命令
15	建久七（一一九六）六	和泉国司庁宣案（大鳥社文書・鎌八五三）	C	A（平親宗カ）	少納言兼侍従守平朝臣（宗宣）	平親宗	収納使に大鳥郷の沙汰を命令
16	建久八（一一九七）二	讃岐国司庁宣（八坂神社文書・鎌九〇〇）	A	—	大介藤原朝臣K（光俊）	一条能保	玄有に羽床郷内荒野を分賜
17	建久九（一一九八）九	但馬国司庁宣（仁和寺文書・鎌九九九）	A	—	大介高階朝臣K（経雅）	高階経仲カ	御室御領の大嘗会用途を免除
	建久九（一一九八）	土佐国司庁宣案			大介藤原朝臣A		小槻隆職子孫の某所

18	一〇	（壬生家文書・鎌一〇〇七）	不	（前欠）	（後隆）	大炊御門頼実	領知を承認
19	正治元（一一九九）九	和泉国司庁宣（久米田寺文書・鎌一〇八一）	B	藤原長房（花一九九九）	刑部権大輔兼大介藤原朝臣K（宣房）	藤原長房	久米田寺免田の官物等を免除
20	正治二（一二〇〇）一一、八	周防国司庁宣案（阿弥陀寺文書・鎌一一六一）	A	—	願主造東大寺大和尚南無阿弥陀仏A（重源）	東大寺	阿弥陀寺用途田畠への賦課を免除
21	建仁三（一二〇三）二	長門国司庁宣（鎮守八幡宮文書・鎮一）	A	—	大介藤原朝臣K	徳大寺公継カ	鎮守社に神田を寄進
22	建仁三（一二〇三）四	伊予国司庁宣案（白河本東寺文書・鎌一三五七）	不	—	大介（藤原宗行カ）	西園寺公経	弓削荘への国衙使入部を停止
23	建仁三（一二〇三）六、二〇	讃岐国司庁宣案（東寺文書・鎌一三六三）	不	—	大介（藤原能季）	九条良経	善通曼荼羅寺への濫妨を停止
24	建仁三（一二〇三）六、二八	河内国司庁宣案（観心寺文書・鎌一三六四）	A	—	右兵衛権佐兼守藤原朝臣A	不明	観心寺領東坂の国役等を免除
25	建仁三（一二〇三）八	大隅国司庁宣写（平姓禰寝氏正統系譜・鎌一三七五）	A	—	大介藤原朝臣K影	不明	行西を禰寝南俣院地頭に補任
26	建仁三（一二〇三）九	和泉国司庁宣案（田代文書・鎌一三八二）	不	—	大介藤原朝臣（有長）	不明	近木新御所造営用途を設定
27	建仁三（一二〇三）一〇、二〇	紀伊国司庁宣（高野山文書・鎌一三九三）	C	K	侍従兼大介藤原朝臣（基保カ）	不明	国衙船所書生等の乱妨を停止
28	建仁四（一二〇四）正、二三	周防国司庁宣案（東大寺文書・鎌一四二〇）	C	重源	—	東大寺	与田保地頭職を補任
29	建仁四（一二〇四）二、五	筑前国司庁宣（尊経閣所蔵文書・鎌一四二九）	A	—	大介源朝臣K	不明	箱崎宮検校職を補任
30	元久二（一二〇五）四	淡路国司庁宣（護国寺文書・鎌一五三五）	B	藤原範季（花一五八二）	守藤原朝臣K（範周）	藤原範季	一二宮の舞楽料田を設定
31	元久二（一二〇五）閏七	丹波国司庁宣（八坂神社文書・鎌一五七二）	A	—	大介藤原朝臣K（信雅）	後鳥羽院	祇園社領波々伯部村を安堵
32	元久三（一二〇六）三、二四	和泉国司庁宣案（大鳥社文書・鎌一六一〇）	B	A（藤原光親カ）	大介藤原朝臣A（光時）	藤原光親カ	大鳥社供菜浦を設定
33	承元三（一二〇九）	近江国司庁宣案	A	—	中務少輔兼大介源	不明	仲村社の国役雑事等

	正	(民経記貞永元年閏九月記紙背文書)			朝臣A		を免除
34	承元三(一二〇九)八	讃岐国司庁宣(善通寺文書・鎌一八〇五)	A	—	大介藤原朝臣K(資隆)	大炊御門頼実	善通寺御影堂に田地を奉免
35	建暦元(一二一一)六	出雲国司庁宣(千家文書・鎌一八八〇)	C	源有雅カ	大介源朝臣(敦賢カ)	源有雅カ	杵築大社に御供料神田を奉免
36	建暦二(一二一二)八	大隅国司庁宣写(薩藩旧記台明寺文書・鎌一九四一)	A	—	大介源朝臣A	不明	新制雑事の遵行を命令
37	建保二(一二一四)四	阿波国司庁宣案(大東家文書・鎌二一〇〇)	不	—	大介藤原朝臣	不明	富田荘を春日社領に設定
38	建保二(一二一四)一二	飛騨国司庁宣(毛利正彦氏所蔵文書・鎌二一三五)	C	藤原親兼カ	守大江朝臣	藤原親兼カ	正隆に一宮神領等を安堵
39	建保五(一二一七)一〇	大隅国司庁宣写(平姓禰寝氏正統系譜・鎌二三四〇)	A	—	宮内権大輔兼守藤原朝臣K影(家光)	不明	清忠を禰寝院南俣地頭に補任
40	承久三(一二二一)八	讃岐国司庁宣(寂静院文書・鎌二八二一)	A	—	大介藤原朝臣K(実雅)	不明	中村郷を高野一心院領とする
41	承久四(一二二二)正、二三	陸奥国司庁宣写(高洲文書・鎌二九一七)	A	—	大介平朝臣A(義時)	不明	長世保内木間塚村を別納に設定
42	貞応二(一二二三)六	常陸国司庁宣(鹿島大禰宜文書・鎌三一一五)	C	藤原定輔(花一八一一)	大介藤原朝臣	藤原定輔	鬼三郎丸を大枝郷給主に補任
43	貞応二(一二二三)一二	播磨国司庁宣(如意寺文書・鎌三一九四)	C	平範輔(花一九〇九)	左近衛権中将兼大介藤原朝臣(盛兼)	近衛家実	如意寺領の国役等を免除
44	貞応三(一二二四)一一	讃岐国司庁宣案(白河本東寺文書・鎌三三一七)	A	—	大介源朝臣A	不明	善通曼荼羅寺への濫妨を停止
45	嘉禄元(一二二五)四	讃岐国司庁宣(善通寺文書・鎌三三七三)	B	K	大介源朝臣K	不明	御影堂修理用途料を設定
46	嘉禄元(一二二五)八	尾張国司庁宣案(大国霊神社文書・鎌三四〇一)	A	—	大介藤原朝臣K	不明	総社修理料田を奉免
47	嘉禄三(一二二七)一〇	和泉国司庁宣案(井出文書・鎌三六七八)	不	—	守藤原朝臣	不明	馬場村を水間寺免田に設定
48	寛喜二(一二三〇)八	豊後国司庁宣案(柞原八幡宮文書・鎌四〇一三)	C	A(藤原親定カ)	大介惟宗朝臣	藤原親定	阿南郷を不輸別納地に設定
	寛喜二(一二三〇)	豊後国司庁宣案		A			阿南郷を賀来社大神

49	八	(柞原八幡宮文書・鎌四〇一四)	C	(藤原親定カ)	大介惟宗朝臣	藤原親定	宝用途に設定
50	寛喜三(一二三一)三	筑前国司庁宣(宗像神社文書・鎌四一二〇)	A	―	大介小槻宿禰K(季継)	不明	曲村田地を宗像社修理料に設定
51	貞永元(一二三二)八	周防国司庁宣案(東大寺文書・鎌四三七〇)	不	―	大介藤原朝臣(顕嗣)	東大寺	与田保地頭の末松等押領を停止
52	貞永元(一二三二)一一	周防国司庁宣案(東大寺文書・鎌四四〇八)	C	行勇	大介藤原朝臣(顕嗣)	東大寺	与田保地頭の新儀加徴米を停止
53	天福元(一二三三)一二	長門国司庁宣(赤間神宮文書・鎌四五九〇)	A	―	大介源朝臣K(兼友カ)	不明	阿弥陀寺免田を安堵
54	天福二(一二三四)七	肥前国司庁宣(大川文書・鎌四六八三)	C	K	大介藤原朝臣(家広)	不明	藤原通清を検注収納使に補任
55	天福二(一二三四)八	大隅国司庁宣案(調所氏系譜・鎌四六八六)	不	―	守(平望範カ)	平経高カ	藤原恒用を調所政所職に補任
56	嘉禎元(一二三五)一一	播磨国司庁宣案(思文閣古書資料目録一八五)	A	―	右近衛権中将兼大介藤原朝臣A(親季)	九条道家カ	尼浄真に厚利別符司・地主職を安堵
57	嘉禎二(一二三六)一〇	尾張国司庁宣案(醍醐寺文書・鎌五〇七四)	C	A(徳大寺実基カ)	左衛門佐兼大介藤原朝臣	徳大寺実基カ	重枝次郎丸名主職を安堵
58	嘉禎二(一二三六)一〇	尾張国司庁宣案(性海寺文書・鎌五〇七五)	A	―	大介藤原朝臣A	徳大寺実基カ	顚倒新免田畠の沙汰を命令
59	嘉禎三(一二三七)五	長門国司庁宣(赤間神宮文書・鎌五一三八)	B	菅原為長カ(花二〇二六)	大介菅原朝臣K(長成)	菅原為長	阿弥陀寺供田を不断念仏用途に設定
60	嘉禎四(一二三八)八、二	某国司庁宣写(狩野亨吉氏蒐集文書・鎌五二九〇)	A	―	兵部大輔兼大介藤原K影	不明	大舎人寮沙汰人職を補任
61	暦仁元(一二三八)一二	和泉国司庁宣(施福寺文書・鎌五三六五)	B	K	守藤原朝臣K	不明	横山郷を槇尾寺領に設定
62	暦仁元(一二三八)一二	尾張国司庁宣案(大国霊神社文書・鎌五三六六)	不	―	大介藤原朝臣	不明	諸社神領田畠等の沙汰を命令
63	暦仁二(一二三九)正	若狭国司庁宣(東寺百合文書・鎌五三七八)	C	K	大介平朝臣(泰村)	安嘉門院カ	聖宴を太良保司職に補任
	延応元(一二三九)	摂津国司庁宣案		A	(後欠)(藤原雅高		長洲村野地を東大寺

64	八	（京都大学総合博物館蔵宝珠院文書六ノ七〇）	不	（藤原親房カ）	カ）	藤原親房カ	に奉免
65	延応元（一二三九）九	若狭国司庁宣（賀茂別雷神社文書・鎌五四八三）	C	K	大介平朝臣（泰村）	安嘉門院カ	宮河荘への国衙使入部を停止
66	延応元（一二三九）一一	若狭国司庁宣（東寺百合文書・鎌五五〇一）	C	K	大介平朝臣（泰村）	安嘉門院カ	太良保の立券荘号を命令
67	延応元（一二三九）一二	若狭国司庁宣案（東寺百合文書・鎌五五一五）	不	—	大介平朝臣（泰村）	安嘉門院カ	太良保の国役万雑事を免除
68	仁治二（一二四一）正	長門国司庁宣（赤間神宮文書・鎌五七五二）	C	菅原為長カ（花二〇二六）	大介菅原朝臣（長成）	菅原為長	阿弥陀寺免田を安堵
69	仁治二（一二四一）五	尾張国司庁宣案（醍醐寺文書・鎌五八七四）	C	A	大介藤原朝臣	不明	重枝次郎丸名主職を安堵
70	寛元元（一二四三）一一	安芸国司庁宣写（芸藩通志・鎌六二五五）	不	—	大介藤原朝臣	東寺カ	井原村を厳島神社造営料所に設定
71	寛元三（一二四五）一二	常陸国司庁宣（佐々木信綱氏所蔵文書・鎌六六〇三）	C	四条隆親（花二三四一）	介源朝臣	四条隆親	吉田社領の役夫工米催促を停止
72	宝治二（一二四八）閏一二	陸奥国司庁宣写（関牧太郎氏所蔵文書・鎌七〇三五）	不	—	大介橘朝臣	九条頼嗣	地頭に神宝所御馬代の絹進済を命令
73	宝治三（一二四九）正	長門国司庁宣（武久家文書）	A	—	大介藤原朝臣K（時朝）	徳大寺実基カ	阿弥陀寺に免田を奉免
74	宝治三（一二四九）三	讃岐国司庁宣（善通寺文書・鎌七〇六〇）	B	源有長（花二〇六〇）	右馬権頭兼大介源朝臣K（兼康）	九条道家	生野郷西畔を善通寺修造料所に設定
75	建長元（一二四九）七	播磨国司庁宣案（正明寺文書・鎌七一〇一）	C	A	—	後嵯峨院	免田を設定・惣検注勘料を停止など
76	建長元（一二四九）一〇	伊豆国司庁宣写（三島神社文書・鎌七一二九）	不	—	大介藤原朝臣	不明	三島宮に東経所料田を奉免
77	建長三（一二五一）八	出雲国司庁宣（千家文書・鎌七三四六）	C	平時継（花二五〇七）	大介高階朝臣	平時継	出雲義孝の伊弉諾社造進を命令
78	建長三（一二五一）八	出雲国司庁宣（千家文書・鎌七三四七）	C	平時継（花二五〇七）	大介高階朝臣	平時継	出雲義孝の惣社所役勤仕を命令
	建長三（一二五一）	出雲国司庁宣		平時継			出雲義孝の惣社所役

79	八	(千家文書鎌七三四八)	C	(花二五〇七)	大介高階朝臣	平時継	勤仕を命令
80	建長四(一二五二)九	讃岐国司庁宣(善通寺文書・鎌七四八〇)	A	—	左近衛権少尉兼大介藤原朝臣K(公貫)	洞院実雄	善通曼荼羅寺への国衙使入部を停止
81	建長五(一二五三)一二	出雲国司庁宣(千家文書・鎌七六九〇)	C	平時継(花二五〇七)	大介高階朝臣	平時継	出雲義孝の伊弉諾社造進を命令
82	建長六(一二五四)三、四	播磨国司庁宣案(性海寺文書・鎌七七一八)	C	土御門顕定	大介兼左近衛権中将源朝臣(定実)	後嵯峨院	性海寺四至内の漁労樵夫の往反を停止
83	建長七(一二五五)二	出雲国司庁宣(千家文書・鎌七八四八)	C	平時継(花二五〇七)	大介卜部宿禰	平時継	出雲義孝に伊弉諾社供料田の領知を命令
84	建長七(一二五五)二	出雲国司庁宣(千家文書・鎌七八四九)	C	平時継(花二五〇七)	大介卜部宿禰	平時継	出雲義孝に伊弉諾社燈油田等の領知を命令
85	建長八(一二五六)三	讃岐国司庁宣(八坂神社文書・鎌七九七八)	C	洞院実雄(花二二九二)	大介藤原朝臣(経業)	後嵯峨院	羽床郷内荒野を感神院神田に設定
86	康元二(一二五七)二	出雲国司庁宣(千家文書・鎌八〇七七)	C	平時継(花二五〇七)	大介三善朝臣	平時継	出雲義孝の惣安居師免畠等の領知を命令
87	康元二(一二五七)二	出雲国司庁宣(千家文書・鎌八〇七八)	C	平時継(花二五〇七)	大介三善朝臣	平時継	出雲義孝の伊弉諾社神田等の領知を命令
88	正嘉二(一二五八)二	播磨国司庁宣案(性海寺文書・鎌八一九四)	C	中院通成(花二四二四)	大介(高階邦経カ)	後嵯峨院	性海寺四至内の漁労樵夫の往反を停止
89	正嘉二(一二五八)九	薩摩国司庁宣(入来院文書・鎌八二八九)	C	藤原資季カ	大介藤原朝臣	藤原資季カ	地頭に所当米の弁済を命令
90	正元元(一二五九)五	播磨国司庁宣案(性海寺文書・鎌八三八一)	C	中院通成(花二四二四)	大介(藤原基顕カ)	後嵯峨院	名田を性海寺学頭供料に設定
91	正元二(一二六〇)二	出雲国司庁宣(千家文書・鎌八四八二)	C	平時継(花二五〇七)	大介三善朝臣	平時継	惣社仁王講田を設定
92	弘長二(一二六二)一二、一二八	肥後国司庁宣(阿蘇文書・鎌八九〇九)	A	—	大介津守宿禰K(国氏カ)	不明	三社大神宝装束の調進を命令
93	弘長三(一二六三)一二	讃岐国司庁宣写(善通寺文書・善一三)	不	(前欠)	大介藤原朝臣(定藤カ)	後嵯峨院カ	前欠文書のため内容は不明

94	文永元(一二六四)四、五	長門国司庁宣(赤間神宮文書・赤一〇)	C	四条隆行(花二四一一)	大介藤原朝臣	四条隆行	阿弥陀寺免田を一円不輸免に設定
95	文永元(一二六四)一二、八	出雲国司庁宣(千家文書・鎌九一六五)	C	平時継(花二五〇七)	大介平朝臣	平時継	惣社仁王講田等を設定
96	文永二(一二六五)八	土佐国司庁宣(香宗我部家伝証文・鎌九三四〇)	C	源則長(花二二三〇)	大介源朝臣(成経)	一条実経	金光明院敷地と新勘免供料田を奉免
97	文永三(一二六六)四	出雲国司庁宣(千家文書・鎌九五二五)	C	四条隆親(花二三四一)	大介藤原朝臣	四条隆親	三刀屋郷を惣社造営料所に設定
98	文永五(一二六八)六、一九	但馬国司庁宣案(進美寺文書・鎌一〇二五九)	不	(前欠)	大介藤原朝臣	延暦寺カ	郡司の進美寺領への乱妨を停止
99	文永五(一二六八)七	大隅国司庁宣写(平姓禰寝氏正統系譜・鎌一〇二八五)	C	K影	大介藤原朝臣	不明	禰寝院名主等の新儀違乱を停止
100	文永六(一二六九)一〇	某国司庁宣案(東京大学史料編纂所影写本大宮文書)	A	―	大介藤原朝臣A	不明	岡安名司を補任
101	文永八(一二七一)二	下総国司庁宣(香取旧大禰宜家文書・鎌一〇七九一)	C	K	大介源朝臣	不明	大中臣実政を国行事職に補任
102	文永八(一二七一)二	下総国司庁宣写(香取旧大禰宜家文書・鎌一〇七九二)	不	―	大介源朝臣	不明	大須賀保の御輿作殿沙汰を命令
103	文永九(一二七二)一二	出雲国司庁宣(千家文書・鎌一一一七一)	C	四条隆親(花二三四一)	大介藤原朝臣(顕家)	四条隆親	目代氏定の杵築大社造営を命令
104	文永一一(一二七四)六	常陸国司庁宣案(総社宮文書・鎌一一六八〇)	不	―	介惟宗朝臣	不明	大嘗会用途料の進済を命令
105	建治元(一二七五)一〇、二六	筑前国司庁宣(寿徳院阿弥陀如来像胎内文書・鎌一二〇七三)	C	行清(花二三四二)	大介平朝臣	石清水八幡宮	御即位天神地祇大幣使の準備を命令
106	建治二(一二七六)六	播磨国司庁宣写(正明寺文書・鎌一二三七九)	不	―	大介藤原朝臣	後深草院	称名寺免田への国衙の煩いを停止
	建治三(一二七七)	山城国司庁宣案					日吉田への国衙の煩い

107	三	(東寺百合文書・鎌一二六九五)	A	―	大介藤原雑掌（マヽ）A	存在せず	を停止
108	建治三(一二七七)七	周防国司庁宣(上司家文書・鎌一二七八八)	C	円爾カ(花二三五四)	大介源朝臣	東大寺	左衛門少尉重村を得善保司に補任
109	建治三(一二七七)九	尾張国司庁宣案(醍醐寺文書・鎌一二八七五)	C	A	大介平朝臣(公時)	不明	尾張俊実を重枝次郎丸名主に補任
110	建治三(一二七七)一一、二七	周防国司庁宣案(上司家文書・鎌一二九〇九)	不	―	大介	東大寺	賀陽盛定を為安名公文職に補任
111	弘安五(一二八二)三	長門国司庁宣(赤間神宮文書・赤一二)	C	四条隆行(花二四一一)	大介藤原朝臣	四条隆行	赤間関関銭を阿弥陀寺灯油料に充つ
112	弘安六(一二八三)四	讃岐国司庁宣(善通寺文書・鎌一四八四五)	A	―	大介藤原朝臣K(定房)	亀山院	善通寺領吉田荘の国衙惣検等を停止
113	弘安七(一二八四)八、三	信濃国司庁宣案(春日神社文書・鎌一五二七三)	A	―	大供目代K影	興福寺	目代定尭の追放を命令
114	弘安九(一二八六)六	下総国司庁宣案(香取神宮文書・鎌一五九三一)	C	A	大介藤原朝臣(宣光カ)	不明	香取社造営御宝材木等の弁済を命令
115	弘安一〇(一二八七)二	筑前国司庁宣(宗像神社文書・鎌一六二〇〇)	C	中御門為俊(花二四四七)	大介藤原朝臣	中御門為俊カ	宗像氏富に得末名を安堵
116	正応四(一二九一)二、二四	石見国司庁宣案(賀茂別雷神社文書・賀三一〇)	A	―	大介藤原朝臣K	三条実重	堺相論についての綸旨を遵行
117	正応四(一二九一)九、一〇	長門国司庁宣(赤間神宮文書・赤一三)	C	清原良枝カ(花二九三八)	大介大中臣朝臣(康長カ)	花山院家教	成用名公田を阿弥陀寺免田に設定
118	正応五(一二九二)四	長門国司庁宣(武久家文書)	C	清原良枝カ(花二九三八)	大介藤原朝臣	花山院家教	長門二宮大宮司重貞の田地を安堵
119	正応五(一二九二)二	讃岐国司庁宣案(醍醐寺文書・鎌一七八二〇)	A	―	大介惟宗朝臣A	亀山院	延命御修法料能米の奉下を命令
120	永仁三(一二九五)三	長門国司庁宣(鎮守八幡宮文書・鎮二)	C	清原良枝カ(花二九三八)	大介藤原朝臣	花山院家教	阿弥陀寺鎮守八幡宮に燈油田を寄進
121	正安二(一三〇〇)五、二	常陸国司庁宣(総社宮文書・鎌二〇四三一)	C	大介藤原K	―	玄輝門院カ	物社二御職給田畠を設定
122	正安二(一三〇〇)閏七	出雲国司庁宣(千家文書・鎌二〇五四一)	C	日野俊光(花二八八〇)	大介	日野俊光	三刀屋郷を惣社造営料所に設定

123	乾元二（一三〇三）六カ	播磨国司庁宣案（近江寺文書・鎌二一五六一）	不	—	大介藤原朝臣	後深草院	近江寺内への甲乙人の狼藉を停止
124	嘉元三（一三〇五）九、八	大隅国司庁宣写（調所氏家譜・鎌二二三二〇）	A	—	大介鴨A	不明	稲富恒幸を調所主神司職に補任
125	延慶二（一三〇九）二、二四	播磨国司庁宣案（性海寺文書・鎌二三六〇二）	C	K	大介	伏見院	性海寺免田の検注勘料を免除
126	延慶二（一三〇九）四	信濃国司庁宣（市河文書・鎌二三六七八）	A	—	大介K	不明	湯山田在家の年貢万雑公事を免除
127	元亨三（一三二三）正、二八	常陸国司庁宣案（総社宮文書・鎌二八三一三）	不	—	大介藤原朝臣	不明	清原師幸に末吉名内田地を安堵
128	正中元（一三二四）一二	甲斐（カ）国司庁宣案（勝尾寺文書・鎌二八九四一）	不	—	大介ヽ	不明	源氏女に所職名田を安堵
129	嘉暦三（一三二八）七	常陸国司庁宣（総社宮文書・鎌三〇三二七）	C	K	大介藤原朝臣	不明	平氏氏女に府中車田を安堵
130	元徳元（一三二九）一〇	丹後国司庁宣（籠神社文書・宮三六）	A	—	大介藤原朝臣K	不明	大谷寺に一宮七か日仁王講田を安堵
131	元徳三（一三三一）三	常陸国司庁宣案（税所文書・鎌三一四〇〇）	不	—	大介	不明	百済家成に府中職を安堵

《型》A＝奥署判型　B＝袖判・奥署判型　C＝袖判型　不＝不明（前欠・後欠のものや、案文・写で署判が記載されないもの）
《袖判加判者》《奥判加判者》K＝花押　A＝在判・在御判など　K影＝花押影
《出典》鎌＝『鎌倉遺文』　花＝『花押かがみ』　鎮＝「鎮守八幡宮文書」（『赤間神宮文書』所収）　善＝「善通寺文書」（『香川県史』所収）　赤＝『赤間神宮文書』　賀＝『賀茂別雷神社文書』　宮＝『宮津市史』資料編一別掲
《表1の知行国主・国守比定の根拠》（　）内の数字は表の№。比定にさいしては菊池紳一・宮崎康充「国司一覧」（『日本史総覧』Ⅱ、新人物往来社、一九八四年）も参照した。表中の略称は以下の通り（表2も同じ）。『玉』＝『玉葉』『定』＝『定長卿記』『花』＝『花押かがみ』『公』＝『公卿補任』『吉』＝『吉記』『吾』＝『吾妻鏡』『山』＝『山槐記』『明』＝『明月記』『鎌』＝『鎌倉遺文』『三』＝『三長記』『仙』＝『仙洞御移徙部類記』『民』＝『民経記』『百』＝『百錬抄』『仁』＝『仁王経法記』（『愛知県史』資料編八所収）『経』＝『経俊卿記』『新』＝『新抄』『勘』＝『勘仲記』『実』＝『実躬卿記』

（1）国主…『玉』養和元年三月六日条、『定』文治四年一二月——一九日条。国守…『花』一五一九。

（2）国主…『玉』文治元年一二月二七日・同三年九月一日条。国守…『公』建仁元年源通具項。
（3）国主…『吉』文治元年一二月二七日条・同四年一二月二九日条。国守…『吉』文治元年一二月二九日条。
（4）国主…『玉』文治元年一二月二七日条、『定』同四年一二月一九日条。国守…『公』元久元年藤原長房項。
（5）国主…国守が引き続き長房であることから、光長を国主と判断した。国守…『花』一九九九。
（6）国守…『花』一四四七。
（7）国守…『吾』建久元年八月三日条。
（8）国主・国守…『公』建久四年藤原実明項・正治元年条高階経仲項。
（9・10・11）国守…『吾』建久元年八月三日条。

（12・14）国主…国守が引き続き朝経であることから、朝方を国主と判断した。国守…『花』一五一九。
（15）国主…『山』建久五年正月三〇日条、『明』正治元年七月二五日条。国守…『公』安貞二年平宗宣項。
（16）国主…『鎌』七九七八。国守…『花』二三二一。
（17）国主…『自略記』（『資経卿記』）建久九年一一月二〇日条。国守…『花』二二一五。
（18）国主・国守…『山』建久五年正月三〇日条、『明』正治元年六月二四日条。
（19）国主…『明』正治元年七月一五日条。国守…『花』一六七一。
（20・28・51・52・108・110）周防は文治二年から建永元年まで東大寺知行国で、大勧進重源が国務を奉行した。また寛喜三年三月二八日より幕末にいたるまで東大寺知行国であり、大勧進が国務を奉行した。以上は「周防国吏務代々過現名帳」（『山口県史』史料編中世一、五九二頁）、寛喜三年三月二八日「後堀河天皇綸旨」（「口宣綸旨院宣御教書案」所収）などによる。
（21）国主…天福元年一二月および嘉禎三年五月の長門国司庁宣（53・59）に記載された内容により、藤原公継は建仁年間に長門知行国主であったと考えられる。なお『赤間神宮文書』一〇頁の解説も参照。
（22）国主…『明』建仁三年三月一〇日条。国守…『公』建保二年藤原宗行項。
（23）国主…『鎌』三二九一、『三』建永元年四月三日条。国守…『公』建暦元年藤原能季項。
（26）国守…『明』建仁三年正月一二日・建保三年正月五日条。
（27）国守…『明』正治二年一〇月二七日条。
（30）国主・国守…中野栄夫「元久二年四月の淡路国司庁宣に見られる花押について」（『法政史学』四三号、一九九一年）を参照。
（31）国主…『三中記』建久九年四月二一日条（『仙』一〇九頁）、『公』承久元年藤原知家項。国守…『花』一六五六。
（32）国主・国守…『明』元久二年八月九・一〇日条。
（34）国主・国守…大炊御門頼実は、建暦二年一〇月三日（『明』）から建保三年六月一〇日（『鎌』二一六二）までは確実に讃岐の知行国主である。またこの時の国守藤原資隆は、建保二年一二月一三日条に讃岐守として見える（『仙』二三七頁）。同一人物が国守である間は国主も交代していないと考えられるから、資隆が国守に補任された建永元年四月三日(『三』)以来、頼実は讃岐の知行国主であったと考えられる。

(35) 国主…『鎌』二一六二。国守…『明』建仁三年正月一二日条。

(38) 国主…『鎌』二一六二。

(39) 国守…『公』嘉禄元年藤原家光項。

(40) 国守…『公』貞応元年藤原実雅項。

(41) 国守…『鎌倉年代記』北条義時項。

(42) 建保三年六月二日の時点で、藤原定輔は常陸の知行国主であった(『鎌』二一六二)。本文書の袖判も定輔のものであることから、貞応二年六月の時点でも国主と判断した。

(43) 国主…拙稿「鎌倉期公家知行国の国務運営」(『史林』八七巻五号、二〇〇四年)第二章注②参照。国守…『公』嘉禄元年藤原盛兼項。

(45) 国主…『花』一七八四は、本文書の袖判を大炊御門頼実のものとするが、同所掲載の他の花押と比べると相違点も多く、同一人物のものとは思われない。そのため袖判・国主を不明とした。

(48・49) 国主…『公』安貞元年藤原親定項、『民』天福元年六月二二日条。

(50) 国守…『花』二〇一〇。

(51・52) 国主…20参照。国守…『民』貞永元年五月二一日条。

(53) 国守…『明』天福元年三月二二日条。

(54) 国守…『明』寛喜元年一〇月九日・嘉禎元年五月一八日条。

(55) 国主…『明』寛喜二年一一月一三日条。国守…『明』天福元年八月六日条。

(56) 国主…播磨は、暦仁元年一二月一三日の段階で九条道家の知行国(『鎌』補一二五四・一二七七)で、播磨守は道家家司の源有長であった。本文書に見える国守藤原親季もまた九条道家の家司である(『鎌』六〇四四)。従って、本文書の時点でも九条道家の知行国と判断した。国守…『公』暦仁元年藤原親季項。

(57・58) 国主…『明』嘉禎元年正月四日条。

(59・68) 国主…『百』天福二年二月一七日・仁治三年一一月一一日条。国守…『明』嘉禎元年四月一七日・『編記』仁治元年七月一六日条。

(63・65・66・67) 国主…『勝延法眼記』仁治二年正月八日条。国守…『吾』暦仁二年正月二日条。

(64) 国主・国守…『公』嘉禎三年藤原親房項。

(70) 国主…『平戸記』仁治三年四月九日条。

(71) 国主…袖判を据えていることから、四条隆親を国主と判断した。なお『百』建長六年一一月一四日も参照。

(72) 国主…石井進「幕府と国衙の個別的関係」(『日本中世国家史の研究』岩波書店、一九七〇年)二七一頁参照。

(73) 国主…『葉黄記』宝治元年七月八日条。なお武久家文書については、二〇〇〇年四月二二日第四一回日本史関係卒業論文発表会における杉山巌報告「中世前期国衙権力の研究」のレジュメに掲載された写真を参照した。国守…『検非違使補任』宝治二年一二月一七日条。

(74) 国主…『岡屋関白記』建長三年八月一〇日条。国守…

『花』二一二四四。

(75・82・88・90) 国主…播磨は寛元四年から文永九年まで後嵯峨院分国であった(『兵庫県史二』第二章〔高尾一彦執筆〕および『国史大辞典』「後嵯峨天皇」〔上横手雅敬執筆〕を参照)。なお、82の袖判加判者土御門顕定について、『花』には土御門顕定の花押は掲載されていないが、同日付の後嵯峨上皇院宣(『鎌』七七一七)における顕定への下知命令を受けて庁宣が発給されたこと、および庁宣の奥上署判が顕定息の定実であることから判断した(『公』によると、定実は建長六年には右中将であったが、同年の左右中将は定実以外は皆、藤原氏である)。

(77・78・79・81・83・84・86・87) 国主…『百』建長元年一一月二二日条、『仁』正元元年四月二七日条。
(80) 国主・国守…『公』建治元年藤原公貫項。
(82) 国守…『公』建長六年源定実項。
(85) 国守…『公』建治元年藤原経業項。
(88) 国守…『経』正嘉元年七月六日条。
(89) 国主…『仁』正元元年四月二七日条。
(90) 国守…『公』弘安四年藤原基顕項。
(91・95) 国主…平時継が引き続き袖判を据えていることから判断した。
(92) 国守…『花』二二九四。
(93) 国主…『師弘記』建長七年一〇月二七日条(『仙』二六二頁所収)。国守…『公』弘安七年藤原定藤項。
(94) 国主…『新』文永元年六月六日条。
(96) 国主・国守…『公』弘安五年源成経項、『新』文永二年一一月一九日条。
(97) 国主…四条家は羽林家であり、国主が直接袖判を据えると考えられるため、このように判断した(43拙稿参照)。
(98) 国主…但馬国は少なくとも建保六年正月一四日から文永二年五月まで延暦寺の知行国であったと考えられる(『明』建保六年正月一四日・同寛喜元年四月一四日条、『民』文暦元年正月一〇日条、『天台座主記』貞応元年二月二〇日・同仁治元年閏一〇月一二日・同文永二年五月条)。この後、但馬国の知行国主は不明であるが、延暦寺が知行国主として見える最後の事例から近いこともあって判断した。なお「国司一覧」は『地下家伝』一ノ五六を典拠に建治元年六月二日に中原師宗が知行国主であったとするが、以下の事例が反証となる。『勘』正応元年一〇月二七日条には、隠岐国について「四位左大史秀氏宿禰知行」とあり、小槻秀氏が隠岐の知行国主であるかに見えるが、『勘』正応元年三月六日および正応二年九・一〇月裏文書(『鎌』一六五四二・一七一七二)によると秀氏は隠岐守であった。したがって「知行」とあるからといって知行国主を指すとは限らないのである。
(103) 国主…四条隆親が引き続き袖判を据えていることより判断した。国守…『公』永仁六年藤原顕家項。
(105) 国主…『鎌』一一七八〇。
(106) 国主…『鎌』一〇九五三・二一八八八。なお『公』弘安九年高階邦仲項によると、当時は高階邦仲が播磨守となっており、本文書と矛盾する。この点については今後の課題としたい。

(107)国主…山城国がこれまで知行国になった形跡はない。
(109)国守…『関東評定衆伝』建治三年。
(111)国主…四条隆行が袖判を据えているのでこのように判断した。97を参照。
(112・119)国主…『鎌』一〇九五三。国守…『勘』弘安六年四月五日・同七年八月三日条。
(113)国主…興福寺が目代を派遣していることが当該史料の本文に記載される。
(114)国守…『勘』弘安七年八月八日条。
(115)中御門為俊が袖判を据えているため、このように判断した。
(116)国主…『公衡公記』正応二年二月一三日条、および久永荘と出羽郷との堺相論についての裁許を申し渡した正応四年二月一六日付けの伏見天皇綸旨が三条実重に対して出されていること、この綸旨を受けて庁宣が発給され、綸旨と庁宣が三条家家司の前伯耆守光経の書下によって目代に伝達されていることなどから判断した(以上『鎌』一七五五〇・一七五五九・一七五六一による)。
(117)国主…『実』正応四年六月二四日条。なお43拙稿では袖判加判者を清原宗尚としたが、当時一四歳と若すぎること、および花押はむしろ父の良枝の花押に近いと判断したため訂正する。国守…『勘』正応元年九月二七日条。
(118・120)国主…引き続き同一人物が袖判を据えていることより判断した。
(121)国主…『実』正安三年二月一六日条。
(122)国主…『実』正安三年二月一六日条および名家の日野俊光が袖判を据えていることより判断した。
(123)国主…『鎌』一〇九五三・二一八八八。
(125)国主…『鎌』二一八八八・二四七六七。なお、『兵庫県史』中世史料編二は本文書の袖判を90の袖判と同一とする。しかし、東京大学史料編纂所架蔵の影写本で確認したところ、同一とは認められなかった。

表2 鎌倉時代の国符・国判・国守下文

No.	年(西暦)月、日	文書名	署判者	知行国主	様式	主な内容
1	文治五(一一八九)三	近江国守下文案(民経記貞永元年一〇月記紙背文書)	在判(藤原雅経)	藤原雅長	国守下文	現光寺への公卿勅使課役を免除
2	建久三(一一九二)六	金山寺住僧等解并備前国判(金山寺文書・鎌五九八)	大介(源仲国)	不明	国判	金山寺・笠寺の免田を安堵

3	建久三（一一九二）一二	紀実俊解并紀伊国判案（紀伊続風土記附録一栗栖氏文書・鎌六五〇）	大介平朝臣（平経高）	不明	国判	直川保久重名内田地等の万雑公事を免除
4	元久元（一二〇四）六	紀伊国符案（高野山文書又続宝簡集・鎌一四六八）	大介藤原朝臣（藤原光時）	不明	国符	荒河荘に大内裏修造用途物を賦課
5	元久元（一二〇四）一二	入江保司等解并安芸国判案（壬生家文書・鎌一五一四）	大介源朝臣（源仲兼）	不明	国判	入江保への国検注使入部を停止
6	承元四（一二一〇）五	大隅国在庁官人解并大隅国判（坂口忠智氏所蔵文書・鎌一八三七）	守藤原朝臣	不明	国判	尼心妙と尼西念の相論について裁許
7	貞応元（一二二二）一二	美濃国守下文（大山崎離宮八幡宮文書・鎌三〇三六）	（花押）（藤原基保カ）	後高倉院	国守下文	大山崎神人の不破関通行税を免除
8	貞応三（一二二四）九	東寺三綱等解并讃岐国判案（善通寺文書・鎌三二九一）	大介源	不明	国判	曼荼羅寺に対する国衙の妨げを停止
9	文永八（一二七一）九、二〇	大隅国神主藤原恒久申状并大隅国判案（調所氏家譜・鎌一〇八八一）	守	不明	国判	藤原祐恒に主神司職・調所政所書生職を安堵

《注》『鎌倉遺文』に国守下文として収録されている文書の中には、国守以外の人物が発給したと思われるものも含まれているため、国守が発給したもののみを掲載した。

《表2の知行国主・国守比定の根拠》

（1）国主・国守…『吉』文治元年一二月二七日条・『公』承久二年藤原家信項。

（2）国守…『心記』建久三年六月一〇日条。

（3）国守…『公』元久元年平経高項。

（4）国守…壬生文書・『明』元久二年八月九日条。

（5）国守…『三』元久元年四月一二日条。

（7）国主…『承久三年日次記』七月二八日条。国守…『伏見宮御記録天皇御元服諸例』貞応元年正月三日条。

第二篇　鎌倉幕府

御教書・奉書・書下——鎌倉幕府における様式と呼称——

熊谷隆之

【要旨】　本稿では、第一に、鎌倉幕府発給の書札様文書に対して、当時、用いられた「御教書」「奉書」「書下」の三つの呼称が、いかなる様式の文書をさすのかを確定。「御教書」は執権・連署発給文書、「奉書」は引付方以下の各部局の長官と、安堵奉行以下の特殊奉行の単署発給文書、「書下」は他の一般奉行人をふくむ連署発給文書である。

第二に、三位相当以上の主人の意をうけた奉書を「御教書」とよぶ、とする今日の古文書学の分類と、当時の三区分とのあいだに、明確なずれがあることを指摘。三区分は、奉書・直状の区別と無関係で、「御教書」とは、鎌倉殿ではなく、署判者たる執権・連署に対する尊称であり、これは、直状形式の六波羅・鎮西御教書にも妥当する。

第三に、直状を「御教書」とよんだ事例は、院政期から散見すること、そもそも古文書学がいうごとき、三位相当以上の意をうけた奉書を「御教書」とよぶ、その確たる根拠は不明であることを指摘。古文書学の「金科玉条」ともいうべき、既往の「御教書」理解に、根底から疑義を呈する。

「御教書」とは何か。三位以上に限られるのか。はたまた、本当に奉書として生まれたのか。

かくして議論は、ふりだしに戻らなければならないのである。

はじめに

日本の古文書学は、西欧の影響を強くうけ、様式論を軸に進められてきた。なかでも研究が進展したのは、鎌倉幕府文書である。鎌倉幕府が、その職権主義的な訴訟制度さながらに、下文様では下文・下知状、書札様では御教書以下、実に整然たる発給文書体系を有したことは、よく知られる。[1] だが、細部には、なお未解明の問題も多分に残る。

鎌倉幕府文書は、関東・六波羅・博多発給文書に大別される。[2] 本稿は、このうちの関東発給文書、なかでも書札様文書の検討をもとに、古文書学の「常識」を揺るがすかもしれない、ある異見の提示を企図するものである。

取りあげるのは、関東の執権・連署と、他の職員（以下「吏僚」）が署判した書札様文書である。以下、それぞれを執権・連署発給文書、吏僚発給文書とよぶことにする。

執権・連署発給文書は、すでに周知のもので、説明を要すまい。他方、吏僚発給文書に関する専論はないが、これらを利用し、幕府吏僚の年次ごとの在職徴証を収集・検討した随一の成果として、佐藤進一「鎌倉幕府職員表復原の試み」がある。[3]

これまでに筆者が知りえた関東発給文書は二三五〇通あまり、うち書札様文書は一〇〇〇通強である。このなかから吏僚発給文書を抽出・分析する過程で、文永年間以降（一二六四〜）のものには、いちおうの一貫性をみいだすことをえたので、それらに検討対象を限定する。結果、対象となる吏僚発給文書は五三通である。

【表】関東吏僚発給の書札様文書（文永年間以降）

№	年、月、日	国	正案	書止	差出	充所	類型	内容	出典
1	（文永5）、6、27	筑前	案	由候也。仍執達如件	政行在判／政重在判／康有在判	宗像六郎入道殿	問注所執事・奉行人奉書	A	一三-一〇二六六
2	文永5、11、17	常陸	正	依仰執達如件	秋田城介（花押）	次郎禰宜後家殿	？ 奉書	A	一三-一〇三三二
3	文永7、9、15	肥前	正	旨被仰下候也。恐々謹言	沙弥乙啓（花押）	謹上 大宰少弐殿	安堵奉行奉書	A	一四-一〇六九三
4	文永10、11、14	相模	写	由所被仰下也。仍執達如件	行兼（花押影）／清長（花押影）／行平（花押影）／光綱（花押影）	鶴丸名主中	侍所奉行人奉書	C	一五-一一四六四
5	弘安4、12、22	常陸	正	恐々謹言	秋田城介（花押）	犬石殿	引付頭人書下	A	一九-一四五二一
6	弘安7、12、14	？	写	依仰執達如件	沙弥（花押影）	（欠）	引付頭人奉書	A	二〇-一五三八〇
7	弘安8、9、2	常陸	正	依仰執達如件	越後守（花押）	前大禰宜殿	引付頭人奉書	A	二〇-一五六八七
8	正応3、7、4	伊豆	正	依仰執達如件	前尾張守（花押）	宮内卿殿局	御所奉行奉書	A	二三-一七三八一
9	永仁元、10、6	上野	正	由被仰下候也。仍執達如件	左衛門尉（花押）	走湯山衆徒御中	政所執事奉書	C	二四-一八三八六
10	「永仁元」、12、28	山城	正	由所候也。仍執達如件	倫景（花押）	宰相僧都御房	寺社奉行奉書	C	二四-一八四三九
11	永仁2、6、18	相模	正	依仰執達如件	平（花押）／散位（花押）	（欠）	政所奉行人奉書	A	二四-一八五七七
12	？、11、30	相模	正	由所候也。仍□□□件	貞倫（花押）／重真（花押）／行□（花押）	金沢□□□	政所奉行人奉書	A	二四-一八五七八
13	永仁2、11、17	相模	写	由候也。仍執達如件	貞藤（花押影）	和田三郎左衛門尉殿跡	政所執事奉書	A	二四-一八六九八
14	永仁2、12、25	相模	写	由候也。仍執達如件	沙弥（花押影）／散位（花押影）／左衛門尉（花押影）	和田三郎左衛門尉殿跡	政所奉行人奉書	A	二四-一八七一七
15	永仁3、8、21	遠江	写	依仰執達如件	武蔵守（花押影）	内田八郎左衛門入道殿	引付頭人奉書	A	（未収）
16	永仁5、2、11	出雲	正	執達如件	前上野介（花押）	国造殿	越訴頭人書下	C	二五-一九二七〇
17	永仁5、6、2	能登	写	依仰執達如件	沙弥（花押影）	万行又五郎殿	引付頭人奉書	A	（未収）

18	永仁7、3、25	周防	案	恐々謹言	右馬権頭在御判	謹上　武蔵守殿	引付頭人書下	B	二六‐一九九九六
19	嘉元3、12、15	美作	案	執達如件	散位在判	長老証道上人	寺社奉行書下	C	二九‐二二四一七
20	徳治2、6、18	相模	案	由被仰下候也。以此旨可被申沙汰。仍執達如件	行宗在判／時連在判	長崎左衛門尉殿	問注所執事・奉行人奉書	C	三〇‐二二九八六
21	延慶2、12、21	周防	案	由所候也。仍執達如件	倫綱在判	東福寺長老御返□	寺社奉行奉書	C	（未収）
22	延慶3、12、13	駿河	写	由候也。仍執達如件	沙弥判有	村社三郎殿	安堵奉行奉書	A	三一‐二四一三八
23	正和4、7、8	武蔵	正	依仰執達如件	遠江守（花押）	江戸弥太郎殿	引付頭人奉書	A	三三‐二五五六〇
24	正和5、9、4	陸奥	正	依仰執達如件	沙弥（花押）	鼻関四郎殿	引付頭人奉書	A	三四‐二五九二九
25	文保3、3、11	越後	正	依仰執達如件	藤原（花押）／散位（花押）／前美作守（花押）	色部四郎太郎殿	政所奉行人奉書	B	三五‐二六九六三
26	元応元、11、6	常陸	写	依仰執達如件	沙弥（花押影）	佐竹彦四郎殿	安堵奉行奉書	A	（未収）
27	元応2、3、28	下総	正	依仰執達如件	伊予守（花押）	千葉新左衛門尉殿	引付頭人奉書	B	三五‐二七四二三
28	元亨2、閏5、4	陸奥	正	依仰執達如件	武蔵守□	長崎三郎左衛門入道殿	引付頭人奉書	A	三六‐二八〇一七B
29	元亨2、7、4	陸奥	正	依仰執達如件	沙弥（花押）	小高孫五郎殿	御恩奉行奉書	A	三六‐二八〇八六B
30	元亨4、9、7	石見	写	依仰執達如件	沙弥判	益田孫太郎入道殿	安堵奉行奉書	A	三七‐二八八二〇
31	正中2、6、6	常陸	正	依仰執達如件	散位（花押）／前長門介（花押）／左衛門尉（花押）／前加賀守（花押）	山河判官入道殿／小田常陸太郎左衛門尉殿／大瀬次郎左衛門尉殿／下総掃部丞殿	政所奉行人奉書	C	三七‐二九一三二
32	嘉暦元、11、28	陸奥	写	由被仰下候也。仍執達如件	沙弥（花押）	岡本孫四郎殿	安堵奉行奉書	A	三八‐二九六六四
33	嘉暦元、11、28	陸奥	写	由、被仰下候也。仍執達如件	沙弥（花押）	岡本四郎三郎殿	安堵奉行奉書	A	三八‐二九六六五

34	嘉暦元、12、24	遠江	写	依仰執達如件	沙弥判	田中三郎入道殿	引付頭人奉書	B	三八-二九六九九
35	嘉暦2、7、24	?	案	執達如件	泰連在判／性契在判	東弥六殿	引付奉行人書下	C	（未収）
36	嘉暦2、10、8	信濃	正	依仰執達如件	駿河守（花押）	中野次郎後家	引付頭人奉書	C	（未収）
37	嘉暦2、10、25	陸奥	案	依仰執達如件	沙弥在判	薩摩左衛門七郎殿	引付頭人奉書	B	（未収）
38	嘉暦3、7、21	陸奥	正	依仰執達如件	縫殿允（花押）／散位（花押）	小山出羽前司入道殿	引付奉行人奉書	B	三九-三〇三一七
39	嘉暦3、8、8	陸奥	正	依仰執達如件	沙弥（花押）	小山出羽入道殿	引付頭人奉書	B	三九-三〇三三四
40	嘉暦3、9、24	越後	正	依仰執達如件	沙弥（花押）	池駿河七郎大夫殿	安堵奉行奉書	B	三九-三〇三九八
41	嘉暦3、12、19	相模	案	依仰執達如件	沙弥在判	渋谷河内権守入道殿	引付頭人奉書	A	三九-三〇四七七
42	嘉暦4、3、23	陸奥	正	依仰執達如件	縫殿允（花押）／散位（花押）	白河上野入道殿	引付奉行人奉書	B	三九-三〇五四六
43	嘉暦4、7、28	信濃	案	由候。仍執達如件	信連／能定	大倉石村郷地頭殿	引付奉行人奉書	A	三九-三〇六八一
44	元徳2、3、26	越後	案	依仰執達如件	宮内大輔在御判	色部三郎殿	安堵奉行奉書	B	四〇-三〇九九二
45	元徳2、閏6、24	下総	案	依仰執達如件	右馬権頭在判	千葉介殿	引付頭人奉書	B	四〇-三一一一三
46	元徳2、8、29	出雲	正	依仰執達如件	平（花押）／橘（花押）／散位（花押）	大野縁木小二郎殿	問注所奉行人奉書	A	四〇-三一一九四
47	元徳3、4、29	能登	正	依仰執達如件	秋田城介（花押）	吉見二位律師殿	引付頭人奉書	A	四〇-三一四二一
48	元徳3、12、14	肥前	正	由被仰下候也。仍執達如件	宮内大輔（花押）	中村弥次郎殿	安堵奉行奉書	A	四〇-三一五六一
49	元徳3、12、19	越後	正	依仰執達如件	中務大輔（花押）	加地筑後入道殿	引付頭人奉書	B	四〇-三一五六四
50	元徳4、3、13	陸奥	正	依仰執達如件	沙弥（花押）	地頭殿	政所執事奉書	C	四一-三一七〇八
51	正慶元、8、18	陸奥	正	依仰執達如件	中務大輔（花押）	小山出羽入道殿	引付頭人奉書	B	四一-三一八〇六
52	正慶元、11、24	武蔵	案	依仰執達如件	秋田城介在御判	河越三郎太郎殿	引付頭人奉書	B	（未収）
53	正慶2、3、28	武蔵	正	依仰執達如件	沙弥（花押）	高麗太郎次郎入道殿	安堵奉行奉書	A	四一-三二〇六七

「年、月、日」「 」＝付年号（ ）＝推定年号　「内容」A＝問状・召文　B＝遵行命令　C＝その他の伝達

「出典」『鎌倉遺文』所収文書は、〇巻△△△△号を「〇-△△△△」のごとく記す。未収文書の出典は以下のとおり。

No.15＝「伊藤清久氏所蔵内田文書」（『静岡県史　資料編5　中世二』一四八五号）　No.17＝「長家文書」（『加能史料　鎌倉Ⅱ』永仁六年六月条）

No.21＝「九条家文書」（『図書寮叢刊　九条家文書六』一八二一号）　No.26＝「佐竹白石文書」（京都大学謄写本）　No.35＝「新出金沢文庫文書」（福島金治「新出金沢文庫について――翻刻と紹介――」『金沢文庫研究』二九三号、一九九四年）　No.36＝「出羽市河文書」（京都大学影写本）

No.37＝「陸奥三坂文書」（『福島県史　7　古代・中世資料』三坂文書、三号）　No.52＝「類聚神祇本源神鏡篇紙背文書」（『新編　埼玉県史　資料編5　中世1　古文書1』二五八号）

一　奉書と書下

【史料1】　北条貞直奉書（【表】No.36）

市河新左衛門入道栄忍代秋厳申、諏〔訪〕方上宮正和五年（一三一六）五月会頭役用途七貫文事、重□〔訴〕状如レ此。背二下知状一無沙汰云々。甚無二其謂一。不日可レ被二究済一之状、依レ仰執達如レ件。

嘉暦二年（一三二七）十月八日　駿河守（北条貞直）（花押）

中野次郎後家

【史料2】　沙弥聖遠（塩飽某）奉書（No.29）

長崎三郎左衛門入道思元申、陸奥国行方郡北田村事、訴状如レ此。早企二参上一可レ被二明申一之状、依レ仰執達如レ件。

元亨二年（一三二二）七月四日　沙弥（聖遠）（花押）

小高孫五郎殿

佐藤進一によると、北条貞直は三番引付頭人、聖遠は御恩奉行である。吏僚発給文書の様式は、執権・連署発給文書と大差なく、用途も重なる。五三通中、奉書四八通に対し、直状五通がふくまれるものの、奉書・直状両様に機能の差はない。直状が混在する理由は課題として残るが、以下、奉書と直状を区別せず、分析を進める。そのわけは、のちほど明らかになるかと思う。

つぎに、関東発給の書札様文書を、署判者の役職で分類すると、次掲のごとくになる。

Ⓐ執権・連署発給文書 ——— ⑦寺社奉行

①執権・連署　⑧御所奉行

Ⓑ吏僚発給文書（単署）
②引付頭人
③越訴頭人
④政所執事
⑤安堵奉行
⑥御恩奉行

Ⓒ吏僚発給文書（連署）
⑨引付奉行人
⑩政所奉行人
⑪侍所奉行人
⑫問注所奉行人
⑬問注所執事・奉行人

まず、吏僚発給文書の署判者の数に着目すると、Ⓑ一名（単署）とⒸ二名以上（連署）のものに分かたれる。理由は明瞭である。②〜④のごとく、引付方や越訴方の頭人、政所の執事といった各部局の長官が発給する場合はⒷ単署、⑨〜⑫のように、各部局の一般奉行人が署判する際はⒸ連署、という状況が看取されるからである。問注所の長官たる執事と、配下の奉行人が連署する⑬も、⑨〜⑫に準ずる事例として理解できる。

では、残りの⑤〜⑧は、なぜⒷ単署なのか。この理由も明快である。これらの発給者は、安堵・御恩・寺社関係といった特定の職務を担当する奉行——室町幕府でいえば、安堵方・恩賞方・寺社方などの「特殊訴訟機関」の頭人(4)——で、引付方などに属する一般奉行人よりも格上の地位にある。以下、かれらを「特殊奉行」という語で区別する。

結果、概してつぎのように理解される。すなわち、吏僚発給文書は、通常、鎌倉殿の意をうけた奉書形式で発給された。そして、引付方・越訴方・政所の長官や特殊奉行が署判する場合は単署で、各部局に属する一般奉行人の場合は連署で発給されたのである。

続いて、執権・連署発給文書をふくめた関東発給の書札様文書をめぐる当該期の呼称に検討を加える。はじめに、その意図を述べておく。

【史料3】『沙汰未練書』御下文・御下知条(5)

一　御下文トハ、将軍家御恩拝領御下文也。

（中略）

一　御下知トハ、就㆓訴論人相論事㆒、蒙㆓御成敗㆒下知状也。又裁許トモ云也。

『沙汰未練書』は、「下文」を「御恩拝領」の文書、「下知状」を裁許状の意と説明する。しかし、一般に、鎌倉殿の袖判下文や政所下文が安堵・充行などの恩給に限定して用いられたのに対し、関東下知状は裁許状のほか、恩給にも用いられた。今日の古文書学的見地からは、『沙汰未練書』の解説は、一見、片手落ちであるかにみえる。

だが、別稿で明らかにしたように、関東発給文書をうけてだされた六波羅施行状の文面上では、「下文」は様式でいう下文・下知状双方をふくめた関東の恩給文書、「下知状」は裁許状をさす呼称として用いられていた。そして、如上の状況は、『沙汰未練書』の説明とまさしく照応する（拙稿「六波羅施行状について」(6)）。

要は、今日の様式的分類にもとづく呼称と、当時の実際の呼称には、ずれがある、というのが、前稿の趣旨であった。そして、下文様文書と同様、書札様文書にも似たような事情は、ありはしないか。——これが、以下の考察の意図である。

もとより、当該期の文書呼称は、実際、きわめて多様であって、たとえば、御教書を「下知状」とよんだ事例など(7)、当時の史料全体を問題とすれば、それこそ際限なく多様な呼称が存在する。しかし、旧稿の分析によると、幕府吏僚のあいだでは、各種の文書に対する呼称が、かなりの程度、共有されていた状況が看取される。

そこで、以下の検討では、幕府関係者の発給文書上にみえる呼称に、対象を限定する。関東発給の書札様文書をさす呼称として、それらの史料にあらわれるのは、「御教書」「奉書」「書下」の三種である。

まずは「御教書」について。旧稿で述べたように、関東発給文書をうけた六波羅施行状の文面上には「御教書」が多くみえ、これは、執権・連署発給文書をさす。しかし、「奉書」「書下」と表現した事例は、存在しない。「奉書」「書下」とよばれた類は、他に求めねばならない。

そこで、つぎに幕府の訴訟関係史料を通覧すると、まず、関東発給文書を「奉書」と記した、いくつかの事例にいきあたる。

【史料4】　元亨四年（一三二四）一二月七日、関東下知状[8]

……而頼泰（訴人父）依レ返二進彼陳状一、為レ有二其沙汰一、度々被レ召二泰行（論人）一之刻、行連（奉行人）宿所、元亨元年炎上之時、具書紛失之間、去年十二月廿一日、雖レ遣二奉書一、不レ参之間、仰二岩崎弾正左衛門尉隆衡（使節）一加二催促一之処、如二執進泰行去七月七日請文一者、企二参上一可二明申一云々。而于レ今不レ参。難渋之咎難レ遁。……。

【史料5】　正慶元年（一三三二）九月二三日、関東下知状案[9]

……就レ中、景治（論人）・友景（論人）不レ終二沙汰之篇一帰国。仍為二問答一、数箇度下二奉書一之後、仰二小泉四郎蔵人義重（使節）一々所二触遣一也。如二執進景治・友景散状一者、……企二参上一可二明申一云々。去年十月已前召対、被二成敗一之間、詫（託）二義重一同十二月十二日猶加二催促一畢。如二景治今年三月十八日・友景同十九日請文一者、可二参上一之旨、雖レ載レ之、于レ今不レ参。違背者又無レ所レ遁。……

これらの「奉書」が、関東発給の召文をさすことは疑いない。だが、その様式を確定するのは不可能である。各文書の原本なり案文は、現存しない。とはいえ、次掲の史料群は、その手がかりを与えてくれる。

【史料6】　元徳元年（一三二九）一二月二日、伊勢宗継請文案[10]

□□□（金沢称）名寺雑掌光信申、東六郎盛義所領三分一□□□（上総国周）東郡下村西方半分事、去年（嘉暦三）十二月八日引付御奉書案・同月十三日御施行、畏拝見仕候畢。……

【史料7】　元徳二年（一三三〇）五月二日、伊勢宗継請文案(11)

金沢称名寺雑掌光信申、上総国周東郡末利下村西方子安村田畠在家以下事、今年四月十四日引付御奉書安〔案〕并御施行、謹拝見仕候畢。……

【史料8】　嘉暦四年（一三二九）八月一一日、関東下知状案(12)

……盛義所領三分一者、為二闕所一被レ寄二進当寺一畢。彼下村半分内三分一、任二御下文一可二沙汰付一之旨、被レ仰二守護人足利讃岐入道（貞氏、法名義観）一之処、如二守護代宗継去四月請文一者、雖レ載二子細一、所詮、以二三分一一沙二汰付于光信一畢。……

上総国内の東盛義旧領を、金沢称名寺へ沙汰付した際の史料である。伊勢宗継は、上総国守護代。「引付御奉書」にもとづく守護正員足利貞氏の「御施行」をうけ、職務遂行を報告している。「引付御奉書」は、引付頭人か、引付奉行人の発給文書にちがいない。

【表】によれば、遵行を命じた吏僚発給文書のうち、引付頭人発給文書は九通、対して引付奉行人のそれは二通にとどまる。当該の「引付御奉書」は守護正員充で、しかも「御」と尊意を付していることからすれば、引付頭人発給文書である可能性が高い。とはいえ、原本や案文は残らず、濃厚というにとどまる。

しかし、実は、この推定を側面から裏づける一通の文書が残る。

【史料9】　北条茂時奉書案（No.45）

金沢称名寺雑掌光信申、東六郎盛□〔義〕所領三分一内、下総国東庄上代郷田畠在家以下条々

一、村田尼願性知行分事

一、木内土用寿丸分事

（中略）

一、隠田増田事

（中略）

以前条々、重莅二彼所一、早速遂二其節一可レ被レ申二左右一。使節若令二緩怠一者、可レ有二罪科一之状、依レ仰執達如レ件。

元徳二（一三三〇）年閏六月廿四日　右馬権頭（北条茂時）在判

千葉介（貞胤）殿

一番引付頭人の北条茂時奉書案である。やはり東盛義の、今度は下総国内の旧領を、金沢称名寺へ沙汰付するよう命じている。充所の千葉貞胤を、通説は下総国守護正員、私見は大介と理解するなど、ややこみ入った事情があるけれども[13]、こうした一連の案件で、両総の双璧たる足利・千葉氏に対して遵行を命じた文書が、異なる様式をとったとは考えづらい。「引付御奉書」は、引付頭人発給文書に相違あるまい。

さらに、「奉書」のさす範囲は、もう少し広がりそうである。

【史料10】摂津高親奉書（No.48）

松浦寒水井四郎入道覚心申、譲二補子息一来所領肥前国松浦庄内寒水井村安堵事、申状如レ此。所レ申無二相違一否、云二当知行之段一、云下可二支申一之仁有無上、載二起請之詞一、可レ令二注申一之由、被二仰下一候也。仍執達如レ件。

元徳三年十二月十四日　宮内大輔（摂津高親）（花押）

中村弥次郎殿

【史料11】『沙汰未練書』安堵事

一　安堵事　……所レ申無二子細一者、其国守護、或一門親類等、以二奉行奉書一被レ尋二問当知行有無一也。是ヲ問状ノ奉書ト云。……

【史料10】は、安堵奉行の問状。「当知行」と「支申仁」の有無に関する定型文言をもつ。【史料11】は、それを「奉書」とよんでいる。

つぎに「書下」の事例に移る。

【史料12】　元応元年（一三一九）七月一二日、関東下知状(14)

……幸時(訴人)依二訴申一、去正和三年(一三一四)九月廿八日以後、度々成二召符一畢。如二重光(論人)同五年四月十九日請文一者、幸時申東光寺修理事、西別府郷者、母堂尼崇恵相伝知行之間、重光不レ能二陳答一。対二当領主一可レ申二子細一云々。同年十月十四日・文保元年(一三一七)十二月廿八日、両度雖レ召二崇恵一不レ参。去年(文保二)二月十八日、以二両奉行人参河蔵人邦宗・清式部六郎能定一。使者一所二書下一也。于レ今無音之条、難レ遁二違背之咎一。……

【史料13】　嘉暦三年（一三二八）八月一二日、関東下知状(15)

……政綱(論人)為二地頭一乍レ進二止下地一、寄二事於作人一遁申之条、甚無二其謂一之上、以二一問答訴陳一可レ遂二問答一之旨、円重(訴人)依レ申レ之、可レ返二進訴状一之由、去六月廿日、以二奉行人安威新左衛門尉資修幷斎藤九郎兵衛尉基連使者一雖レ成二書下一、于レ今抑留、無理之所レ致歟。……

【史料14】　富部信連等連署奉書案（No.43）

信濃国大田庄雑掌観賀申、検注事、重訴状如レ此。背二書下之旨一、陳状遅引云々。所レ遣二使者一也。不日可レ被二進覧一之由候。仍執達如レ件。

嘉暦四年七月廿八日　信連(富部)
能定(清)

大倉石村郷地頭殿

【史料15】『沙汰未練書』奉行書下日数事

一　奉行書下日数事関東・六波羅同前。訴論人当参之時、注㆓置宿所・在所㆒也。日数十ヶ日。以上三ヶ度可㆑極。三ヶ度之書下ハ、以㆓奉行使㆒直付㆑之。

【史料12〜14】は引付方所管の案件で、【史料12・13】とも「書下」の発給や送付に「両奉行人」とその使者が関与している。ここから、「書下」とは引付奉行人の発給文書ではないか、との予測がたつ。そして、【史料14】では、論人が「書下」に背いたため、奉行人の「使者」を介し、陳状の提出が命じられている。さらに、【史料15】は、奉行人が「書下」を発給し、「奉行使」が送達する手続きの実在を明示する。

二　御教書

以上、史料上にみえる関東発給の「御教書」「奉書」「書下」に検討を加えた。その結果、執権・連署発給文書が「御教書」とよばれた事実と、引付頭人と安堵奉行の発給文書が「奉書」、引付奉行人のそれが「書下」とよばれた事例を確認することができた。

もとより、かかる迂遠な方法をとらずとも、鎌倉幕府発給の「御教書」「奉書」「書下」については、個々に解説を付した著名な記事が存在する。さきに取りあげた『沙汰未練書』御下文・御下知条の後段、「御教書」以下の各条である。だが、『沙汰未練書』の、簡にして要をえた解説は、ときとして誤読を生む危険もはらむ。御下文・御下知条は、その好例である。ゆえに、ここでは、執権・連署発給文書が「御教書」とよばれた事実と、引付頭人・安堵奉行の発給文書が「奉書」、引付奉行人のそれが「書下」とよばれた事例を念頭におきつつ、再解釈を試みる。

【史料16】『沙汰未練書』御教書・奉書・書下条

一　御教書トハ、関東ニハ両所御判、京都ニハ両六波羅殿御判ノ成ヲ云也。

（中略）

一　奉書トハ、諸方頭人奉行奉書也。

一　書下トハ、執筆奉行奉書也。

執権・連署発給文書が「御教書」とよばれたことは、さきに述べたとおり。『沙汰未練書』の解説も、それを裏づける。

これに対し、「奉書」はひとまずおくとして、「書下トハ、執筆奉行奉書」であるという。『沙汰未練書』所務沙汰条には、「又開闔執筆ハ奉行中宿老、引付細々事記録仁也。又公文トモ云也」とある。つとに石井良助は、この部分に錯簡ありとし、元来は「開闔ハ奉行人中宿老、又執筆ハ引付細々事記録仁也。又公文トモ云也」であったと推定した。開闔は「一方引付の事務長」で、対して執筆は「右筆」「公文」ともよばれる(16)。

要するに、「執筆奉行」とは、引付方以下に属する一般奉行人をさす。これは、引付奉行人の発給文書が「書下」とよばれた、上述の状況と符合する。そして、下述する点から、越訴方など各部局の一般奉行人も、これにふくまれるとみてよいだろう。「書下」とは、これら一般奉行人の発給文書をさすと、さしあたり考えうる。

さて、その一方で、『沙汰未練書』は、「奉書トハ、諸方頭人奉行奉書」であると解説する。引付頭人発給文書が「奉書」とよばれた事例の存在をふまえるに、「諸方頭人」が引付方以下の頭人をさすことはまちがいない。他方、「諸方頭人奉行」の「奉行」は、一見する限り、引付方以下に属する一般奉行人と読むこともできる。だが、これでは、「書下」を一般奉行人の発給文書とする、さきの理解と重複する。

そこで想起されるのが、安堵奉行発給文書を「奉書」と称した事例の存在である。つまり、「諸方頭人奉行」の「奉行」とは「諸方奉行」、すなわち一般奉行人よりも格上の地位にあった、安堵奉行以下の特殊奉行をさすのではないか。かく考えれば、「書下」の理解とも齟齬は生じない。結果、「御教書」は執権・連署、「奉書」は引付方以下の長官と安堵奉行などの特殊奉行、「書下」は他の一般奉行人の発給文書と理解できる。

そして、「御教書」「奉書」「書下」のさし示す範囲をこのように理解すると、さきに試みた署判者の役職と単署・連署にもとづく三分類が、別の意味を帯びてくる。すなわち、「御教書」はⒶ執権・連署、「奉書」はⒷ吏僚単署、「書下」はⒸ吏僚連署の発給文書と、それぞれ対応するのである。

かくして関東発給の「御教書」「奉書」「書下」の呼称区別は、署判者の幕政上の地位に起因する。そして、逐一確かめることはしないが、かような署判者の地位による三種の区分は、その実、六波羅や博多をふくめた鎌倉幕府文書全体に妥当する。

ところで、このうちの「書下」概念からは、ひとつの問題が浮上する。今日の古文書学において、ふつう書下は、直状形式の文書をさす呼称として用いられている。ところが、『沙汰未練書』によれば、「書下」とは各部局の一般奉行人の「奉書」であるという。そして、【表】をみなおしてみても、一般奉行人らが二名以上で連署した文書、すなわち当時の「書下」は奉書形式のものが大部分を占め、逆に『沙汰未練書』のいう「奉書」、つまり各部局の長官と特殊奉行の発給文書には、直状形式のものが混在する。

このようにみてみると、鎌倉幕府の吏僚のあいだでおこなわれた「奉書」「書下」の区別において、鎌倉殿の意をうけた奉書か直状かという意識は、きわめて希薄であったことが分かる。奉書・直状たるを問わず、署判者の地位に着目した「奉書」「書下」の呼称区別がおこなわれていたのである。さきの分類で、奉書・直状形式を一括したゆえんである。

さらに、今度は、当時の「御教書」「奉書」概念を比較すると、別なる問題が浮上する。「御教書」「奉書」は、多く、ともに鎌倉殿の意をうけた奉書形式をとる点で共通する。しかし、両者には決定的なちがいがある。署判者の地位と、それに起因するところの「御教書」「奉書」という呼称である。

しかも、このうちの「御教書」には「御」、つまり尊敬表現が付されている。ところが、「奉書」は「御奉書」とよばれることこそあれ、必ずしも尊意を付されない。

もとより、通説では、「御教書」は、奉者が意をうけた三位相当以上の主人に対する尊称と理解されている。そして、「教」が上からの行為、「奉」が下からそれをうける行為をさすことからすれば、「教書」にはつねに「御」が付され、「奉書」に必ずしも「御」が付されないのも、なるほど、道理といえるかもしれない。

だが、それにしても、「御教書」と同じく、鎌倉殿の意を奉じた「奉書」は、なぜ「御教書」とは称されないのか。これは、「書下」についても同様である。

ここにいたり、ひとつの素朴な疑問が浮かびあがる。「御教書」とは、いったい誰に対する尊敬表現なのか。通常、「御教書」も「奉書」も「書下」も、等しく鎌倉殿の意をうけた書札である。にもかかわらず、「御教書」のみが尊称をもってよばれるのは、やはり不可解といわざるをえない。

「御教書」とは、本当に鎌倉殿に対する尊称なのか。では、鎌倉殿でないとすれば、誰に対する尊意なのか。残るはひとつ。――そう、「御教書」とは、鎌倉殿ではなく奉者、すなわち執権・連署に対する尊称なのではないか。

むろん、通説にのっとれば、四位以下の、しかも奉者である執権・連署に対し、「御教書」の称は用いられるべくもない。しかし、それでもなお、「御教書」は執権・連署に対する尊称ではないかと疑う理由は、ほかにもある。六波羅・博多の「御教書」である。(17)

六波羅・博多の「御教書」は、四位以下が発した直状であるにもかかわらず、現に「御教書」とよばれた。奉書形式をとる関東の「御教書」ならば、理由を鎌倉殿に求めるのも可能である。だが、六波羅・博多のそれは直状形式。ゆえんを求めるべき主もいない。畢竟、「御教書」とよばれたわけは、署判する探題本人以外、求めえない。

関東発給の「御教書」「奉書」「書下」の区別は、差出に署判する人物の幕政上の立場に起因する。同様に、関東・六波羅・博多の「御教書」の共通点は、奉書か直状かではなく、各機関の首班たる執権・連署が署判をすえる点に求められる(18)。かような観点からすれば、「御教書」とは等しく、関東・六波羅・博多の執権・連署たる北条氏一門の署判した書札に対する尊称として、これまでよりも整合的に理解できる。

「御教書」とは、北条氏一門の書札に対する尊称である。――この私見の当否については、より多角的な視野からの吟味を要するかもしれない。だが、鎌倉幕府の「御教書」「奉書」「書下」が、奉書・直状形式を問わず、上意ではなく署判者の別にもとづく文書呼称へと転化していたことは、事実として認められる。

かくして我々は、この延長線上に、室町幕府の「御判御教書」の出現を展望することができる。将軍みずから署判をすえ、下文様の要素をあわせもつ、破格の書札の登場である。そして、将軍の意を奉じた執事・管領奉書は「御教書」、引付頭人奉書は「奉書」、奉行人奉書は「書下」と称され、九州探題の直状は「御教書」とよばれた。その淵源は、前代における発給文書体系の確立と、個々の呼称の定着に求められるであろう。

それでは、かかる御教書と奉書の乖離、とでもよぶべき状況は、いつごろから現出したのであろうか。

【史料17】　平範家書状(19)

東大寺材木可レ停ニ止率分一之由、依ニ　宣旨一下ニ知藤井御庄預所康忠(平)一之処、両度請文如レ此。仍謹以進上之状
如レ件。
「保元三年」(一一五八)五月十七日　範家(平)
進上　花蔵院僧正(寛暁)御房

【史料18】　東大寺別当寛暁御教書(20)

東大寺材木可レ令レ停二止率分一之由、為二平三位（範家）御奉行一所下被二　仰下一候上也。件御教書幷藤井庄預所之請文等献二覧之一、経二沙汰一了。早可レ納二置印蔵一之由、可下令二下知一給上候者也。

湯船・玉滝等事、在庁陳状在二副文三通一。同献二覧之一。以二御使一自二殿下一令レ申給之間、御教書ハ不レ候也。何様可レ候歟。

為二山城国文書之沙汰一、所司一人可下令二召進一給上之由、先日庄之文書令レ進給、御使ニ付天令レ申給了。今明早々可下令二召進一給上候也者。依二政所仰一言上如レ件。

（保元二年）五月廿日　威儀師俊勝奉

謹々上　東南院已講（恵珍）御房

東大寺の伊賀国北杣から山城国木津まで流す材木に、大和国藤井荘が津料を賦課した際の史料である。平範家は当時、非参議・従三位。(21)【史料18】のいう「件御教書」が【史料17】、つまり範家の直状をさすことはまちがいない。

【史料19】　藤原光能書状案(22)

高野領日前宮課役者、被レ免様承候也。其外条々、具可二申沙汰一候也。只今参内候之間、不レ能二委細一候。

恐々謹言。

（治承二年、一一七八）二月廿九日　皇太后宮権大夫（藤原）光能

【史料20】　仁曜奉書案(23)

日前国懸課役被二免除一御教書、遣レ之。早任レ状存二免除之旨一、彼催不レ可二承引一之状、所レ被二　仰下一也。仍可下令レ停二止件沙汰一給上也。謹言。

（治承二年）
三月一日　仁曜

惣執行御房

紀伊国日前社の課役免除に関する史料である。藤原光能は、非参議・正四位下。[24]非公卿の、しかも直状が「御教書」とよばれている。

もとより、平範家や藤原光能の書札の背後に、院以下の意向があることは明らかで、ために「御教書」と表現されたのかもしれない。だが、院政期以前の史料上で「御教書」とよばれた文書の原本や案文が現存する事例は僅少で、『平安遺文』からは、これら二例をみいだしえたにとどまる。四位以下の直状を「御教書」と称した事例が、院政期にさかのぼることを指摘するのみで、遺憾ながら、本論を終えなければならないのである。

おわりに

だが、もうひとつ、筆者は「御教書」をめぐる通説に、ある疑念を抱いている。まずは、先学の「御教書」理解をふりかえる。

黒板勝美「日本古文書様式論」[25]

……奉書は摂関家の家司家別当が、摂政関白の旨を奉はり、文書を発せるに起る。故に此名称あり。一に御教書と云ふ。教はもと支那の制にかゝり、……我が国にては……藤原時代に至り始めて此称あり。而して御教書は真正の差出者にかけて云ひ、奉書は執筆者にかけて云へるなり。……（一〇四～五頁）

相田二郎『日本の古文書　上』[26]

……書札様の文書は、文書を差出す人の地位に依つて、差出者が直接その文書を出す形式と、差出者として文書に現れる者が、その上意に居る者の意を承けて出す形式との二様に分れてゐる。……この両者も説明の

便宜上仮に前者を直状、後者を奉書と総括して呼ぶこととする。……（三六四～五頁）

……奉書の中に於て、三位以上の地位にあるもの、若くは之に準ずべき者の意を奉つて出した文書は、特に之を御教書と称するのが通例であつた。……（四一七頁）

佐藤進一『新版　古文書学入門』(27)

……書状でも差出者が直接出すのではなく、その侍臣、右筆……が主人の意を奉じて出す書状を総括して奉書という。そして平安時代にはとくに三位以上の人の奉書を敬して御教書といった。もと唐の制度では親王・内親王の命を下達する文書を教といったが、日本ではこの語を採って三位以上の人の仰せを教といい、その文書を教書といい、その上にさらに御という敬語をつけて御教書とよんだのである。……（一〇三頁）

奉書とは、主人の意をうけた家司や所司が、主人にかわって発給する書札で、そのうち三位相当以上の主人の意をうけたものを「御教書」とよぶ。そして、「御教書」の「教」とは、大陸の「教」に由来する、というのが、先学の説く骨子である。

【史料21】　唐公式令第二一・教書式(28)

教。云云。

年月日

記室参軍事　［具官封姓名］　宣。

主簿　［具官封名］　白。奉

レ教如レ右。請付レ外奉行。謹諮。

年月日

「依レ諮。」　親画

一般に、大陸の「教」は、漢代から南北朝時代には諸侯や郡太守、隋・唐代には親王や公主の発給文書として用いられたとされる。掲出したのは、様式の判明する唐代のものである。冒頭の「教」に続いて伝達内容が記され、まず、起草者の「記室参軍事」が「宣」す。それをうけ、文書管理官の「主簿」が「教」の施行を親王・公主に「諮」り、結果、親王・公主が「依レ諮」という親画をすえることで、「教」発給にいたった。

かような様式をもつ唐代の「教」は、日本の公式令には継受されていない。とはいえ、顕貴の命令を「教」と称した事例は、八世紀なかばには確認でき(29)、一〇世紀以降にいたると、『九暦』以下の古記録類に多くみいだすことができる。貴人の意向をさす「教」が、やがて書札としての「御教書」に結実したことは、確実であろう。だが、それにしても、である。筆者には、ひとつだけ、どうしても分からないことがある。——三位相当以上の意をうけた奉書を「御教書」とよぶ、その根拠である。

大陸の「教」との関係はともかく、顕貴の仰せを「教」といい、それを書札化したものが「御教書」とよばれたことは、筆者にも理解できる。しかし、「教」と「御教書」のあいだに、「三位以上の奉書」という要件が介在するわけを、筆者は知らない。

実のところ、「三位以上の奉書」を「御教書」とする理解は、黒板勝美の著作にはみえず、その定着は相田二郎以後のようである。浅学ゆえに知らぬだけなのか。はたまた本当に根拠不明なのだろうか。

以下、筆者の想像を申し添え、稿を閉じる。

大陸の公文書たる「教」は、列島の公式令には継受されず、貴人の命令をさす「教」の語義のみが伝来した。その後、私文書として成立した書札のうち、おおよそ公卿層に相当する顕貴の書札は「御教書」とよばれた。とはいえ、ことは私状の領分。確たる規定があるわけではなく、ときに諸大夫層の書札をさすこともありえた。「御教書」は、顕貴の書札ゆえに、多く奉書形式をとった。だが、もともとは「教」を記した書札をさし、貴人自身の直状であってもかまわない。そして、後代にいたると、諸大夫層の書札を「御教書」とよぶ事例も増え、さらには、鎌倉幕府文書のごとく、奉者の地位にもとづく「御教書」の称もあらわれる。

要は、当初から三位相当以上の奉書とは限らず、奉書か直状かも問わず、あくまで「顕貴の書札」をさすのではないか。――だが、この憶測の確証もまた、ない。古文書学の「金科玉条」ともいうべき不動の定説に対し、おおけなくも疑義を呈する仕儀となったが、大風呂敷もこれまで、のようである。

「御教書」とは何か。大陸の「教」に起源をもつのか。三位以上に限られるのか。はたまた、本当に奉書として生まれたのか。

かくして議論は、ふりだしに戻らなければならないのである。

注

（1）鎌倉幕府訴訟制度の概要については、佐藤進一『鎌倉幕府訴訟制度の研究』（岩波書店、一九九三年、初出一九四三年）。

（2）本稿では、鎌倉・六波羅・博多におかれた鎌倉幕府の各機関を「関東」「六波羅」「博多」とよび、「鎌倉幕府」という名辞は、その総称の意で用いる。

（3）佐藤進一「鎌倉幕府職員表復原の試み」（注1佐藤前掲書。初出一九八三～八七年）。以下、佐藤の指摘は、とくにことわらぬ限り、これによる。

（4）佐藤進一「室町幕府開創期の官制体系」（同『日本中世史論集』一九九〇年。初出一九六〇年）。

（5）『沙汰未練書』御下文・御下知条（以下、佐藤進一他編『中世法制史料集　第二巻　室町幕府法』〈岩波書店〉）。

（6）拙稿「六波羅施行状について」（『鎌倉遺文研究』八号、二〇〇一年）。

（7）「高野山文書」宝簡集五一、（貞応二年）六月二八日、関東御教書（『鎌倉遺文』五巻三一二一号〈東京堂出版〉）。「東寺百合文書」エ函七、文永六年七月五日、六波羅御教書案（『鎌倉遺文』一四巻一〇四五四号）など。

（8）「飯野八幡宮文書」元亨四年一二月七日、関東下知状（『鎌倉遺文』三七巻二八九〇三号）。
（9）「内閣文庫所蔵朽木家古文書」正慶元年九月二三日、関東下知状案（『鎌倉遺文』四一巻三一八五〇号）。
（10）「金沢文庫文書」元徳元年一二月二日、伊勢宗継請文案（『鎌倉遺文』三九巻三〇七八八号）。
（11）「金沢文庫文書」元徳二年五月二日、伊勢宗継請文案（『鎌倉遺文』四〇巻三一〇三〇号）。
（12）「金沢文庫文書」嘉暦四年八月一二日、関東下知状案（『鎌倉遺文』三九巻三〇六九二号）。
（13）拙稿「鎌倉幕府支配の展開と守護」（『日本史研究』五四七号、二〇〇八年）。
（14）「駿河別符文書」元応元年七月一二日、関東下知状（『鎌倉遺文』三五巻二七〇九一号）。
（15）「鶴岡八幡宮寺相承院文書」嘉暦三年八月一二日、関東下知状（『鎌倉遺文』三九巻三〇三三七号）。
（16）石井良助『中世武家不動産訴訟法の研究』（弘文堂書房、一九三八年）。
（17）六波羅御教書については、拙稿「六波羅探題発給文書に関する基礎的考察」（『日本史研究』四六〇号、二〇〇〇年）。なお、鎮西御教書についても、様式・機能は同様である。
（18）各機関の執権・連署については、拙稿「六波羅探題考」（『史学雑誌』一一三編七号、二〇〇四年）。
（19）「内閣文庫所蔵大和国古文書」（保元三年）五月一七日、平範家書状（『平安遺文』六巻二九二五号〈東京堂出版〉）。
（20）「東大寺文書」一—二—一五、（保元三年）五月二〇日、東大寺別当寛暁御教書（『平安遺文』六巻二九二六号）。
（21）『公卿補任』保元三年条（以下、『新訂増補　国史大系』〈吉川弘文館〉本）。
（22）「高野山文書」又続宝簡集四一、（治承二年）二月二九日、藤原光能書状案（『平安遺文』八巻三八一九号）。
（23）「高野山文書」宝簡集五四、（治承二年）三月一日、仁曜奉書案（『平安遺文』八巻三八二〇号）。
（24）『公卿補任』治承三年条。
（25）黒板勝美「日本古文書様式論」（同『虚心文集　第六』吉川弘文館、一九四〇年。執筆一九〇三年）。
（26）相田二郎『日本の古文書　上』（岩波書店、一九四九年）。
（27）佐藤進一『新版　古文書学入門』（法政大学出版局、一九九七年、初出一九七一年）。
（28）中村裕一「教——少林寺武徳八年（六二五）秦王「教」を中心に——」（同『唐代官文書研究』中文出版社、一九九一年。初出一九八七年）。仁井田陞著・池田温編集代表『唐令拾遺補——附唐日両令対照一覧——』（東京大学出版会、一九九七年）。
（29）「正倉院文書」正集四四巻、天平勝宝元年八月八日、藤原仲麻呂家牒（『大日本古文書　編年文書之三』二七三頁

170「正倉院文書」塵芥文書三〇巻、天平勝宝五年一二月一二日、藤原仲麻呂家牒（『大日本古文書編年文書之三』六四四〜五頁）。
〈東京大学出版会〉）。

鎌倉幕府における正月行事の成立と発展

滑川敦子

【要旨】　本稿は、鎌倉幕府における正月行事の成立・発展について論じるものである。治承四年（一一八〇）鎌倉入部を果たした源頼朝は、新邸造営に着手し年末には移徙・御行始を挙行した。この移徙儀礼により、頼朝は御家人となった東国武士との間に平氏追討という政治課題を共有し主従関係を構築した。翌年以降、正月には鶴岡奉幣（垸飯献儀）・御行始の挙行が慣例化し、前者では平氏追討の戦勝祈願を行い、後者では前年の移徙儀礼を毎年正月に繰り返し行うことで主従関係の再確認および再生産を図った。

平氏追討完了の翌文治二年（一一八六）正月、鶴岡奉幣の場において初めて御家人の着座基準が問題となり位階優先と定められた。それは戦時から平時への移行を意味し、従来戦勝祈願の場であった鶴岡を幕府儀礼の場に転化させ、幕府御家人を臣従させようとする頼朝の意図があった。また、当段階は御所心経会や御弓始といった新たな正月行事が創始されたことにも注目される。前者は挙兵以前における頼朝自身の習慣の儀礼化、後者は軍事力結集の恒常化を志向しており、これらの行事もまた戦時から平時への移行を意味している。

建暦元年（一二一一）以降、従来鶴岡奉幣に付随していた垸飯献儀が分立し、正月三が日の垸飯献儀として成立した。その背景には北条氏権力の確立という優先すべき政治課題が不断に存在し、正月行事として結実したものと思われる。さらに、当行事は従来の正月行事である鶴岡奉幣・御行始などに先行して挙行され、正月の最重要行事として位置づけられた。また、その一方で公家社会の儀礼やその様式が組み込まれ、公家年中行事の水準に高められつつも垸飯献儀のように草創以来の伝統を維持する行事もあった。以上の考察から、それぞれの行事が現実の幕府政治と緊密なつながりをもって成立・発展していくところに鎌倉幕府年中行事の特徴がうかがえる。

はじめに

『増鏡』巻一一「さしぐし」には、次のような叙述がある。

みこは（正応二年）十月三日御元服し給ふ。久明の親王ときこゆ（中略）おなじ廿五日、鎌倉へつかせ給ふにも、御関むかへとて、ゆゝしきぶしどもうちつれてまいる。宮はきくのとれんじの御輿に御簾あげて、御覧じならはぬゐびすどもの、うちかこみたてまつれる、たのもしく見給ふ。しのぶをみだれをりたるもえぎの御かりぎぬ、くれなゐの御ぞ、こきむらさきのさしぬきたてまつりて、いとほそやかになまめかし。いゝぬまの判官（飯沼資宗）、とくさのかりぎぬ、あをげの馬にきかなもの、鞍をきて、随兵いかめしくめしぐして、御輿のきはにうちたるも、宮古にたとへば、行幸にしかるべき大臣などのつかまつり給へるによそへぬべし。三日が程は、わうばんといふこと、又馬御らん。なにくれといかめしきことゞも、鎌倉うちのけいめいなり。宮のうちのかざり、御調度などはさらにもいはず、帝尺の宮殿もかくやと、七宝をあつめてみがきたるさま、めもかゞやくこゝちす。いとあらまほしき御ありさまなるべし。関の東を都の外とて、おとしむべくもあらざりけり。都におはしますなま宮たちのより所なくたゞよはしげなるには、こよなくまさりて、めでたくにぎはゝしく見えたり

これは、正応二年（一二八九）一〇月、鎌倉幕府第八代将軍・久明親王による関東下向の様子を描写したものである。傍線部にみえるように『増鏡』の筆者は、鎌倉入部の際に行われた三日間の「わうばん（垸飯）」は「いかめしき」ことと述べ、「宮（将軍御所）」の装飾や調度品は「めもかゞやく」ばかりで理想的な様相であると評している。さらに「関の東を都の外とて、おとしむべくもあらざりけり」と叙述していることから、京都と遜色のない鎌倉の賑わしさがうかがえる。この「いかめしき」垸飯と「めもかゞやく」宮の描写は対照的な表現[1]

であり、東国の風習と京風の文化が共存した鎌倉幕府を物語っているように思われる。本稿では、鎌倉幕府の年中行事に注目し、この『増鏡』にみえる鎌倉幕府の諸相を具象化してみたい。

鎌倉幕府年中行事の先駆的研究として、戦前の平出鏗二郎(2)や山本信哉・有馬敏四郎(3)らの論稿があり、『吾妻鏡』に見える年中行事関連の記事を抽出・整理している。また、室町幕府年中行事に関して重厚な研究を行った二木謙一は、室町幕府儀礼前史として鎌倉幕府の年中行事について考察を加えており(4)、盛本昌弘によって鎌倉幕府年

表　鎌倉幕府正月行事の執行状況

No.	和暦(西暦)	歳首鶴岡奉幣	歳首垸飯献儀①	歳首垸飯献儀②	歳首垸飯献儀③	歳首御行始	御所心経会	歳首御弓始	歳首吉書始	御所蹴鞠始	御所読書始
1	養和元(1181)	1	1								
2	寿永元(1182)	1				3					
3	元暦元(1184)	1									
4	文治元(1185)	1									
5	2(1186)	3			3		8				
6	3(1187)	1				12	8				
7	4(1188)	1					8	6			
8	5(1189)	1			3			3			
9	建久元(1190)	1	1			3					
10	2(1191)	11	1	2	3			5	15		
11	3(1192)	1	1					5			
12	4(1193)	1	1								
13	5(1194)	1	1				7	9			
14	6(1195)	13	1	2	3	4	13				
15	正治2(1200)		1	2	3		8	7	7		
16	建仁元(1201)	4					15	12			
17	2(1202)	9						3		10	
18	3(1203)	1				2		3		2	
19	元久元(1204)	5					8	10			12
20	2(1205)		1		3		8	3			
21	建永元(1206)	2					8				12
22	承元元(1207)	3									
23	2(1208)						11				
24	3(1209)	9					6	6			
25	4(1210)	1				26					
26	建暦元(1211)		1	2	3	15		9	10		
27	2(1212)	19	1	2	3		10	11			
28	建保元(1213)	1	1	2	3	4					
29	2(1214)	3						12			
30	3(1215)	1									
31	4(1216)	13									
32	5(1217)	1									
33	6(1218)	13									
34	承久元(1219)						8				
35	2(1220)										
36	3(1221)										

37	貞応元(1222)		1	2	3		8	7			
38	2(1223)		1	2				5			
39	元仁元(1224)		1	2							
40	嘉禄元(1225)		1								
41	2(1226)		1	2	3						
42	安貞元(1227)		1	2	3	9	8				
43	2(1228)		1	2	3	8	8	10			
44	寛喜元(1229)	15	1	2	3	9	8	15			
45	2(1230)	10	1			4		10			
46	3(1231)	9	1				8	11			
47	貞永元(1232)	1	1								
48	天福元(1233)		1	2	3						
49	文暦元(1234)		1	2	3	3					
50	嘉禎元(1235)	12	1	2	3						
51	2(1236)		1	2	3						
52	3(1237)	17	1	2	3		8	11			
53	暦仁元(1238)		1	2	3		19	20			
54	延応元(1239)	11	1	2	3	4		5			
55	仁治元(1240)		1	2	3	1		6	1		
56	2(1241)	14	1	2	3		8	5	4		
57	寛元元(1242)	19	1			5		10			
58	2(1243)		1	2	3	1		5			
59	3(1244)		1					9			
60	4(1245)	2	1			4		6			
61	宝治元(1246)		1			3					
62	2(1247)	20	1			3		15			
63	建長2(1250)	16	1	2	3						
64	3(1251)	11	1	2	3	1	8	10			
65	4(1252)		1	2	3	3	8	14			
66	5(1253)	21	1	2	3	3	8	14			
67	6(1254)	22	1	2	3	1		16			
68	康元元(1256)	11	1	2	3	5		13			
69	正嘉元(1257)		1	2	3	1					
70	2(1258)	10	1	2	3	2	8	15			
71	文応元(1260)	11	1	2	3	1		14	1		
72	弘長元(1261)	7	1	2	3	1		14		10	26
73	3(1263)	7	1	2	3	1		12			
74	文永2(1265)	7	1	2	3	3		12		15	
75	3(1266)		1	2	3	2		11			

注1：数字は行事執行の日付を示す。
　2：新訂増補国史大系『吾妻鏡』より作成。

中行事の展開過程が論じられている(5)。また、最近の動向としては、鶴岡八幡宮放生会や二所詣など(6)個別の行事に注目し、その歴史的意義を解明した研究が見受けられる。

　以上の研究状況を概観した場合、鎌倉幕府年中行事の様相や個別行事の歴史的意義は解明されたが、意外なことに「個々の行事の関係性」についてはあまり注目されていない。この点に着目することで幕府年中行事の新たな意義を見出すことは可能である。よって、年中行事の核心というべき正月行事を素材としてその関係性を明らかにしたいと思う。なお、正月行事の執行状況については、適宜【表】を参照されたい。

一　治承・寿永内乱下における正月行事

1　鎌倉入部と邸宅移徙

治承四年（一一八〇）一〇月の初め、相模国に入部した源頼朝は鎌倉を根拠地と定め自身の邸宅である「御亭」造営に着手し、一二月には移徙の儀を迎えた。次の史料はその時の移徙の様子について克明に記録している。

【史料1】『吾妻鏡』治承四年一二月一二日条

十二日庚寅。天晴風静。亥剋前武衛「将軍」新造御亭有㆓御移徙之儀㆒。為㆓景義奉行㆒、去十月有㆓事始㆒、令㆑営㆓作于大倉郷㆒也。時剋、自㆓上総権介広常之宅㆒、入㆓御新亭㆒。御水干、御騎馬石禾栗毛。和田小太郎義盛候㆓最前㆒。加々美次郎長清候㆓御駕左「方」㆒、毛呂冠者季光在㆓同右㆒。北条殿、同四郎主、足利冠者義兼、山名冠者義範、千葉介常胤、同太郎胤正、同六郎大夫胤頼、藤九郎盛長、土肥次郎実平、岡崎四郎義実、工藤庄司景光、宇佐美三郎助茂、土屋三郎宗遠、佐佐木太郎定綱、同三郎盛綱以下供奉。畠山次郎重忠候㆓最末㆒。入㆓御于寝殿㆒之後、御共輩参㆓侍所十八ヶ間㆒二行対座。義盛候㆓其中央㆒、着到云々。凡出仕之者三百十一人云々。又御家人等同構㆓宿館㆒。……

「亥剋」つまり夜間に行うという点では公家社会の移徙儀礼と共通するが[7]、黄牛を牽くなどの本来の儀式次第はなく、新邸への移動にあたり前後左右に東国武士を供奉させている様子から、内乱にあるという緊張感がうかがえる。そして新邸到着後、供奉の任に当たった東国武士は侍所に参上し、別当和田義盛の奉行のもと着到を行っている。

よって、御家人となった東国武士が頼朝と主従関係を結び、頼朝を「鎌倉主」として推戴する「東国の国王の戴冠式[8]」というにふさわしい儀式がここに挙行されたのである。

ついで新邸への移徙が無事遂行された八日後、それに付随した儀式が行われている。

【史料2】『吾妻鏡』治承四年一二月二〇日条

廿日戊戌。於二新造御亭一、①三浦介義澄献二垸飯一。②其後有二御弓始一。此事兼雖レ無二其沙汰一、公長両息為二殊達者一之由、被二聞食一之間、令レ試二件芸一給。以二酒宴次一、於二当座一被レ仰云々。

射手

一番

下河辺庄司行平　　愛甲三郎季隆

二番

橘太　公忠　　橘次　公成

三番

和田太郎義盛　　工藤小二郎行光

③今日御行始之儀、入二御藤九郎盛長甘縄之家一。盛長奉二御馬一疋一、佐々木三郎盛綱引レ之云々。

それぞれ傍線部①②③の通り、移徙を祝し垸飯献儀・御弓始・御行始が挙行されている。そのうち②御弓始は史料中に明記されているように、予め取り決められた儀式ではなく、先日（一九日）鎌倉に参上した元平氏家人の橘公忠・公成兄弟の射芸を検分するために急遽挙行されたもので、「以二酒宴次一」とあることから儀式というよりはむしろ余興のようなものと思われる。

一方、①垸飯献儀や③御行始は、頼朝への献上物として御家人が食物（垸飯）や物品（馬）を用意していることから予め取り決められていたと思われ、儀礼としての性格が認められる。公家社会における移徙儀礼の例をみると、移徙終了後「御行始」という他所出行の儀式が行われており、御行先で引出物の献上を受けていることも共通する。(9)

以上【史料1】【史料2】の移徙記事について考察を加えた。鎌倉入部を果たした頼朝は邸宅造営に着手、そして移徙儀礼を行うことで、御家人となった東国武士との間に平氏追討という政治課題を共有し、主従関係を確立しようと構想していたと推察する。(10)

2　鶴岡奉幣と御行始

鎌倉入部の翌養和元年（一一八一）、頼朝は元旦を鎌倉で迎えた。次の史料は、元日頼朝が鶴岡若宮に参詣し奉幣を行っている記事である（【表】No.1）。

【史料3】『吾妻鏡』養和元年正月一日条

一日戊申。卯剋。前武衛参㆓鶴岡若宮㆒給。不㆑及㆓日次沙汰㆒、以㆓朔旦㆒被㆑定㆓当宮奉幣之日㆒云云。三浦介義澄、畠山次郎重忠、大庭平太景義等率㆓郎従㆒、去半更以後警㆓固辻辻㆒。御出儀御騎馬也。着㆓御于礼殿㆒。専光房良暹予候㆓此所㆒。先神馬一疋引㆓立宝前㆒。宇佐美三郎祐茂、新田四郎忠常等引㆑之。次法華経供養御聴聞。事終還御之後、千葉介常胤献㆓垸飯㆒。相㆓具三尺里魚㆒。又上林下客不㆑知㆓其員㆒云云。(11)

傍線部にみるとおり、この元日参詣について頼朝は特定の日を定めず、以後「朔旦」を歳首鶴岡奉幣の式日とし、ここに鶴岡奉幣が正月行事として成立した。

公家社会における歳首神社奉幣の例を検索してみると、『玉葉』建久四年（一一九三）正月四日条に興味深い記事が存在する。それは、建久四年の正月に十二社奉幣が行われた時、「正月七ヶ日之中奉幣、頗雖二希代例一、御祈有レ限、又非二可レ憚事一」と述べているように特別な祈願がない限り正月七か日の奉幣は「希代」の例として認識されていたらしい。当記事から、公家社会において歳首神社奉幣は正月の年中行事ではなかったとうかがい知ることができる。

また、以上の事柄や当行事が成立した養和元年の政治的状況を勘案すると、この歳首の鶴岡奉幣（以下「鶴岡奉幣」と表記する）は対平氏の戦勝祈願であったと思われる。その上、御家人に郎従を率いて辻々を警固させている様子からは、儀式の荘厳さというよりはむしろ内乱下のものものしさが伝わり、当行事が平氏追討という現実に即して生み出された幕府特有の正月行事とみることができる。ついで【史料4】に注目してみたい（【表】№2）。

【史料4】『吾妻鏡』寿永元年正月三日条

三日甲戌。武衛御行始。渡二御于藤九郎盛長甘縄之家一。佐佐木四郎高綱懸二御調度一、在二御駕之傍一。足利冠者、北条殿、畠山次郎重忠、三浦介義澄、和田小太郎義盛以下列二御後一云々。

【史料3】とはやや挙行日が異なるものの、三日に御行始が行われ安達盛長の邸宅を訪問していることがわかる。御行始は、前項で触れたように、先年の移徙儀礼でも挙行されている。一方、公家社会における移徙儀礼や正月行事と比較した場合、御行始は移徙儀礼では挙行されても正月行事に行われることはない[12]。この相違から幕府の御行始の特異性を見出すことができよう。つまり、治承四年（一一八〇）の移徙に付随して行われたこの二つの儀式（便宜上「移徙御行始」とする、垸飯献儀）を正月行事として恒例化させることで、主従関係を再生産および再確認していたのではないかと考える。その背景にはやはり鶴岡奉幣同様、内乱下という特異な政治的状況があると思われ、この御行始もまた現実に対応して創出された行事といえる。

以上のように、治承・寿永内乱下の正月行事である鶴岡奉幣と御行始について考察したが、両者は当該期の政治状況と直結して生み出された行事といえる。より具体的に述べるならば、鶴岡奉幣によって勝利を祈願し、御行始や垸飯献儀によって主従関係を毎年再生産および再確認することで、平氏追討という当面の政治課題を頼朝と御家人の間で継続的に共有しようとする意図があったということになろう。よって、鶴岡奉幣と御行始は内乱下という特異な状況にあって密接な関係にあったといえる。

二　鎌倉幕府正月行事の成立

1　鶴岡八幡宮における儀礼空間の生成

平氏滅亡の翌年正月、頼朝は直衣始を行い鶴岡に参詣している（【表】№５）。

【史料５】『吾妻鏡』文治二年正月三日条

三日壬午。去夜雪猶委レ地。去年叙二二品一給之後、未レ及二御直衣始沙汰一。依二予州事一、世上雖レ未二静謐一、且為レ令レ成二衆庶安堵之思一、今日被レ刷二其儀一、則詣二鶴岡八幡宮一給。左典厩、前少将時家等参会。又武蔵守義信、宮内大輔重頼、駿河守広綱、散位頼兼、因幡守広元、加賀守俊隆、筑後権守俊兼、安房判官代高重、藤判官代邦通、所雑色基繁、千葉介常胤、足立右馬允遠元、右衛門尉朝家、散位胤頼等供奉。（中略）御奉幣事終、還御之後有二垸飯一。抑今日御神拝之間、供奉人等相二分于廟庭左右一着座。而胤頼相二対于父常胤一着聊寄二座下方一云々人不二甘心一。是依レ仰如レ此云々。常胤雖レ為レ父六位也。胤頼者雖レ為レ子五品也。官位者君之所レ授也。何不レ賞哉之由被二仰下一云々。

昨年四月に従二位に叙された頼朝は、源義経追討という新たな政治課題に直面してはいたものの、「衆庶」を安堵させるためもあって直衣始の挙行に踏み切った。【史料５】には注目点が二つある。

一点目は、直衣始を挙行し鶴岡八幡宮において奉幣を行っていることである。『達幸故実抄』[13]によると、直衣始とは直衣着用の勅許を受けた貴族が初めて直衣を着けて内裏に参上する儀式のことをいう。『達幸故実抄』にみえる直衣始の作法と比較した場合、決定的な相違は「参向する場所」であり、頼朝は鶴岡八幡宮を内裏に見立てて当儀式を挙行したことにある。ここで、鶴岡八幡宮の役割自体に目を向けるならば、治承四年(一一八〇)一〇月の鎌倉入部以来、河内源氏の氏神社であると同時に平氏追討の戦勝祈願の場として機能していたものの、文治二年(一一八六)になって幕府儀礼の場という新たな機能を持ち合わせたことが注目される。

二点目は、鶴岡奉幣の場において初めて御家人の着座位置が問題になったことである。具体的に述べると、千葉胤頼(五位)が父である常胤(六位)に対座しており、それを見た御家人は快く思わなかったということである。しかし、この措置は頼朝の指示によるもので、着座基準として父子関係より位階を重視したのであった。

問題は、【史料5】の叙述の意味するところは何かということである。結論を先に述べるならば、文治元年までの、つまり内乱下における鶴岡八幡宮との「断絶」と考える。文治元年三月に平氏追討が完了すると同時に、戦勝祈願の場としての鶴岡の役割は終わった。ゆえに、鶴岡に新たな機能を付与しなければならず、それこそ幕府儀礼の場という機能であった。また現実的な問題として、治承四年(一一八〇)の挙兵に際し頼朝側についた武士のなかには地域社会における領主間競合に基づく現実的利害を背景にもっている者が多く、平時に移行しても御家人として存続しうるかは不明であった[14]。こうした事実も考え合わせるならば、内乱期に培った御家人制を平時に定着させる一方策として、従来戦勝祈願の場であった鶴岡を幕府儀礼の場に転化し、儀礼を通じて御家人を臣従させようとしたのかもしれない。実際、時期的にはやや遅れるものの、文治三年から四年にかけて放生会や月次臨時祭[15]などが鶴岡八幡宮の行事として成立しており、そこに御家人を参仕させている[16]。

2　御所心経会と御弓始の成立

前項で述べたとおり、鶴岡八幡宮が幕府儀礼の場に転化する一方、新たな正月行事も発生した。以下、概要を述べるとともにその位置づけについて考察を加えてみたい。

（一）御所心経会

御所心経会は、基本的に正月八日を式日とする幕府御所内の仏事で、文治二年（一一八六）正月八日条（【表】№5）に「営中有二心経会一」とあるのが初見である。将軍出御・御家人参会のもと、鶴岡八幡宮の供僧が参上・勤仕するのが当行事の内容である。公家社会における正月仏事の例を探した場合、宮中では同じく八日から一四日まで行われる御斎会、摂関家では四日から八日までの法成寺修正会があり、両者ともに一年のうち最も規模の大きい仏事であった。一方、鎌倉幕府の御所心経会は一日限りの法会であり、情報量が少ないため幕府正月行事にあってどのような位置づけであったかは不明である。しかし、次に示す【史料6】からはある程度の推測が可能であろう。

【史料6】『吾妻鏡』治承四年八月一八日条

十八日戊戌。武衛年来之間不レ論二浄不浄一有二毎日御勤行等一。而自今以後、令レ交二戦場一給之程、定可レ有二不レ意御怠慢一之由被二歎仰一。爰伊豆山有下号二法音一之尼上。是御台所御経師、為二一生不犯之者一云々。仍可レ被レ仰二付日々御所作於件禅尼一之旨、御台所令レ申レ之給。即被レ遣二目録一。尼申二領状一云々。

心経十九巻

八幡　若宮　熱田　八剣　大筥根　能善　駒形　走湯権現　雷電《礼殿》　三島第三第二　熊野権現　若王子　住吉

富士大菩薩祇園　天道　北斗　観音各一巻可二法楽一云々

右の史料には、治承四年（一一八〇）八月の挙兵に際し、頼朝が毎日続けてきた「御勤行」を伊豆山の法音尼に委託したことが記されている。その「御勤行」のなかに「心経十九巻」があり、それぞれの神社に一巻ずつ法楽するよう法音尼に命じていることが判明する。

以上のことを考慮に入れるならば、御所心経会は挙兵以前の頼朝個人の勤行を平氏追討が完了した文治段階において儀礼化させたものと推察できないだろうか。

（二）御弓始

御弓始[17]自体の初見は、先述のとおり『吾妻鏡』治承四年一二月二〇日条にみえる移徙での御弓始が初見であるが、正月行事としての御弓始では文治四年（一一八八）正月六日条が初見である。

公家社会における弓射の年中行事としては、正月一七日を式日とする射礼があるが平安末期には形骸化したようである[18]。鎌倉幕府の歳首御弓始（以下「御弓始」と表記する）については永井晋による研究[19]があり、幕府の御弓始（永井は「的始」の表記を使用）は頼朝が御家人の射芸を観る儀式として始まり、やがて北条氏が鎌倉を代表する武家であることを示す儀礼に変容したと述べている。また、氏は後述する垸飯献儀（第三節1）との関係についても触れており、垸飯献儀では一年の初めに将軍自身が鎌倉の主であることを確認し、御弓始によって鎌倉が「武」によって成立する権門であることを確認したとも述べている。

儀式内容については、永井の論稿で詳細に述べられているため本稿では割愛するが、注目したい点がある。それは、御弓始における弓射の回数とその成績である。御弓始の形式としては、文応元年（一二六〇）つまり鎌倉中期の例[20]であるが、一二人の射手（五～六番編成）が「二五度」（総計二五〇回[21]）矢を放つ。実際の執行状況に着目すると、一二人の射手（六番編成）が各々二〇回（一〇回ずつ二度に分けて射たようである）射ており、二四〇回中一八一回の命中であった。一方、公家社会の弓射行事の場合、『中右記』永長元年（一〇九六）三月二四日条には殿上賭弓における弓射の状況（成績）が詳細に記されている。この記事によると、各七人（計一四人）の射手が前後二方に編成され各人一〇回（計一四〇回）射ており、その結果的中したのは一一回であった。

両者を比較した場合、二つのことがいえるだろう。一点目は、弓射儀礼の形式面について、幕府の方が弓射回数が一〇〇回も多いことである。もう一点は、弓射の的中率である。幕府の場合最低でも一〇回中五回の的中[22]であるが、先述の殿上賭弓では源明国（多田源氏の出身・源頼光曾孫）の四回が最高成績であり、命中率にも歴然とした差があった。無論個人の技術の差もあるだろうが、一点目も含め両者の弓射儀礼における意味の相違が反映されているのではないかと考える。

公家社会の弓射儀礼である射礼には「辟射」の機能があり、邪気発生を予防し国家を鎮護するためのものであったという[23]。しかし、鎌倉幕府の御弓始は「実戦」そのものであるといっても過言ではない。それは、先ほど明記した儀礼の形式（弓射回数）や実際の命中率の問題からもうかがえることである。まず、儀式の形式面について射手は二〇本矢を射ることを求められているが、「以㆓二十之箭㆒可㆑射㆓取廿人敵㆒[24]」という実戦でのあり方が儀礼に反映されているように思われる。また的中率については、前述の文応元年の時期、笠懸や流鏑馬をはじめとする射芸の堪能者が少なかったり儀式で失敗し醜態が発生するなど、弓射儀礼にとって危機的状況にあった[25]。そうした状況下にかかわらず、あれほど高い的中率を示している背景には、幕府の弓射儀礼が実戦に通ずるという観念のもと、名誉意識の高揚[26]とそれを支える不断の鍛錬があったのではないかと思われる。

以上、平氏滅亡後新たに創始された正月行事である御所心経会・御弓始について考察を加えた。第一節において戦時から平時への移行にあたって鶴岡八幡宮が戦勝祈願の場から幕府儀礼の場に転化したと述べたことと同様、この二つの正月行事の成立もまた、戦時から平時への転換を物語っているのではないかと思われる。つまり、御所心経会を挙行することによって挙兵以前における頼朝自身の習慣を儀式として定着させ、御弓始を執行することで軍事力の結集を恒常化させようとしたということである[27]。

このように平氏追討完了後の文治年間において鶴岡奉幣（垸飯献儀）・御行始・御所心経会・御弓始といった鎌倉幕府の正月行事が成立するに至ったのである。

三　鎌倉幕府正月行事の発展

1　垸飯献儀の成立と拡充

再び【表】に目を向けると、建暦元年（一二一一）以降、垸飯献儀が正月三が日を占めていることに気づく。これこそ本節で考察対象とする垸飯献儀の成立を意味している。当行事については、先行研究が多数存在する(28)。先行研究の成果について簡潔に述べると、八幡義信をはじめ垸飯沙汰人の変遷の分析を通して幕府内における北条氏権力の拡大過程や御家人間の身分秩序を明らかにするといった政治史的考察が多かったが、盛本昌広の研究はそうした潮流と一線を画し、中世における共同飲食・贈答の面から垸飯献儀の内容やその負担状況を解明した。本稿では先行研究に学びつつ、史料に即して歳首垸飯献儀の成立過程を見ていきたい。

「垸飯」とは本来、饗応の膳部の一種で、公家社会の諸行事において他の饗饌と共に参仕者に振る舞われていた食物のことである(29)。歳首垸飯献儀の起源について二木謙一は、新任国司が在庁から三夜饗応を受けるという三日厨の系譜を引き、千葉氏・三浦氏らが在庁として新任国司に進上していたものを源頼朝との主従関係を緊密にする意図を込めて献上したと指摘している(30)。

『吾妻鏡』における垸飯の語の初見は、前掲【史料2】の治承四年一二月二〇日条であるが、歳首に行われる垸飯の初見は【史料3】に示した養和元年正月一日条である。しかし、当該期の垸飯献儀は鶴岡奉幣という行事に付随して挙行されており数日にわたるものではなかった。【史料7】は、正月行事として独立して行われた垸飯献儀の初見である（【表】No.10）。

【史料7】『吾妻鏡』建久二年正月一・二・三日条

一日庚戌。千葉介常胤献二垸飯一。其儀殊刷。是御昇進故云云。午剋前右大将家出二御南面一。前少将時家朝臣上二御簾一。先有二進物一。御剣千葉介常胤、御弓箭新介胤正、御行縢沓二郎師常、砂金三郎胤盛、鷲羽納櫃六郎大夫胤頼。

御馬

二日辛亥。御垸飯三浦介義澄沙汰三浦介義澄持二参御剣一。御弓箭岡崎四郎義実、御行縢和田三郎宗実、砂金三浦左衛門尉義連、鷲羽比企右衛門尉能員。

御馬

三日壬子。小山右衛門尉朝政献二垸飯一。御剣下河辺庄司行平、御弓箭小山五郎宗政、御行縢沓同七郎朝光、鷲羽下河辺四郎政能、砂金者最末朝政自捧二持之一。自二堂上一参進、置二御座前一云云。次御馬五疋。

傍線部によると、建久二年（一一九一）の垸飯献儀は「御昇進」ゆえに例年より特に威儀を正して挙行されたようである。この「御昇進」とは、周知の通り建久元年における頼朝の権大納言・右近衛大将任官（両職ともほどなく辞任）である。また、建久元年は頼朝にとって念願の上洛を果たし、朝廷より日本国総追捕使・総地頭の公認を受け、「王朝の侍大将」として国家の軍事・警察を委任された画期的な年でもあった[31]。つまり、正月三が日にわたる垸飯献儀は幕府の政治的成長に伴い確立した儀礼といえるであろう。儀礼内容としては、従来のような食物（垸飯）献上のみならず、剣・弓箭・行縢沓などの武器・武具や馬五疋の進上が加わったことが注目される。しかし、【史料7】にみえる垸飯献儀は「御昇進」ゆえに設定された臨時様式であり[32]、通常は従来の形式どおり鶴岡奉幣に付随して行われたようである（【表】№11〜13）。

　ところが本項冒頭で述べたとおり実朝期になると、正月三が日にわたる垸飯献儀が恒例的に行われるようになる（【表】№26～28）。

この現象について考察するにあたり、当該期の沙汰人に着目してみたい。

・建暦元年（一二一一）…一日　北条義時　二日　大江広元　三日　小山朝政
・建暦二年（一二一二）…一日　北条義時　二日　大江広元　三日　小山朝政
・建保元年（一二一三）…一日　大江広元　二日　北条義時　三日　北条時房

如上三例に共通することとして、一日・二日を北条義時・大江広元が沙汰しているということがあげられる。前掲の【史料7】にみるとおり、前代においては主に千葉常胤・三浦義澄が沙汰していたが、当段階に至ってその役割は義時・広元に取って代わられたのである。

当該期の政治状況については、杉橋隆夫による緻密な実証研究[33]がある。元久二年（一二〇五）閏七月、父時政を放逐して執権に就任した義時は、執権別当一人に権限が集中する体制を改め政所別当の増員を図り、将軍実朝を表面に立てつつ大江広元ら有力官僚層との協調を政治方針とした。その一方で、義時は諸国守護人の懈怠を名目とした守護職解任や定期交替制を画策して有力御家人に脅威を与えたり、幕府草創以来侍所別当の任にあった和田義盛を滅ばしその職掌を奪取するなど、着々と北条氏権力を構築していった。そして建保四年（一二一六）において幕府の政治体制は新たな局面を迎え、義時・広元連署の下知状の出現により彼ら二人による「両執権体制」が確立した。

このように幕府の政治動向を考え合わせると、建暦元年から建保元年にかけて行われた垸飯献儀は義時・広元両執権体制の確立に対応したものと思われる[34]。また、従来在地社会における慣習を導入して行われていた垸飯献儀が幕府職制とリンクして行われ始めたことを意味し、ここに垸飯献儀の質的転換を見出すことはできないだろうか。

以上の考察から、垸飯献儀もまた、頼朝が平氏追討の戦勝祈願として挙行した鶴岡奉幣（第一節２）同様、現実の政治状況に即して生み出された正月行事と解される。さらに注目されることとして、垸飯献儀の成立により行事の執行順序が変化し、当行事が鶴岡奉幣・御行始に先行して挙行されるようになったことがある。それは、戦時体制下の幕府において平氏追討が最優先されるべき政治課題であったように、当該期では義時・広元両執権体制ひいては北条氏権力の確立が緊急的な政治課題であったことに起因するであろう。つまり、優先されるべき政治課題が正月行事の執行順序に反映されたということである。よって幕府正月行事の執行順序は、多少の変動はあるものの垸飯献儀・御行始・御所心経会・御弓始・鶴岡奉幣へと変容するに至った。逆にいえば、政治課題を伴わず緊急を要しない行事については後の日程で挙行されたということである。鶴岡奉幣・御弓始がその例である（【表】№27・44〜）。

摂家将軍期に入ると、正月三が日の垸飯献儀は定着し（【表】№37〜）、一日・二日を執権・連署が勤仕する慣例となり北条氏によってほぼ独占される。[35] 従来の研究において、垸飯沙汰人の変遷が北条氏の権力拡大過程と一致するものであったと説いているが、それは垸飯献儀という正月行事が北条氏権力の確立という政治課題と不可分の関係にあり、毎年一日・二日の沙汰を務め続けることで自らの地位の正当性を確保しようとしたためである。

正月行事の変容は、当然行事の執行方法をも変えた。垸飯献儀と御行始が元日に一度に挙行されるため（【表】№55・58・64・67・69・72・73）、行事出仕者を統轄する小侍所の職務[36]に支障をきたしたようである。『吾妻鏡』文応元年（一二六〇）一二月二九日条では「明春正月朔、可㆑有㆓御行始㆒供奉人事、可㆓相催㆒之由、武藤少卿伝㆓仰於小侍所㆒。而為㆓垸飯㆒出仕人人、於㆓御所庭上㆒、兼取㆓座籍㆒、所㆑差㆓並札㆒也。仍光泰・実俊行㆓向其所㆒、就㆓札所見㆒注㆓交名㆒進上。申㆓下御点㆒。相㆓触其旨㆒云々」とあり、御行始の供奉人散状を作成するにあたって所司二人

（工藤光泰・平岡実俊）が御所庭上に赴いて札の調査を行っている。[37]【表】からもわかるように、御行始は正月三日以降に行われていたため、年が明けてから御家人散状を作成していた。ところが、仁治元年（一二四〇）（【表】№55）から元日に挙行する機会が増加したため、当記事にみえるように前年末に繰り上げて沙汰せねばならなくなり、小侍所の職務が煩雑になったことが推察できる。そして何よりもこのように厄介な事態が生じてまで、垸飯献儀の出仕者を基準として御行始（あるいは鶴岡奉幣）の供奉人を催促しようとする様子から、鎌倉中期に至って正月行事のなかで垸飯献儀が重要な位置を占めることになったと理解できよう。

2　幕府正月行事における公家様式の浸透

これまで源氏将軍期から皇族将軍期に至るまで継続して挙行された行事を中心に、正月行事の変遷過程について考察してきたが、最後に幕府の発展過程において新たに発生・定着した正月行事について見てみたいと思う。このグループに類するものとして吉書始・御鞠始・読書始などが挙げられる。

まず吉書始についてであるが、初見は正治二年（一二〇〇）正月七日条である。これまで、家政機関の開設に伴う吉書始（政所吉書始）は臨時の行事として行われていたが、恒例行事としての吉書始はこの事例が初めてである。公家社会においても「年始吉書」[38]として古記録に散見する。幕府では執権が吉書を持参し将軍が閲覧する様子が叙述されている。[39]

御鞠始・読書始は、将軍個人の嗜好・教養から幕府の正月行事になったと思われる。頼家は在世中幾度となく蹴鞠を行っており、その執着ぶりは北条泰時が不満を漏らすほどであったし、[40]それは蹴鞠に秀でた人物を鎌倉へ下向させるよう後鳥羽院に要請していることからもうかがえる。[41]御鞠始は頼家期のみならず宗尊期にも見えることから（【表】№72・74）、摂家将軍期においても行われていた可能性はある。一方、御所読書始は実朝期にしかみられない（【表】No.19・21）。公家社会において、正月に読書始を行うのは天皇・皇太子・親王など皇族のみであって、摂関家子弟の読書始が正月に行われることはない[42]。その上、読書始は初めて漢文の講義を受けるという通過儀礼のようなもので恒例行事ではない。となると、実朝の読書始は公家社会のものとは異質で、京都に対する憧憬の思いが強かった実朝自身が正月の恒例行事として創出したのかもしれず、一代限りの恒例行事であった可能性が高い。なお、摂家将軍期においても読書始は行われているが、これは摂関家の読書始と同義であると思われる[43]。

新たな正月行事が生成されるなか、源氏将軍期以来の正月行事もまた儀式内容が変化していることにも着目したい。まず、歳首垸飯献儀についてであるが、弘長元年（一二六一）の関東新制には、「垸飯役事[44]」として「政所、問注所、小侍所小舎人、御厩力者等、酒肴正月中止㆓毎日之儀㆒、可㆑為㆓三ヶ日㆒也」とあり、政所・問注所などの幕府諸機関においても三日間の垸飯が行われていたことが判明する。実際、『中山法華経寺文書』の聖教紙背文書[45]に「御所御垸飯事、今年者問注所御菓子酒肴一具、可㆑有㆓御沙汰㆒之由、去年歳末ニ被㆑成㆓下御教書㆒て候也」とあり、御家人（千葉氏）が問注所の垸飯（御菓子酒肴）を負担していた。将軍（鎌倉殿）と幕府諸機関の二か所で飲食儀礼を行うという様式は、公家年中行事における元日節供に類似する[46]。いつこの様式が導入されたかは不明であるが、少なくともこの新制が公布された弘長元年まではこのような垸飯献儀が定着したのではないかと考えられる。

形式からみれば、当段階の垸飯献儀はまさしく正月節供であるが、次の室町幕府に至っても「垸飯」の呼称は変わることなくその命脈を保った[47]。それは、垸飯献儀という行事が幕府年中行事として確立し公家様式が浸透したとしても、幕府成立以前の在地社会において主従関係を緊密にするという本来の儀礼的機能が否定されることはなかったからである。ゆえに、室町幕府もまた守護大名との主従関係を再生産・再確認するために鎌倉以来の垸飯を継承したと考えられる。
ついで、御所心経会について述べたい。『吾妻鏡』寛喜元年（一二二九）正月八日条によれば、当日御所心経会を挙行するにあたり、「今日為二将軍御衰日一也。可レ有二猶予一歟之由、助教師員雖レ申レ之、於二御吉事一者無レ憚之旨、先先被レ定訖。其上以二八日一可レ為二心経会式日一之由、弾正忠季氏申之間、被レ遂二行之一」とあるように中原師員と清原季氏の間で議論が生じた。つまり、師員が本日（八日）は「将軍御衰日」であるため猶予するべきであると主張したのに対し、季氏は心経会は「御吉事」であるため憚りはないとして師員の主張を却下している。師員の主張の背景には、摂関家における心経会の儀式作法があったと思われる。一二世紀初頭に成立し、摂関家の家政について記録した『執政所抄』には、二月の年中行事に「撰二日次一事」として心経会が挙げられている。その儀式内容に「御衰日外撰二吉日曜一行レ之」と明記されており、摂関家の心経会は「衰日」に行わないことが判明する。師員の主張は摂関家年中行事の様式に基づくもので、それを幕府の心経会に援用しようと考えたのであろう。一方、季氏の主張は「御吉事」とあるが、これは頼朝以来の「佳例」と同義ではないかと考える。時代は遡るが、『吾妻鏡』承元四年（一二一〇）正月一日条に「右大将家御時不レ及二日次沙汰一、大略以二元日一有二御奉幣一。近年廃而無二此儀一。今年被レ興二佳例一云々」とある。当記事は、頼朝の頃、基本的に元日に行われていた歳首鶴岡奉幣を「佳例」として再興するという意味であって、頼朝の頃の式日で儀式を行うことを「佳例」として認識していたようである。言い換えると、八日に心経会を行うことは頼朝の頃のよき例であるため問題ないということになるのであろう。

公家様式を採用せず、御所心経会を「御吉事」と称して従来の式日で挙行するところにもまた、鎌倉幕府年中行事の独自性を保とうとする志向が見て取れる。

以上、幕府の発展過程において新たに発生した正月行事と源氏将軍期以来の伝統的行事の変化についてそれぞれ述べてきた。公家社会の儀礼やその様式が幕府年中行事に組み込まれたという点で両者は共通するものの、受容のされ方は大きく違ったようである。

まず、新たに発生した正月行事について確認する。先行研究はこうした現象を幕府儀礼の「公家化」として捉えがちであるが、甚だ疑問である。というのも、年中行事において公家様式が浸透することは准摂関家の家格を有する鎌倉将軍家からみれば至極当然のことだからである。むしろ、鎌倉幕府本来の正月行事が公家年中行事の水準に高められたと考えた方がよいのではないだろうか。(48)

一方、源氏将軍期以来の伝統的行事については、垸飯献儀や御所心経会の例でみたように公家儀礼の様式で行われた（もしくは行われようとした）が、行事の呼称や式日を変えなかったことから幕府年中行事の独自性を維持しようとしたのではないだろうか。

両者とも仮説の域を出ないが、このような方向性の相違こそが「はじめに」で提示した『増鏡』の叙述（「いかめしき」垸飯と「めもかゞやく」宮）に反映されたのではないかと考える。

おわりに

以下、各節で述べてきたことについて整理しておきたい。

第一節では、治承四年（一一八〇）の鎌倉入部から文治元年（一一八五）の平氏追討完了までの正月行事について述べた。鎌倉に入部してまもなく、頼朝は新邸造営に着手し、年末には移徙・御行始を挙行した。この移徙儀礼は儀式としての威儀を正しつつも、頼朝が御家人となった東国武士との間に平氏追討という政治課題を共有し主従関係を確立するための儀礼であった。鎌倉入部の翌年、鎌倉で元旦を迎えた頼朝は、歳首鶴岡奉幣（歳首垸飯献儀）と歳首御行始を挙行した。歳首鶴岡奉幣は平氏追討の戦勝祈願であり、歳首垸飯献儀と歳首御行始は前年の移徙儀礼を新年正月に繰り返し行うことで主従関係の再確認および再生産が図られた。

続く第二節では、文治年間（一一八五～九〇）における鎌倉幕府正月行事の成立について述べた。平氏追討が完了した文治二年（一一八六）正月、頼朝は直衣始を行い鶴岡奉幣を挙行した。その際、初めて御家人の着座基準が問題となり、位階優先と定められることになった。そうした背景には、戦時から平時へ移行するに伴い従来戦勝祈願の場であった鶴岡を幕府儀礼の場に転化させ、そこで儀礼を執行することで幕府御家人を臣従させようとする頼朝の意図があったと思われる。これらもまた、戦時から平時へ移行する過程で、御所心経会や御弓始といった新たな正月行事も創始された。これらもまた、戦時から平時へ移行する過程で、御所心経会を行うことで挙兵以前における頼朝個人の習慣を儀礼化し、御弓始により軍事力の結集の恒常化を目指したものと思われる。

最後に第三節では、鎌倉幕府正月行事の展開について述べた。建暦元年（一二一一）以降、従来鶴岡奉幣に付随していた垸飯献儀が分立し、正月三が日の垸飯献儀として成立した。その背景には、義時・広元両執権体制ひいては北条氏権力の定着という優先すべき政治課題が存在しており正月行事として結実するに至った。さらに、当行事は従来の正月行事である鶴岡奉幣・御行始などに先行して挙行されるようになり、正月の最重要行事として位置づけられた。また一方で、吉書始や御鞠始・読書始など公家社会の儀礼やその様式が組み込まれ、本来の正月行事が公家年中行事の水準に高められようとする傾向も見られ幕府の正月行事は複雑な様相を呈していった。

以上、三節にわたって鎌倉幕府における正月行事の成立と発展について考察してきたが、それぞれの行事が現実の幕府政治と緊密な繋がりをもって成立したところに鎌倉幕府年中行事の最大の特徴があると考える。無論、承平・天慶の乱平定の報賽として始められた石清水臨時祭のように公家年中行事においても朝政との関係で成立した行事も存在するが、長い平穏にあってそうした性格は次第に失われていったと思われる。また、鎌倉幕府以前の武士政権である平氏政権でも鎌倉幕府年中行事のような着想は見られない。

以上のことを換言するならば、年中行事が次々に成立・展開していくところに鎌倉幕府という武士政権の性格の一端が看取できるということになろう。

注

(1) 建長四年(一二五二)四月、第六代将軍・宗尊親王が鎌倉に下向した折、その祝儀として三日間垸飯の献上を受けているのがみえることから(『吾妻鏡』建長四年四月一・二・三各条)、『増鏡』の「わうばん」は鎌倉に将軍を迎えるための儀礼として定着していたと考えられる。

(2) 平出鏗二郎「鎌倉幕府の年中行事(一)」(『史学雑誌』二〇編五号、一九〇九年)、「鎌倉幕府の年中行事(二)」(『史学雑誌』二〇編一一号、一九〇九年)両論文はのち『頼朝会雑誌』一六号、一七号(いずれも一九三六年)にそれぞれ所収。

(3) 山本信哉・有馬敏四郎「武家の儀式」(『日本風俗史講座』第四巻、雄山閣、一九二九年)。

(4) 二木謙一『中世武家儀礼の研究』吉川弘文館、一九八五年。

(5) 盛本昌弘「鎌倉幕府儀礼の展開」(『鎌倉』八五号、一九九七年)。

(6) 鶴岡八幡宮放生会については、伊藤清郎「鎌倉幕府の御家人統制と鶴岡八幡宮」(『国史談話会雑誌』豊田・石井両先生退官記念号、一九七三年、のち同氏著『中世日本の国家と寺社』高志書院、二〇〇〇年に所収)、永井晋「『吾妻鏡』にみえる鶴岡八幡宮放生会」(『神道宗教』一七二号、一九九八年)がある。一方、二所詣については、岡田清一「鎌倉幕府の二所詣」(『六軒丁中世史研究』一〇号、二〇〇四年、のち同氏著『鎌倉幕府と東国』続群書類従完成会、二〇〇六年に所収)。田辺旬「鎌倉幕府二所詣の歴史的展開」(『ヒストリア』一九六号、二〇〇五年)がある。

(7) 時代は下るが、嘉禄元年(一二二五)一二月二〇日に九条頼経の移徙の記事があり(『吾妻鏡』同日条)、執権北条泰時の意向により夜間ではなく白昼に挙行されているのがみえる。おそらくこれは、承久元年(一二一九)の源実朝暗殺事件を念頭に置いた泰時の危機回避策と考えられるが、頼朝の場合は常に危機的状況にさらされていたにもかかわらず通例通り夜間に行っている。儀式次第は省略しても「夜儀」の通例を遵守することで、移徙に威儀を付与したいという頼朝の意向が反映されていたのかもしれない。

(8) 上横手雅敬「鎌倉幕府と公家政権」(『岩波講座日本歴史5　中世1』岩波書店、一九七五年、のち同氏著『鎌倉時代政治史研究』吉川弘文館、一九九一年に所収)。

(9) 図書寮叢刊『仙洞御移徙部類記』を参照。例えば、『玉葉』にみえる元暦元年(一一八四)四月の後白河院の白河金剛勝院への移徙(一六日)の場合、御行始先として「後御所」へ赴き御引出物として「笙筝」を受領している(一九日条)。

(10) 『吾妻鏡』治承四年(一一八〇)一〇月九日条によると、大庭景義奉行のもと造営作事始を行ったが、「期限」(移徙予定日)内に完成させるのが困難なため、暫くの間知家事兼道の山内宅を移築して使用することにしている。この記事からも、頼朝が一二月の移徙儀礼に対し並々ならぬ思いを抱いていたことが看取できる。

(11) 新訂増補国史大系『吾妻鏡』には「下客」とあるが、「下若」の間違いと思われる。酒の肴の意。

(12) 歳首に他所を訪問する儀式としては天皇による朝覲行幸があるが、当行事は天皇が上皇・母后(院政期～鎌倉末期は父母健在であっても院政主導者に対して行われる)の御所に赴き拝礼を行うもので、臣下の邸宅へ赴く鎌倉幕府の歳首御行始とは異質である。

(13) 『達幸故実抄』一において「被レ聴二直衣一事」の項目が設けられており、「保元二五廿二、新宰相実長今日被レ聴二直衣一云々。同廿三日、実長朝臣始著二直衣一参内」と記されている。

(14) 川合康「治承・寿永の「戦争」と鎌倉幕府」(『日本史研究』三四四号、一九九一年、のち同氏著『鎌倉幕府成立史の研究』校倉書房、二〇〇四年に所収)。氏は、治承・寿永の内乱時における鎌倉幕府御家人制は、軍事動員を契機として設定された主従関係であるために幕府御家人としての意識は希薄で、鎌倉殿頼朝への奉公の観念は生じにくいと述べている。

(15) 『吾妻鏡』における放生会の初見は文治三年(一一八七)八月一五日条、月次臨時祭の初見は文治四年二月二八日条で、両者ともその年に始められる旨がそれぞれ記されている。

(16) 伊藤清郎は、注(6)前掲論文において鶴岡八幡宮放生会に幕府御家人を勤仕させていることから、放生会は幕府御家人の臣従儀礼であったと評価している。

(17) 他に「御的始」や「御弓場始」の語が使用されているが、本稿では最も多く使用されている「御弓始」の語を使用することにしたい。

(18) 大日方克己「射礼・賭弓・弓場始――歩射の年中行事――」（同氏著『古代国家と年中行事』吉川弘文館、一九九三年）、高橋昌明「遊興の武・辟射の武」（平成八年度（財）水野スポーツ振興助成金研究成果報告書、一九九七年、のち同氏著『武士の成立　武士像の創出』東京大学出版会、一九九九年に所収）。

(19) 永井晋「鎌倉幕府の的始」（『金澤文庫研究』二九六号、一九九六年）。

(20) 『吾妻鏡』文応元年（一二六〇）正月一四日条には弓射の成績が詳細に記されている。

(21) 的射では、甲矢・乙矢二隻のワンセットで五回（矢数は一〇隻）射て「一度」である。注(20)前掲史料の場合、各人二〇回射ていることから「二度」となり、射手一二人で「二四度」となるが、「一度」分数が合わない。しかし、御弓始において射手が「二五度」射ることは定例化していたようである（弘長三年正月一二日条）。

(22) 注(20)前掲史料において、四番に編成されていた藤沢左近将監時親は二回目の弓射では一〇回中五回の的中であった。

(23) 注(18)高橋前掲論文参照。

(24) 『吾妻鏡』建暦二年（一二一二）正月一九日条。鶴岡奉幣にあたり御調度懸（主人の弓箭を携帯して供奉する役割）を命じられ固辞した大須賀胤信に対し、将軍実朝が「於㆓当役《（御調度懸）》㆒者、右大将家御時、以㆓二十之箭㆒可ㇾ射㆓取廿人敵㆒之者可ㇾ候之由、被ㇾ定畢」と諭しているように、儀礼上の所役においても実戦でのあり方が要求されている様子がうかがえる。

(25) 高橋昌明「鶴岡八幡宮流鏑馬行事の成立」（『新しい歴史学のために』二二四号、一九九六年、のち同氏著『武士の成立　武士像の創出』東京大学出版会、一九九九年に所収）。

(26) 『吾妻鏡』正嘉二年（一二五八）正月一五日条。

(27) 鴇田泉「流鏑馬行事と鎌倉武士団」（『芸能史研究』九九号、一九八七年）。当論稿で鴇田は、鶴岡放生会において流鏑馬を行った理由に武士団統合・軍事力結集をあげている。

(28) 八幡義信「鎌倉幕府垸飯献儀の史的意義」（『政治経済史学』八五号、一九七三年）、上横手雅敬「垸飯について」（『全訳吾妻鏡月報』四号、一九七七年）、二木謙一「儀礼にみる室町幕府の性格――歳首の御成・埦飯を中心として――」（『国史学』八七号、一九七七年、のち同氏著『中世武家儀礼の研究』吉川弘文館、一九八五年に所収）、村井章介「執権政治の変質」（『日本史研究』二六一号、一九八四年）、永井晋「鎌倉幕府垸飯の成立と展開」（小川信先生の古希記念論集を刊行する会編『日本中世政治社会の研究』続群書類従完成会、一九九一年）、野口実「戦士社会の儀礼――武家故実の成立――」（福田豊彦編『中世を考える　いくさ』吉川弘文館、一九九三年）、盛本昌弘「鎌倉幕府垸飯の負担構造」（『地方史研究』二五五号、一九九五年、のち同氏著『日本中世の贈与と負担』校倉書房、一九九七年に所収）。

(29)『古事類苑』礼式部一参照。

(30)注(28)二木前掲論文。

(31)上横手雅敬「建久元年の歴史的意義」（『赤松俊秀教授退官記念　国史論集』一九七二年）。

(32)頼朝期において数日にわたって歳首垸飯献儀が行われている他の事例としては、建久六年（一一九五、【表】No.14）があるが、当年は三月に上洛を控えていたため特に威儀を正して行われたのかもしれない。また頼家期においても正治二年（一二〇〇）の例（【表】No.15）があるが、前年に頼朝の跡を継いで鎌倉殿となって初めて迎えた正月であるため臨時に行われた可能性が高い。

(33)杉橋隆夫「執権・連署制の起源――鎌倉執権政治の成立過程・続論――」（『立命館文学』一〇・一一・一二号、一九八〇年）。

(34)建暦元年から建保元年の垸飯献儀については、杉橋の論稿でも注目されており、垸飯献儀の一日・二日を義時・広元が沙汰していることから、「政所別当として幕府政治の実質的運営に力を持ちえたのは、やはり第一に北条氏であり、ついで広元を代表とする文人官僚集団だった」と評価している。

(35)基本的に北条氏が独占しつつも、三浦義村（二回）・足利義氏（七回）・足利頼氏（一回）が垸飯沙汰人を務めている事例が散見する。

(36)小侍所については、青山幹哉「鎌倉幕府将軍権力試論」（『年報中世史研究』八号、一九八三年）を参照。

(37)注(28)盛本前掲論文参照。

(38)『玉葉』文治四年（一一八八）正月四日条。

(39)正治二年（一二〇〇）正月七日条の吉書始においては、政所別当である大江広元の奉行のもと行われているが、文応元年（一二六〇）正月一日条の吉書始では当時の執権である北条長時が持参している。

(40)『吾妻鏡』建仁元年（一二〇一）九月二二日条。

(41)『吾妻鏡』建仁元年（一二〇一）九月七日条。頼家に蹴鞠の「芸達者」として北面の紀行景を遣わした後鳥羽院もまた蹴鞠に熱心だった様子が『明月記』にみえ、建仁二年（一二〇二）正月五日条には最勝寺で御鞠始を催していることが記録されている。

(42) 例えば、藤原忠通は天仁二年（一一〇九）一二月二一日（『殿暦』）、九条良通は治承三年（一一七九）一二月二八日（『玉葉』）に読書始を行っている。

(43) 『吾妻鏡』寛元二年（一二四四）一二月七日条。注(41)からもわかるように摂関家においては一二月に行うのが通例であったと思われる。

(44) 『鎌倉幕府追加法』三六二条。『吾妻鏡』弘長元年（一二六一）二月二〇日条に「修理替物用途并垸飯役事充二課百姓一事、永停二止之一。以二地頭得分一、可レ致二沙汰一之由被レ定レ之」とある。また、二五日条では早馬事と京下御物送夫事の二か条（追加法三三五・三三六両条）、二九日条には諸社神事勤行事以下の五か条（追加法三三七条以下）と放生会桟敷可用倹約事以下の九か条について記録している。この点につき佐藤進一・池内義資編『中世法制史料集　第一巻・鎌倉幕府法』では、追加法三九九・四〇〇両号において条々の一部が同月三〇日付で六波羅に通達されていることを考え合わせ、『吾妻鏡』に別個に記録されている条々は二九日に評議を経て三〇日に公布されたものと推測している（同書補注37参照）。

(45) 幕府諸機関における垸飯（酒肴）については、『中山法華経寺文書（「秘書」紙背文書）』（中尾堯編『中山法華経寺史料』吉川弘文館、一九六九年を参照）に所収されている年次未詳正月六日付「長専書状」に「御所御垸飯事、今年者問注所御菓子酒肴一具、可レ有二御沙汰一之由、去年歳末ニ被レ成二下御教書一て候也」とあり、御家人（当文書では千葉氏）が負担をしている様子がうかがえる。

(46) 摂関家の家政記録である『執政所抄』正月節供の饗饌には殿下御料・北政所御料のほか所々（蔵人所・侍所・随身所）の饗饌がある。

(47) 注(28)二木前掲論文。

(48) 元木泰雄「五位中将考」（大山喬平教授退官記念会編『日本国家の史的特質　古代・中世』思文閣出版、一九九七年）。氏によると、頼家・実朝兄弟は摂関家庶子同様、五位中将（摂関家子弟の昇進コース）に任じられており摂関家に準ずる権威を付与されていたようである。

建武政権の御家人制「廃止」

吉田賢司

【要旨】　御家人制の変質に伴う軍制の展開過程は、鎌倉・南北朝期を一貫して見通せる研究段階にある。だが、従来の研究は鎌倉幕府軍制の延長上に室町幕府を捉えたためか、鎌倉・南北朝期を直結させて論じる傾向にあり、建武政権が行った御家人制「廃止」を積極的に評価していない。しかし、御家人制の制度としての側面を重視すると、その「廃止」は個人の身分・特権剥奪にとどまらず、それが担ってきた社会的機能の「穴」をいかに埋めるのかが問題となる。これらの点を踏まえ、本稿は建武政権の軍制構想を考察し、鎌倉幕府軍制から室町幕府軍制にいたる流れの上に位置づけ直すことを目的とする。

御家人制の「廃止」は、御家人役徴収システム（「某跡」賦課方式）の解体を促した。これに代わって後醍醐天皇は、所出二十分一進済令を発布し、荘園・公領の所職・所領に一律賦課する公役の構築を目指した。御家人役の中核たる軍役の賦課も、御家人制の「廃止」によって再編された。建武政権は平時の国家的軍務である京都大番役の勤仕者を拡大し、寺社一円領（新規寄進地）、本所領（本所進止・領家預所直務地）、武家領に大別して把握した。したがって、寺社一円領と本所領における荘官・名主に対しては、寺社・本所を介する動員が図られた。武家領では、単独で軍役を負担しうる規模の所領を保持する庶子については直接勤仕を命じ、「某跡」の負担単位に替わって惣領―庶子関係にも個別所領を基準とした賦課方式が導入された。

こうした建武政権による大番役の賦課方式は、戦時の軍制にも転用された。寺社本所領住人の動員論理、惣領・庶子関係の再編、非御家人層への地頭職流出、所出の二〇分の一進済など、建武政権の御家人制「廃止」政策は次代にも影響を及ぼしたことが確認できる。初期室町幕府軍制の枠組みは鎌倉幕府軍制と直結させるのではなく、両者の間に建武政権軍制を位置づけて断続面を把握すべきである。

はじめに

主従関係に基づく人的支配組織・制度たる御家人制は、治承・寿永内乱の過程で広範な階層を内包して形成されたが、奥州合戦前後の再編・整備を経て限定化が進み、建久年間（一一九〇～九九）に確立して「諸国守護」を担った。(1)その後、御家人制枠の拡大を模索する動きもみられたが頓挫し、一三世紀後半には再限定化が図られた。(2)この結果、御家人制は兵力増員の手段たりえなくなり、非御家人動員の論理を別に求めた鎌倉幕府は、異国警固番役をてこに本所一円地・武家領にまたがった軍制を構築した。(3)(4)草創期の室町幕府は京郊荘園の荘官・名主層を御家人に取り込むなどしたが、(5)御家人制の限定的性格を改めるまでにはいたらず、鎌倉幕府軍制の枠組みは初期室町幕府軍制に継承されたと説かれている。(6)

このように御家人制変質に伴う軍制の展開過程は、鎌倉・南北朝期を一貫して見通せる段階にある。だが、従来の研究は鎌倉幕府軍制の延長上に室町幕府を捉えたためか、鎌倉・南北朝期を直結させて論じる傾向にあり、建武政権が行った御家人制「廃止」を積極的に評価していない。佐藤進一によると、後醍醐天皇は幕府とともに特権的身分制度たる御家人制も「廃止」し、御家人・非御家人の区別をなくして直接支配下に服属させようとしたという。(7)続く諸研究では、御家人制「廃止」による全武士層の組織化は現実的な方針を欠き、(8)武者所・窪所など官制内部への武士層取り込みも十分でなく、(9)御家人特権の剥奪に不満をもつ彼らは足利尊氏のもとに結集したと述べられている。(10)これらの研究は御家人制「廃止」の重点を御家人身分・特権の剥奪とみて、理念先行の政策と理解している。

しかし御家人制の制度としての側面を重視すると、その「廃止」は個人の身分・特権剥奪にとどまらず、それが担ってきた社会的機能の「穴」をいかなる形で埋めるのかが問題となる。もちろん代替案が欠如していたからこそ非現実的な政策であったとの見通しも成り立つが、建武政権の軍事動員対象は旧御家人に限定されないとして室町幕府との連続面を示唆する研究もある。(11) ただしこうした研究では御家人制「廃止」に言及がないため、建武政権軍制の実態は検討の余地がある。そこで建武政権の軍制構想を考察し、鎌倉幕府軍制から室町幕府軍制にいたる流れの上に位置づけ直したい。なお本稿では建武政権の存続を、尊氏が再入京する延元元・建武三年（一三三六）五月までとみなした。以下、『鎌倉遺文』と『南北朝遺文』九州・中国四国・関東各編は、『鎌』『南九』『南中』『南関』と略記する。

一　御家人制「廃止」の実態

1　御家人称号の減少

鎌倉幕府の滅亡直後、「某国御家人」と記された着到状が頻出することから、御家人は社会身分を表す語に変質していたとし、室町幕府御家人制はこうした状況を前提に発足したとの指摘がある。(12) この論点は、鎌倉幕府と室町幕府を比較する上で有効だが、時期的な推移や段階差に注意すると、御家人称号は鎌倉幕府倒壊後も変わらず使用され続けたわけではない。すなわち建武元年（一三三四）になると事態は急変し、御家人称号は着到状・軍忠状・申状でほとんどみられなくなる。南北朝期九州の着到状・軍忠状を分析した吉井宏は、御家人表記がある建武元年七月一八日大江通秀着到状（『南九』八五「来島文書」）を「きわめて例外的」と評したが、全国的にもこうした事例は限られる。(13) なお、継続して確認できる地頭表記については後述する。

次に御家人称号が用いられた建武政権（国司・守護を含む）文書は四通確認でき、そのうち中央政府のものに限ると「土左《佐》国地頭御家人等安堵事」に関する元弘三年（一三三三）八月二五日の綸旨のみである（『鎌』三二四九九「土佐国蠧簡集」）。御家人表記のある後醍醐発給文書は、鎌倉期も含めこれ以外に発見できなかった。残る三通は同一案件で、薩摩守護島津貞久かその関係者が発給したと思われる建武二年二月三〇日内裏大番役交名注文に、「薩摩国地頭御家人交名」とある（『南九』二一八「比志島文書」・同二一九「薩藩旧記」・同六九四七「指宿文書」）。[14]

建武政権が御家人称号を表記する文書はこのほかに見当たらず例外とも考えられるが、いずれにしても御家人称号は元弘三年八月二五日を境に中央政府の文書から姿を消す。後醍醐が御家人制を「廃止」した時期として、佐藤進一は国司制度の改革と同じく元弘三年の夏か秋頃と推測した（注7著書三五頁）。また伊藤喜良は、護良親王が征夷大将軍を解任された同年八月二二日〜九月二日までの間と推定した（注9論文八二頁）。よって発給文書の上でも佐藤・伊藤両説と矛盾せず、元弘三年八月二五日から後に、建武政権の中枢では御家人称号が使用されなくなったことが判明する。

これ以後も少数ながら確認できる御家人表記をいかに理解するかが問題だが、これらの事例から御家人号の自称は強制的に禁止されたわけではなく（罰則などは確認できない）、各人の主体的な判断にある程度委ねられていたようである。[15]しかし、建武政権の内部でまず起こった御家人称号の抑止傾向は、明らかに外部に波及していることから、中央政府の方針は社会的に認知された様子がうかがえる。

それでは、この措置はいかなる意図でなされたのだろうか。『太平記』巻一三「龍馬進奏事」によると、御家人称号の停止によって「大名・高家」は「凡民」と同じく扱われることになり、彼らの憤りを招いたという。全武士層の直属化を目論む後醍醐が、反発を顧みずに御家人号の停止とそれに付随する特権の否定を断行したとする見解は、冒頭でも述べたように、従来の研究でも通説的な位置を占めている。こうした事態は確かに旧御家人層の反発を予想させるが、後醍醐がこの点を意識していたかは疑問がある。

建武二年に後醍醐が出した事書には、陸奥国の「治国之躰」と結城宗広・葛西清貞以下の「無弐之忠」を褒め称えた上で、「件輩近代為二陪臣一、沈淪候処、直致二奉公一、被二召仕一候条、争不レ成二其勇一乎」とある（『白河市史』五六「結城家文書」）。すなわち後醍醐は、鎌倉期（近代）に御家人身分（陪臣）にあったことを「沈淪」とみなしており、直接自身に奉公し召し使われることを栄誉と認識していたのである。したがって後醍醐には、御家人称号の停止に特権剥脱といった意図はなく、むしろ逆に直属化に栄典的な意味を込めていた節がある。後醍醐にとって、御家人はあくまで陪臣身分にすぎなかったのである。

よって、結果的に旧御家人層の特権剥奪につながったとしても、単なる称号の停止のみをもって御家人制「廃止」政策の志向性は説明できない。建武政権がいかなる意図のもと、制度としての御家人制を「廃止」したのかを、改めて問う必要がある。

2　「某跡」賦課方式に替わる負担体系

建武政権は、財の集約・再分配の中心に自らを据える「国家財政」の再建を試みたとされるが[16]、本項では御家人制の「廃止」がもたらした影響の一つとしてこの点を論じる。まず確認したいのは、鎌倉幕府の滅亡に伴い御家人役の徴収システムが解体されたことである。「国家財政」に占める御家人役の役割・比重は、鎌倉時代を通して増大していくことが指摘されている[17]。よって御家人制の「廃止」は、課役徴収システムの再編を必然的に促すことになる。鎌倉幕府は御家人役の負担単位を「某跡」として把握し、惣領制を介した賦課方式を採用していた[18]。これに替わって後醍醐が構想した負担体系は、建武元年一〇月に雑訴決断所牒で各国衙に施行された、所出二十分一進済令から判明する（『中世法制史料集　六』「公家法」六五三～六五七）。建武政権は、諸国荘園・郷保の地頭職を始めとする所職の知行田地を注進させ、正税以下雑物等の得分二〇分の一を「御倉」に進済せよと命じたのである。これに加えて、国の遠近に基づく納済期限・罰則規定、難渋者の所職改易、一〇町別一日の仕丁役賦課等も付された。こうして主従関係に依拠した御家人役の徴収システムは解体し、荘園・公領の所職・所領に一律賦課する公役の構築が目指されることになった。

網野善彦は、備中国新見荘地頭代尊尒と国司上使による損亡検見および若狭国太興寺地頭若狭直阿や太良荘地頭所務代国直の訴状などから、この法令が実施されたことを明らかにしたが[19]、一方でこれを臨時税とする見解もあるので確認しておく（注8永原著書三〇～三一頁、古澤論文二三五頁）。この法令は、大内裏造営のために「日本国ノ地頭御家人ノ所領ノ得分二十分一ヲ被二懸召一」とある『太平記』巻一二「大内裏造営事付聖廟御事」の記事と関連づけて論じられることが多い。これが徴収目的だとすると確かに臨時（個別目的）税となるが、所出二十分一進済令の事書やこれを施行した雑訴決断所牒には「臨時」を示す文言はない。後述するように、この法令の規定事項は軍役の賦課にも利用された可能性があり、収入の一部が大内裏造営予算に充てられたとしても、それのみを目的とした「臨時」の措置ではなかった。よって、恒常的な徴収システムとして想定されていたと考える（注16新田著書八五頁、同論文一八六頁）。

さらに注意したいのは、この『太平記』の記事から、本法令にある「地頭」を旧御家人層に置き換えて論じる傾向が強い点である（たとえば注7佐藤著書三三～三四・五二頁、注8永原著書三〇～三一頁など）。しかし網野が示した既出史料でも明らかなように、所出二〇分の一の徴収対象となった新見・太良両荘の地頭は東寺であり、尊尒や国直はその代官であった（後掲表1-5）。建武政権の樹立後、当知行地安堵を受けた旧御家人も数多くいたが、その一方で元弘没収地として恩賞や寄進に割り当てられた地頭職・旧御家人領が、非御家人層にも流出していた。したがって当該期、「地頭職保有者＝旧御家人」とは限らないのである[20]。このように建武政権の徴収システムは、所職・所領の移転を前提にしていることを踏まえなければならない。

この法令に関しては、所領の貫高表示や徴収用途の運用（注19網野ⓐ論文三七三頁、同ⓑ論文四〇〇～四〇一頁）、あるいは在地に対する賦課の一元的強化などの点で（注17上杉論文四八〜五三頁）、鎌倉後期における武家勢力（得宗権力・地頭御家人）の課役徴収との共通性も指摘されている。しかしながら負担単位の把握の仕方に限れば、個別の所職・所領を基準とする建武政権の諸役徴収システムは、鎌倉幕府の「某跡」賦課方式と根本的に異なる。物領制に基礎を置く「某跡」賦課方式は、繰り返される分割相続によって複雑化し、鎌倉幕府は惣領に庶子の対捍分を代納させるなどして、なんとか御家人役を確保しようと苦慮していた（注18田中論文五四頁）。しかも鎌倉後期には所領を持たない「無足の御家人」を抱え込み、御家人役の安定的な調達は困難を極めた（注6高橋ⓑ論文五三〜五四頁）。このように硬直化した御家人制を「廃止」した建武政権は、課役難渋者の所職改易といった罰則からもわかるように、現実の所職保有者に納入責任を負わせることで、より簡潔で柔軟な諸役賦課方式の構築を試みたといえる。

さて、御家人が鎌倉幕府による「諸国守護」の分掌を担わされていた以上、御家人役の中核として最も重視されたのは軍役（軍事負担）であった(21)。そこで次節では、御家人制の「廃止」が軍役賦課のあり方に与えた影響を検討する。

二　建武政権の京都大番役

1　軍役負担地の拡大・流動化

冒頭でも触れたように、一三世紀後半以降に顕著となる御家人制の硬直化に伴い、鎌倉幕府は武家領と本所一円地にまたがった軍制を構築し、初期室町幕府もこの軍制の枠組みを継承したことが、高橋典幸によって指摘されている（注4論文）。しかし、鎌倉末期に本所一円地を含む軍事動員が制度化したのは、異国警固番役が義務づけられた九州全域と、これに隣接する中国・四国の一部地域に限定されていた点に注意したい。ではその他の地域において、武家領・本所一円地を組み込んだ軍事動員体制は構築されたのだろうか。これに関連して高橋は、畿内近国における本所一円地の検断事例をあげて、幕府と無関係に本所による一円地支配が成し遂げられなくなったとし、こうした本所一円地の両義的な性格から、幕府は本所一円地住人の動員が可能となったと指摘した（注4論文一〇～一二頁）。しかし西田友広によると、北条貞時～高時政権初期に全領主層を動員しての検断機構の整備が試みられたが、結局御家人制の枠組みに縛られて成功しなかったという[22]。つまり末期鎌倉幕府軍制と初期室町幕府軍制は、ともに武家領・本所一円地の上に立脚するとされながらも、その対象地域および実効性に差異があり、そのままの形で連続していない可能性がある。ここで重要となるのが、建武政権が諸国検断に全領主層の動員を図ったとする、西田の展望である（注22論文二七頁）。この見通しは、末期鎌倉幕府軍制と初期室町幕府軍制の接点を探る上でも有益だが、具体的な検証が必要となる。

元弘の乱で鎌倉幕府は非御家人層の繰り込みを図り[23]、畿内近国の寺社勢力にも軍勢催促を行った[24]。しかし結果的に幕府陣営は非御家人層の動員に失敗しており[25]、本所一円地・武家領にまたがった鎌倉幕府軍制は全国的に機能しないまま崩壊した。対する後醍醐陣営には広範な階層の諸勢力が参加したが[26]、それらは制度に基づく軍事動員では当然なかった。寺社本所の軍役負担地は元弘の乱で畿内にまで拡大したが、それらは戦乱時のなし崩し的な軍役賦課であり、軍制として整備されたものではなかったのである。よって政権の樹立後、随時動員された諸勢力や流動化した軍役負担地を、後醍醐はいかにして軍制のなかに定着させ、地域社会に遍在する武力[27]を恒常的に捕捉し続けようとしたのかが問題となる。そこで注目されるのが、建武政権が定めた京都大番役の勤仕細則「大番条々」である。

建武政権以前の大番役を先学の研究により確認すると、その開始は後白河院と平清盛の提携で高倉天皇が即位した仁安三年（一一六八）が有力視されており、治承三年（一一七九）政変を契機に平氏の主導性が強まるものの、当初は院の影響下で公役として賦課されていた[28]。だが建久三年（一一九二）以後、大番役は鎌倉幕府の御家人集団が独占して担う平時の国家的軍務として位置づけられ[29]、「某跡」を負担単位とする賦課方式が採用された（注18高橋論文）。そして幕府滅亡後の大番役は、以下で述べるように御家人制を「廃止」した建武政権のもと、御家人役から公役へと再転換した。つまり大番役の性格を概観すると、「公役→御家人役→公役」と変遷したことになる。ただし建武政権期の公役化が、鎌倉幕府成立前への復古を志向するものであったかは慎重な検討を要する。そこで建武政権が京都大番役をいかに規定し直したのかを検討することで、新たな軍役賦課方式の構想を明らかにしたい。

【1】大番条々 建武二三二

一　寺社一円領事
先々被㆓免許㆒之所々者、今更不㆑能㆓駈催㆒、近年御寄附之地者、任㆓旧規㆒可㆓勤仕㆒、
一　本所進止地、并領家預所職事
於㆓所務之地㆒者、准㆓地頭職㆒、平均可㆓相触㆒、至㆓請所㆒者、不㆑及㆓充課㆒、
一　就㆓田数㆒可㆓支配㆒事
遠国三十町、中国二十町、近国十町別一人分、面々可㆓参勤㆒、当知行之地不足之輩者、可㆑沙㆓汰渡課役於惣領㆒、若無㆓惣領㆒者、可㆑弁㆓其郡催促之役人㆒、
一　所領数ケ所相伝輩事
懸名之所者、自身可㆓勤仕㆒、自余所々者、可㆑進㆓代官㆒、
一　町別銭貨人夫伝馬事
称㆓先例㆒、被㆑懸㆓百姓㆒之条、不㆑可㆑然、向後以㆓撫民之儀㆒、可㆑為㆓領主之所役㆒、

一　鎧直垂已下武具事

各存二倹約一、可レ止二過差之儀一、所詮、於二直垂一者、蜀錦、呉綾、金紗、金蘭、紅紫之類、不レ可二着用一、可レ為レ布、又金銀装束太刀、刀、唐皮尻鞘、同可レ停二止之一、可レ用二疎品一、

一　番渡次第事

云二奉行人一、云二役人等一、正員参二役所一、可レ致二厳密之沙汰一、

（『中世法制史料集六』「公家法」六六四～六七〇条）

これは『建武記』に収められた「大番条々」の全文であるが、冒頭の年次について確認しておく。『建武記』所載の法令に注記された年紀は信頼できないことが明らかにされており[30]、建武二年三月一日は【1】の制定日でない可能性がある。しかし同日に大番役が実際に行われていることから[31]、少なくともこの日以前の段階で「大番条々」が設けられていたと考える。

2　「大番条々」の解釈をめぐって

〔赤松説〕【1】の条文解釈を通じて、建武政権の大番役を初めて本格的に論じたのは赤松俊秀である（注31論文三二三～三二四頁）。行論の都合上、以下に赤松の解釈を要約する。

①これまで免除されてきた寺社一円領には賦課しないが、元弘の乱後に寄進された所領は旧規に従い勤仕すること。②従来賦課されなかった本所進止地・領家預所職のうち、武士の所務地は地頭職に準じて沙汰すること。ただし請所の場合は課さない。③所領の田数面積により、遠国三〇町、中国二〇町、近国一〇町別に一人分を割り当て、所領が一〇町に満たない者は、相当分の米銭を惣領または郡の役人に納めること。④所領を数か所に持つ者は、自身は本領負担の大番役を勤仕し、本領以外は代官が勤仕すること。⑤町別に銭貨・人夫・伝馬等の課

役を住民に課することを禁止し、領主の課役として奉仕すべきこと。

以上の赤松説は、「大番条々」の評価をめぐる従来の学説中、最も精細な条文解釈が施されている。また③の賦課規定が、前節で触れた所出二十分一進済令で命じられた田数調査の成果に基づくとの推測も、鎌倉期との差異を考える上で重要である。大番役の負担単位も、「某跡」から個別の所職・所領に変更された可能性がある（次項で詳述）。

ただし赤松の解釈には、次の三つの点で疑問が残る。第一に、①の寺社一円領に対する賦課条件が曖昧なことである。「内乱後に新しく寺社に寄進された所領は旧規により勤仕する」とした赤松の解釈は寄進主体が明らかでなく、寄進所領一般に適用されるかのようにも読み取れるため厳密さに欠ける。この「近年御寄附之地」は、「御」の文字が示すように後醍醐の寄進地に限定して考えるべきだろう。それでは後醍醐の寄進地とは、具体的にどのような所領だったのか。【表】は元弘三年六月から延元元年五月までを調査対象に、後醍醐が寄進した所領をまとめたものである。これをみると当該期の後醍醐による寄進地は、元弘没収地（北条与党領）を多く含むことも関係して、地頭職以下の旧御家人領が大半を占めていたことが判明する。鎌倉期これらの地頭職・旧御家人領には大番役が課されていたと考えられるので、「任㆓旧規㆒可㆓勤仕㆒」とある条文とも矛盾しない。つまり、寺社一円領が大番役を勤仕しなければならないのは、寄進所領一般ではなく後醍醐の寄進所領であり、それらは地頭職・旧御家人領にほぼ一致するのである。

第二の疑問点は、②本所進止地・領家預所職の賦課基準である。赤松は、「武士が所務しているところは、地頭職に准じて大番役を沙汰すること」と解釈したが、そうすると後の請所の解釈が困難になる。当然ながら、請所が武士の所務請負地である可能性もあるので、赤松の解釈だと前後の内容が矛盾する。したがってここでの「所務之地」とは、本所・領家が実質的に在地支配を行っている所領とすべきである。つまり軍役勤仕に関して

備　考	典　拠
	『鎌』32274「大徳寺文書」
	『鎌』32304「観心寺文書」
	『鎌』32305「西大寺文書」
	『大日本史料』「臨川寺文書」
	『鎌』32540「東寺百合文書」
	『鎌』32544「富士文書」
建武2/2/17官宣旨の引用文で補う(『八坂神社文書』増補篇11)	『富山県史』181「祇園社記」
	『鎌』32611「東草集」
	『鎌』32613「宝簡集」
	『鎌』32641「臨川寺文書」
	『鎌』32671「東大寺文書」
下総国葛西御厨の替え	『鎌』32741「大徳寺文書」
	『静岡県史』38「醍醐寺座主次第」
建武2/9/2太政官符案に引用	『三重県史』「伊勢二所皇大神宮御鎮座伝記」(紙背文書)3
	『南禅寺文書』125-(14)
	『南中』62「善法寺旧蔵八幡古文書」
	『南九』114「善法寺旧蔵八幡古文書」
	『南禅寺文書』32
	『静岡県史』52「大宮司富士家文書」
	『南禅寺文書』125-(15)
	『大日本史料』「臨川寺文書」
常陸国佐都荘・西岡田領家職、同東岡田地頭・領家職の替え	『大日本史料』「臨川寺文書」
	『南中』128「鰐淵寺文書」
建武2/4/21能登国宣に引用、知行分注進状で補う	『加能史料』「永光寺文書」
	『静岡県史』75「大鑑禅師語録」
	『南中』207「熊野早玉神社文書」
	『南中』223「鰐淵寺文書」

表　後醍醐天皇の寄進所領・所職

No.	年月日	寄進先	対象地
1	元弘3/6/15	大徳寺	信濃国伴野荘地頭職
2	3/6/29	観心寺	河内国観心寺地頭職
3	3/6/29	西大寺	筑後国竹野荘地頭職
4	3/8/7	臨川寺	常陸国東岡田郷地頭職(詑間式部大夫跡)
5	3/9/1	東寺	丹波国大山荘、備中国新見荘、若狭国太良荘等地頭職
6	3/9/3	富士浅間宮	駿河国下嶋郷地頭職
7	3/9/21	祇園社	越中国堀江荘、同荘内梅沢・西条・小泉(公蔦法師跡)等地頭職
8	3/10/8	金剛峯寺	高野山四至内所領等
9	3/10/8	金剛峯寺	備後国大田荘地頭職
10	3/10/28	臨川寺	山城国大井村
11	3/11/9	東大寺	美濃国茜部荘地頭職
12	3/12/1	大徳寺	播磨国浦上荘地頭職
13	建武元/3	醍醐寺	越前国牛原荘地頭職
14	元/6/3	伊勢神宮	伊勢国柳名柒町(恵清跡)、笠間吉冨保(大仏家時跡)、河曲荘池田東西(大仏宣直跡)、安楽園村(同)、吉藤郷□新光吉名(同)、長尾荘内嫡子分(大仏直俊跡)、五筒荘内散在、石津荘(桜田貞源分)、大塚荘(同)、松冨村、五百野御厨(南□高直跡)、原御厨(北条貞時後妻跡)、上野御厨(同)、黒田荘(北条貞規後妻跡)、八太御厨(伊勢入道行意跡)、黒田御厨(北条高房跡)、丹生山(北条時俊後妻分)、粟真荘秋永名拾余町(北条茂時跡)、同荘一方(北条時種跡)、同荘一方(北条貞煕跡)、同荘一方□田佰町(季時跡)、窪田荘弐佰拾余町(北条煕時後妻分)、南黒田五分壱(常葉範貞跡)、三重郡芝田郷(長崎泰光跡)、安枝名(武蔵入道閑宗後妻分)
15	元/7/12	南禅寺	遠江国初倉荘内鮎河・江富・吉永・藤守郷
16	元/8/21	石清水八幡宮	出雲国横田荘・阿波国櫛淵荘等地頭職
17	元/8/21	護国寺	豊前国入学寺地頭職
18	元/8/29	南禅寺	加賀国笠間保、得橋郷、佐羅・佐野両村
19	元/9/8	富士浅間宮	駿河国富士郡上方
20	元/12/3	南禅寺	遠江国新所郷
21	2/正/25	臨川寺	臨川寺北二階堂貞藤屋地
22	2/正/25	臨川寺	甲斐国牧荘東方(二階堂貞藤跡)
23	2/3/18	鰐淵寺	出雲国宇賀荘地頭職
24	2/4/15	永光寺	能登国若部保地頭職(名越時家跡)
25	2/5	建仁寺	駿河国藪田郷
26	2/12/18	熊野新宮	美作国田邑地頭職(足利尊氏跡)
27	延元元/正/15	鰐淵寺	出雲国三所郷地頭職

注1：調査対象期間は元弘3年6月～延元元年5月とした
2：『鎌倉遺文』と『南北朝遺文』九州編・中国四国編はそれぞれ『鎌』『南九』『南中』と略記した
3：寄進安堵は除外した
4：人名比定は北条氏研究会「北条氏系図考証」(安田元久編『吾妻鏡人名総覧』吉川弘文館、1998年) 参照

本所の直務所領は、地頭職に准じるとみなされたのである。[32] 鎌倉時代以来、地頭職は大番役の賦課基準の一つと認識されていたが（注29三田論文二〇九頁、注28伊藤論文八五頁）、建武政権はその性格を否定せず、他の所職・所領にも拡大適用していったといえる。

第三に、赤松は③京都からの距離を基準とした負担差と、[33] ⑤在地への転嫁禁止に、鎌倉幕府とは異なる建武政権の大番役の特色を見いだした。しかし、公役としての性格と所領単位の賦課とは密接に関わるとの指摘もあることから（注29三田論文二一四頁、注33伊藤論文一〇五頁）、⑤に関しては補足説明が必要である。大番役の在地転嫁は一三世紀中頃から公認され始めたが、それにより「大番役勤仕之地」（＝武家領）とそれ以外の所領（＝本所一円地）概念が形成されたという。[34] つまり、鎌倉期に大番役が在地転嫁されたのは、原則的に武家領に限られていたことになる。ところが建武政権は大番役を公役化し、武家領のみならず本所進止地や寺社領の一部にも勤仕地を拡大させておきながら、在地への転嫁を全面的に禁止しているのである。

一見矛盾するこうした規則の整合的な理解に、後掲史料【2】が参考になる。建武二年、目代から兵粮米を賦課された新見荘地頭方の預所は、供出額を領主東寺に報告し認可を求めた。これは、現地で負担した兵粮米を年貢から差し引くための行為であろう。建武政権が規定した在地転嫁の禁止とは、このように軍役負担分を領主年貢から控除する措置を指すと思われる。南北朝期、荘家警固に要した兵粮米は年貢から控除されたとの指摘を踏まえると、[35] 建武政権は在地の警固体制をそのまま軍事動員に利用しようとしたと想定される。

〔佐藤・羽下説〕　さて、これまで述べてきた赤松説では、大番役勤仕対象の拡大傾向には注目されていない。この意義に言及したのが、赤松説よりもわずかに遅れて発表された佐藤進一の説である。「はじめに」でも紹介したように佐藤説によると、後醍醐は御家人制を「廃止」して、御家人・非御家人の区別なく全武士層を直接支配下に置こうとしたと述べ、その具体例として大番役の変化をあげた。すなわち、鎌倉幕府の御家人は京都大番役の勤仕義務を負う反面で特権を与えられていたが、建武政権は御家人称号の「廃止」に伴って、荘官・名主らにも大番役を課すようになったという（注7著書三四頁）。

この佐藤説を発展させたのが、羽下徳彦である。羽下は、「大番条々」を「負担基準は所領の田数であり、遠国三〇町、中国二〇町、近国一〇町につき一人分を負担する。寺社一円領として前代から免除されていたものは免除する」と解釈した。その上で京都大番役は、鎌倉幕府のもとでは御家人の負担であると同時に身分の表徴でもあったが、建武新政ではその勤仕者は御家人身分に限定されず、御家人身分は否定された、と評価した。[36]

このように佐藤・羽下両説はともに、大番役の負担対象が御家人身分に限定されなくなったことに着目するが、その評価や解釈には正確でない点もある。まず羽下説では、先述した寺社一円領に対する後醍醐の寄進地についての規定が抜け落ちている。鎌倉時代、寺社一円領は大番役を負担しなかったのだから、寄進地に関する規定を組み込まないと、羽下の解釈では寺社一円領は全て免除されることになってしまい不可解である。後醍醐による寄進地の扱いは、寺社一円領に大番役を賦課する条件であり重視しなければならない。次に佐藤説では荘官・名主らにも大番役が課せられることになったとするが、「大番条々」に示されているようにその対象範囲は無制限ではない。先述した羽下説も、旧御家人以外の勢力に対する大番役勤仕の条件が看過されている点で、佐藤説と同じ問題を抱えている。

建武政権が大番役勤仕者の拡大を図ったのは確かだが、【1】によると寺社一円領に関しては、後醍醐の新規寄進地で、かつ大番役勤仕の先例がある所領に限って賦課された。つまり、その大半は先ほど述べたように地頭職となる。本所領の負担地も、直務所領に限定されていた。ただしこれらが「准地頭職」と位置づけられたように、建武政権はここで地頭職を軍役賦課の基準として意識していた点に留意したい（後述）。なお、その後に刊行された『中世政治社会思想　下』で【1】に緻密な注が施されたが、権力編成に関わる事柄には言及がない。

〔山口・森説〕「大番条々」の条文解釈ではないが、これに関連して山口隼正と森茂暁は薩摩国の事例をあげ、国ごとに役所（分担場所）を定めて、管国守護の指揮下で一定期間大番役に服する方式が実施されたことを明らかにした[37]。特に森は大番役のほか、篝屋《かがりや》番役や石築地補修も当該期に賦課されたことから、鎌倉幕府から建武政権への軍役体系の継承面に注意を促した。このように山口・森説は、建武政権の大番役を具体例に即して確認した点で重要だが、御家人制「廃止」を唱える先行研究に対していかなる立場をとっているのか詳らかでない。よって、寺社・本所への大番役賦課対象の拡大に言及がないのはもちろんだが、旧御家人層への大番役賦課に改変が加えられた点も見逃している。

すなわち建治元年（一二七五）に一旦停止された京都大番役は、弘安二年（一二七九）までに復活したものの、異国警固番役を勤める九州御家人は以後も負担対象から外されていた[38]。建武政権は九州武士に前代から引き続き異国警固に関する軍役を課したが、一方で大番役の賦課を復活させている点は注目される[39]。薩摩国の事例が示唆するように、【1】の三条目の「遠国」は九州諸国を含むと考える（注32笠松・佐藤校注書八五頁参照）。建武政権は、大番役の勤仕者のみならず負担地域の拡張をも志向していたのである。

3　大番役の賦課対象

さて前項の内容をまとめると、建武政権は大番役の勤仕者をⒶ寺社一円領（新規寄進地）、Ⓑ本所領（本所進止・領家預所直務地）、Ⓒ武家領とに大別して把握しようとしていた。したがって、Ⓐ寺社一円領とⒷ本所領における荘官・名主に対しては、寺社・本所を介する動員が図られたことになる。建武政権は寺社本所領配下の荘官・名主らを直接把握しようとしたのではなく、むしろその枠組みを温存したまま軍制に取り込もうとしていたのである。

所領を軍役の賦課基準とした場合、当該所領に対する安堵のあり方が密接に関わることになる。鎌倉後期には荘園所職をめぐる貴族間の相論が深刻化し、治天の君による裁断の重要性が高まったが、(40)その管轄は本家・領家間相論に代表される「上司職」を対象としており、「下職」に関しては原則的に本所の成敗下におかれた。(41)元弘の乱終息直後には所有秩序が動揺したが、後醍醐は基本的に本所の存在を認めており、家門・家領や寺領の一括安堵によって本所への影響力を確保しつつ、(42)本所進止下の所職安堵については前代同様に本所に委ねた。元弘三年（一三三三）八月二五日の綸旨で、土佐国地頭御家人の安堵が国司に命じられたが、本所が進止する「下職」はその対象から除かれた（『鎌』三二四九九「土佐国蠹簡集」）。この綸旨は七月末の「一同の法」に関係して、他の国々にも同様の指令が発せられたと推測されている。(43)こうして国司の職権に関して「下職」は従来通り本所の進止下におかれたが、建武元年頃には中央政府でも訟機機関の整備とともに「開発余流并帯二代々上裁一」以外の「下職」の管轄は本所の成敗とされるようになった（注41西谷論文一七四～一七五頁、『中世法制史料集　六』「公家法」五九九条）。

それでは、Ⓒの武家領についてはどうか。鎌倉幕府は御家人役を確保する目的から、「天福・寛元法」を契機に地頭職以下の御家人領を幕府裁判の対象範囲としたことで、本所の任免権が制約される武家領と、本所が排他的な任免権を保持する本所一円地という行政区分が出現したという。(44)だが鎌倉幕府の倒壊に伴い、地頭職・旧御家人領の補任・安堵は、先述のように建武政権が引き継ぐところとなった。(45)これらから、本所の家門・家領や寺領の一括安堵と地頭職・旧御家人領の補任・安堵は建武政権が行い、本所領配下の荘官職人事は本所に委ねるあり方は、先述した大番役賦課の対象把握にも反映されており、建武政権軍制が鎌倉後期以来の枠組みにある程度規定されていたことがわかる。(46)しかし、こうした前代からの連続面が見受けられる反面、前項で述べたような断絶面も見逃せない。

元弘没収地が非御家人層にも流出した結果、地頭職を基準とする軍役賦課は旧御家人・非御家人の区別なく行われることになった。したがってⓒの武家領概念は、非御家人武士領をも含み込んだ公役負担区分として把握され直した。ただ、これを「全武士層の組織化」といった視点のみで捉えるのは正確ではない。というのも、寺社への地頭職寄進からもわかるように、「地頭職保有者＝武士」では必ずしもないのである。以後、地頭職は寺社本所領と武家領とを区別する基準でなくなった点に注意したい。寺社本所領の大番役勤仕を示す史料は乏しく、【1】の強制力を疑問視する意見もある。[47] だが建武二年頃、東寺評定衆が太良荘の臨時得分をめぐり二十五口供僧ともめたさい、評定出仕の功労を示すために列挙した最近の議題として「太良地頭方大番事」とある（『南中』二一六「東寺百合文書」）。[48] これにより、東寺に寄進された太良荘地頭職には、実際に大番役が賦課されたことがわかる。

武家領に関する大番役勤仕の規定からも、後醍醐が全武士層を直接支配下におこうとしたとの見解に再考の余地を見いだせる。すなわち【1】三条目では、当知行の所領が不足している者は、惣領に「課役」を渡すように指示されており（代銭納）[49]、零細な庶子に対する軍役は惣領を介して徴収が図られていた。こうした武士層の差別化は、後醍醐の専管事項であるとされる恩賞宛行にも見受けられる。たとえば、播磨国浦上荘の半分を宛行う綸旨が浦上氏に与えられたが、この恩賞地は惣領である為景から一族に配分される予定であった（『大日本古文書』「大徳寺文書」四一）。ここから、浦上一族を直接把握しようとする後醍醐の姿勢は認められない。このように御家人制が「廃止」されたからといって、武士社会の階層性が全否定されたわけではなかった。もっとも、後醍醐は恩賞地の独占を目論んだ為景の綸旨を召し返し、地頭である大徳寺に改めて浦上一族への恩賞配分を命じており、意に沿わない惣領の地位は前代に比べて相対化される傾向にあった（表-12、『大日本古文書』「大徳寺文書」四一・四二）。

惣領職の与奪現象に関して田中大喜は、惣領を接点に在地領主を把握する室町幕府独自の方法として認識し、「某跡」方式をとる鎌倉幕府とで武士団編成のあり方が異なる点に注目した（注18論文五七頁）。しかし、すでに後醍醐の段階で結城氏惣領が朝祐から宗広に、また河野氏惣領が通盛から通綱に、それぞれ改替されたことが佐藤進一によって指摘されている（注7著書七八頁、『白河市史』三四「結城家文書」、『予章記』）。また惣領職の改替とともに「某跡」賦課方式の解体も建武政権期から行われ始めたことが、【1】三条目からわかる。

武家領への田率所課という点に限れば、建武政権期の大番役は鎌倉期と大差ない。ただし鎌倉期には「武家領＝御家人役負担地」であり、庶子は一律に惣領の差配のもとでこれを勤仕していた（注18高橋論文、注33伊藤論文一〇五頁）。先述したように、建武政権期においても零細な庶子には惣領を介しての軍役徴収が図られたが、武家領は非御家人武士領をも含み込んだ概念に拡大した上に、規定の田数を当知行している庶子には「面々可二参勤一」と各自勤仕することが命じられた。すなわち「某跡」の負担単位に替わって、惣領―庶子関係にも個別所領を基準とした賦課方式が導入されているのである。単独で軍役を負担しうる規模の所領を保持する庶子については直接勤仕を命じている点で、鎌倉期を通して進展した惣領・庶子関係の変質に対応した方針といえる。

さて、鎌倉幕府の京都大番役は平時の国家的軍役である一方で、戦時の軍事編制と関連づけて論じられている[50]。したがって、本節で論じた建武政権による大番役の賦課形態も、戦時の軍制に転用されていた可能性が高い。そこで次節では、戦時における建武政権軍制のあり方について考察を加える。

三　建武政権の軍制構想

1　寺社本所領

後醍醐は武士個人に直接宛てた綸旨を用いて軍事動員を行ったことで知られるが（注42飯倉論文二〇〇～二〇一

頁、注45同論文三〇七〜三〇九頁)、「下野国諸郷保地頭等中」を宛所とする「桃井家所蔵文書」元弘三年四月一〇日綸旨のように、一国単位を対象とする軍勢催促状も発していた(『鎌』三二〇八四)。これと同文言の綸旨案が「榊原家所蔵文書」にも伝来しており、同様の軍勢催促が各地に下されたことをうかがわせる(『鎌』三二〇八八)。こうした類の宛所表記は鎌倉幕府陣営の軍勢催促状では「某国地頭御家人」となるところだが、後醍醐は「地頭」としている点に注意したい。後醍醐は元弘の乱で綸旨様式の軍勢催促状を多数発給したが、御家人表記があるものは見当たらない(51)。逆に「地頭」と表記する軍勢催促状は、政権樹立後も引き続き確認できる(52)。つまり後醍醐は、討幕前後一貫して地頭(職)を軍役賦課の基準として認識・把握していたのである。これに対応するかのように、『南北朝遺文』や各自治体史で建武政権期の着到状・軍忠状・申状を通覧すると御家人表記が減少するのに反して、自らを「地頭」とのみ名乗る武士が増加する。それでは、これは「地頭御家人」を「地頭」と言い換えただけの単なる名称変化なのかというと、もちろんそうではない。

建武二年(一三三五)六月一八日、西園寺公宗の反乱未遂事件に関連して、備中国目代左近将監有尚の軍勢催促状が「新見庄地頭代」に宛てて出された(『岡山県史』「東寺百合文書」み一一六〇)(53)。一見すると従来の地頭御家人層を対象にした軍勢催促のようだが、新見荘地頭職は元弘三年九月一日に東寺に寄進されていた(表1-5)。地頭職を対象にした軍勢催促は寺社にも一律に適用され、旧御家人層と必ずしも合致しないのである。この軍勢催促状には「若至ニ不参之輩一者、以ニ凶徒与同之儀一、可レ令ニ注進一候」とあり、強制的な動員論理が注目されるが、関連史料から、より詳細な軍役賦課の様子を知ることができる。

【2】 六月十二日御返状、委細畏拝見仕候畢、(中略)

一、彼謀訍(叛)人治罰の事ニ付候て、目代方より両御代官方へ、兵粮米百石と被レ懸て候しほとに、㋑為ニ寺領一上者、如レ此事可ニ勤仕一候由、再三問答申候へとも、朝敵を対(退)治之析にて候うゑハ、寺領にて候へハとて、不レ可レ免之由申候て、散〱に宛候之間、力及候はて、種々にしつこひ候て、為二兵粮米用途一参貫文・米参石とを、目代方へ乞二請文一候之処、彼謀人(叛)訴おちて候ほとに、(ロ)兵粮米析ニ用途参貫文、雑掌ニ用途壱貫三百文、以上肆貫三百文入て候なり、目代請取在レ之、兵粮米借状、勝蔵房への正文をハ御中へ進候、愚身分をは南端へ進候、御評定時、御披見候哉、(ハ)為二御不審候一、此両通状を進候、御衆中へも吉候やうニ御披露候て、宜候やうニ御下知候ハヽ、畏入候、且庄家無二其隠一候なり、尚も御不審候ハヽ、遂以二起請文一可二申入一候、此ニつき候て、庄家狼藉無二申計一次第にて候ほとに、一定御領亡所ニまかり成候ぬと、なけき入て候之処ニ、御二為寺家一、為二地下一、からうむに則おちて候へハ、返々目出度存候、(中略)

(建武二年)六月廿五日　沙弥明了状（花押）

進上　□右様
可二申入給一候

（『岡山県史』「東寺百合文書」ル八〇）

【2】は地頭方預所の明了が領主の東寺側に提出した注進状の一部で、荘民の動員のみならず兵粮米の徴収も行われたことがわかる。明了は寺領であることを理由に軍役の賦課を回避しようとしたが、目代の強硬な姿勢を崩すことはできず(イ)、兵粮米用途として四貫三〇〇文の費用を負担する結果となった(ロ)。注目すべきは、目代が「朝敵退治」を目的とする軍役は、たとえ寺領でも免除されないとして主張を押し通した点である[54]。「朝敵退治」のためには全領主層に軍役を賦課し、不参者は「凶徒与同」とみなす方針は初期室町幕府にも受け継がれる（注6高橋ⓐ論文二五頁）。明了は目代の請取状を入手して東寺側に負担額を報告し(ロ)、この額に不審があれば起請文を提出するとまでしているが、負担理由に関しては何の釈明もせず、「庄家無二其隠一」と軍役に応じた正当性を強調すらしている(ハ)。これは「朝敵退治」のための兵粮米供出については、東寺側も認めざるをえないことを見越した態度であろう。

建武政権が賦課する軍役を寺社側が容認していた様子は、建武二年一二月に興福寺三面僧坊が讃岐国神崎荘の荘官・百姓等宛てに出した下文からも判明する（『南中』二一二三「興福寺旧蔵抄物『事智間断事』紙背」）。ここで示された荘務運営規則の四条目に、「天下動乱之時、地頭并預所及庄官等可二出対一之由、有二催促一者、預所於レ令二在庄一者勿論、不レ然者庄官等令二出対一、両方可レ償二其役一事」とある。この頃にはすでに足利尊氏が関東で反乱を起こしているがいまだ入京前であること、またこの下文一条目には諸役賦課の主体として国司と守護が併記されていることから、引用文は建武政権の軍事動員を想定した事項と考える。このように神崎荘では、有事のさいには建武政権の軍役を預所・荘官が負担するようにと、領主の興福寺から命じられていたのである。

さらに、延元元年（一三三六）六月二日付の興福寺大乗院中綱朝舜書状には「楠判官并地下庄官少々打候」とあり、五月末の湊川合戦では興福寺領河内国宇礼志荘の荘官らが、国司兼守護の楠木正成に従軍し討ち死にしたことが知られている[55]。この記事から豊田武は、河内国内の興福寺領と楠木氏の出自や勢力範囲との関連を推測したが、これまで述べてきた寺領をも組み込む建武政権軍制のあり方を考慮すると、楠木軍に興福寺領の荘官が加わっていても不思議ではない。

こうした軍役賦課は、既述した大番役の勤仕者からもうかがえるように、公家領にも及んでいた。延元元年五月八日、足利軍の再上洛に備えて山崎に堀や塀などを構築するため、建武政権は久我家の家司竹内仲治宛に綸旨を発給し、領家の久我家を介して久我荘・久世上下荘の土民を動員しようと図った（『久我家文書』五〇）。「召二集近隣庄民等一、所レ有二其沙汰一也」といった綸旨の文言から、同様の動員は周辺の荘園に広く懸けられていたことがわかる。

2　武家領

既述のように建武政権は、個々の所職・所領を軍役賦課の基準とした軍制の構築を目指しており、武家領主の編成もこの視点で捉え直す必要がある。鎌倉期武家領主の所領は基本的に諸国に散在しており、一族が分業して所領経営にあたっていたことが指摘されている。[56]「遠国」所領に大番役を賦課された御家人は、代官をもって勤仕していた（注33伊藤論文一〇三頁）。建武政権が武家領主に宛行・安堵した所領も一か所に集中することは少なく、むしろ諸国に分散することのほうが多かった。よって建武政権期における武家所領の分布状況は、鎌倉期からの連続性で把握することができる。この点を踏まえ、建武政権の軍役賦課を考える手がかりとなるのが史料【1】の四条目である。「懸名之所」という表記から、これは数か所に所領を保持する武士を対象にした規定であることがわかる。ここでは、本領に賦課された大番役負担は本人が、その他の所領は代官が勤仕せよとあり、鎌倉期と類似した負担方式が定められている。

しかし、当該期における諸国の武家領主編成は、国司・守護・奥州府・鎌倉府といった地方統治機関との関連で述べられ、地域ごとに分断して把握される傾向が強い。[57]したがって、管轄領域に設定された地方統治機関の軍事指揮と、その領域内にまとまって存在しているとは限らない武家所領に対する軍役賦課との接点を、鎌倉期からの断続面に注意しながら探る必要がある。

元弘三年一二月、津軽に乱入した北条氏残党を迎撃するため、陸奥国に所領を持つ給主に軍事動員がかけられた（『青森県史』「遠野南部家文書」四五）。[58]建武元年六月一二日、注進によって参陣者の氏名を確認した陸奥守北畠顕家は、郡検断（奉行）南部氏に御教書を発し「当郡《糠部》内三浦介入道《時継》并結城七郎《朝祐》等代官ハ不参候哉、注進之面ニ不ㇾ見」と不審がっている（『青森県史』「遠野南部家文書」五四）。三浦時継は相模国三浦を本領とし、建武元年三月には足利直義が主導する鎌倉府の指揮下で北条氏残党の反乱鎮圧にあたっているが（『南関』七七「宇都宮文書」）、陸奥国糠部郡五戸にも所領を有していた（『南関』二九〇「宇都宮文書」）。結城朝祐は下総結城氏の当主であり、本領である下総国結城郡のほか陸奥国糠部郡七戸も保持していた（『青森県史』「遠野南部家文書」七九）。[59]つまり奥州と関東にわたる三浦氏と下総結城氏の所領には、管轄を異にする奥州府と鎌倉府からそれぞれ軍役がかけられ、領主本人が不在の所領では代官が応じるべきだと考えられていたのである。

また建武元年九月、横溝孫二郎入道の陰謀が発覚し「凶徒在所」の捜索を命じた陸奥国宣が出され、これを受け佐々木泰綱は一二月に横溝亀一丸らを捕縛し陸奥国府に進めた（『青森県史』「遠野南部家文書」六七・七二）。このように泰綱は奥州府で検断に従事していたが、一方で建武二年五月には尼妙円の武蔵国太田渋子郷安堵申請にさいして、当知行の実否・「支申之仁」の有無に関する請文を武蔵国府に提出している（『南関』二三七「佐々木文書」）。泰綱が佐々木能登一族であることも勘案すると、少なくとも彼は陸奥・武蔵・近江三国に所領を有していたと考えられる[60]。

こうした活動形態は在京武家領主にもあてはまる。常陸国久慈西郡瓜連は楠木正成に与えられた元弘没収地らしいが、延元元年二月～五月に、この地で正成の代官「左近蔵人正家」が佐竹氏と戦っている（『南関』四四七「吉田薬王院文書」、同五五六「安得虎子」[61]）。正成には出羽国屋代荘地頭職も宛行われ、建武元年四月九日に荘家への代官沙汰居えを命じる綸旨が出された（『南関』七五「由良文書」）。このように畿内・関東・奥州に散在する正成の各所領にはそれぞれ代官が配置され、有事には軍事力として機能した。

また足利尊氏は、鎌倉期以来の所領に加えて大量の元弘没収地を新たに給与されたことにより、北は奥州から南は九州にかけて郡規模の所領を何か所も保持する、当時最大級の在京武家領主に成長していた[62]。たとえば元弘没収地として尊氏に与えられた陸奥国外浜には、斯波一族らしき尾張弾正左衛門尉が代官として派遣された。彼は陸奥国府に協力し、先述した津軽における北条氏残党の鎮圧に努めている（『青森県史』「遠野南部家文書」四六など[63]）。同じく日向国島津荘も尊氏に給与された元弘没収地の一つだが、建武元年七月に「島津庄日向方南郷濫妨狼藉謀叛人等交名人等」を注進し、戦闘を指揮したと思われる地頭代沙弥道喜は足利氏の代官であった。また同荘惣政所代には若林秀信が補任され、足利勢力が自立した建武二年一二月以降の争乱では日向国守護代とともに在地勢力の指揮にあたっている（『南九』一〇一・三九六「薩藩旧記」、同四〇八「土持文書」）。[64]

もっとも、こうした武家所領の散在性は鎌倉期からの延長上で理解できる上に、代官派遣は前項でみた寺社本所領にも当てはまるので、固有の特色ではない。問題は、大番役で確認した「某跡」から所領・所職への負担単位の変更が、戦時の武家領に対する軍役賦課でも適用されているのか否かである。建武政権が発給した軍勢催促状には「相‖催庶子等‖」との文言が散見でき、惣領の統率下に庶子をおく軍役賦課も確かになされていた（『南関』一九九「市河文書」など）。

しかし先の建武元年六月一二日北畠顕家御教書からは、惣領の地位を追われた下総結城朝祐が軍役勤仕の責任者として認識されていたことがわかる。同じく河野通盛も建武二年二月二一日、新惣領の得能通綱とは別に軍勢催促の綸旨を受けた（『南中』一二〇「築山トキ氏旧蔵文書」、同一二一「三島文書」）。彼らは惣領の地位を奪われたとはいえ、軍役負担に耐えうる所領を温存していると認識されたのだろう。つまり建武政権は、軍役徴収や軍事統制に惣領・庶子関係を利用しつつも、それが円滑に機能しなければ、鎌倉期のように固定的な原則に囚われることなく、大番役と同様、有力庶子に直接軍役を賦課したのである。[65]

おわりに

以上のように、建武政権による京都大番役の賦課方式は、戦時の軍制にほぼそのままの形で転用されていた。だが軍役賦課の基準となる所領・所職は、当然ながら諸領主に均等に配分されたわけではない。所領が諸国に分布する状況は有力な武家領主ほど顕著であり、奥州府や鎌倉府、さらに諸国の国司・守護が排他的・一元的な軍事指揮権を行使できるとは限らなかった。特に足利氏の大規模所領が管轄領域内に存在した場合、地方統治機関が円滑に軍事活動を遂行するには、その協力が不可欠であった。建武二年一一月に尊氏が鎌倉で挙兵すると、陸奥国や日向国などにおける主要な足利氏所領でもほとんど同時に軍事活動が開始された（『青森県史』「遠野南部家文書」九二、『南九』四〇八「土持文書」など）。全国に散らばる足利氏所領の多くは南北朝時代を通じて維持されなかったが、(66)内乱の初期段階では反乱軍の軍事拠点となり、建武政権軍制の空洞化を決定的なものにした。(67)

だが本論で述べたように、寺社本所領住人の動員論理や惣領・庶子関係の再編など、建武政権の御家人制「廃止」政策は次代に影響を及ぼした。また非御家人層への地頭職流出は建武政権の瓦解後も続き、身分と所領を一体把握する「地頭御家人制」(68)の再構築は困難な状態に陥っていた。貞治六年（一三六七）頃には、東寺領太良荘地頭方に地頭御家人役が賦課されるにいたる。(69)さらに「某跡」式に替わる所出二〇分の一進済は、所領高五〇分の一を徴収する室町期地頭御家人役の淵源とされている。(70)この五〇分の一負担は軍役との関連も示唆されており（注70岸田論文一〇一頁）、初期室町幕府軍制の枠組みは鎌倉幕府軍制と直結させるのではなく、両者の間に建武政権軍制を位置づけて断続面を把握する必要がある。室町幕府のもと御家人称号は復活するが、それは制度としての鎌倉期御家人制の復古を意味するものでは必ずしもないのである。

注

（1） 川合康「治承・寿永の『戦争』と鎌倉幕府」（『鎌倉幕府成立史の研究』校倉書房、二〇〇四年、初出一九九一年）一五四～一六八頁。

（2） 上横手雅敬「文治の守護・地頭」（『日本中世政治史研究』塙書房、一九七〇年）二〇八頁、同「鎌倉幕府と公家政権」（『鎌倉時代政治史研究』吉川弘文館、一九九一年、初出一九七五年）一六頁、同「佐藤進一氏『日本の中世国家』を読んで」（『日本中世国家史論考』塙書房、一九九四年、初出一九八五年）二七三～二七六頁など。

（3） 村井章介「神々の戦争」（『中世の国家と在地社会』校倉書房、二〇〇五年、初出一九七八年）二六七～二六八頁、同「安達泰盛の政治的立場」（同上書、初出一九八八年）、高橋典幸「御家人制の周縁」（『古文書研究』五〇号、一九九九年）。

(4) 高橋典幸「武家政権と本所一円地」（『日本史研究』四三一号、一九九八年）六〜八頁。

(5) 佐藤進一「室町幕府論」（『日本中世史論集』岩波書店、一九九〇年、初出一九六三年）一二一〜一二六頁、上島有「大弐房覚賢と山城御家人」（『京郊庄園村落の研究』塙書房、一九七〇年）一二六〜一二九頁、福田豊彦「室町幕府の御家人と御家人制」（『室町幕府と国人一揆』吉川弘文館、一九九五年、初出一九八一年）一二八〜一三二頁。

(6) 注(4)高橋論文、一六〜一七頁、同「荘園制と武家政権」（『歴史評論』六二二号、二〇〇二年、以下ⓐ）二五頁。以上、鎌倉〜南北朝期を見通した抱括的な研究として、同「武家政権と戦争・軍役」（『歴史学研究』七五五号、二〇〇一年、以下ⓑ）。

(7) 佐藤進一『南北朝の動乱』（中央公論社、一九六五年）三四〜三五頁。

(8) 永原慶二『内乱と民衆の世紀』（小学館、一九八八年）二〇〜二一頁。古澤直人「北条氏の専制と建武新政」（永原慶二編『天皇権力の構造と展開 その1』青木書店、一九九二年）二三九頁は、後醍醐による武士の個別的把握は「全武士層の組織」に逆行する閉鎖的な方式だとする。

(9) 伊藤喜良「建武政権試論」（『中世国家と東国・奥羽』校倉書房、一九九九年、初出一九九八年）一一〇〜一一一頁。

(10) 村井章介「十三世紀〜十四世紀の日本」（注3前掲書、初出一九九四年）六七頁。

(11) 市沢哲「建武政権の性格をどう考えるか」（峰岸純夫ほか編『新視点日本の歴史四』新人物往来社、一九九三年）五〇頁。

(12) 田中稔「御家人」（『国史大辞典5』吉川弘文館、一九八五年）、注(5)福田前掲論文、一二八〜一二九頁。なお、三田武繁「鎌倉幕府地頭制度の成立と鎌倉幕府体制」（『鎌倉幕府体制成立史の研究』吉川弘文館、二〇〇七年）三八四頁および付表も参照。

(13) 吉井宏「南北朝時代の鎮西御家人について」（安田元久先生退任記念論集刊行委員会編『中世日本の諸相下』吉川弘文館、一九八九年）二三二頁。そのほか建武政権側への提出を前提に作成された文書で管見に触れた御家人表記を掲げると、元弘四年二月曾我光高申状土代（『青森県史』「遠野南部家文書」四五）、建武元年四月東寺領若狭国太良荘雑掌申状案（『大日本史料』「東寺百合文書」ゑ）、同年一一月伊賀光俊軍忠状（『史料纂集』「飯野八幡宮文書」一

二八・一二九）、同二年正月菅浦供御人等目安案（『新修彦根市史』一一一「菅浦文書」）、延元元年三月和田助康軍忠状（『大日本史料』「真乗院文書」）、同年月和田助忠軍忠状（『大日本史料』「和田文書」）。

(14) この時の大番役に関連する建武二年七月六日島津道鑑覆勘状写（『南九』一七二「薩藩旧記」）から、これらの交名が島津関係者から出されたと判断した。

(15) 注(13)吉井前掲論文は、足利尊氏や直冬の動向に関連して、建武三年と観応年間に、九州武士の御家人自称が集中的に現れると指摘した。これは御家人号の自称が、利害関係に基づき各人の主体的判断で行われていたことを示している。

(16) 新田一郎『太平記の時代』（講談社、二〇〇一年）八六頁、同「建武政権と室町幕府体制」（宮地正人ほか編『国家史』山川出版社、二〇〇六年）一八六頁。

(17) 上杉和彦「中世国家財政構造と鎌倉幕府」（『歴史学研究』六九〇号、一九九六年）四八〜五一頁、清水亮「鎌倉幕府御家人役賦課役制度の展開と『関東御領』」（『鎌倉幕府御家人制の政治史的研究』校倉書房、二〇〇七年、初出二〇〇二年）。

(18) 「某跡」賦課方式については、石田祐一「惣領制度と武士団」（『中世の窓』六号、一九六〇年）三〜五頁、高橋典幸「御家人役『某跡』賦課方式に関する一考察」（『鎌倉遺文研究』七号、二〇〇一年）、七海雅人「御家人役の負担方法」（『鎌倉幕府御家人制の展開』吉川弘文館、二〇〇一年）一四七〜一四九頁、田中大喜「在地領主結合の複合的展開と公武権力」（『歴史学研究』八三三号、二〇〇七年）五四頁参照。

(19) 網野善彦「建武の所出二十分一進済令」（『網野善彦著作集一三』岩波書店、二〇〇七年、初出一九九三年、以下ⓐ）三七二〜三七三頁、同「後醍醐」（『網野善彦著作集六』岩波書店、二〇〇七年、初出一九九四年、以下ⓑ）三九八〜三九九頁。建武元年新見荘東方地頭方損亡検見并納帳等（『岡山県史』「東寺百合文書」ク二一三〜二一六）、同一一月太良荘地頭代国直申状并悪党人交名等注文案、〔建武年間〕大輿寺地頭若狭直阿申状案（『大日本古文書』「東寺百合文書」は一一七・一二二）。

(20) 注(19)網野前掲論文もこの点は明言していない。注(16)新田前掲書・論文は、荘園郷保を中心にこの法令を論じた点で注目されるが、逆に地頭職の位置づけが明確でない。

(21) 上横手雅敬「鎌倉時代と鎌倉幕府」（注2前掲書『日本中世国家史論考』、初出一九六八年）二三七頁、同「主従結合と鎌倉幕府」（同、初出一九七一年）二四六頁。

(22) 西田友広「鎌倉幕府検断体制の構造と展開」(『史学雑誌』一一一編八号、二〇〇二年)一九〜二五頁。
(23)「楠木合戦注文」関東御事書(岡見正雄校注『太平記(一)』角川書店、一九七五年)。
(24) たとえば東大寺衆徒宛正慶二年二月三〇日関東御教書、勝尾寺衆徒宛同年三月一〇日前常陸介時朝施行状(『鎌』三二〇〇三「尊経閣文庫文書」・同三二〇五二「勝尾寺文書」)。
(25) たとえば勝尾寺衆徒は、六波羅探題から動員を受けたが、討幕方を支援した。戸田芳実「鎌倉時代の箕面」(箕面市史編集委員会編『箕面市史一』箕面市、一九六四年)二六八〜二七〇頁。
(26) 永原慶二「南北朝の内乱」(『永原慶二著作選集五』吉川弘文館、二〇〇七年、初出一九六三年)、網野善彦「異形の王権」(注19前掲ⓑ書、初出一九八六年)、新井孝重「南北朝内乱の評価をめぐって」(峰岸純夫編『争点日本の歴史四』新人物往来社、一九九一年)、小林一岳「悪党と南北朝の『戦争』」(『日本中世の一揆と戦争』校倉書房、二〇〇一年、初出一九九八年)等。
(27) 鎌倉後期の荘官・沙汰人層を中心とした在地の武力は、注(6)高橋前掲ⓑ論文、五四〜五五頁、小林一岳「中世荘園における侍」(注26前掲書、初出一九九八年)二八〜三三頁など参照。
(28) 元木泰雄「王権守護の武力」(薗田香融編『日本仏教の史的展開』塙書房、一九九九年)二四三〜二四四頁、木村英一「王権・内裏と大番」(高橋昌明編『院政期の内裏・大内裏と院御所』文理閣、二〇〇六年)一三一〜一三三頁、野口実「閑院内裏と『武家』」(『古代文化』五九巻三号、二〇〇七年)八〇〜八一頁。公役か平氏家人役かをめぐる初期大番役の研究史は、伊藤邦彦「鎌倉幕府京都大番役覚書(上)」(『都立工業高等専門学校研究報告』四〇号、二〇〇五年)七九〜八一頁参照。
(29) 五味克夫「鎌倉御家人の番役勤仕について」(黒川高明ほか編『鎌倉政権』有精堂出版、一九七六年、初出一九五四年)一七九〜一八四頁、注(3)高橋前掲論文、三田武繁「京都大番役と主従制の展開」(注12前掲書、初出一九八九年)など。注(28)伊藤前掲論文、八五頁は、これらの研究を総括して賦課対象を整理している。
(30) 森茂暁「建武政権の法制」(『南北朝期公武関係史の研究』文献出版、一九八四年、初出一九七九年)。
(31) 赤松俊秀「室町幕府」(藤木邦彦ほか編『政治史Ⅰ』山川出版、一九六五年)三二四頁、森茂暁『建武政権』(教育社、一九八〇年)一三一〜一三二頁。
(32) 笠松宏至・佐藤進一校注「建武新政の法」(『中世政治社会思想下』岩波書店、一九八一年)は、「所務の地」を「単に権限上の進止のみでなく、経営の実際を掌握している所領」、「請所」を「『所務の地』に対比して、所務が他に委任されている所領」とする。請所は免除されたのか、それとも請負者に賦課されたのか判然としない。四か条目の規定から後者の可能性が高いが、いずれにしても本所の直接負担から除かれたのは確かである。
(33) 鎌倉期の大番役も一定の基準に沿った田率所課がなされたとの考えから、③は前代の規定や慣例を踏まえた条項とみなす意見もある。他の関連史料を欠くため判断が難しく、現時点では論点の指摘のみにとどめて後考を俟ちたい。伊藤邦彦「鎌倉幕府京都大番役覚書(下)」(『都立工業高等専門学校研究報告』四一号、二〇〇五年)一〇五頁。
(34) 高橋典幸「鎌倉幕府軍制の構造と展開」(佐藤和彦ほか編『南北朝内乱』二〇〇〇年、初出一九九六年)一二三~一二八頁。
(35) 高橋典幸「荘園制と悪党」(『国立歴史民俗博物館研究報告』一〇四、二〇〇三年)一四一~一四三頁。
(36) 羽下徳彦「建武の新政」(永原慶二ほか編『日本歴史大系2』山川出版社、一九八五年)三七五~三七六頁。
(37) 山口隼正「南北朝時代の鹿児島」(『中世九州の政治社会構造』吉川弘文館、一九八三年、初出一九六九年)一一五~一一六頁、注(31)森前掲書、一三一~一三二頁。前掲注(14)『南九』二七二「薩藩旧記」など。
(38) 注(29)五味前掲論文、一八三頁、川添昭二『注解元寇防塁編年史料』(福岡市教育委員会、一九七一年)「解説編」四〇頁、村井章介「蒙古襲来と鎮西探題の成立」(『アジアのなかの中世日本』校倉書房、一九八八年、初出一九七八年)一九七・二一八頁、七海雅人「御家人役事例の検出」(注18前掲書)二三一・二五四頁。
(39) 九州諸国の大番役勤仕が可能とみなされたのは、嘉元二年(一三〇四)以後、異国警固番役が九州各国地域別の分担勤務から、一国一年間の交替勤務に変化したことも影響していると思われる。注(38)川添前掲書「解説編」六八~六九頁参照。
(40) 市沢哲「鎌倉後期公家社会の構造と『治天の君』」(『日本史研究』三一四号、一九八八年)。
(41) 西谷正浩「徳政の展開と荘園領有構造の変質」(『日本中世の所有構造』塙書房、二〇〇六年、初出一九九二年)一七二~一七三頁。
(42) 金井静香「鎌倉後期~南北朝期における荘園領主の変容」(『日本史研究』五三五号、二〇〇七年)五四頁、同「公家領安堵の変遷」(『中世公家領の研究』思文閣出版、一九九九年、初出一九九五年)四三~四八頁、上島享「庄園公領制下の所領認定」(『ヒストリア』一三七号、一九九二年)四四~四五頁。飯倉晴武「後醍醐天皇と綸旨」(豊田武先生古稀記念会編『日本中世の政治と文化』吉川弘文館、一九八〇年)一九七頁も参照。
(43) 飯倉晴武「建武政権の所領安堵文書の変遷」(『日本中世の政治と史料』吉川弘文館、二〇〇三年、初出一九八〇年）三一九頁参照。

（44）注（34）高橋前掲論文、一二三～一二八頁、西谷正浩「公家権門における家産体制の変容」（注41前掲書、初出一九九八年）二四七～二四九頁。

（45）市沢哲「後醍醐政権とはいかなる権力か」（注26峰岸前掲書）一三九～一四〇頁、注42飯倉前掲論文、一九八～二〇一頁、同「建武政権文書」（注43前掲書、初出一九八〇年）三〇八～三〇九頁。

（46）建武元年、諸国検断に関する法令（『中世法制史料集 六』「公家法」六二〇条）で、「諸地頭并帯二所領一在国之輩」への下達が命じられたことから、注（22）西田前掲論文は建武政権が全領主層の動員を企図していたと展望した。ただし、この法を緩怠した場合の罰則規定に注目すると、地頭は建武政権が直接所領五分の一を収公するとしているのに対して、下職・百姓の「懲粛」は領主の沙汰に任せており、地頭・荘官・名主を動員する検断のあり方も、安堵や大番役賦課の枠組みと共通点がある。

（47）小川信「南北朝内乱」（『岩波講座日本歴史6』岩波書店、一九七五年）九四頁。

（48）事件の経過に関しては、網野善彦「中世荘園の様相」（『網野善彦著作集一』岩波書店、二〇〇八年、初出一九六六年）一六三～一六四頁参照。

（49）建武二年、伊南荘の郷地頭伊北氏は「大番用途」の切符を受けて銭で納めた。「大番用途」が京都大番役か鎌倉番役か判然としないが、いずれにせよ同様の納入方法がとられたと思われる。盛本昌広「切符による大番用途の賦課」（千葉県史料研究財団編『千葉県の歴史資料編中世4』千葉県、二〇〇三年）三四～三六頁。これに関連する切符や請取状は、同書「覚園寺文書」一六～二〇、「伊沢助三郎氏所蔵文書」一・二参照。また「郡」単位の徴収は、注（9）伊藤前掲論文が建武政権の「郡」重視政策の一環として説明している（一〇一頁）。

（50）佐藤進一「光明寺残篇小考」（『増訂鎌倉幕府守護制度の研究』東京大学出版会、一九七一年、初出一九四八年）二五七～二五八頁、注（29）五味前掲論文、一八四頁、上横手雅敬「守護制度の再検討」（注2前掲書『日本中世国家史論考』）四一八～四二一・四二六～四二八頁。

（51）そのほか後醍醐綸旨による一国単位の軍事動員には、「相二催出羽・陸奥両国軍勢一」という表現が用いられている（『鎌』三二〇九四「結城文書」・同三二〇九五「白河証古文書」）。

（52）たとえば〔延元元年〕三月二五日後醍醐天皇綸旨には、「相二催一族并薩摩国地頭已下軍勢一」とある（『南九』五一四「阿蘇家文書」）。また建武二年五月一一日雑訴決断所牒案でも、「相二催国中地頭以下輩一」して濫妨停止と城郭破却を命じている（『南九』二五四「比志島文書」）。

(53) この軍勢催促状および後掲史料【2】の年代比定は、網野善彦「元弘・建武期の備中国新見荘」（東寺文書研究会編『東寺文書にみる中世社会』東京堂出版、一九九九年）三三七〜三三八頁参照。

(54) 公家に地頭職が給与された場合でも、同様に軍役が賦課された。年月日未詳〔阿野〕実廉申状（『南関』六〇二「竹内文平氏所蔵文書」）によると、建武二年七月二四日、越後国蒲原郡大面荘で小林一党が反乱を起こしたさい、実廉の所領である同郡粟生田保地頭代の妹尾本阿が鎮圧に向かい、守護代里見伊賀五郎・目代新田彦二郎から一見状を得ている。この申状の筆者を阿野実廉に比定する点は、佐藤進一「阿野実廉」（『国史大辞典1』吉川弘文館、一九七九年）。

(55) 豊田武「湊川合戦の一史料」（『豊田武著作集七』吉川弘文館、一九八三年、初出一九三五年）、同「元弘討幕の諸勢力について」（同書、初出一九六七年）一五頁、横井清「楠木正成の自害を報じた『僧朝舜書状』の文言・日付について」（『中世日本文化史論考』平凡社、二〇〇一年）。

(56) 井上聡「御家人と荘園公領制」（五味文彦編『京・鎌倉の王権』吉川弘文館、二〇〇三年）、秋山哲雄「都市鎌倉の東国御家人」（『北条氏権力と都市鎌倉』吉川弘文館、二〇〇六年、初出二〇〇五年）、田中大喜「南北朝期武家の兄弟たち」（悪党研究会編『悪党と内乱』岩田書院、二〇〇五年）、注(18)田中前掲論文、五一頁。

(57) 建武政権の包括的研究でもこの傾向がみられる。たとえば注(9)伊藤前掲論文、八五〜一〇三頁。

(58) この反乱に関しては、岡田清一「元弘・建武期の津軽大乱と曾我氏」（『鎌倉幕府と東国』続群書類従完成会、二〇〇六年、初出一九九〇年）三七九〜三八二頁参照。

(59) 以上、三浦氏の動向や結城氏の所領分布については、山田邦明「三浦氏と鎌倉府」（『鎌倉府と関東』校倉書房、一九九五年、初出一九九二年）八六〜八七頁、市村高男「結城氏と鎌倉幕府」（結城市史編さん委員会編『結城市史四』結城市、一九八〇年）二四三〜二四五頁参照。

(60) 尼妙円申状に「佐々木能登五郎泰綱」とある（『南関』二三七「佐々木文書」）。能登氏に関しては、西島太郎「西佐々木七氏の経済基盤と序列」（『戦国期室町幕府と在地領主』八木書店、二〇〇六年）二一一〜二二二頁参照。近江国以外の能登氏所領は詳らかでないが、同族の朽木・越中・田中氏の遠隔地所領は前掲西島論文、二四七〜二五〇頁で示されている。

(61) 網野善彦「楠木正成に関する一、二の問題」（注19前掲書ⓑ、初出一九七〇年）三〇四頁。

(62) 吉井功兒『建武政権期の国司と守護』(近代文芸社、一九九三年)三三一~三三八頁参照。なお、吉原弘道「建武政権における足利尊氏の立場」(『史学雑誌』一一一編七号、二〇〇二年)によると、尊氏は鎮守府将軍として後醍醐に政権内で重用されていたという。

(63) 遠藤巌「建武政権下の陸奥国府に関する一考察」(豊田武教授還暦記念会編『日本古代・中世史の地方的展開』吉川弘文館、一九七三年)二七六~二七九頁。

(64) 山口隼正「前期室町幕府による日向国『料国』化」(注37前掲書、初出一九七五年)一六六~一六七・一七七頁、小林一岳「悪党と初期南北朝内乱」(注26前掲書、初出一九九八年)三一一~三一三頁。山口は、地頭代道喜を筑後国三池荘に本拠をおく三池貞鑑と推定し、惣政所代若林秀信を在地系ではなく中央の足利氏と「特別に関係あるもの」との見解を示している。

(65) 先述した下総結城朝祐の代官は不参のようなので経済的な困窮も予想されるが、少なくとも奥州府は参戦可能と判断し軍事動員の対象としていた。なお、その判断基準は史料【1】の三条目が参考になる。惣領を相対化した奥州府の軍事動員は、注(63)遠藤前掲論文、二八五頁でも指摘されている。

(66) 桑山浩然「室町幕府の草創期における所領」(『室町幕府の政治と経済』吉川弘文館、二〇〇六年、初出一九六三年)。

(67) 足利方の諸将のなかに自身の所領(地頭職など)を拠点に軍事活動を展開した者がいた点は、山田徹「南北朝期の守護論をめぐって」(中世後期研究会編『室町・戦国期研究を読みなおす』思文閣出版、二〇〇七年)六五頁で諸研究を整理して注意を促している。

(68) 注(5)佐藤前掲論文、一二二~一二三頁。佐藤が示したように、『大日本史料』「密井文書」貞和二年一〇月二七日足利直義下知状からは、確かに地頭御家人身分が意識された様子もうかがえる。だが一方で、地頭職は頻繁に恩賞・寄進に充てられており、「地頭職保持者=鎌倉期御家人」とは限らない事態が進展していた。

(69) 山家浩樹「太良荘に賦課された室町幕府地頭御家人役」(注53前掲書)三八二頁。

(70) 岸田裕之「守護山名氏の備後国支配の展開と知行制」(『大名領国の構成的展開』吉川弘文館、一九八三年、初出一九七二年)九六頁、田沼睦「室町幕府・守護・国人」(『中世後期社会と公田体制』岩田書院、二〇〇七年、初出一九七六年)一九六頁。

〔付記〕本稿は平成二〇年度文部科学省科学研究費補助金(若手研究B)の研究成果の一部である。

第三篇　宗教と寺社

「建永の法難」について

上横手 雅敬

【要旨】 元久二年（一二〇五）から翌三年（建永元）にかけて、興福寺は専修念仏を批判し、法然らの処罪を朝廷に訴えた。朝廷との折衝によって、法然の弟子の中で、偏執の著しい安楽・法本の処罰が決定し、明法博士の罪名勘申が行われたが、実際の処罰にはいたっていない。朝廷では専修念仏の偏執の勧進を非難する宣旨を出すことについて議論が行われたが、念仏そのものの停止でないことが強調されており、結局は宣旨も出されなかったようである。興福寺の要求は、ほとんど受け入れられていないが、興福寺側では少数の五師・三綱が交渉に出席するだけで、公家側に威嚇を与えていないのが原因であり、「八宗同心の訴訟」という状況からは遠いのが実情であった。

建永元年末から翌二年にかけて、後鳥羽上皇の熊野御幸の留守に、院の小御所女房たちが、法然門下の安楽・住蓮に帰依し、密通にまで及んだ。激怒した上皇は、安楽・住蓮を斬罪に処した。院小御所女房たちと上皇とは極めて親密な関係にあった。念仏僧に帰依した女房の中心は、小御所女房の筆頭で、上皇との間に道助入道親王を生んだ西御方（坊門局）であった。また安楽らの処刑は、正式の手続きを経た刑罰でなく、上皇の私刑であった。このとき専修念仏禁止令が出たかどうかについては疑問がある。この間、延暦寺・興福寺は何の動きも見せず、安楽らの処刑は、寺院勢力の動きとは無関係であった。

これと関係して死罪制度の推移を考えた。嵯峨朝以来、国家の刑罰としては行われなかった死罪が、保元の乱後、一時的、部分的に復活したが、その後も公家法では死罪は行われなかった。しかし武家法・寺院法には死罪は存在しており、公家・武家・寺院の相互交渉によって、犯罪人の引渡し、死罪の執行が行われることもあった。当時公家に死罪がなかった点から見ても、安楽らの処刑は正式の刑罰でなく、後鳥羽の私刑と見ざるを得ない。

はじめに

仏教に対する弾圧・迫害は、その被害者側からは「法難」と呼ばれており、日本中世においては、念仏と法華においてとくに顕著である。建永二年（承元元＝一二〇七）に法然をはじめとして、専修念仏が蒙った弾圧は、一般に「建永（承元）の法難」として知られ、最初の大規模な法難とされている。法然・親鸞らの宗祖が配流された事件であるだけに、従来から多くの研究が行われているが、なお納得できない点が残る。かつて私はこの事件の最終段階である安楽・住蓮らの事件に関して、これにかかわった小御所女房とは誰であったのかについて、また安楽・住蓮が斬られた意味について、小エッセイを書いたことがあるが[1]、今回はそれをより深めて行こうと思う。史料の正しい理解、それに基づく個々の事実の解明などについて、従来は必ずしも十分な研究が行われてきたとはいえない点があり、また当時の社会全体の中での位置づけについても、考えるべき問題が残されている。これらの点に重点をおき、これまであまり用いられてこなかった新しい視点をも導入して、再検討を試みたい。

一　興福寺の訴え

ふつう「建永の法難」は三つの段階に分けられる。法然の専修念仏に対して、延暦寺の衆徒は再三非難を加えていたが、元久元年（一二〇四）一〇月、天台座主真性に専修念仏停止を訴えた。一一月、法然は七箇条制誡を示して京および周辺の門下の自粛を求め、また比叡山の護法神に誓った起請文を提出するなどして、鎮静化を図った。この第一段階は天台宗内部の問題であり、また従来の見解にとくに疑問を感じないので、本稿では触れない。

翌元久二年九月、今度は興福寺が法然らの処罰を朝廷に訴えて以来、第二段階に入る。『法然上人絵伝』（四十八巻伝）巻三一に次のように見える。

> 興福寺の欝陶猶やまず、同二年九月に蜂起をなし、白疏をさゝぐ。彼状のごとくば、上人ならびに弟子権大納言公継卿を重科に処せらるべきよし訴申。これにつきて、同十二月廿九日、宣旨を下されて云、
>
> 頃年、源空上人、都鄙にあまねく念仏をすゝむ。道俗おほく教化におもむく。而今彼門弟の中に、邪執の輩、名を専修にかるをもちて、咎を破戒にかへり見ず。是偏門弟の浅智よりおこりて、かへりて源空が本懐にそむく。偏執を禁遏の制に守といふとも、刑罰を誘諭の輩にくはふることなかれと云々、取詮。
>
> 君臣の帰依あさからざりしかば、たゞ門徒の邪説を制して、とがを上人にかけられざりけり。

徳大寺公継はのち左大臣にまで昇るが、『法然上人絵伝』は公継が興福寺に訴えられても志を改めなかったと讃え、その最期について、「種々の奇瑞をあらはして往生をとげ、いまに末代の美談となり給へり」（巻一二）と記している。しかし確実な史料によって、公継と念仏との特別の関係を確認することはできず、かれが興福寺に訴えられた証拠もない(2)。その点を除けば、ここに書かれている事柄はほぼ事実と認められる。専修念仏の弊は、法然よりも門弟の浅智に起因しているから、偏執は禁じるが、法然に刑罰は加えないというのが、当時の朝廷の立場であった。

なお同年一〇月にも、興福寺が朝廷に訴えた奏状（案）が現存しており、「興福寺奏状」と呼ばれて著名である。そこには「被レ（中略）糺二改沙門源空所レ勧専修念仏宗義一」「被下停二止一向専修条々過失一兼又行中罪科於源空并弟子等上」と述べられている。専修念仏が一門に偏執し、他宗を滅ぼすような点を非難し、このような過失を停止し、法然と弟子らに罪科を行うように求めている。知られる限り、元久二年には九月、一〇月再度の訴えが見られるが、そのいずれか一方だけと考える必要はないであろう。

『法然上人絵伝』によれば、興福寺の訴えに対し、朝廷は一二月二九日、前掲のような宣旨を出した。しかし興福寺はこの宣旨には不満であり、さらに朝廷に訴えた。『三長記』には興福寺側と朝廷側との折衝が記されており、翌元久三年（建永元）二月一〇日から八月五日にわたって経過が延べられている。記主の三条長兼は当時蔵人頭で勧学院別当でもあり、興福寺との折衝にあたり、後鳥羽上皇や摂政九条良経と連携して、問題の解決に努めた。それだけに『三長記』は極めて貴重な史料である。尤もこの日記は三月の記事を欠いているだけでなく、四、七月にも念仏関係の記事はまったくなく、五月も二七日条に見られるだけであり、間断なく念仏が話題になっていたわけではない。またこの日記に従えば、朝廷側（長兼）と興福寺側との折衝は、前期の二月と、後期の五月末〜八月とで話題も異なっているように思われる。

　前期は元久三年二月一〇日条〜三〇日条の記事がある。この時期で問題になっている点の一つは、前年に出された宣旨の文言についてである。二一日条で、興福寺側の使者は「当時披露宣下之状中、①源空上人由被レ載レ之。②上人云々、兼二智徳一者也。源空者、僻見不善者也。起二門弟之浅智一、背二源空本懐一。此句又似レ無二源空過怠一。又③漫莫レ加二制罰於誘諭之輩一之句、被レ禁二偏執一之由雖レ見、不レ可レ罰之由被レ載之間、念仏宗之輩、各称レ雄、弥不善之心」といっている。先に前年一二月に出された宣旨の文言に、興福寺側が抗議しているのだが、その内容は『法然上人絵伝』所収の宣旨に対応しており、『絵伝』の記述の正確さを裏付けている。すなわち、①先の宣旨に「源空上人」とあるが、「上人」とは智徳兼備の者をいう。しかし源空は僻見不善の者である、②先の宣旨に「門弟の浅智に起り、源空の本懐に背く」とあるが、これでは源空には誤りがないように見える、③「漫に制罰を誘諭の輩に加ふることなかれ」とあるが、これでは罰してはならないとあるから、念仏宗の輩は、付け上がっていよいよ不善の心を起こすであろうとして、三点にわたって、宣旨の文言を批判し、修正を求めている。

　興福寺の不満は尤もである。宣旨は念仏を取り締まるというよりも擁護している。法然は念仏を勧め、道俗を教化しており、その行為は正しい。しかし門弟の中に偏執の輩がいる。その偏執は禁遏するが、「誘諭の輩」を罰してはならないというのである。

　折衝の上、後鳥羽上皇に奏上したところ、口宣の段階であり、まだ施行されていないこともあって、上皇は口宣を改めるよう命じた（『三長記』二月二一、二五日条）。ただし最終的にどうなったのかはわからない。二一日に興福寺側は、法然および弟子安楽・成覚・住蓮・法本を罪科に行うべきだと主張している。結論的なことは翌二二日条に出ているが、「法然一門といえども念仏を勧めているのだから、刑罰を加えることはできない。しかしその門弟の中で、安楽・法本は偏執がとくに著しいから罪科を行うべきである」というのが上皇の考えであり、長兼はこれを興福寺の使の五師らに伝えたところ、彼らは喜んで帰ったという。安楽・法本を処罰することについては、朝廷と興福寺との合意が成立していたようである。三〇日の宣旨では、法本（行空）は「忽立㆓一念往生之義㆒、故勧㆓十戒毀化之業㆒、恣謗㆓余仏願㆒」という理由で、安楽（遵西）は「称㆓専修㆒、毀㆓破余教㆒、任㆓雅執㆒、遏㆓妨衆善㆒」という理由で、明法博士に罪名を勘申させている。明法博士の勘申の提出をまって、公卿の協議が行われ、二人の処罰が決定されるのである。なお宣旨が出された三〇日、法然は法本を破門し、それによって専修念仏の救済を図った。

　法本・安楽の処罰がどうなったかであるが、『三長記』は三月の記事を欠いており、記述がない。おそらく明法博士の勘申は提出されたであろうが、この後も引き続き、両人が活躍していることから見て、処罰にはいたっていないと考える。

　次にこの年後期の問題に移る。五月二七日条～八月五日条に断続的に記事が見られる。なお、前期と後期との中間、三月七日に摂政九条良経が三八歳で急逝し、一〇日には二八歳の近衛家実が後任に就任した。

六月一九日条に「専修念仏事、依二偏執之勧進一、可二諸教衰微一之由、興福寺衆徒、所レ経二上奏一之也。（中略）任二解状之旨一、可レ被二宣下一也」という内容の宣旨を出すことの可否について、上皇は春宮大夫徳大寺公継らの意見を求めている。二一日条にも、類似の宣旨について、入道関白松殿基房、入道左大臣三条実房、前太政大臣大炊御門頼実、摂政近衛家実、右大臣松殿隆忠、内大臣花山院忠経らの意見を求めている。すでに退官したり、出家した元老についても意見を徴しているのが注目される。これらの宣旨では、専修念仏が偏執の勧進を行い、諸宗を誹謗し、念仏以外の余行は出離の要ではないとすることが非難されている。諮問に当たり上皇は、宣旨を出すことによって、念仏そのものの衰微を招くならば、かえって罪業になるという懸念を付け加えている。諮問に対する意見の中には、この趣旨のままでよく、念仏の衰微などありえないという意見と、もしこれによって、信心を翻すものが一人でも現れたら、罪業になることを懸念するという意見とに分かれた。二八日、長兼はこれらの人々の申状を院御所に持参した。上皇の返事は、「逐って左右を仰す」ということであった。一か月以上経過した八月五日、興福寺の三綱が長兼を訪れ、念仏宗の宣旨を早く申沙汰して欲しいといった。それに対する長兼の回答は「被二仰下一者、可レ致二沙汰一」というもので、上皇の仰せがあれば沙汰をするが、何もないのだというものであった。

　元久三年後期についていえば、ここでは専修念仏、念仏宗が確かに問題にされ、その偏執の勧進が非難されている。それでは専修念仏が停止されたかといえば、そのような文言はまったく見られない。大炊御門頼実は「人以可レ称二念仏停止宣旨由一歟。依レ之、若信心輩、雖二一人一、翻二其志一者、罪業也」と述べている。この宣旨を念仏停止宣旨と誤解し、信心を翻す者が現れるのを懸念しており、松殿基房の意見も同様である。上皇の仰詞に「若依二此宣下一、念仏又令二衰微一者、已罪業也」とあるのに誘導されての答申である（六月二一日条）。

　要するにこの宣旨は、専修念仏停止と見られる恐れはあるかもしれないが、決して停止してはいないのである。興福寺の要求に対して、偏執の勧進は禁止するものの、専修念仏そのものは停止しないという線を朝廷は守っているのである。

それではこの宣旨は出されたのであろうか。『三長記』は九月末までの記事が残っているが、念仏に関する記述は、まったく見られない。長兼が人々の意見を届けても、上皇は追って沙汰するというだけであり、その後一か月を経ても、まったく何も行った形跡はない。宣旨など出す気もなく、サボタージュを続けていたのではなかろうか。赤松俊秀が宣旨は出されていないと断言しているのに賛成である(3)。

私はこの時期の興福寺の要求が、どの程度熾烈なものであったか、それが朝廷にどれほどの威嚇を与えたかという、全体的な雰囲気を明らかにすることが大切だと思う。それなくして専修念仏をめぐる問題を解くことは出来ないのである。

この時期の興福寺の訴訟に、極めて高い評価を与えているのが、平雅行である。平は「八宗同心という前代未聞の訴訟が行なわれ、それによって弾圧された事実は、本来、独自の教理体系を持つ顕密八宗が、ゆるやかではあっても一つの共通の宗教意識によって概括しうるものへと変質・同化していることを我々に示している」と述べている(4)。

確かに興福寺奏状には「仏門随分之鬱陶、古来雖㆑多、八宗同心之訴訟、前代未㆑聞、事之軽重、恭仰㆓聖断㆒」とある。この奏状は貞慶の作とされており、専修念仏の「失」を九点にわたって鋭く指摘した格調の高い内容のものである。だからといって堂々たる文章に幻惑されて、事態を見誤ってはならない。

『三長記』を読んで感じるのは、良経・長兼らの当事者が、まったく興福寺側を恐れていないことである。興福寺側は専修念仏に好意的な長兼を忌避し、直接氏長者である摂政良経との交渉を希望するが、良経は「以㆓長兼㆒、不㆓申上㆒者、不㆑可㆓聞食㆒」として受け付けない。さらに長兼も不公平だと疑われるのを心外だとし、興福寺の使者に対して、「職事下二宣旨一之習、一言一字、非二御定一、不レ載レ之。而加二私詞一之由、衆徒成二邪推一」と、決め付け、興福寺衆徒の主張は「不レ弁二東西一」「左道」であると非難し、使者を閉口させている。使者は「可レ及二参洛一也。已朝家大事也」（『三長記』二月二一日条）、すなわち「強訴になれば一大事ですぞ」と長兼を脅迫するが、あまり効果はない。そんな危惧はないからである。

『三長記』によれば、交渉に来ているのは、五師・三綱だけであり、「列参」ではない。もっとも多い例でも二月二一日、九条良経のもとに出向いているのが五師四人、三綱六人、計一〇人である（二月二〇、二一、二三日、八月五日条）。これでは、興福寺の訴訟を粗略に扱うことによって、春日大明神の咎を蒙るのを恐れる長兼に対してさえ、まったく威嚇にはならない（二月一四日条）。公家たちを震撼させた興福寺の大強訴とは、まったく様相を異にしているのである。嘉禎元年（一二三五）興福寺と石清水八幡宮との相論のさい、摂政九条道家は石清水神輿の入洛を恐れて病気になってしまったが（『明月記』閏六月二三日条）、建永当時の興福寺の訴えにとてもそのような迫力はなかったのである。

五師・三綱を都に送った興福寺の大衆は盛り上がっていただろうか。元久二年一〇月一〇日の興福寺維摩会では勅使権右中弁藤原清長の所従と興福寺の寺侍との間に紛争があったが、特別の背景は認められず（『維摩講師研学竪義次第』下）、一一月一日の春日祭（『東進記』）、一二月一四日の上皇の奈良御幸（『明月記』一三、一六日条）、翌建永元年に入って一〇月一〇日の興福寺維摩会、一一月七日の春日祭は、いずれも滞りなく行われている（以上、『猪隈関白記』）。この年、近衛家実が摂政に就任すると、興福寺別当雅縁以下の僧徒が参賀に訪れている（同上、六月一六日条）。奈良は平穏そのものであったといえる。

この時期の記録としては『明月記』『仲資王記』『猪隈関白記』があり、『百練抄』のような史書もある。しかし『三長記』を除いては、この間の朝廷と興福寺との交渉に言及したものはない。とくに不可解なのは『猪隈関白記』である。建永元年三月、家実が摂政、藤氏長者となり、この問題に無関係であるはずはないのに、その日記にはまったく触れていない。『三長記』の同年五月二七日、六月二一、二六日条は家実の関与を記しているのに、『猪隈関白記』は何も記さない。無関心としかいえない。

それでは興福寺奏状にいう「八宗同心の訴訟」とは何であろうか。史料による限り、興福寺単独の訴訟であり、他寺が参加した形跡はまったくない。しかし、先に延暦寺が、今また興福寺が専修念仏を非難している。この二寺が非難し、とくに興福寺が訴えれば、それで奏状では「八宗同心の訴訟」となるのである。八宗連合の訴訟など、そもそも容易に実現するはずもなく、オーバーな文飾を真に受けてはならない。

要するに建永元年二月～八月ころの状況では、興福寺の訴訟は決して激しいものではなく、興福寺側はほとんど要求を達成できなかったといえる。

二　院の小御所の女房

建永元年（元久三＝一二〇六）一二月九日、後鳥羽上皇は熊野参詣に出発し、一八日帰洛した（『猪隈関白記』）。その留守中に不祥事件が起こった。翌建永二年正月二四日条の『明月記』には「去比聊有二事故一云々其事已非レ軽、又不レ知二子細一。不レ及レ染レ筆」と記されている。子細がわからないというが、書きたくなかったのかもしれない。これ以後、「建永の法難」は第三段階に入るし、厳密に「法難」といえるのは、この第三段階である。

「事故」の詳細については、種々の説がある。

（1）『法然聖人絵（弘願本）』

隠岐の法皇、御熊野詣のひまに、小御所の女房達、つれ〲をなぐさめんために、聖人の御弟子蔵人入道安楽房は、日本第一の美僧なりければ、これをめしよせて、礼讃をさせて、そのまぎれに燈明をけして、是をとらへ、種々の不思議の事どもありけり。

上皇熊野詣の留守に、小御所の女房たちが、安楽を召し寄せ、六時礼讃をさせた上、灯火を消して捕え、「不思議の事」があったという。叙述は客観的である。

（2）『皇帝紀抄』巻七、土御門院

（承元）元年二月十八日、源空上人号二法然房一配二流土佐国一、依二専修念仏事一也。近日件門弟等、充二満世間一、寄二事於念仏一、密二通貴賤并人妻可レ然之人々女一。不レ拘二制法一、日新之間、搦二取上人等一、或被レ切レ羅、或被レ禁二其身一。女人等又有二沙汰一。且専修念仏子細、諸宗殊欝申之故也。

法然が承元元年二月に専修念仏の事で土佐に流されたことは書いているが、その前提となった事件については、「近日」とあるだけで時期も人名も書いていない。法然の門弟の誰かを特定せず、あたかも門弟のすべてが、様々の女性と密通を事とし、それが日を追って高じたかのように書いている。専修念仏に対して悪意的な記述である。「羅を切る」など、ありえないような刑罰をも記しており、信憑性に疑問がある。末尾に「専修念仏子細、諸宗殊欝申」とあるが、この事件と諸宗の訴訟との関係は、簡単には断定できない。

（3）『愚管抄』巻六

建永の年、法然房と云上人ありき。（中略）その中に安楽房とて、泰経入道がもとにありける侍、入道して、専修の行人とて、又住蓮とつがいて、六時礼讃は善導和上の行也とて、これをたてゝ、尼どもに帰依、渇仰せらるゝ者、出きにけり。それらがあまりさへ云はやりて、この行者に成ぬれば、女犯をこのむも、魚鳥を食も、阿弥陀仏はすこしもとがめ玉はず、一向専修にいりて、念仏ばかりを信じつれば、一定最後にむかへ玉ふぞと云て、京田舎さながら、このやうになりける程に、院の小御所の女房、仁和寺の御むろの御母、まじりにこれを信じて、みそかに安楽など云物よびよせて、このやうとかせて、きかんとしければ、又ぐして行向どうれいたち、出きなんどして、夜るさへとゞめなどする事、出きたりけり。

（『日本古典文学大系』二九四頁）

法然の弟子安楽房と住蓮とが「専修念仏の行者になれば、女犯を好んでも、魚鳥を食べても、阿弥陀仏はお咎めにならない。専ら念仏だけを信じておれば、きっと最後には浄土にお迎えくださるぞ」という教えを説いて、大いに帰依された。そして院の小御所の女房が安楽らの教えを信じて、ひそかに呼び寄せて、説教を聞こうとした。安楽と一緒に説法に来る同輩もいて、夜も泊めるようになった。

『愚管抄』の著者慈円は、兄兼実とは違って、専修念仏に対して批判的である。しかし事件に関する記述は客観的であり、要するに院の小御所の女房が、安楽らを御所に招き、宿泊させることさえあったというのであり、信じてよいと思われる。宿泊だけでなく、「密通」にまで及んだかといえば、専修念仏に好意的でない（2）だけでなく、（1）までが「不思議の事どもありけり」としており、事実に近いのではないか。

（4）『法然上人絵伝』巻三三

建永元年十二月九日、後鳥羽院熊野山の臨幸ありき。そのころ上人の門徒、住蓮・安楽等のともがら、東山鹿谷にして、別時念仏をはじめ、六時礼讃をつとむ。さだまれるふし・拍子なくをの〳〵哀歓悲喜の音曲をなすさま、めづらしくたうとかりければ、聴衆おほくあつまりて、発心する人もあまたきこえしなかに、御所の御留守の女房、出家の事ありける程に、還幸のゝち、あしざまに讒し申人やありけん。

住蓮・安楽の別時念仏、六時礼讃を聴聞した女房が感激のあまり、勝手に出家したという。これでは住蓮らに非はないし、住蓮らを咎めることも出来ない。そして事件は悪し様な讒言によるという。この種の史料にありがちだが、住蓮らを擁護する意図が露骨である。

以上を総合して、後鳥羽上皇の熊野御幸の留守に、院の小御所の女房たちが、法然の弟子の安楽・住蓮らを小御所に招き、宿泊させ、さらには「密通」さえあったということになろう。なお(3)に「ぐして行向どうれいたち、出きなんどして、夜るさへとゞめなどする」とあるように、女房側も、安楽側も、少なくとも数名がかかわっていたことになる。

ここで(3)の「院の小御所の女房」が誰かが問題になる。この点に関心を示したのが赤松俊秀である。赤松は『仁和寺御日次記』承久元年(一二一九)八月一一日条に「院小御所女房伊賀局広隆寺屋移徙也」とあるところから、これを伊賀局であるとした(5)。彼女は亀菊ともよばれ、その所有する摂津国長江・倉橋荘の地頭が彼女に従わなかったため、上皇が幕府に地頭解任を求めたところ、幕府は拒絶し、これが承久の乱の直接の原因となったとされている。上皇が隠岐に流されたさい、伊賀局は供奉している(古活字本『承久記』下)。上皇が没するまで隠岐で近侍したらしく、上皇は没する直前、彼女に秘蔵の東寺の舎利を与えている(広隆寺所蔵『東寺御舎利相伝次第』)。彼女と法然門人との間に何かがあれば、上皇が激怒するのも無理はない。

しかし、これに対して、平雅行は、院の小御所の女房は伊賀局だけでなく、「密通事件」の当事者を伊賀局とは断定できないとし、(3)の当該箇所を「後鳥羽院の小御所の女房や坊門局ら」と解した(6)。

平雅行の赤松説批判は尤もである。しかし『愚管抄』に対する氏の解釈にも疑問がある。「院の小御所の女房、仁和寺の御むろの御母」を平雅行のように解するとき、「仁和寺の御むろの御母」、すなわち道助入道親王の母である西御方(坊門局)は、「院の小御所の女房」に含まれないのだろうか。私は「院の小御所の女房」と「仁和寺の御むろの御母」とは、並列でなく、同格と考えるべきだと思う。

建保三年(一二一五)五、六月の後鳥羽上皇逆修人々進物注文(『伏見宮記録』利五八、『鎌倉遺文』二一六二)によれば、西御方(坊門局)は小御所女房の筆頭であり、問題の箇所は「院の小御所の女房である西御方」と解すべきである。西御方が安楽らの教えをまず信じ、それが他の女房たちにも広がったのである。張本は西御方であり、『愚管抄』の文面には伊賀局など出ていないのである。

「院の小御所の女房」について考える手がかりとなるのが、この「後鳥羽上皇逆修人々進物注文」である。上皇は建保三年五月二四日から院御所高陽院において三七か日の逆修を行った。そのさいに進物を進めた人と品物とを書き記したのが、この「人々進物注文」である。その序列を見ると、七条院（上皇の母）を筆頭に、修明門院（妃）、道助入道親王（息）、尊快入道親王（息）、宣陽門院（叔母）と近親の皇族が連なり、ついで「小御所女房御中」として、西御方、民部卿、大夫、美濃、丹波、伊予、美作、丹後、讃岐、亀菊の一〇名が名を連ねている。その後に関白近衛家実、前太政大臣大炊御門頼実、左大臣九条良輔、内大臣九条道家、入道関白松殿基房、入道内大臣坊門信清以下公卿・殿上人が続いている。恐らくこの一〇名が主な小御所女房であろうが、序列から見て、上皇といかに親密な関係にあったかが理解できる。

西御方（坊門局）は坊門信清の娘、七条院の姪にあたる。その妹が将軍源実朝の妻として鎌倉に下ったのは、事件の二年前の元久元年一二月であった。西御方は後鳥羽上皇の従兄妹に当たるが、上皇の後宮に入り、道助入道親王・嘉陽門院・頼仁親王を生んでおり、小御所を統率するにふさわしい高貴な身分の女性であった。彼女も承久の乱後、後鳥羽に供奉して隠岐に赴いた（『慈光寺本承久記』巻下）。しかし嘉禄元年（一二二五）には病気で宮仕に堪えないため、民部卿局が代わりに隠岐に赴いたという（『明月記』九月二四日条）。寛喜元年（一二二九）にも西御方は病気のため一時帰京している（『明月記』六月一七日条）、しかし延応元年（一二三九）後鳥羽が没して後、帰洛したようであり、（『平戸記』寛元三年一〇月二四日条）一時的に帰京することが二度あったものの、結局は最後まで隠岐の後鳥羽に仕えたものと思われる。

病気の西御方に代わって隠岐に赴いたという民部卿局は「小御所女房」の中で、西御方の次位に記されており、権中納言藤原親兼の娘である（『明月記』嘉禄元年九月二四日条）。後鳥羽はこの一族にとくに目をかけ、建保二年（一二一四）四月、親兼の子経平に首服を加え、信成の名を与えた。また信成を側近の寵臣である坊門忠信の子とした（『後鳥羽院宸記』八日条、『尊卑分脈』）。忠信は西御方の兄弟であるから、西御方と民部卿局は親族になる。

承久の乱後、承久三年（一二二一）八月、親兼は三人の子息とともに、六波羅に召し取られ、出家し、やがて許された（『承久三年四年日次記』八月八日条、『公卿補任』）。信成の子親成は後鳥羽法皇に従い、隠岐に赴いたようである。延応元年、隠岐で危篤となった法皇は、「親成十八年の奉公不便に覚ゆれども、便宜の所もなき間、水無瀬・井内両方を相計也」として、親成に摂津水無瀬・井内両荘を与えるとともに、信成・親成父子が水無瀬に居住して自分の後生を訪うよう命じ、やがて没した。信成は法皇の没後まもなく、出家した（『水無瀬宮文書』暦仁二年二月九日後鳥羽法皇書状、『三条西家文書』暦仁二年二月一〇日後鳥羽法皇書状案、『公卿補任』）。

「小御所女房」中で三番目の大夫殿も隠岐に赴いたとされている（『慈光寺本承久記』下）。隠岐に随従した人々の名は『愚管抄』巻二、『吾妻鏡』承久三年七月一三日条、『武家年代記裏書』下、『慈光寺本承久記』下、『古活字本承久記』下、『前田家本承久記』下（後鳥羽院遷隠岐国へ給事）などに見られ、諸書により名前が一致しないが数名で、聖一名、医師一名、殿上人一、二名、女房一〜三名程度から成る。女房でもっとも多く名が出ているのは亀菊であり、名前の知られるのは他に西御方、大夫、それに遅れていった民部卿だけであり、彼女たちは例外なく小御所女房である。

法皇の没後、京都に帰った坊門局は、寛元三年（一二四五）旧好によって、民部卿平経高が主催する説法念仏に密々出席した。説法の後、礼讃が行われたが、坊門局が聴聞するため、ふつうは夜行うのをこの日はとくに日中に行ったという（『平戸記』一〇月二四日条）。建永以来四〇年を経た後も、坊門局はかつて安楽らから教えられた礼讃を忘れず、念仏の信仰を持ち続けていたのである。

それにしても、小御所の女房たちがいかに後鳥羽上皇と親密であったかが、理解できるであろう。安楽たちは、上皇の禁苑に踏み込んだのであり、逆鱗を免れなかったのである。とくに坊門局が関係しているどころか、むしろ中核だとすれば、事態は深刻である。ただこのような地位にある女性を罰することは容易ではない。『皇帝紀抄』に「女人等又有二沙汰一」とあるが、女房たちが罰せられた形跡はない。波紋の大きさを恐れ不問に付したのではなかろうか。逆に念仏僧に対する処罰は、峻厳を極めたのである。

最後に確認しておきたい。この建永の法難で、法然の門徒が死刑・流刑に処せられた。しかしこの間、延暦寺・興福寺は鳴りを潜め、まったく何の動きをも見せなかった。すなわち上皇が死刑・流刑を科したのは、延暦寺・興福寺の訴訟が原因ではなかったのである。

三　嵯峨天皇と死罪停止

建永の法難では、念仏僧が斬刑に処せられた。この「斬刑」という観点から法難を考察した研究は見あたらないと思う。

まずこれについて記した史料をあげる。もっとも信頼できるのは『愚管抄』巻六であり、「安楽・住蓮頸きられにけり」とある。原因としては、前述の風紀問題をあげている。その他では『歴代皇紀』巻四、『皇帝紀抄』巻七などの年代記に「承元二（元カ）年二月廿八日（中略）、住蓮・安楽等死罪」、「承元元年二月十八日（中略）、搦二取上人等一、或被レ切レ羅、或被レ禁二其身一」とある。その他に『法然上人絵伝』巻三三には「逆鱗いよいよさかりにして、官人秀能におほせて、六条川原にして、安楽を死罪におこなはる」とあるが、これは念仏側の史料である。逆に念仏を攻撃した法華側の『念仏無間地獄鈔』には「承元々年二月上旬、専修念仏之張本安楽住蓮等捕縛、忽被レ刎レ頭畢」とあるが、内容的にさほどの違いはない。

ところが、実は当時国家による死刑の執行については、重要な問題が存在したのである。『保元物語』（半井本）には、

(1)嵯峨天皇御時、右衛門督仲成が被レ誅てより以来、死者二度生不レ被レ返、不便ノ事也とて議定有て、死罪を被レ止て年久し。（中略）少納言入道信西、頻に申けるは「（中略）只切せ給へ」と勘申ければ、「申処、其謂あり」と被二聞食一ければ、信西が申状に依て皆被レ切にけり。人々傾申けれ共、不レ叶

（巻下、忠正・家弘等誅せらるる事、『新日本古典文学大系』、九六頁）

とある。第一に嵯峨天皇の時、藤原仲成が誅されて以来、死罪が止められた。第二に保元の乱後、藤原信西の主張によって死罪が行われた。第三にこのような死罪の復活を非難する人が多かった、の三点が提示されている。『平治物語』（巻下、経宗・惟方遠流に処せらるる事、『新日本古典文学大系』二六二頁）、『平家物語』（巻二、小教訓、『日本古典文学大系』一六一頁）に述べられているところもほぼ同様であり、一般にこの内容の事柄が通説となっている。これに対して『百練抄』保元元年（一一五六）七月二九日条には「源為義已下、被レ行二斬罪一。嵯峨天皇以降、所レ不レ行之刑也。信西之謀也」とあり、斬罪を保元の乱の結果とする点や、嵯峨天皇、藤原信西などについての記述は、『保元物語』とほぼ同様であるものの、藤原仲成の事は見えない。（建久二年）四月二八日後白河法皇院宣も、同様に「於二件刑法（死罪）一者、嵯峨天皇以来、停止之後、多経二年代一」（『吾妻鏡』同年五月八日条所収）とあるのみである。ところが同じ『保元物語』でも金刀比羅宮本は違っていて、

(2)嵯峨天皇の御時、右兵衛督仲成、（中略）死罪に定られたりしかども、死する者再びかへらず、遠流無帰罪は死罪に同じきとて、遠国へつかはされしよりこのかた、本朝に死罪をとゞめられて年久成ぬ

（巻中、忠正・家弘等誅せらるる事、『日本古典文学大系』一四一頁）

とある。半井本では仲成は最後の死罪適用者になるが、金刀比羅宮本では仲成は一旦死罪と決まったが、減刑さ

れて遠国に流されたとあり、死罪停止の初例ということになるのである。『保元物語』の復刻が数種類行われている中で、二つのテキストの違いに触れたものは管見に触れない。

本稿の主題からはかなり遠ざかるが、史実はどうであろうか。弘仁元年（八一〇）九月、嵯峨天皇の兄の平城上皇が平安京から平城旧都への還都を命じたとき、嵯峨側はこの還都を勧め推進した尚侍藤原薬子とその兄、右兵衛督藤原仲成の責任を追及した。一〇日、仲成は右兵衛府に拘禁され、さらに嵯峨の詔によって、薬子は官位を解いて宮中から追放、仲成は佐渡権守に任じられた。一一日、嵯峨は左近衛将監紀清成・右近衛将曹住吉豊継らに命じて仲成を右兵衛府で射殺させた。一二日、平城は剃髪し、薬子は毒を仰いで自殺した（『日本後紀』）。

さて『保元物語』の二つのテキストとの関係である。仲成が殺されたのだから、(1)が正しいように見える。しかし簡単にそうはいえないのである。嵯峨の詔に「仲成者、佐渡国権守退」とあり、本来は佐渡に配流する予定であった。詔が出されたのだから、正式の処分であろう。ところが、翌日、処分は変更され、仲成は射殺された。しかし、これには法的に見て奇怪な点が多い。第一に配流から射殺への変更について、詔の発布などの公的な手続きがとられた形跡はない。第二に律の規定する死罪には斬と絞とがあるが、射殺という処刑法は法の規定するところではない。第三に仲成殺害に派遣されたのは、天皇側近の近衛府の官人である。このように考えると、仲成殺害は正式な死罪の適用などではなく、一応は流罪を公表しておきながら、嵯峨がにわかに方針を改め、仲成を暗殺したものだといえよう。仲成の後、永く死罪が行われなかったのは事実であるが、仲成処刑自体は、法的には死罪といえるかどうか疑問であり、仲成処刑を最後の死罪とする(1)の叙述にも若干の問題が残る。次に(2)は仲成の死罪一等を減じて遠流に処したとし、これが史実と異なるのはいうまでもないものの、嵯峨が一夜にして方針を変える以前の、公的な処置は仲成を遠流にすることであったのだから、部分的には正しいともいえるのである。

確かに藤原仲成の後、長らく死罪は行われなかった。しかし律の死罪の規定はなお生きているのであり、死刑廃止令のようなものが出されたことはない。注意を引くのは『日本霊異記』の記事である。『霊異記』の著者景戒は嵯峨天皇を尊敬し「聖君」と呼んでいるが、その根拠として「応レ殺之人、成二流罪一」をあげているのは（巻下、三九）、嵯峨の同時代人の証言として、とくに重視しなければならない。この記述は、嵯峨以後、死罪が行われなかったという説が、後世『保元物語』等の時代に始まるものではないことを証明する点で重要である。ただこれにしても、嵯峨が死刑廃止令を発布したなどと解すべきでなく、死罪に処すべき人を流罪としたという意味であろう。

そもそも仲成・薬子は本来死罪となっても不思議でなく、配流・宮中追放は寛刑といってよい。平城上皇が出家すると、ひき続き平城宮居住を認め、それ以上に罪を加えようとしなかった点も同様である。嵯峨朝において「応殺之人」を流罪とした実例を考えると、平城上皇出家の翌九月一三日の嵯峨の詔に「太上天皇乎伊勢爾行幸世志米多流諸人等、法之随爾罪賜布倍久有止毛、所念有爾依弖奈毛、免賜比、宥賜布」とあり、寛刑主義が取られている。一七日、越前介阿倍清継らについて「原レ死処二遠流一」（『日本後紀』）とあるのは、まさしく『霊異記』の「応レ殺之人、成二流罪一」に該当するであろう。薬子の変における嵯峨の寛大な措置こそが、死罪停止の道を切り開いたといってよく、特別の事情があって藤原仲成にだけ、例外的な処置をとらざるを得なくなったのであろう。

四　保元以後の死罪

さて保元元年（一一五六）の保元の乱後、死罪が復活したのは、諸書にいう通りであり、『兵範記』七月二八、三〇日条には、斬罪に処せられた人々の名が記されている。

彼らはいずれも武士であった。というのも閏九月八日、勅使を石清水八幡宮に遣わし、この乱について報告

し、神助を謝した後白河天皇の宣命に、

其外党類、或仰二刑官一弖召捕倍、或帰二王化一志弖来服須。即令三明法博士等勘二申所当罪名一爾、拠無首徒律、各可レ処二斬刑一之由乎奏世利。然而殊仁有レ所レ念、右近衛大将藤原兼長朝臣以下十三人乎波、一等減弖、遠流罪爾治賜布、合戦之輩、散位平朝臣忠貞以下二十人乎波、考二古跡於弘仁一倍、訪二時議於群卿一弖、且法律能任爾、処二斬罪一世利

（『石清水文書』一九）

とある。崇徳上皇側に付いて敗れ、捕われたり、降服してきた人々の罪名について、明法博士に勘申させたところ、斬刑に処すべしとの奏上があった。しかし結局、右大将藤原兼長以下一三名については、一等を減じて遠流とし、平忠貞以下二〇人の「合戦の輩」については、弘仁の先例を考え、群卿の意見を求め、法に従い、斬罪に処した。合戦に参加したかどうかによって、死罪の適用・不適用を区別し、ダブル・スタンダードを成立させたのである。ごく大雑把にいえば、公家には死罪は適用されず、武士にのみ適用されることになる。ただし公家でも合戦に参加した場合、死罪を免れない。

保元の乱では二〇名が死罪になったが、その後死罪はどうなったのだろうか。石井良助は「弘仁元年に藤原仲成が誅された後は、朝廷ではたとえ死刑を判決されても、別勅をもって一等を減じて、遠流に処する旨の慣例を生じ、後白河天皇の保元元年に、藤原通憲の請により、源為義等にこれを科するまで、二六代三四六年間、実際上、死刑が執行されることがなかったのである」と述べている[7]。この文章を読んで保元の乱以後は、死罪が全面的に復活したと理解するのは、さほど不自然ではない。この叙述は鎌倉幕府の斬刑に連なっているから、なおさらである。そして鎌倉時代における公家法については、一顧だにされていない。

実は「死罪之条、我朝不レ行之法也。（中略）我朝之法、莫レ過二遠流之刑一」（『玉葉』建久二年四月二六日条）とあるように、鎌倉時代になっても、公家法では遠流が最高刑であって、死罪は行われていない。そして保元の乱

における死罪の復活は、その後公家間ではむしろ否定的に評価されているのである。すなわち慈円は「死罪はとゞまりて久く成たれど、（中略）行はれにけるを、かたぶく人もありけるにや」（『愚管抄』巻五、二二五頁）と保元の死罪復活に対して非難が存在したことを指摘しているし、九条兼実は「我朝不レ行二死罪一之故也。保元有二此例一。時人不二甘心一」と保元の措置に対する否定的な世論の動向を指摘している（『玉葉』文治元年四月二一日条）。したがって「合戦の輩」のみに死罪を適用するという案は、保元の乱後にのみ行われた措置であり、永久的な原則とはならなかった（但し「合戦の輩」にのみ死罪を科する考え方は、後世に一定の影響を及ぼした）。保元以後といえども、公家法では死罪は全面的廃止の状態が続いたのである。

しかし、死罪の廃止は公家法のみであった。当時幕府や諸寺社は独自の法規範をもっており、幕府法はもとより、寺社の法でも一般に死罪は廃止されていなかった。そして公家法は武家・寺社等の法に対して、必ずしも上位規範としての優越性を保っていたとはいえず、幕府や寺社の要求を容れ、公家法の原則を維持し得ない場合もあった。

文治元年（一一八五）壇ノ浦の合戦で捕われた平宗盛の措置について、後白河法皇の諮問を受けた右大臣九条兼実は「被レ仰二追討之由一、可二梟首一之由、雖レ無レ疑、為二生虜一参上、其上可レ賜レ死之由、難レ被レ仰。我朝不レ行二死罪一之故也。保元有二此例一。時人不二甘心一。仍今度、無二左右一、可レ被レ処二遠流一也」（『玉葉』四月二一日条）と述べている。宗盛のような「合戦の輩」であっても、捕虜となった以上、死罪を課することは出来ないとし、遠流が適当としている。前述のように、保元の前例は否定され、「我朝不レ行二死罪一」の原則が保たれているのである。

宗盛はやがて四月二六日、京都に護送され、明法博士は「前内府父子（宗盛・清宗）并家人等、可レ被レ処二死罪一」との勘文を提出した（『吾妻鏡』）。勘文が死罪としても、罪一等を減じて遠流とするのが、公家の処断の通例であり、ここまでは公家の慣例通りに進行していた。ところが頼朝は吉田経房を介して奏聞し、宗盛を鎌倉に招くこと、死罪に処することについて、勅許を得たという（『吾妻鏡』五月一六日条）。公家の原則は、頼朝によって簡単に覆されたのである。(8)

重衡は兄の宗盛よりも早く、元暦元年（一一八四）二月、一ノ谷の合戦で源氏方に捕えられ、鎌倉に送られた。南都は焼き討ちをした重衡の身柄の引渡しを幕府に強く求めた。その結果、翌文治元年六月、重衡は護送されて泉木津辺で斬られ、首は奈良坂に懸けられた（『玉葉』二三日条）。衆徒が斬首するのは、僧徒としてふさわしくないから、武士に斬らせたというのは真実であろうが（『延慶本平家物語』一一―三六）、仏敵を斬首するのは、寺院では違法ではなかったのである。

建久二年（一一九一）、延暦寺と近江の佐々木氏との間に紛争が発生した。延暦寺の千僧供荘である佐々木荘に、日吉社の宮仕法師数十人が押し寄せ、未済の千僧供料の納付を求めた。三月二九日、彼らは下司佐々木定綱の宅に放火した。定綱は京都で勤務中であったが、子の定重は怒って宮仕を傷つけた（『玉葉』四月二日、『吾妻鏡』四月五日条、『牒状類聚』元徳三年七月日延暦寺衆徒申状）。

「賜㆓定綱并子息等於衆徒之中㆒、於㆓七社之宝前㆒、可㆑問㆓子細㆒」（『玉葉』四月六日条）とあるように、山王七社の社前で糾問するためとして、延暦寺は定綱・定重父子の身柄引き渡しを求め、四月二六日、衆徒は日吉の神輿を奉じて内裏に押し寄せた（『百練抄』『玉葉』）。朝廷では「縦不㆑行㆓斬刑㆒、於㆘給㆓其身㆒之条㆖者、同㆓死罪㆒。仍都以不㆑可㆓裁許㆒。凡於㆓件刑法㆒者、嵯峨天皇以来停止之後、多経㆓年代㆒。仍不㆑致㆓裁報㆒」（『吾妻鏡』五月八日条所収四月二八日後白河法皇院宣）との態度をとっている。身柄の引き渡しは死罪と同じことになるが、死罪は嵯峨天皇以来停止されており、許容できないというのである。「今所㆓申請㆒死罪也。重衡卿、依㆑滅㆓亡南都㆒、身雖㆓公卿㆒、不㆑遁㆓斬刑㆒。定綱欲㆑滅㆓亡叡山㆒。其品不㆑及㆓重衡㆒。早可㆑被㆑行㆓死罪㆒」と延暦寺はいう。南都を滅亡させた重衡は公卿でありながら斬刑を免れなかった。それよりも身分の低い定綱が比叡山を滅ぼそうとしているのだから、死罪は当然だとするのに対して、摂政九条兼実は「死罪之条、我朝不レ行之法也。准二申重衡等之例一、已以勿レ論」（『玉葉』四月二六日条）と応じた。本朝に死罪はない。重衡を引き合いに出すなど論外だと応じている。結局、四月二九日、定綱父子四名の流罪、郎等五人の禁獄で決着を見た。延暦寺側も衆議一同したという（『玉葉』四月二九日、『百練抄』三〇日、『吾妻鏡』五月八日条）。延暦寺衆徒の圧力に耐えて、朝廷側は「我朝不行死罪」の原則を守りきったのである。

　ところが罪名決定以前に定綱が逐電し、恐らく関東に赴いたのである。『玉葉』は四月二六日早旦とするが、『吾妻鏡』ではすでに一一日条に逐電の記事が見える。だから頼朝に命じて定綱を引き渡させなければ、どうにもならない。延暦寺の圧力を受けた朝廷では、四月二六日「仰二前右大将源朝臣并京畿諸国所部官人一、宜レ令レ搦二進其身一」という宣旨を出して、定綱の身柄を搦め進めるよう命じた（『吾妻鏡』五月八日条）。しかし頼朝の方は必ずしも定綱を庇護しようとはしていないのである。

　頼朝は早くも四月一六日、梶原景時を上洛させ、定重らについて「罪科無レ所レ遁者、早可レ被レ行二其科一」と奏上した。鎌倉を訪れた延暦寺の使者に対しても、「定綱狼逆、不レ能二左右一。争遁二重科一乎」とし「可レ召二賜定綱於大衆之中一之由、分明之裁断」とあるように、定綱引渡しを約束した。また「定二罪科一、触二頼朝一者、不レ顧二先例一、可レ行二斬罪一」と意志表示している（『吾妻鏡』四月一六日条、五月三日源頼朝書状、『玉葉』五月一日条）。即ち定綱の罪科を認め、朝廷の処罰を承認し、定綱を大衆に引き渡すことを約束し、斬罪までも承認しているのである。

　朝廷が死罪を承認しなくても、延暦寺が幕府と交渉し、佐々木の引き渡しを受け、斬罪に処することは、困難ではなかった。結局犠牲になったのは、直接当事者であった佐々木定重である。『吾妻鏡』五月二〇日条によれば、梶原景時の奉りにより、定重は近江辛崎辺で斬られたとあり、前掲『牒状類聚』所収の延暦寺衆徒申状によれば、「引二向面於七社之社壇一、於二愛智川原一、被レ処二斬刑一訖」とあり、愛智川原で処刑されている。

五　専修念仏停止令

安楽・住蓮に対する死罪の執行者、場所について『法然上人絵伝』巻三三は藤原秀能、六条川原とし、『拾遺古徳伝絵』巻七は二位法印尊長、近江国馬渕とする。しかし前縷のように、公家法で当時死罪の執行はないのが原則であり、念仏を非難した南都北嶺といえども、念仏僧の死罪を要求したことなどなかったのである。『明月記』建永二年（一二〇七）正月二四日条には「去比聊有二事故一云々其事已非レ軽、又不レ知二子細一、不レ及レ染レ筆」とあり、事件は暗々裏に処理されたのである。二月九日条には「近日只一向専修之沙汰、被二搦取一、被二拷問一云々。非二筆端之所レ及一」とあり、過酷な取り調べの行われたことがわかる。しかし、安楽らの処刑については何も記していない。『明月記』や『百練抄』に記すところがないのも、この処刑が、公的な手続きを経て執行されたのではなく、留守中の不祥事件に激怒した後鳥羽上皇が行った私刑であることを裏づけている。藤原秀能は後鳥羽上皇によって、和歌所寄人に任ぜられ、歌人としても知られ、安楽処刑の五年後、建暦二年（一二一二）正月三日、後鳥羽が生母七条院の押小路殿に御幸したさいに従った検非違使の中に、北面・五位である秀能の名が見られる（『業資王記』）。尊長は承久の乱では後鳥羽方の中心人物の一人である。いずれも後鳥羽の側近であり、意を受けて、リンチを執行する人物としてはふさわしい。

最後にこの事件に関係して、専修念仏停止令が出されたとされている。しかし『明月記』『愚管抄』、それに『法然上人絵伝』にさえ、そのような記述は見られない。この点について先学の研究は触れるところが少ない[9]。『歴代皇紀』巻四に「承元二(元カ)年二月廿八日、僧源空配二流土佐国一、住蓮・安楽等死罪。是依二一向専修停止一也」

とある。この文章は配流・死罪が一向専修停止の原因であるともとれ、逆に一向専修停止が流罪・死罪の原因であるとも取れる。いずれにせよ、南北朝時代以後に記された年代記の記述を決定的な証拠とすることはできない。

念仏停止令の史料的根拠を明らかにしたのは平雅行である。[10] 次の官宣旨がそれである。

(A)左弁官下　綱所

応丁下二知諸寺執務人一令丙糾乙弾専修念仏輩甲事

右、左大臣宣、奉レ勅、専修念仏之行者、諸宗衰微之基也。仍去建永二年春、以二厳制五箇条裁許官符一、施行先畢。(中略) 宜下仰二有司一慥令中糾弾上、若猶違犯之者、罪科之趣、一同二先符一。(中略) 兼又、諸寺執務之人、五保監行之輩、聞知而不レ言、与同罪、曾不二寛宥一者、宜承知、依二宣旨一行レ之。

建保七年閏二月八日　　太史小槻宿禰　在判

平は右の建永二年春の「厳制五箇条裁許官符」こそが念仏停止令であると見、さらに、

(B)建永二年丁卯二月、念仏の行人に下さるゝ宣旨云、顕密両宗、焦二丹府一而嘆息、南北衆徒、捧二白疏一而欝訟。誠是可レ謂二天魔障遮之結構一。寧亦非二仏法弘通之怨讎一乎云々

(『法然上人伝記(九巻伝)』巻六上、上人被下向配所事)

の「顕密両宗」以下を宣下の一節とし、「極めて厳しい内容」であり、「専修念仏は公的には存在を許されない異端として位置づけられた」と結論する。しかし、このような重要な結論を導くには、史料的根拠は薄弱といわざるを得ない。

(A)は立正大学日蓮教学研究所編『昭和定本日蓮聖人遺文』(第三巻、二二六七頁)に収められており、「念仏者令追放宣旨御教書集列五篇勘文状」という約二〇通の中に含まれているが、序によればこのように整理したの

は日蓮であり、日蓮は称名の行の停廃を志して、念仏者追放に関する宣旨・御教書等を集録したという。この序自体の吟味も必要であるが、念仏に対する非難に満ちた、この史料集の信憑性もまた検討の余地がある。この文書には一見して気づくような欠陥は見られないが、当時「綱所」がこのような機能を果たしていたとは思われず、「諸寺執務人」も見慣れない用語である。

次に(B)であるが、これが後世の法然伝にしか見られず、しかも文書の一部の片言しかわからないのは、史料的価値に若干の疑問を抱かせる。さらに念仏の行人に下された宣旨だというが、宣旨・官宣旨が念仏の行者宛に出されたりするだろうか。

実は私がこの時期に念仏停止令が出された可能性を感じた最大の理由は、『明月記』建永二年正月二四日条に「専修念仏之輩停止事、重可二宣下一云々」との推測があることであった。しかし停止令発布の根拠とされる史料は、いずれも信憑性に疑問の持たれるものである。それらの史料に対する私の疑問も決定的とはいえないが、少なくとも念仏停止令が出されたという断定には躊躇するものがある。

『愚管抄』巻六では、法然の入滅を記した後、「猶その魚鳥女犯の専修は、大方えとゞめられぬにや、山の大衆をこりて、空あみだ仏が念仏をいちらさんとて、にげまどはせなどすめり」(二九五頁)と記している。建永の「法難」の一〇年後、建保五年(一二一七)、専修念仏僧空阿弥陀仏が、九条油小路の堂で、四八口の徒党を集め、四八日の称念を行った。山門の衆徒はこれを怒り、後鳥羽上皇に訴えたが、制止してくれなかったので、実力行使に出ようとしたため、念仏衆は本尊四八体を抱いて逐電したという(『仁和寺御日次記』三月一八日、『明月記』三月二九日条)。『明月記』には「訴訟申二仙洞一、無二御制止一」とあり『愚管抄』には「大方えとゞめられぬにや」とあるが、思うに後鳥羽は一貫して念仏を制止しなかったのではなかろうか。そう考えた場合、特別の事情があったとしても、建永二年にだけ念仏停止令が出されたとは考えにくいのである。

さてこのように、念仏者が斬られたのは、風紀に対する後鳥羽の私怨が原因であり、念仏停止令も出されたとはいえない。法然の配流について、今回は扱う余裕がなかったが、事実として疑う余地がないとしても、事情・背景については検討の余地があるであろう。そのように考えると、「建永の法難」とは一体何だったのだろうか。

注

(1) 拙著『日本史の快楽』(角川ソフィア文庫、二〇〇二年、七七頁。初出、講談社、一九九六年)。
(2) 田村円澄は徳大寺公継が音声に優れており、住蓮・安楽の六時礼讃・引声念仏に重要な役割を果たしたと推定している(『法然とその時代』法蔵館、一九八二年、四五頁)。
(3) 赤松俊秀「法然と専修念仏」(赤松監修『日本仏教史』Ⅱ、法蔵館、一九六七年)四三頁。
(4) 平雅行『日本中世の社会と仏教』(塙書房、一九九二年)三一六頁。
(5) 赤松「愚管抄の再検討」(宮崎円遵博士還暦記念会編『真宗史の研究』永田文昌堂、一九六六年)一〇頁。赤松は安楽らと事を起こした二名の女官の一人は道助法親王(仁和寺の御むろ)の母、今一人が伊賀局だとする。赤松はここでは伊賀局と道助の母とをあげているが、後の注(2)の論文では伊賀局だけになっている。
(6) 注(4)平前掲書、三二六頁。
(7) 石井良助『刑罰の歴史』(明石書店、一九九二年)七二、八六頁。
(8) 拙稿『鎌倉・室町幕府と朝廷』(拙著『日本中世国家史論考』塙書房、一九九四年、三〇七頁。初出、『日本の社会史』3、岩波書店、一九八七年)。
(9) 田村『法然上人伝の研究』(法蔵館、一九七二年)、『法然』(吉川弘文館、一九五九年)は触れず、注(3)赤松前掲論文(四三頁)、赤松『親鸞』(吉川弘文館、一九六一年、一一五頁)は専修念仏は停止されたとするが、史料的根拠を示さない。赤松には典拠史料の信憑性についての疑問があったのかもしれない。
(10) 注(4)平前掲書、二八九頁。平松令三『親鸞』(吉川弘文館、一九九八年)も「厳制五箇条官符」によって、専修念仏の禁止を命じたとする(一五一頁)。

鎌倉後期の禅宗と文芸活動の展開

芳澤　元

【要旨】　近年、国家と宗教の関係解明という巨視的課題をうけ、中世後期の禅宗史研究も進展しているが、「五山文学」研究はこの傾向とはいささか距離がある。その一因は、従来の宗派史的な縦割りの理解、作品鑑賞的な見方にある。文芸といっても、実際に禅僧の社会活動でも応用される多様なものであり、その範疇は広くとってみる必要がある。ゆえに禅林文芸も歴史的事実や時代背景と関連づけるべき問題と考え、小稿ではその一試論として、その始期である鎌倉後期に注目した。

蘭渓道隆は禅僧の文芸活動を誡め参禅修行の徹底を主張したが、実態は、むしろ蘭渓の原則論は少数派であり、禅林文芸は当初から発展の兆候を見せていた。また、鎌倉幕府の保護により鎌倉禅林の生活が充実すると、入門希望者の殺到、人口増加を惹起するが、禅林ではその対策として一三〇〇年前後、幕府の政策路線をみながら、定員制限・人材確保をかねた入門試験として作詩作文が公認された。これは蘭渓道隆の文芸否定の路線とは大きく異なるもので、これ以後、禅林は作詩作文に秀でた人材の教育機関の性格を一層強め、諸活動に従事する基盤を形成したとみられる。

次に、文化交流の面から禅林文芸の受容の幅について検証した。唐物贔屓の高揚のなか、他宗の僧侶との交渉における書画詩偈の往来、着賛の依頼などから、禅林文芸が社会的に認知された様相がわかる。世俗の諸宗帰依や宗教的形勢のなか、仏事の運営のみならず文芸活動を積極的に展開することで、禅林は中世社会のなかに定着した。鎌倉後期の禅林文芸は、単なる室内文芸の範疇におさまらず、交流のなかで世俗社会からの様々な要求に応え、文化面から禅宗発展の一翼を担ったのである。

はじめに

近年の仏教史研究における一つの傾向として、中世後期の「国家と宗教」の関係解明という問題関心が軸となっており、個別研究が積み重ねられ、いま急速に進展している。中世後期の禅宗に関する研究も、こうした傾向をうけて活発化している。たとえば祈禱・仏事法会の体系(1)や、禅院東班衆の経済活動(2)、対外交渉における役割(3)など多様な社会活動の実態が次々と解明されてきている。

こうした研究の活況のなか、禅林の文芸活動、いわゆる「五山文学」の問題が扱われることはあまりなく、歴史学において当該分野の研究は不振の状況にある。

古くから「五山文学」に関する論究は多くある(4)。その傾向の一つとして、作品の内容が宗教的か純文学的かを基準に、「五山文学」の歴史を時代区分して理解する視点がある。そこでは後者を宗教的堕落とみ、前者より一段劣るかのような論調である。蔭木英雄(5)も、作品の読解を試みながら、基本的にこの路線を継承している。

一方、玉村竹二(6)は、表現形式上の分類、法脈上から系譜の整理を行ったうえで、「五山文学」の成立・発展・衰退までの沿革を概括している。また玉村の論旨は、同時期の中世ヨーロッパの文芸復興と比較し、時代が下るにつれ、宗教的作品より純文学的作品が増加するという見通しをたて、中国士大夫層の教養という点に禅林文芸の評価軸をおくところに特徴がある。この視点は、対外関係史の研究(7)でも継承され、日本の上流階級に受容されたものとしている。

以上の研究状況をみると、およそ研究は人物評論、もしくは作品鑑賞の域にとどまっている点に気づく。作家の個性や法脈を重視した玉村の論述(8)も、日常の詩会や漢詩の贈答など、禅僧の宗派を越えた横の関係性までは十分視点がいたっておらず、必ずしも全体に及ぶ議論にはなっていない。そもそも禅林文芸を一概に文学性・宗教性で二者択一して、一種のデカダンスとして評論する方法にも疑問がある。最大の問題点は、そうした分析が歴史的事実や時代背景と連関されていないことであろう。かかる研究現状にある「五山文学」は、まさに「学界の孤児」[9]なのであり、昨今の研究動向でもふれられることは少ないのである。

「五山文学」の始期[10]である鎌倉後期には建長寺が創建される。従来これは密教味のない大陸風の本格的な「純粋禅」受容の画期とされてきたが、近年「純粋禅」の概念は見直しを迫られている[11]。初期の禅林文芸は宗教的性格が強く健全であるという先行研究の指摘は、座禅に専念することを最善とする「純粋禅」の概念と、同根の問題といえよう。また最近、積極的に「五山文学」研究に取り組む国文学の分野[12]では、主に中世後期を対象としており、鎌倉期に関しては手薄である。このように、「五山文学」の問題を解明し、鎌倉後期の禅宗の動向、時代背景と関連づける作業は必須である。問題の性質上、歴史学の立場からアプローチすべき点が、少なからず残されているのではあるまいか。

こうした文芸の問題を、歴史上の問題としてどう位置づけていくべきか。黒田俊雄[13]によると、中世仏教の芸術は僧房草庵の生活から創造されたもので、「五山文学」も「かりに限られた禅林のなかでのあだ花であったとしても僧院の文芸として把握する観点によってはじめて中世文化史のなかに位置づけることができるのである」（傍点＝原文）と、その可能性を示している。

無論、文芸活動の基点は僧院の生活にあるが、こと禅林の場合でいえば、一口に文芸といっても、実用面では実に多様であることに注意しなければならない。日常的に鍛錬された文芸の才が、仏事法語をはじめ、入寺疏・幹縁疏など人事・経済に関する四六駢儷文、外交文書や図像賛など、中世禅林の多方面で機能したことからすれば、社会の諸勢力との関係構築にも役立ったはずである。また、作品から禅僧の意識・思想の発露を見出し、禅宗の思想面を分析するうえでも好素材となる。

このように、文芸面の日常性と多様性を分析することは、中世禅宗の総体をみるうえで重要な視点となろう。これは、「五山文学」の範疇に関わる大きな問題であるが、今後、中世禅林を中心に発展した漢詩文を基軸とし、その周辺部をも視野に入れ幅広くとらえなければ、日本禅宗の展開過程、社会情勢と連動する部分は見えてこないと考える。昨今の研究動向とは別の角度から、中世社会と宗教・文化の問題を深める可能性を秘めているのである。

そこで本稿では、鎌倉期禅林の文芸活動の発展過程や、人的交流・受容の様相といった側面を明らかにし、その歴史的背景・意味を検討する。この作業は、中世後期の禅宗の展開と文芸の問題を考えるための土台づくりでもある。

なお、以下、『五山文学全集』は『五山全』、『五山文学新集』は『五山新』と略称する。引用史料の返り点、傍点、傍線は私に付した。

一　鎌倉期禅林と文芸

1　鎌倉期禅林の文芸認識

鎌倉時代の代表的な禅僧、とくに円爾・蘭渓道隆・兀庵普寧には、参禅修行と関係のない偈頌や四六文の作成を誡める傾向がみられるという(14)。その実態について、鎌倉の禅林を例に見てみよう。

建長寺を草創した渡来僧、蘭渓道隆（一二一三～七八）は、修行僧が風雅本位の四六文に興じ、公案の作成に関しては他人の語録に頼ることを、行禅の妨げになるとして危ぶんでいる。

予或時、巡寮密察、多是、安㆓筆硯於蓆上㆒、執㆓旧巻於手中㆒。機縁公案裏、纔有㆓風月之句㆒。便抄㆓入私冊子中㆒、以為㆓自己受用之物㆒。（中略）看㆓人語録並四六文章㆒、非㆓但障㆑道、令㆓人一生空過㆒。(15)

蘭渓は『大覚禅師遺誡』にも、「参禅学道者、非二四六文章一。宜レ参二活祖意一。莫レ念二死話頭一」[16]と記しているが、逆に建長寺周辺に、公案作成にまぎれ風月の作詩を楽しむ禅侶が存在したことがうかがえる。建長寺が創設された段階から、蘭渓の意図とは裏腹に、禅院寮内では作詩作文、語録通読の風潮が広まっていたのである。

この点は、作詩作文の実態面を概観すれば自ずとわかる。たとえば、文永四年（一二六七）に来朝した大休正念（一二一五～九〇、臨済宗仏源派）は、北条時宗が作った白楽天の長篇の漢詩に和韻している[17]。無学祖元（一二二六～八六）も、建長寺方丈の得月楼で白楽天の画像に着賛しており[18]、鎌倉禅林で唐詩が盛んだったことがわかる。禅林では梅の画題も好まれ、画賛や作詩がなされたが、そのさいに必ず登場するのが宋代屈指の詩人林和靖（林逋）である。日本では、大休正念が初めて林和靖をふまえた梅樹詩を詠んでいる[19]。この林和靖にちなんでか、室町期には草庵や邸宅の庭前に梅を植樹して漢詩や連歌を作ることが定着しており[20]、後世の文芸にも影響を与えたと思われる。

また、室町時代に屏風絵の画題として大流行する瀟湘八景の漢詩も鎌倉後期、大休正念のころから確認できる[21]。これは、いうまでもなく中国湖南省の洞庭湖にある八景勝であり、日本にも著名な山水画の一つとして受容され、名所史跡にも擬似化されたものである[22]。日本僧でこの洞庭湖の風景を実見したのは、北条氏出身とされる無象静照（一二三四～一三〇六）だが、八景としては詠んでいない[23]。鎌倉末期になると、瀟湘八景の偈頌を作り、自らの山水趣味について明確に語る禅僧も登場してくる。左は、大休正念の門弟、秋澗道泉（一二六三～一三二三）が、瀟湘八景の賛詩の末に付記したものである。

余有下愛二山水一之癖上也。因題二八景一、以呈二同窓一云「和尚此境未レ経、徒思レ之、不可也」。余云、「汝生二和国一、法而弄二三十一字一。試問、吉野・立田《龍田》・松嶋・末松山等之勝幽尽之　主尊《ママ》　明堂《ママ》、不レ遑二萬機一。夫豈自　畔《ママ》牧之事哉。其趣間見二于高吟一者歟」。彼無言而退。余一笑而已。同レ志友于レ共遊二心於茲一、是乃為レ幸。[24]

ここで秋澗が「余有下愛二山水一之癖上也」といっているように、当時、蘭渓が誡めたのとは逆に、文雅趣味の傾向が禅林に拡大していたことは明らかである。さらに、「同レ志友于レ共遊二心於茲一、是乃為レ幸」ともあり、文雅サークル「友社」の集いもみられ、禅林を中心に複数の人間が文壇を形成する動きがあったものと推察される。このように、鎌倉後期、蘭渓以後の代表的な渡来僧はみな、瀟湘八景賛など「純文学的」な作例を多数残しており、こうした文芸は着実に日本に浸透していた。これが「純粋禅」の象徴とされてきた鎌倉禅林の実態であった。

禅宗は「不立文字」の言葉にあるように、文字言語によらず仏法を説くことを真髄とする宗教として知られる。先の遺誡を見ても、蘭渓はまさに、禅の一大スローガン「不立文字」の原則を厳守しようとしたといえる。しかし、右に確認した禅林文芸の実態を見れば、その原則は当初から破綻しており、禅林の統一見解ではなかったといわざるをえない[25]。蘭渓が強調する原理原則、「不立文字」の徹底は、思想としては高次的かも知れないが、禅林に共通理解があったわけではなく、その浸透過程からすれば、実に現実離れした構想だったのである。

2　禅院入門と詩文作成

禅林の文芸愛好の傾向は、建長寺の草創から半世紀の間に一層進展した。そのなかでも画期と思われるのが、一山一寧（一二四七～一三一七）の鎌倉下向である。正安元年（一二九九）に来日した一山は、伊豆幽閉を解かれたのち、建長寺ついで円覚寺に入った。その名声を聞きつけて雲集した掛搭《かた》（禅院への入門）希望者四〇人に対し、偈頌作成の試験を課したというのである。そのなかにいた、若き龍山徳見（一二八四～一三五八）は、みごと縄床の偈を作り及第したという。

時一山寧国師、自二南朝一来。（中略）師（龍山）往参レ之。時同覓二掛搭一者四十余員。一山、開レ場選レ之、指二縄床一云「請二題レ此作一レ頌好則与二汝掛搭一」。師把レ筆立写。占魁四十人之最。国師称レ善、遂容二一単於堂中一。[26]

この一山による作頌試験の実施については、先行研究も注目しており、典拠史料を逐一明示してはいないが、室町時代の五山文学隆盛に意味をもったと評価している。[27] だが、この一山の行履は、同じ渡来僧でも先の蘭渓道隆の目指したところとは全く異なるものであり、一山前後の状況を整理したうえで評価すべきであろう。その実態・背景についても、単に文芸面の評価にとどまるものなのか否か、より深く考えるべき問題を孕んでいる。

掛搭前に偈頌を作成する風儀の詳細は不明だが、中巌円月（一三〇〇～七五）は次のように記している。

夏（正和二年）、於二寿福一未レ得二掛搭一。在二浩玄山主房一、往二来師寛通円首座寮一、読二諸家諸録（語イ）一、雖レ未レ曾（会）二得禅意一、然略弄二語話一。時嶮崖（巧安）和尚、退二聖福席一、客二亀谷（寿福寺）一、作二頌二首一。諸方名勝、競和二其韻一。予十四歳、敢用乃押二寄意一。嶮崖甚喜、而語二建長仏燈（約翁徳倹）一。燈亦以二年少一故為レ異也。[28]

弱冠一四歳の中巌が、寿福寺に掛搭を許されるべく腐心したのは、「禅意を会得」することではなく、語録の通読と偈頌作成の訓練であった。「浩玄山主」や「師寛通円首座」は未詳だが、彼らの僧房や首座寮が掛搭試験の学習教室として活用されたのであろう。また、臨済宗仏源派の嶮崖巧安（一二五二～一三三一）が、筑前聖福寺から寿福寺に入って偈頌を作ったさい、「諸方名勝」が競って和韻するなど、偈頌作成が活発化していた点も注意される。一山以後も鎌倉禅林では掛搭試験が継続したのである。

このように、一四世紀初頭には禅院掛搭にあたり、禅の奥義の究明よりも文芸の鍛錬が優先される傾向があったが、当時の掛搭の実態とは、いかなるものであったのだろうか。

一山の鎌倉下向と同じ時期の南禅寺では、亀山院が貴種の子弟が権勢を誇り住持になることを禁じ、長老職には「器量卓抜、□（才智兼全）」の人物を望んでいる。[29] のち南禅寺に入った渡来僧、清拙正澄（一二七四～一三三九）

も、推挙状を持って掛搭を求める僧が日本禅林に多いことを批判し、南禅寺の侍者寮の壁に牓（壁書）を掲示し、叢林の引き締めを行っている。[30] さらに清拙は、掛搭後、入門僧が住持に謝詞として「試レ頌試レ詩試二文章一」ことも定めている。[31] 掛搭前の作頌試験とは異なる内容ではあるが、作詩作文が礼儀作法の一つとして取り入れられたのである。清拙による掛搭の取締り、作詩文の作法は、まさに亀山院が望んだ「器量」「才知」に合致するものであった。

ところで、当時の元朝禅林では、泰定元年（一三二四）ごろから、行宣政院の脱歓答剌罕《トゴンダルガン》と禅僧笑隠大訢が連携し、堕落した当時の仏教界を引き締めるべく、くじ引きによる公平な住持選定を実施し、[32] 一方で『敕修百丈清規』を編纂するなど、さまざまな角度から寺院改革を試みていた。清拙の来朝はまさにこの時期であり、彼の清規励行や掛搭の取締りからは、元朝の寺院改革の影響がうかがえる。つまり、元朝禅林の退廃を知る渡来僧たちが、日本禅林の資質向上のために考案した手段とは、偈頌の入門試験や礼儀作法への活用であり、[33] 東西の禅林における文芸興行は、それぞれ檀越の意思に適うものでもあったと推測されるのである。これらの施策をみても、蘭渓の文芸否定論が、寺院秩序の是正には役立てられなかったことがわかる。

3　禅林の人口増加と生活空間

次に、掛搭僧への作頌試験が実施されるにいたった、日本の具体的な事情や背景についてみてみよう。

まず、禅林の人口増加という根本的な問題がある。禅院の規式類から定員数についてみると、たとえば東福寺では、建長二年（一二五〇）に一〇〇人と定められた住僧が、暦応三年（一三四〇）には三〇〇人に拡大し、円覚寺でも、乾元二年（一三〇三）二〇〇人だった定員が、嘉暦二年（一三二七）には二五〇人に増えている。[34] 実際には定員数以上の住僧が溢れたのであり、禅院の外で夜行・他宿する僧侶も現われたのである。[35] 膨れ上がった禅林の人口は、自然、居住空間の拡張を余儀なくした。円覚寺では住僧の増加を見込み、第二の僧堂「正法眼堂」が増築されるなど、鎌倉後期には禅林中枢部である僧堂の収容人数を越える僧衆が存在したと指摘されている(36)。

禅林に入門を希望した者のなかには、所領を失った御家人もいた。たとえば、嘉元四年（一三〇六）中巌円月が掛搭を求める直前の寿福寺に、将軍の勘気を蒙った葦名次郎左衛門入道忍性が、放埒の乞食の体で諸国を流浪した末に入寺したという話がある(37)。これ以前に建長寺でも同じケースがみられる(38)。当時、没落武士が禅林に流入した一因には、御家人出身僧の、顕密仏教界での昇進の限界があろう(39)。このように、鎌倉後期の禅林には、中巌のような若い掛搭僧のみならず、遁世の流浪御家人まで流入した。住僧の数の問題は、掛搭の制限を必然化するものであった。

また鎌倉禅林は、人口増加だけでなく、住僧の資質の面でも問題を抱えていた。円覚寺などの禅林は幕府から高い生活水準を保証されていたが(40)、次の史料からは、その豪奢な生活ぶりに投げかけられた批判がうかがえる。

……如㆓貴書（比叡山）云㆒、禅侶中、或乖㆓戒律㆒、好㆓名利㆒、不㆑顧㆓国家之費㆒、課㆓威儀法則㆒、致㆓華美過差㆒之族、甚非㆓要枢㆒乎。所㆑挙過悪、皆在㆓不律之邪輩㆒歟。凡濫㆓如来之法服㆒、而犯㆓如来之重戒㆒者、制㆑之国家有㆓刑憲㆒。律㆑之叢林有㆓規矩㆒。能依㆓禅律之法式㆒、罰㆑一戒㆑百、則、信者遷㆑善消㆑罪、真者悟㆑心証㆑聖。……(41)

この史料は、無象静照が、文永九年（一二七二）朝廷に禅宗興隆を非難する書を捧げた比叡山衆徒(42)に対して、反論を書き朝廷に奏上したものの一節である。傍線部からは、叡山側の禅宗批判の対象が、戒律に背いて名利を好み、国家の費えを顧みぬ華美な禅僧であることがわかる。これに対して無象の側は、かかる「不律之邪輩」は禅林の枢要ではなく、「禅律之法式」に則りこれを誡めるものであると反駁している。鎌倉禅林に入門を求め来る者のなかには、禅院の豊かな生活を当てにする「不律之邪輩」といった有象無象も確かに存在したのである。

禅院への掛搭の許可について、嘉暦二年（一三二七）当時の得宗北条高時は円覚寺に発した法式のなかで、「僧侶掛搭事」について、「談二合寺家行事一、可レ入二法器之仁一也」[43]と定めている。掛搭は、寺家上層部と幕府の行事の談合で決定されるもので、鎌倉幕府の禅宗寺院政策の基調をなす重要事項であるが、これは、亀山院が南禅寺長老に「器量卓抜」を期待したのと共通する。鎌倉後期の禅林は、人口増加や驕慢な貴種・破戒僧など、住僧の数・質に問題を抱えていたのである。

こうした事情から、鎌倉禅林では人口超過を防ぎ、「不律之邪輩」を退ける入門審査が必要となり、幕府と禅林長老に「法器之仁」と認められなければ掛搭は叶わなかったのである。右の掛搭の規定には「法器之仁」の具体的な判定基準はみられず曖昧だが、先にみたとおり、作詩作文の「才知」が禅林入門のうえで重視され、礼儀作法ともされたのである。

従来、禅僧は律僧と共に遁世僧といわれ、葬送や勧進活動を通して、世俗社会を補完する役割を担ったとされてきたが、以上みてきたように、禅僧の文芸活動もその社会的役割の一つとしてとらえるべきではあるまいか。禅林の文芸興行は、掛搭試験・礼儀作法による禅林構成員の資質向上や、禅林の学問体系、外交僧・留学僧を輩出する基盤を形成した。作詩作文の「才知」が、「法器之仁」を求める世俗権力の期待に応えるものであったことからも、禅宗は自らを展開させていくうえでのツールとして文芸を意識し、日常的に鍛錬に励み、社会に発信していったといえる。禅僧といえば漢詩の文才が自明視されがちだが、鎌倉後期には、文芸は単なる教養や趣味としてだけでなく、世俗権力の寺院政策に応え禅林を活性化させる手段としても意識されていった。その意味で、一山や清拙らが来朝する前後では、禅林文芸がもった意味には大きな差があるのである。

ここで、本節の検討の結果をまとめておく。日本禅林では、建長寺が開創された当初から、中国趣味に満ちた文芸活動が盛んで、蘭渓道隆の文芸否定論は少数派であった。この間、幕府の保護を享受した鎌倉禅林の生活の充実により、僧俗から多数の入門希望者を招来した。これは掛搭定員・人口増加に直結する問題で、鎌倉幕府にとっても懸案の一つであった。その対策として、一三〇〇年前後、元朝の渡来僧により詩偈が入門試験・礼儀作法として利用され、禅林構成員の資質向上が図られた。この施策は、同じく出世入寺が問題化していた元朝禅林の寺院改革の影響が考えられる。このように、鎌倉末期までには、明確に語録・偈頌の学習が要求され、必然的に禅林で作詩作文の能力が育成されていったのである。(44)

二、禅林文芸の受容と文化交流

前節では、掛搭の審査が禅林文芸の発展を促したことを明らかにした。そこで本節では、視点を少し変えて、掛搭における作詩よりも日常的な文芸活動をとりあげ、漢詩文を読解しながら禅林文芸の禅林外での受容の実態と社会的意味について考える。そのなかでもとくに、他宗僧侶との文化交流の実態という横軸に注目したい。

1 禅僧と他宗僧侶の交流

他宗僧侶のなかでも、最も明確にやりとりが確認できるのは、鎌倉の律僧の事例である。詩画軸の贈答、寿像への着賛などが数例みられる。たとえば一山一寧が、金沢称名寺の長老審海の寿像に着賛した話はよく知られているが、(45)『渓嵐拾葉集』(46)に掲載される両者の問答の様子からもわかるように、強い精神的つながりがみられる。この他、弘安一〇年(一二八七)一〇月には、称名寺円運が禅の得悟の道程を図示した「十牛図」の「頌」を所持していた例もある。(47)このように、鎌倉律僧は禅の教理に関心をもっており、それを背景にして禅僧と文芸面でも交流していた。

また律僧以外の僧侶に対しても、ごくわずかだが漢詩の贈答が確認される。

遊梅（海カ）辺逢教僧　　海辺に遊び教僧に逢う
逶浦遥投江上寺　　浦を逶り遥かに投ず、江上の寺、
楼頭鐘動夕陽微　　楼頭の鐘動き、夕陽、微かなり。
主僧迎客話平昔　　主僧、客を迎え、平昔を話《かた》る、
只恨茶無趙（趙州）老機　　只だ恨むらくは、茶、趙老の機なきことを。(48)

これは、表題から、秋澗道泉が海辺で出会った「教僧」の寺に招かれ、その礼に作った詩と思われる。前半で海浜の寺の情景、後半で「教僧」のことを詠んでいる。四句目は、唐代の禅僧趙州従諗の「喫茶去」という、茶に関わる場面では必ず引用される著名な禅語をふまえたものであるが、外出中の秋澗に茶を出して応接した「主僧」は「教僧」以外におらず、「教僧」に趙州のような禅味はないという意味合いをもつ。返礼にしてはいささか皮肉に過ぎる内容だが、秋澗と「教僧」が「平昔」を語る間柄であったからこそ、かかる漢詩を作ることができたともいえる。たとえば、『野沢血脈集』（『真言宗全書』三九巻、三八九～三九〇頁）によると、秋澗は、醍醐寺の隆勝・隆舜(49)から東密報恩院流の血脈相承をうけている(50)。後述する天台僧との交信など、秋澗の交遊関係をみても、この「教僧」は顕密僧と考えて差し支えあるまい(51)。また、この漢詩を贈られた「教僧」に、禅の知識がなければ、こうした知的・文化的な交渉は成立しなかったであろう(52)。これが、平時における禅僧と他宗の僧侶の関係の一側面であり、両者の間で書画詩偈を介した交流が日常的に存在した。

ここで参考にしておきたいのが、秋澗道泉の事蹟である。秋澗の語録には北条貞時や得宗被官との関係を示す記事が数点収録されているが、次に引用する祭文には、これまで十分解読されてこなかった、禅僧秋澗の知られざる経歴の一端が示されている。

……於レ是、別来数年、各天千里。雖レ欠ニ目撃之歎一、天有レ鴈江有レ鯉。尺書同風、傾ニ倒心氏一。[a]不レ図

永仁丙申（四年、一二九六）之秋、余隠二桑梓一。両山密迩、尓汝相二忘一馬一指一。尚所レ恨者、単円二台嶺教一、未レ咨二曹渓旨一。[b]丁酉（永仁五年、一二九七）春三月、自鞭議二羞恥一、一朝遽来告二其所以一。泉（秋澗）也重激発、俾レ不レ滞レ于レ此。遂入二東山（東福寺）大爐鞴一、百煉千煅。其罷前之所レ謂台嶺教・曹渓旨、餅（餅）盤釵釧、鎔成二一金一而已。虎而翅レ之、尽レ善尽レ美。[c]窃喜三余之有二古風一、指三夾山（善會）兮見二船子（徳誠）一。将レ謂二借光隣壁一、光耀二余之陋鄙一。……(53)

○一馬一指＝万物に是非の差別がないこと（『荘子』斎物論）。**○曹渓**＝曹渓山宝林寺にいた禅宗の六祖慧能の法流。**○爐鞴**＝師の接化の道場。**○夾山兮見船子**＝夾山善会と徳誠（薬山惟儼の法嗣）の問答。**○餅盤釵釧鎔成一金而已**＝「酥酪醍醐攪為二一味一、缻盤釵釧鎔成二一金一」の略。各種ある乳製品や金製品が撹拌して一味一金となるように、いずれも皆同一の意（『禅源諸詮集都序』裴休序文）。

永仁四年（一二九六）当時、秋澗は東福寺聖一派の白雲慧暁に参禅していたが、その年の秋、故郷備中国に隠遁し、そこで現地の天台僧とおぼしき勝鬘寺和尚某と親密に交流し[a]、その翌年春には、東福寺に戻り天台の教理と禅の宗旨を兼学したという[b]。この関係から秋澗は勝鬘寺和尚のために祭文を作ったのである。ただし、勝鬘寺和尚自身は、秋澗に「尚所レ恨者、単円二台嶺教一、未レ咨二曹渓旨一」と評され、天台のみを学び禅は兼修しなかったようである。その一方で、禅宗に関する知識はあったらしく、禅僧夾山善会と徳誠の逸話に譬えて秋澗の「古風」を賞賛したという[c]。

秋澗と天台僧の関係、前述した秋澗と「教僧」の関係をみるかぎり、禅僧や顕密僧の交流は、必ずしも諸宗兼修など思想的な融合を媒体としているわけではない。無論、参禅する顕密僧もいたが(54)、諸宗間の文化交流に関していえば、多少の教学的見識の差を問題とせず、それとは別の関心もあって成り立ったのではあるまいか。

禅僧の日本の仏教諸宗への関心という点でみるならば、無住『雑談集』の一節が注目される。それによると、「宋朝ハ戒律・真言ノ行法ハスタレタリト云ヘドモ、道心アリテ坐禅工夫ノ人多シ。（中略）日本ノ僧、坐禅工夫ノ人スクナシ。真言ノ行法ナドハ随分ニ当代モ有レ之」(55)とあり、当時、持戒・密教修法を修める僧侶の多い日本に対し、大陸ではそうした戒律・真言の行を行う僧が少なく衰退していたという。

こうした状況から、「唐僧無学長老等、律僧ヲ貴ヒテ在世ノ如ク被レ申ケルトカヤ」(56)とあるように、無学祖元ら渡来僧は日本の律僧に接近したとされる。一山一寧は、中国の儒家・詩人、上宮太子や北条時頼・貞時のほか、弘法大師の偈頌を残している。(57)鎌倉後期の渡来禅僧には、大陸で廃れつつあった戒律・真言の僧を敬慕する傾向がみられる。また、宋元代の天台は分裂状況にあり、自派発展をめざし禅や念仏と結ぶ派も実際にあったとされる。(58)一山一寧も、中国では応真律寺・延慶教寺・杭州集慶院などで戒律天台を学んでおり(59)、事実、大陸でも禅・天台・念仏などの宗派間で交渉があったのである。

2　禅林文芸の価値と大陸趣味

一方、大陸志向の風潮が広まり、唐物の受容が拡大する。こうしたなか、京都・鎌倉の禅林諸老宿が作成し、寿福寺にいた一山が序跋をつけた雪達磨の軸が、極楽寺の律僧某の手に渡っていたという話がある。のちに義堂周信は、これを四貫文の値で律僧から買い取り珍蔵したという(60)。

また、雪達磨軸が作られた後、これに加えて雪布袋軸も製作された。当初、正順首座なる禅僧が、臨済宗聖一派の南山士雲（一二五四～一三三五）に賛を入れてもらったが、後になって南山が中国僧でないことを嫌い、軸装を改めて、「勅書」により、雪達磨の軸と同様、一山に筆をとらせている。

……話及二雪達磨之作一。因出以観レ之、二友(林翁如春・無外円方)拍レ手而□(日カ)、是乃寿福寺所レ謂雪達磨之(ママ)雪布袋之作也。雪中偶有二少年両佳衲子一。為レ之戯。遂分二閑闘勝作一、欲レ成レ軸。雪達磨先成、一山国師書如レ此。雪布袋後成。正順首座者、断レ指以覔二書於南山和尚一。而後、又嫌三其非二唐人一、而改レ軸、以二勅書一命二一山一書レ之。其布袋軸装等、皆為二人所一レ奪。今文字僅存。在二建長薬上主所一云々[61]。

この軸が製作された鎌倉末期当時、日本僧よりも中国僧の筆になる序跋に価値が見出されていた。しかも、一山に執筆を要請するに当たっては、「勅書」[62]まで出され、挙句の果てに軸装は剥ぎ取られるという始末であった。当時の唐物贔屓のありようが垣間見える。その後、雪布袋の軸は建長寺に、前の雪達磨の軸は律院極楽寺に伝わったとされる。この伝来は、単に禅・律の親密さという以上に、大陸文物に関心をもつ律僧側の思惑が大きく働いているとみるべきであろう。このように、鎌倉後期には、唐物を貴ぶ社会風潮のなか、一山一寧のような渡来僧が賛をした書画が商品的価値を帯び、それをめぐる生々しい競合があったのである。

極度の唐物贔屓の傾向は必ずしも歓迎されず、「唐土舟のたやすからぬ道に、無用の物どものみ取積みて、所狭く渡しもて来る、いと愚かなり」(『徒然草』第一二〇段)と、貿易船・舶来品の往来に眉をひそめる者もいた。また『日吉山王利生記』(第二)は、南都北嶺の衰退・禅宗の興隆をさし、「わが朝も年月を追て、和国の風俗をばさしおきて、人の姿ふるまひより遊戯にいたるまで、からやうとて貴賤上下これをまなびいとなむ」[63]と記し、唐様の流行は、「和国の風俗」、神明の霊験に適わず、仏法を衰亡に導くと主張している。神明の加護がないという点は、禅宗批判の典型となっている(『野守鏡』下)。

こうした事態を想定してか、鎌倉後期の禅林長老は、日本の禅僧がみだりに中国趣味に浸ることを控えるよう説いてもいる。たとえば一山一寧は、第一節でみたように、作詩作文の風潮を認知する一方で、「近時此方庸緇、噪然例レ入二元土一。是遺二我国之恥一也」[64]として、大陸かぶれの禅侶を誡めている。一山のこうした発言が、のちに虎関師錬が日本初の仏教史書『元亨釈書』を執筆する契機となるのである。清拙正澄の『大鑑清規』においても絶えず「日本様」「唐様」の間で苦慮した痕跡が多々みられる。無住も、栄西門流が「一向ノ唐様ヲ行ゼラレズ」、表面で真言、内で禅を修めたことを、「国ノ風儀」に背かないためであると理解している[65]。仏事の面でも、彼岸上堂など「日本国風俗」に適合する工夫がされた(66)。

禅僧の大陸趣味の抑制という点では、文芸面でも一つの特徴がみられるようになる。たとえば、先に雪布袋の書を抹消された南山士雲は、円覚寺一一世住持だった嘉暦四年（一三二九）秋、沙弥尼思心の求めに応じて「熊野権現影向図」（京都・檀王法林寺蔵）に着賛している。

投レ誠遠詣二熊野山一、尊相高顕紫雲瑞（端カ）。
満レ路萬人都不レ見、有二此一類一得二拝観一。
須レ信下百年夢破後、必随二三尊一向中西還上。
正知楽邦不レ在レ外、只在二衆生正念間一。
住円覚沙門士雲、敬為二沙弥尼思心一賛。巳（己）巳孟秋(67)

禅宗と熊野信仰の関係については専論があり、臨済宗法燈派と勧進聖・山伏・熊野比丘尼との交流が指摘されているが(68)、この沙弥尼思心も、念仏系の比丘尼であろう(69)。南山の熊野権現図賛は、鎌倉末期の段階で禅僧が大陸絵画・禅画以外にも画賛を依頼された点で見逃せない。禅僧はこうした依頼に応じるべく、禅のみならず神仏習合や日本の宗教界に関する知識も必要とした。何より室町期を待たず、禅僧のもつ知識や作文能力の社会的受容が高まっていたことは重要である。熊野信仰の唱導・喧伝のため南山に着賛が要求されたことは、禅宗が「和国の風俗」に順応して唐様一辺倒を克服し、単なる「異国の宗教」から脱皮するうえで強みとなったであろう。

なお、岩佐美代子(70)によると、佐渡島配流中の京極為兼（一二五四～一三三二）が、「瀟湘八景和歌」を製作したという。だとすれば、宋元の漢文学・水墨画は禅宗と別次元でも受容されたことになる。また当時、瀟湘八景が和歌形式に翻案されるまでに浸透し、消化される段階にあったといえる。

このように、鎌倉後期以降、禅宗は日本の仏教諸宗や宗教界にも関心を寄せ、文芸活動などさまざまな局面において、日本の実情に適応しようとしていたことがうかがえよう。ただ、日本僧俗の要請もあり、以後も大陸文物を介在させた協調関係の維持を必要とし、そのなかで画賛の依頼も増加していったのである。

3　禅林文芸の受容の意義

他宗の僧侶同士の文化交流を後押ししたものを考えるさい、世俗権力側についてみると、近年仏教史の研究で論題となっている諸宗共存の問題があろう(71)。たとえば、北畠親房が「国ノ主トモナリ、輔政ノ人トモナリナバ、諸教ヲステズ、機ヲモラサズシテ得益ノヒロカランコトヲ思給ベキ也(72)」というように、国家を治める君主たる者は諸宗兼学に努めるべきであるとする、「王法」と「仏法」の根源的な意識があった(73)。

従来禅宗との関係ばかりが注目されがちだった東国鎌倉の武家社会の場合も、実際には禅宗と密教はセットで受容している例が見出せる。たとえば、得宗被官中原政連は、出家の北条貞時に対して、「密法歴二次第一至二灌頂一、宗門積二座禅一及二見性一(74)」と進言しており、出家した北条得宗が修めるべき行として、第一に密教の伝法灌頂、第二に座禅による見性成仏が想定されている。また、元弘三年（一三三三）武蔵国の御内人加治家定の追善板碑には、無学祖元が蒙古兵に向かって唱えたという臨剣頌と、三尊（大日《アーク》如来・明王《ウーン》・阿弥陀《キリーク》）の阿字が刻まれており(75)、追善供養のレベルでも、禅・真言・念仏を合わせた効験が期待されている。このように、北条得宗・御内人ら鎌倉武士は、「一切の沙門をば、よきあしきところにいろ（綺）はずして、生身の仏とおがみ申こそ、善をこのむ人にて候はんずれ(76)」という意識のもと、自身の救済、己自究明、追善供養などのため諸宗に帰依していた。

こうしたなかで、禅宗の仏事法会が新たに受容された要因は何か。近年、精力的に禅宗仏事の実態を解明する原田正俊の研究(77)を参照すると、たとえば、葬送における荼毘や遺骨の受入が注目される。顕密僧と異なる死穢を無視した仏事運営は、数ある禅宗式仏事のなかでも特徴的である。また、供養法会として知られる施餓鬼（水陸会）は、禅林では毎年七月の盂蘭盆と結びつき、祖先追善の供養仏事として一般化したという。定着はおそらく南北朝期以降であろう。[78] また本稿の主題にそくしていえば、年忌供養の場そのものを格調高く荘厳する肖像画（頂相）や膨大な仏事法語の製作も無視できない。要するに禅宗は、手薄な仏事に力を入れ、あるいは祖先追福の儀礼と融合することで、世俗権力に好まれ受容されたのである。

ただ、世俗権力が一宗のみを偏重せず仏教諸宗を共存させ、これらを合わせた功徳を期待したとすれば、いかに禅宗式の仏事や祈禱が魅力的だったにせよ、諸宗を併置する以上、世俗側にとっては相対的なものとなる。それでは、禅宗が中世社会に展開する戦略として、国家的仏事とは別に、いかなる分野にねらいを定めたのか。

その一つが、禅林の文芸活動にあるのではなかろうか。第一節でも説明したように、鎌倉禅林では作詩作文を重視し、掛搭制限と人材確保を行ったが、これは幕府の禅院政策とも歩調を同じくするものであった。時代はだいぶ下るが、弘治二年（一五五六）結城政勝が制定した分国法にも、禅寺とおぼしき下総国の「公界寺」につき、「まことも後生も知らず、五言の句をも不レ及二分別一体之者、結句檀那にかたうち（片落）なる出家、更ニ何之用たるべく候」[79] とあり、俗人が子弟を入寺させるさい、漢詩の素養が要求されている。ここに明らかなように、漢詩文作成の能力は、後世まで世俗権力が禅僧に求めた機能なのであった。無論、禅宗の場合も、檀越に対し祈禱・仏事法会を定期的に行い、世俗権力との関係を構築した。だが、祈禱観をめぐる他宗との軋轢・対立[80]を考えれば、宗教観の問題・紛争になりにくい分野で、[81] かつ僧俗の興味を惹き、何といっても自分たちの独壇場であるという点から、禅宗は文芸活動を前面に出し、檀越や他宗僧侶と渡り合っていくうえでの媒体にしたと考えるのである。[82]

前述のように、禅僧の画賛が求められる様相をみても、鎌倉末期段階から、禅僧の職能の一つとして着賛などの文芸活動が社会的に認められていたことになるのである。つまり禅宗は、諸宗と併置され競合する仏事法会の運営や、得意分野である漢詩文中心の文芸活動など、それぞれの場を使い分け、中世社会にはたらきかけたのである。

以上のように、世俗の諸宗帰依のあり方、宗教的形勢のあるなかで、禅宗は日本の僧俗がもつ大陸文化への関心をみながら、中世社会で協調し生存していくための能力として、禅林文芸を社会に発信し、宗教的・文化的な活動の場を拡大しようとしたといえる。

おわりに

以上、迂遠になったが、禅林文芸を中世社会とくに鎌倉後期の社会のなかでどうとらえるべきか、一考を付した。要点は各章の末尾および冒頭の要約に示したとおりである。鎌倉後期の禅林では渡来僧を中心に、日本の社会情勢を意識し、日本の仏教諸宗とも協調を図りつつ、日本禅林の社会的地位を向上させるべく、漢詩文を利用した人材育成を行い、さまざまな社会的要請に応えるべく文芸活動を展開していった。従来、蘭渓道隆の建長寺草創は、宋朝風「純粋禅」の拠点として、禅宗の展開の礎として評価された(83)。しかし蘭渓が主張した「不立文字」の徹底、文芸否定論に象徴される「純粋禅」論は、実態とあわず、机上の空論といわねばならない。嘉元三年(一三〇五)成立の『雑談集』は、「律僧・禅僧ノ世間ニ多クナリ侍ル事、ワヅカニ五十余年也」(84)と記す。これは、蘭渓の建長寺草創から一山の入門試験実施までの五〇年とほぼ一致する。鎌倉後期の禅林文芸が、文化面から禅宗の展開に果たした役割は、見過ごせないのである。

なお本稿は、室町期に隆盛する禅林文芸の前段階、禅林周辺の日常の実態解明に重点をおいたこともあり、禅僧と世俗権力との文芸交流まで十分論が及ばなかった。禅宗の展開と文芸活動の関連、その社会的意味も含めて、今後より詳細に解明すべき課題である。

斎藤夏来[85]は、入院法語の検討を通して、五山官寺制度を武家政権の「文化的装飾」とする見方を相対化し、禅僧入院に関する中央と地方の合意形成の下、禅僧の存在意義が何であったかを改めて問題視している。本稿でみたように、鎌倉後期以降、禅僧たちが作詩作文能力の育成を強めたとすれば、五山官寺体制の展開や幕府・地域権力の政策などといかに関連するのか。中世後期の五山官寺の展開、社会進出の具体的過程を考える手がかりとなるかもしれない。

注

（1）原田正俊①「五山禅林の仏事法会と中世社会――鎮魂・施餓鬼・祈禱を中心に――」（『禅学研究』七七号、一九九九年）、②「中世の禅宗と葬送儀礼」（『前近代日本の史料遺産プロジェクト研究集会報告集二〇〇一―二〇〇二』東京大学史料編纂所、二〇〇三年）、細川武稔「禅宗の祈禱と室町幕府――三つの祈禱システム――」（『史学雑誌』一一三編一二号、二〇〇四年）。

（2）今谷明『戦国期の室町幕府』（角川書店、一九七五年）、川本慎自「禅僧の荘園経営をめぐる知識形成と儒学学習」（『史学雑誌』一一二編一号、二〇〇三年）、竹田和夫「公家領と五山僧」（『五山と中世の社会』同成社、二〇〇七年、初出一九八六年）。

（3）鎌倉期の研究では、川添昭二「鎌倉仏教と中国仏教――渡来禅僧を中心として――」（『対外関係の史的展開』文献出版、一九八八年）、同「鎌倉末期の対外関係と博多――新安沈没船木簡・東福寺・承天寺――」（大隅和雄編『鎌倉時代文化伝播の研究』吉川弘文館、一九九三年）、伊藤幸司「中世日本の港町と禅宗の展開」（歴史学研究会編『シリーズ港町の世界史③港町に生きる』青木書店、二〇〇六年）ほか。

（4）鷲尾順敬『鎌倉武士と禅』（大東名著選31、大東出版社、一九四二年、初刊一九一六年）、上村観光「五山文学小史」（『五山文学全集』第五巻、五山文学全集刊行会、一九三六年）、北村澤吉『五山文学史稿』（冨山房、一九四一年）、芳賀幸四郎「五山文学の展開とその様相」（『国語と国文学』三四巻一〇号、一九五七年）。

（5）蔭木英雄『五山詩史の研究』（笠間書院、一九七七年）。

(6) 玉村竹二『五山文学　大陸文化紹介者としての五山禅僧の活動』(日本歴史新書、至文堂、一九五五年)、同「史料よりみたる五山文学」(大東急記念文庫公開講座講演録『五山の文芸』大東急記念文庫、一九八五年)ほか。

(7) 村井章介「渡来僧の世紀」(『東アジア往還　漢詩と外交』朝日新聞社、一九九五年、初出一九九二年)、同「日元交通と禅律文化」(『日本の時代史10　南北朝の動乱』吉川弘文館、二〇〇三年)。

(8) 河合正治『中世武家社会の研究』(日本史学研究叢書、吉川弘文館、一九七三年)は、守護大名と禅僧の文化交流についても注目しており、参考になるところが少なくない。

(9) 蔭木英雄『義堂周信』(日本漢詩人選集3、研文出版、一九九九年)二六二頁。

(10) 注(4)上村前掲論文、大村豊隆「宋元代来朝僧と鎌倉禅——五山文学の淵源をめぐって——」(『東北福祉大学論叢』一〇号、一九七一年)ほか。

(11) 大塚紀弘「中世「禅律」仏教と「禅教律」十宗観」(『史学雑誌』一一二編九号、二〇〇三年)、和田有希子「鎌倉中期の臨済禅——円爾と蘭渓のあいだ——」(『宗教研究』七七巻三号、二〇〇三年)、高柳さつき「日本中世禅の見直し——聖一派を中心に——」(『思想』九六〇号、二〇〇四年)ほか。

(12) 堀川貴司「瀟湘八景詩について」(『詩のかたち・詩のこころ　中世日本漢文学研究』、中世文学研究叢書12、若草書房、二〇〇六年、初出一九八九年)、中本大「画題を端緒とした五山文学研究の可能性——「郭子儀」関係画題をめぐって——」(伊井春樹先生御退官記念論集刊行会編『日本古典文学史の課題と方法　漢詩和歌物語から説話唱導へ』、研究叢書310、和泉書院、二〇〇四年)。

(13) 黒田俊雄「中世仏教と文芸・美術」(『黒田俊雄著作集』第三巻　顕密仏教と寺社勢力、法藏館、一九九五年、初出一九六七年)。

(14) 蔭木英雄「五山文学の源流——大休・無学を中心として——」(『国語国文』四一巻七号、一九七二年)。

(15) 『大覚禅師語録』巻下、普説(『大正新修大蔵経』八〇巻、七八頁bc)。

(16) 『大日本仏教全書』第九五冊、一一二頁。

(17) 『念大休禅師語録』偈頌雑題「和下守殿示至白居易長篇韻以自見上意」(『大日本仏教全書』第九六冊、一五〇頁)。

(18) 東京国立文化財研究所美術部・情報資料部編『日本絵画史年紀資料集成』No.133(中央公論美術出版、一九八四年)。

(19) 注(14)蔭木前掲論文、『念大休禅師語録』題序跋雑記「題二水墨梅花枕屏後板一」(注17前掲書、一七四頁)。

(20) 有岡利幸『梅　Ⅰ』(ものと人間の文化史92—Ⅰ、法政大学出版局、一九九九年)二二三～二二五頁。

(21)『念大休禅師語録』偈頌雑題「瀟湘八景題居後」(注17前掲書、一四五頁)。
(22)注(12)堀川前掲論文。
(23)『法海禅師無象和尚行状記』(『続群書類従』第九輯上、三六七頁)。無象が洞庭湖を探訪したのは、渡宋中の宝祐五年(一二五七)秋のことである。
(24)『秋澗録』巻下「瀟湘八景」(『五山新』巻六、一〇五頁)。
(25)蘭渓は他人の語録を読むことも誡めたが、同じ渡来僧である無学祖元ですらこれに反し、臨済宗楊岐派の松源崇岳の語録を読んでいる。『仏光国師語録』巻二「読二松源語一」(『大正新修大蔵経』八〇巻、一四四頁c～一四五頁a)。
(26)『東海一漚別集』所収「真源大照禅師行状」(『五山新』巻四、五六一頁)。また、『一山国師語録』巻上「建長寺語録」にも、「因江湖兄弟呈レ頌求二挂搭一上堂」とあり、建長寺に掛搭を求めて偈頌を示したさいの上堂説法の様子がわかる(『大正新修大蔵経』八〇巻、三一五頁a)。
(27)玉村竹二「北条貞時の禅宗帰嚮の一断面」(『日本禅宗史論集』下之二、思文閣出版、一九八一年、初出一九六五年)、西尾賢隆「元朝国信使寧一山考」(『中世の日中交流と禅宗』吉川弘文館、一九九九年、初出一九九〇年)。
(28)『仏種慧済禅師中巌月和尚自暦譜』正和二年(一三一三)条(『五山新』巻四、六一三頁)。
(29)永仁七年(一二九九)三月五日付「亀山法皇宸翰禅林禅寺祈願文」(桜井景雄・藤井学編『南禅寺文書』上巻二号)。なお、是澤恭三『書と人物第一巻 天皇・宮家』(毎日新聞社、一九七八年)三六頁も参照。
(30)『大鑑清規』叢林細事「侍者寮牓」。『無規矩』坤「跋二禅居老人所レ書南禅侍者寮牓後一」(『五山新』巻三、一七五頁)。『大鑑清規』は尾崎正善「翻刻・聴松院蔵『大鑑清規』」(『鶴見大学仏教文化研究所紀要』五号、二〇〇〇年四月)によった。
(31)同右『大鑑清規』、尾崎翻刻(一四四頁)。
(32)野口善敬「元代禅門の苦悩――笑隠大訢における宗門改革への挑戦――」(『元代禅宗史研究』禅文化研究所、二〇〇五年、初出一九八一年)。
(33)たとえば清拙は、「金剛幢下」という偈頌作成に熱心な一派とも近く、『江湖風月集』の開版など詩文集の出版活動もしており、元朝禅林に文芸の活況をもたらした。ゆえに、積極的に偈頌を日本禅林の矯正に活かしたのであろう。
(34)禅院の定員変化については、鈴木智大「五山の僧堂における僧衆の超過」(『日本建築学会大会学術講演梗概集(関東)』F―2分冊 建築歴史・意匠、二〇〇六年)掲載の付表を参照。

(35) 永仁二年(一二九四)正月「北条貞時禅院制符」(『鎌倉市史』史料編二、円覚寺文書二五号)。なお、葉貫磨哉「武家の統制と禅林の弛緩」(『中世禅林成立史の研究』吉川弘文館、一九九三年、初出同年)二一八〜二二二頁参照。
(36) 注(34)鈴木前掲論文、原田正俊「中世五山僧の進退・成敗・蜂起」(薗田香融編『日本仏教の史的展開』塙書房、一九九九年)を参照。
(37)『中世法制史料集』第一巻鎌倉幕府法、第三部、参考資料七八条。
(38) 弘安元年(一二七八)八月一一日付「弥源太入道殿御消息」(『昭和定本日蓮上人遺文』第二巻三〇三号、一五四九頁)。
(39) 鎌倉幕府は宝治合戦以後、幕府僧昇進の推挙権を強め、御家人出身の幕府僧は、北条氏出身僧と異なり、権僧正以上に昇進した例がほとんどみえず、得宗権力に顕密仏教界での昇進を抑制されたという。平雅行「鎌倉幕府の宗教政策について」(小松和彦・都出比呂志編『日本古代の葬制と社会関係の基礎的研究』大阪大学文学部、一九九五年)、同「鎌倉における顕密仏教の展開」(伊藤唯真編『日本仏教の形成と展開』法藏館、二〇〇二年)。
(40)「円覚寺年中寺用米注進状」(『鎌倉市史』史料編二)ほか。
(41)『興禅記』(『国訳禅宗叢書』第一輯三)。
(42)『法海禅師無象和尚行状記』(『続群書類従』第九輯上、三六八頁)。
(43) 嘉暦二年一〇月一日付「北条高時円覚寺制符」(『鎌倉市史』史料編二、七五号)。
(44) のち南北朝期には、形式的な入寺疏の代用に手製の禅詩を使用するようになり、人事関係文書の文飾化も進んだ。『空華日用工夫略集』永徳二年(一三八二)二月一六日条。
(45) 伊東卓治「続寧一山墨蹟」(『美術研究』一六九号、一九五三年三月)、高橋秀榮「金沢長老と一山一寧——特に一山の審海画像着賛の機縁をめぐって——」(『金沢文庫研究』一九八号、一九七二年)。
(46)『大正新修大蔵経』第七六巻、七六二頁a。
(47) 金沢文庫所蔵禅門詩文集裏文書「円運書状」(『鎌倉遺文』二一—一六二九八、二八四頁)。
(48)『秋澗録』下(『五山新』巻六、一一二頁)。漢詩の訓読は私に付した。
(49) 隆勝は、報恩院の相承をめぐり後宇多院側の道順と対立し、北条貞時に保護を求め接近した。永村眞「醍醐寺報恩院と走湯山密厳院」(『静岡県史研究』六号、一九九〇年)ほか。
(50) なお秋澗は、鎌倉大慶寺の住持だった乾元二年(一三〇三)、「勝覚権僧正御記」なる「顕密聖教」を、師である備中国宝福寺の鉄庵慧聡から伝授されてもいる（『古書雑記』所収、永仁五年（一二九七）八月一一日付「沙門弘実書状案写・付宗恵覚書写」、近世写本）。以上、西岡芳文「尊経閣文庫所蔵『古書雑記』について」（『金沢文庫研究』二九九号、一九九七年）などを参照。

(51) 禅僧が用いる「教僧」の呼称について、注(11)大塚前掲論文（二一二頁）を参照。禅僧側は、禅院・律院と同じく、天台真言・浄土宗の寺院を「教院」と呼ぶが、顕密僧の側は自称しなかったという。なお、天台律の光宗も、天台・真言などを「教家」と呼ぶ（『溪嵐拾葉集』禅宗教家同異事、『大正新修大蔵経』第七六巻、五三〇頁c）。

(52) 鎌倉の律僧の場合は、実際に禅籍を書写して禅の知識を摂取しようとしていたことが確認できる。一例をあげれば、極楽寺亮順は、禅籍『仏法大明録』の和文解説書である『明心』という書物を書写している（奈良国立博物館『特別展　金沢文庫の名宝――鎌倉武家文化の精華――』二〇〇五年）。

(53) 『秋澗録』巻中「祭粟山勝鬘寺ーー和尚文」（『五山新』巻六、八八頁）。

(54) 法相宗・華厳宗・天台宗における禅との融合の動きについては、原田正俊「『天狗草紙』にみる鎌倉時代後期の仏法」（同『日本中世の禅宗と社会』吉川弘文館、一九九八年、初出一九九四年）一三一～一三三頁参照。

(55) 『雑談集』巻五「上人事」（山田昭全・三木紀人校注『中世の文学　雑談集』三弥井書店、一九七三年。以下テキストは同書）。

(56) 同右、『雑談集』巻五「上人事」。

(57) 『一山国師語録』巻下「賛仏祖」（『大正新修大蔵経』八〇巻、三三〇頁a）。なお、一山の学問上の弟子である虎関師錬にいたっては、真言八祖・天台八祖すべての偈頌を作っている。『済北集』巻五　偈賛之一（『五山全』巻一、七五～七八頁）。これについては、大屋徳城『日本仏教史の研究』三（大屋徳城著作選集第四巻、国書刊行会、一九八八年、初刊一九二八年）四五〇～四五三頁参照。

(58) 大野栄人「天台宗山家派と禅宗との交渉」（鈴木哲雄編『宋代禅宗の社会的影響』三喜房仏書林、二〇〇二年）。

(59) 「一山国師妙慈弘済大師行記」（『続群書類従』第九輯上、三八七頁）。

(60) 『空華日用工夫略集別抄』応安八年（一三七五）三月六日条（『大日本史料』第六編之四五、二二〇～二二一頁）。なお翻刻は、玉村竹二「空華日工集考（上）（下）――別抄本及び略集異本に就て――」（『歴史地理』七四巻五・六号、一九三九年）を参照。雪達磨の他、雪仏（無学祖元『仏光国師語録』巻二）、雪獅子（南浦紹明『大応国師語録』）、雪布袋（規庵祖円『南院国師語録』）などの偈頌があり、渡来僧の作例が目立つ。

(61)『空華日用工夫略集別抄』同三月二三《ママ》日条。
(62)この「勅書」については未詳。後宇多院の可能性もある。なお、一山は南禅寺赴任（一三一三）から没年（一三一七）まで京都に居住し、南山は東福寺赴任（一三一〇）から寿福寺入寺（一三一四）まで在京している。よって雪布袋軸一件は、正和二年（一三一三）から翌年の間のことと推測される。
(63)『神道大系』神社編二九　日吉、六六〇頁。
(64)『海蔵和尚紀年録』正安元年（一二九九）条（『続群書類従』第九輯下、四六三頁）。
(65)『沙石集』巻一〇末ノ一三「臨終目出キ人々ノ事」（小島孝之校注『新編日本古典文学全集』52、小学館、六〇三頁）。
(66)『念大休禅師語録』住寿福禅寺語録（『大日本仏教全書』第九六冊、三八頁）。
(67)注(18)『日本絵画史年紀資料集成』No.207（二〇一～二〇二頁）。なお、画賛の二句目、押韻の関係から「紫雲瑞」を「紫雲端」に改めた。
(68)原田正俊「中世社会における禅僧と時衆――一遍上人参禅説話再考――」（注54前掲書、初出一九八八年）。
(69)この影向図については、近藤喜博「熊野権現影向図説――影向と平迎と――」（『神道宗教』九〇・九一号、一九七八年）が一考を付しており、「沙弥尼思心」は武蔵国竹下氏の一族とする。
(70)岩佐美代子「八景歌考」（同『京極派和歌の研究』笠間書院、改訂増補新装版二〇〇七年、初出一九八七年）。
(71)世俗権力と諸宗共存の問題については、大田壮一郎「室町幕府宗教政策論」（中世後期研究会編『室町・戦国期研究を読みなおす』思文閣出版、二〇〇七年）が近年の研究状況もふくめ整理している。
(72)『神皇正統記』巻中（岩佐正校注『日本古典文学大系』87、岩波書店、一一六頁）。
(73)後嵯峨や花園のように、顕密僧だけでなく禅僧・律僧・念仏僧と法談・受戒したケースも知られるが、一方で、僧位僧官をもたない遁世僧との直接対面や問法は、先例不審とされ、隠密沙汰と忌避されたのも事実である（たとえば、花園院が月林道皎から受衣した例、『花園天皇日記』元亨元年一二月二五日条）。
(74)徳治三年（一三〇八）八月日「平（中原）政連諫草」（『鎌倉遺文』三〇―二三三六三、三一四頁）。
(75)千々和到「板碑発生をになった人々」（『板碑とその時代　てぢかな文化財・みぢかな中世』平凡社選書116、平凡社、一九八八年）、同『板碑と石塔の祈り』（日本史リブレット31、山川出版社、二〇〇七年）。
(76)「極楽寺殿御消息」（桃裕行『武家家訓の研究』、桃裕行著作集第三巻、思文閣出版、一九八八年、初刊一九四七年、五〇～五一頁)。

(77) 注(1)原田前掲論文①、同「中世後期の国家と仏教」(注54前掲書、初出一九九七年)。

(78) 文和三年(一三五四)一二月、足利尊氏が母大方殿の十三回忌にちなんで一切経を書写・奉納したさい、等持院で水陸供が修されたが、これは「其例稀也」とされた。『源威集』下(『大日本史料』第六編之一九、三〇六頁)。

(79) 「結城氏新法度」八七条(『中世法制史料集』第三巻武家家法I、二五〇頁)。

(80) 東寺「三宝」の一人である杲宝(『開心抄』)と夢窓疎石(『夢中問答』)の論争が著名である。両者の論戦では、修法祈禱のあり方が争点となっている。注(77)原田前掲論文を参照。

(81) なお『野守鏡』(下巻)は、日本の禅宗が平生予め作成した「辞世の頌」を末期に書いたものと称する風習を批判している(佐佐木信綱編『日本歌学大系』第四巻、風間書房、八九頁。以下テキストは同書)。

(82) 室町後期になると、施餓鬼や将軍の逆修供養の際に宴会が開かれ、そこで唐詩に興じるという事態も出来するほど、禅林文芸は爛熟していった。拙稿「室町期禅林における飲酒とその背景」(『龍谷史壇』一二七号、二〇〇七年一〇月)参照。

(83) 『野守鏡』下巻(前掲注81、九一頁)、『雑談集』巻八「持律坐禅ノ事」(前掲注55、二五七頁)。

(84) 『雑談集』巻八「有無ノ二見ノ事」(前掲注55、二四八頁)。

(85) 斎藤夏来「鎌倉後期の禅院住持職と政治権力」(同『禅宗官寺制度の研究』吉川弘文館、二〇〇三年、初出二〇〇〇年)。

後醍醐天皇の寺社重宝蒐集について

坂口太郎

【要旨】　本稿は、後醍醐天皇による寺社重宝蒐集の具体相を解明することによって、後醍醐の宗教的側面を論じたものである。かつて黒田俊雄は、後醍醐による諸寺重宝の召し上げや管理への干渉に、顕密仏教を掌握支配する企図を読み取った。しかし、黒田の見解は緻密な検討に基づくものではなく、重宝の全てが寺社勢力の統制に関わっていたかどうかも明らかではない。そこで、後醍醐の重宝蒐集の軌跡を跡付け、その特質を多角的に究明した。

まず、後醍醐の蒐集行為はすでに鎌倉末期に確認でき、さまざまな史料の検討から、後醍醐が山門前唐院の重宝や東寺宝蔵の仏舎利を隠密裏に奪取し、これらを二条富小路内裏に置いていたことが判明する。後醍醐は一時討幕に失敗し西国に滞在するが、このころ出雲杵築社や播磨書写山などの諸寺社より多くの重宝を召し上げている。建武新政期に入るや、後醍醐は東寺をはじめとする諸寺の重宝の管理に積極的に干渉するほか、四天王寺や高野山より『御手印縁起』を召し出しその模本を作成している。やがて、建武新政は、足利尊氏の離反という最大の危機を迎えるが、この時後醍醐は多くの重宝を用いて尊氏調伏祈禱を修している。しかし、建武三年正月、尊氏の軍勢は入京を果たし、後醍醐の権威を象徴する二条富小路内裏とともに数多の重宝は灰燼に帰したのであった。

以上の実態を踏まえるならば、寺社重宝の持つ意味は、黒田の指摘する対寺社政策だけにとどまらない。すなわち、重宝が政治性を帯びた修法に頻繁に使用された点は看過すべきではなく、重宝は後醍醐の直面する波瀾の政治状況と不可分の存在であったといえよう。とりわけ、後醍醐は本来一代限りの天皇であったように、正当性に不安を残す面が少なくなかった。重宝は、後醍醐の脆弱な権威を補強する役割を果たしたと考えられる。なお、付随して重宝蒐集に関与した文観ら真言僧の後醍醐観と後醍醐の自己認識、重宝が納められた二条富小路内裏について論じた。

はじめに

後醍醐天皇が、その生涯において多くの宝物を蒐集していたことはよく知られている。後醍醐は、中世の政治・文化・宗教などに大きな足跡を残した人物であるだけに、その蒐集行為は、後醍醐の個性を考える上で興味溢れる素材といわねばならない(1)。

とりわけ注目されるのは、後醍醐が多くの寺社の宝物を積極的に蒐集していた事実である。つとに黒田俊雄は、建武政権の宗教政策について論究する中で、後醍醐の諸寺の宝物に対する関心をとりあげ、これを「異常な関心あるいは執着」と評価した。そして、黒田は、後醍醐による宝物の召し上げや管理を「天子として顕密仏教を掌握支配する態度を示したもの」と位置づけ、この見解は今でも大きな影響を持っている(2)。

黒田の見解は、顕密体制論に基づいた巨視的な見地から、後醍醐の宝物への関心とその宗教政策とを不可分なものとして論じた点に特色がある。しかし、これは、後醍醐の宝物の蒐集について緻密な検討を加えた上での結論ではない。また、黒田が示した事例は断片的に過ぎず、果たして、後醍醐が関心を抱いた宝物の全てが寺社勢力の統制に関わっていたかどうかは明らかではないのである。

そもそも、権力者が自己の権威に任せて珍奇な宝物を集積することは汎時代的な現象ともいえる。重要であるのは、権力者にとって宝物がいかなる意義を有したのか、そして宝物がいかにして蒐集されたのかを、政治動向をはじめとする種々の諸状況を考慮しつつ、個々の事例に即して明らかにする作業であろう。後醍醐が行った寺社宝物の蒐集についていうならば、その輪郭は未だ漠然としており、隔靴掻痒の感が拭えない。ゆえに、第一に取り組むべきは、後醍醐による蒐集の実態を明らかにすることである。その上で、後醍醐が寺社の宝物を召し上げた背景を多角的に究明していくことが課題となる。

以上の問題関心から、本稿では後醍醐による寺社宝物の蒐集の全体像を解明したい。この作業は、「異形の王権」(3)と称される、後醍醐を取り巻く宗教環境の知られざる一面を明らかにすることにも繋がるであろう。なお、同時代史料では、宝物を指して「重宝」と呼称する例が多い。よって、以下、本稿では宝物については全て重宝と呼ぶこととする。

一　鎌倉末期における後醍醐の重宝蒐集

1　持明院統による重宝の検知

元弘元年（元徳三＝一三三一）九月二八日、後醍醐の籠城していた笠置城が陥落し、翌二九日、後醍醐は鎌倉幕府勢に捕われる。ここに後醍醐の討幕活動は挫折を余儀なくされ、幕府・持明院統は確固たる勝利を収めた。まもなく持明院統の後伏見院と花園院は、乱の事後処理に忙殺されることになるが、その一つに後醍醐が所有していた文書や重宝などの接収があった。『花園天皇日記』（以下、『花園』と略す）によって、その経過をかいつまんでおく(4)。

まず、一〇月一五日、二条富小路内裏より後醍醐の所持した「本尊」や「文書」が運び出されている。この時「宝蔵物」が多く発見されており、次にとりあげる勝光明院・蓮華王院両宝蔵の検知のきっかけとなったようである（『花園』同日条別記）。

持明院統は、一二月に入り、勝光明院と蓮華王院の宝蔵の検知を行う。まず一七日、紛失物の有無を確認するため、勝光明院宝蔵から箏・和琴・琵琶などの楽器が出され、ここでは異常はなかった（『花園』同日条）。続いて一九日、中御門為治・菅原公時が蓮華王院宝蔵に参向し、二日間にわたって箏や書籍の検知・出納にあたり、目録との照合を行った。この検知の結果、「重宝等、皆悉先帝（後醍醐）被ㇾ召之間、無二一物一云々」という驚くべき事実が判明し、花園院は「不可説〻〻〻」と嘆息している（『花園』一二月一九日・二〇日条）。後醍醐が取り出した宝蔵の収納品は、まもなくその幾つかが無事に発見されたようであり、翌年の四月一二日、再び中御門為治が蓮華王院宝蔵に派遣され、「管絃具・日記・哥草子等」が返納されている（『花園』同日条）。

このように、後醍醐は、王家の宝蔵から多くの重宝を内裏に移していた。しかも、後醍醐が集積していた重宝は王家の宝蔵にとどまらない。まもなく持明院統は、本来後醍醐が所有するはずのない大寺院の重宝を多数返納している。次にこれらの重宝の返納の経緯を辿りつつ、元弘の乱以前の後醍醐による重宝蒐集の実態に迫りたい。

2　山門前唐院経蔵重宝

正慶元年（元弘二＝一三三二）六月二六日、後伏見・花園の弟である天台座主尊円法親王が持明院殿に参入し、「先朝（後醍醐）被ㇾ出山門重宝等」を検知した。後醍醐が山門より召し上げた重宝は少なくなかったようであり、そのうち「文殊一躰五髻文珠画像、納二竹根筥一。」・「鈴一口義真和尚鈴、書二真字一。鋳二付鬼面一。」・「三衣一筥伝教大師袈裟之由、有二其説一。未ㇾ知二実説一。」が確認され、尊円は後伏見より根本中堂拝堂のついでにこれらの重宝を返納するよう命を受けている（『花園』同日条）。

尊円が拝堂のため比叡山に登ったのは、八月九日のことであった。この時の記録が尊円自筆『叡山拝堂記』一巻（以下、『拝堂記』と略す）として現存する。[5]『拝堂記』によると、一二日早旦、尊円は前唐院に入堂し重宝を経蔵に返納している。返納に先立って、尊円は大衆の懇望に応じて重宝のうち「御本尊幷御袈裟」の礼拝を許したという。この重宝返納について尊円は、「先朝（後醍醐）紛散之霊物、当　聖代（光厳）帰座之条、山門再昌之佳瑞、朝家静謐之吉兆、大衆感悦尤深。義源僧都、及二落涙一、述二称嘆之詞一。徒衆傾ㇾ耳」と記す。ここで後醍醐の召し上げについて「紛散」と批判する一方、持明院統による重宝の返納を「山門再昌之佳瑞、朝家静謐之吉兆」と讃美しているのは見逃せない。また、大衆の「感悦」も極めて深く、義源僧都（比叡山の故実に精通した「記家」の一人）などは、感涙に咽び「称嘆之詞」を述べたという。概して、山門側は後醍醐による重宝の召し上げに批判的であり、重宝の帰座に安堵の胸を撫で下ろした様子がうかがえる。

さて、『拝堂記』によると、後醍醐が召し上げた重宝は前唐院経蔵に納められたものであった。前唐院は、比叡山東塔にあった慈覚大師円仁の住坊をもとに建てられ、円仁将来の経典・図像類が納められた堂宇である（『山門堂舎記』・『叡岳要記』など）。『拝堂記』は後醍醐がいつ前唐院の重宝を召し上げたかを記さないが、『門葉記』巻一三〇・門主行状三（大乗院宮）正慶元年八月条には、「先帝《(後醍醐)》去々年臨幸之時、所レ被二召出一之霊宝等、自二仙洞《(後伏見)》一給預之間、開二両蔵一奉二返納一畢」とあり、正慶元年を遡ること二年前、元徳二年（一三三〇）三月の後醍醐叡山行幸のさいであったことが判明する。この行幸について詳しい『元徳二年日吉社幷叡山行幸記』（以下、『行幸記』と略す）によると、叡山に登った後醍醐は、三月二九日に前唐院において重宝を拝観しているが、重宝が持ち去られたのはこの時のこととみて疑いない。

『行幸記』によれば、後醍醐は、天台座主尊雲法親王（後の護良親王）・尊澄法親王（後の宗良親王）・仲円僧正・公厳法印らと共に重宝を拝観したという。両法親王はともに後醍醐の皇子であり、仲円は後醍醐の信任篤い天台僧であった。すなわち、この記事は、後醍醐による重宝の奪取が、山門内部の法親王や側近の僧侶の協力を得て行われたことを示唆する。また『行幸記』には、後醍醐の前唐院重宝に関する「御不審」に公厳が答えたことが見え、後醍醐がこれらの重宝に深い関心を寄せていたことがわかる。

前唐院に参拝した権力者が同院の重宝を取ったことは、これ以前にも確認される。たとえば、久安三年（一一四七）六月一九日、叡山に御幸した鳥羽院は、前唐院の重宝の一つ「五台山砂」を分かち取り、供奉した諸人にもこれを取るよう勧めたという（『台記』同日条）。ただし、鳥羽と後醍醐の行動は似て非なるものがある。鳥羽が砂を取っただけだったのに対し、後醍醐の奪った重宝は、天台宗の開祖最澄や初代天台座主義真にまつわる山門にとって重要な由緒を持つものであった。後醍醐は重宝の持つ歴史性を十分に理解しつつ、あえてこれを奪取したのであり、ここに重宝を己が手中に収めんとする強烈な意思を読み取ることができる。『拝堂記』に見える、重宝を取り戻した大衆の「感悦」からも、後醍醐の重宝召し上げが山門に計り知れない衝撃を与えたことがうかがえよう。

ちなみに、『太平記』巻二「南都北嶺行幸事」は、元徳二年の叡山行幸が後醍醐の討幕計画の一環として行われ、その目的は山門の大衆の掌握にあったとする。しかし、後醍醐による重宝の奪取は、大衆の心理を逆撫でするものであった。元弘の乱のさい、山門が後醍醐側にさほど尽力しなかった背景にはかかる後醍醐の強引な行動があったと考えて間違いない。後醍醐の重宝召し上げは、山門の懐柔政策と矛盾する結果をもたらしたのであり、高次の政治政策の障害となった点には注意する必要がある。

3　東寺宝蔵仏舎利

前項では後醍醐の山門重宝の召し上げをとりあげた。つづいて、後醍醐の重宝蒐集が真言密教の至宝である東寺仏舎利にも及んでいたことを明らかにしたい。

元弘二年（一三三二）二月二〇日、東寺より仏舎利・重宝を納める唐櫃が仙洞常盤井殿に運ばれ、仏舎利の勘計と奉請が行われた(6)。『花園』同日条によると、この儀式は次の事情から行われたという。

此舎利、先年盗人取二甲乙壷一以後、被レ納二一壷一。而去正月、於二真言院一、勘計之処、甲二粒・乙三粒之由、被レ注二裏紙一。件五粒之外不レ見。而内裏五節所愛染王帳前水精壷、被レ納二舎利千四百余粒一。件舎利相二具本尊等一、先日自二内裏一被レ渡之間、同被レ渡二仁和寺宮（寛性法親王）一了。而件舎利相二似東寺舎利一之由、仁和寺宮被レ申レ之。仍被レ尋二武家一之処、無二相違一。仍今日所レ被二返納一也。

東寺では、嘉暦四年（元徳元＝一三二九）六月に仏舎利を納めた甲乙の二壷が盗難に見舞われて以後、二壷分の仏舎利を一壷に納めて保管していたが、この年正月に仏舎利を勘計したところ、ほとんどが消え失せ、甲の分が二粒、乙の分が三粒確認されただけであった。ところが、二条富小路内裏から運ばれた、五節所愛染王帳前の水精壷に納められた仏舎利千四百余粒を仁和寺宮寛性法親王に渡したところ、失われた東寺仏舎利に似ているとの報告があった。そこで六波羅探題に尋ねたところ、間違いないことがわかり、この日返納されることとなったのである（なお勘計の結果、一四九九粒の仏舎利が確認され、一部が持明院統や東寺の関係者に分与された）。

さて、千四百余粒もの仏舎利が内裏五節所にあったことは、東寺側のみならず持明院統までもが知る由もない出来事であった。しかし、東寺の重宝である仏舎利が忽然として内裏に出現するはずがない。必ずや何者かの手によって東寺宝蔵から持ち去られたと見るべきである。ここで手がかりとなるのは仏舎利が安置されていた五節所である。

川上貢によると、五節所とは仁寿殿や恭礼門などに接した東西に棟の走る殿舎であったという。(7) その存在は、二条富小路内裏のモデルとなった閑院内裏にも確認される（『吾妻鏡』建長二年三月一日条）。五節所については不明な点が多いが、残された史料からその性格を検討したい。

まず、元徳二年（一三三〇）正月八日、後醍醐は、その前年盗難に遭った仏舎利・独鈷・五大尊像などを東寺に返納しているが、五節所に出御し返納の儀式を行っている。(8) また、後醍醐は禅僧の宗峰妙超を内裏に招請したさい、五節所に俄作りの法座を設け百丈禅師の頂相を懸けて法談を交わしたという（『大燈国師語録』所収「大燈国師行状」）。

さらに注目すべきことに、元徳二年一〇月二六日、文観が瑜祇灌頂を後醍醐に授けたさい、道場として使用されたのが五節所であった。かの有名な法服姿の後醍醐像（清浄光寺所蔵）は、この時の灌頂の姿を写したものである。[9]従来この灌頂については、後醍醐像の付属文書である『藤沢清浄光寺記録』が唯一の所見史料であったが、同書は近世の写であることから信頼性に疑問がないわけではなかった。しかし、近年内田啓一によって、文観の付法である宝蓮が編纂した『瑜伽伝灯鈔』に同様の記載があることが指摘された。[10]すなわち、同書巻九には、「元徳二年十月廿六日、於二御節（五）所殿一、奉レ授二瑜祇灌頂ヲ主上（後醍醐）一申。神武天皇御冠・仲哀天皇雷（礼）服着二御之一。僧正（文観）東寺相承袈裟着二用之一」とあり、五節所において瑜祇灌頂が行われたことは確かな事実である。[11]

このように、五節所は、仏舎利返納の儀式や法談・灌頂儀礼などに使用されるなど、後醍醐が頻繁に使用した宗教空間であった。先の『花園』の記事には愛染王像が五節所に安置されていたことが見えるが、後醍醐は愛染明王を崇敬していたことから、[12]これは後醍醐の念持仏であった可能性がきわめて強い。

もはや、仏舎利を五節所に安置したのは後醍醐その人であることは明らかであろう。すでに後醍醐は、元徳二年三月一一日に東寺より仏舎利三二粒を「御隠密之儀」として奉請し、「勝軍破敵御本尊」（討幕祈禱の本尊）としている。[13]後醍醐はこの奉請に続いて、討幕の祈念を凝らすべく、仏舎利の大半を密かに内裏に運ばせ五節所に安置したと思われる。東寺仏舎利の歴史の上で、後醍醐が最多の奉請数を誇ることは著名であるが、かくも非合法な手段によって仏舎利を獲得しようとした執念には驚嘆すべきものがある。

後醍醐が仏舎利を入手する上では、真言僧の協力が欠かせない。元徳年間の東寺一長者は後醍醐の側近僧である聖尋・道意らであり（『続々群書類従本東寺長者補任』元徳元年〜同三年条）、とりわけ聖尋は後醍醐の討幕計画に縁坐し遠島に処せられた人物であった（『花園』元弘二年四月一〇日条）。また、東寺宝蔵の管理は同寺の執行が掌っており、元徳年間には忠救がその任にあった。[14]このことから、後醍醐の意をうけた聖尋あるいは道意が執行忠救を動かし、仏舎利を内裏に運んだ可能性が想定される。

東寺重宝については、東寺内部の史料を材料として精緻な研究が進められている[15]。しかし、東寺内部の史料による限り、仏舎利の大半が内裏に運ばれていた事実をうかがうことはできない。我々は東寺に残る詳細な記録や目録から、重宝が厳重な管理の下に伝世したことを知るが、記録に書き留められない、後醍醐のような権力者が個々の真言僧を介して重宝を入手した事例は少なくなかったであろう。寺院内部の史料にも、一面において限界があることを銘記せねばなるまい。その意味で、後醍醐による仏舎利の掌握は、東寺宝蔵の歴史において特筆されるべき事件であった。

以上の考察から、鎌倉末期の後醍醐が山門や東寺から多くの重宝を召し上げ、内裏に置いていたことが明らかとなった。これは討幕計画の進行と軌を一にするものであり、政治状況と重宝蒐集とが密接に関連していたことを示唆する。従来、後醍醐の重宝に対する関心については、寺社統制との関わりから説かれているが、政治的観点を視野に入れてこれを論ずる必要もあると考えられる。また、東密や台密の僧侶が後醍醐の意に沿うべく重宝蒐集に協力したことは注目すべきであり、彼らと後醍醐の繋がりの深さをうかがわせる。これらの問題については第四節で改めて論究することとして、次節では後醍醐による地方寺社の重宝の蒐集について見ていきたい。

二　後醍醐による地方寺社重宝の蒐集

1　西国滞在中の後醍醐と重宝

元弘三年（正慶二＝一三三三）閏二月、後醍醐は配流先の隠岐を脱出して伯耆船上山に登り、再び活発な討幕運動を展開した。三月一四日、後醍醐は綸旨を出雲国一宮の杵築社に下して討幕の成功を祈らせているが[16]、続いて一七日にも同社に次の綸旨を下している。

為レ被レ用二宝剣代一、旧神宝内、有二御剣一者、可レ奉レ渡者、綸旨如レ此。悉レ之。

三月十七日　　　　　　　　　　　　左中将（千種忠顕）（花押）

杵築社神主館（出雲孝時）

（『出雲大社文書』。『宸翰英華』第一九〇号）

いわゆる「宝剣代綸旨」であるが、その趣旨は、三種の神器の一つである宝剣の代用品として、杵築社の旧神宝の内から「御剣」を渡すことを命じたものである。この綸旨の奉者は後醍醐の側近千種忠顕であるが、筆跡は忠顕のものではなく、後醍醐自らが筆を執った綸旨であり、後醍醐発給文書の中でも極めて特異なものであることは知られている(17)。

この「御剣」召し上げについては、隠岐配流後の後醍醐が神器を保持していなかった証左として、古くからとりあげられてきた。しかしその反面、後醍醐が神宝を要求した事実そのものに注意が払われていたとは言いがたい。

実は後醍醐による神宝の要求は、杵築社が最初ではない。すでに、後醍醐は嘉暦年間（一三二六～一三二九）に伊勢外宮より神宝の御剣二腰を召し出し、その一つ「鮒形御剣」を神体に擬えて賢所に安置している(18)。紙数の都合からこの外宮神宝召し上げの詳細については別稿に譲るが、後醍醐の重宝蒐集が伊勢の神宝に及んでいた事実を踏まえるならば、杵築社の「御剣」についても、神器の代用品目的であることに加えて、神宝蒐集の一環として召し上げられた側面もあったと考える余地がある。この「御剣」がその後いかなる運命を辿ったかについては詳らかではないが、恐らく後醍醐の手許にとどめ置かれたまま、杵築社に返還されることはなかったと思われる。

西国において、後醍醐は杵築社以外からも重宝を召し上げている。元弘三年五月、鎌倉幕府滅亡と前後して還京の途についた後醍醐は、播磨国において諸寺に行幸している。その一つである書写山円教寺行幸については、『捃拾集』（『円教寺文書』。『兵庫県史』史料編中世四）や『太平記』巻一一「書写山行幸事付新田注進事」に詳細な記述がある。

両書によると、五月二七日、円教寺を巡礼した後醍醐は、開山性空上人にまつわる多くの重宝を拝観している。『太平記』からこれらを列挙すると、「法華経一部八巻幷開結二経」・「杉の履」・「香の袈裟」・「生木化仏の観世音」・「毗首羯磨が作りし五大尊」である。また、『捃拾集』によると、寺僧は「本願《(性空)》上人御ノ仏具・遺物等」を後醍醐に献じ、後醍醐はこれを大切にしたという。

さらに『捃拾集』には、「又本願上人ノ御本尊赤旃《(栴)》檀ノ五大尊ノ像、御拝ノ之後、勅定ニ云、此ノ本尊暫ク預ケ進ランヤ哉云云。行春申云ク、不レ可レ及二子細一候云云。仍即チ御懐中畢」という注目すべき記事がある。すなわち、後醍醐は性空の本尊であった赤栴檀五大尊像を礼拝するや、これを暫く預け進めるよう寺僧の行春に命じ、行春が諾うと五大尊像を懐中に入れたというのである。預かるというものの、これは召し上げに他ならず後醍醐の要求は強引といわざるをえない。なお、この五大尊像は、『太平記』に見える「毗須羯摩が作りし五大尊」と同じものであろう。

このように、西国滞在中の後醍醐は、出雲や播磨の寺社重宝を積極的に蒐集していた。とくに、書写山行幸における重宝召し上げからは、後醍醐による寺社重宝蒐集の具体相が垣間見え興味深い。前節でとりあげた山門の重宝も同様であるが、後醍醐の重宝にはかかる寺社行幸を通して蒐集されたものが少なくなかったのである。

2　河内観心寺不動明王像の召し上げ

建武新政が始まって間もない元弘三年（一三三三）一〇月二五日、後醍醐は河内観心寺に綸旨を下し、弘法大師作と伝えられる不動明王像を召している（『大日本古文書　観心寺文書』第六号「後醍醐天皇綸旨」）。この時、河内守護の楠木正成が翌日付で観心寺寺僧方に宛てた添状には、「為二御祈禱一、御作不動可レ奉レ渡之由、綸旨如レ此」

とあり、祈禱を理由に不動像が召し出されたことがわかる（『観心寺文書』第一二三号「楠木正成自筆綸旨添状」）。

この不動像については、永和四年（天授四＝一三七八）成立の『観心寺参詣諸堂巡礼記』（龍門文庫所蔵。『河内長野市史』第四巻史料編一）に詳しい。同書によると、不動像は観心寺本堂の東脇張に安置されたもので、頭頂に蓮華を載せる通例の不動とは異なり、五弁宝珠を載せた尊像であったという。また同書には、後醍醐が文観に命じて不動像の光背と台座を除く本体部分を召し出したが、建武三年（延元元＝一三三六）に足利尊氏が京都に攻め上がり後醍醐が山門に逃れたさい、二条富小路内裏において焼失したこと、後に不動像の焼失を嘆いた後醍醐が、吉野行宮において同じ図様の尊像を造立し観心寺本堂に納めたことが見える。

さて、楠木正成の添状の末尾には、「則可レ被二返遣一候也」と不動像の早期返却がうたわれているが、実際は召し上げに他ならない。また添状には、「明後日廿八日御京着候之様、可レ被レ奉レ渡候」とあり、不動像の上洛が火急に行われたことがうかがえる。それでは、後醍醐がかかる一地方寺院の重宝の存在を知りえたのはいかなる所以であろうか。注目すべきは召し上げを沙汰した文観である。

つとに川瀬一馬は、元応二年（一三二〇）一二月、観心寺造営料所として河内国東坂荘を与える「後宇多院院宣」（『観心寺文書』第五号「観心寺領東坂荘具書案」所収）が文観に下された事実に注目し、文観と観心寺との関係の古さを指摘している[19]。おそらく文観はこの頃から不動像に関心を寄せていたのではあるまいか。内田啓一によると、観心寺の不動像は、東密系の事相書である『秘鈔口決』・『秘鈔問答』・『秘密源底口決』などに言及が見られ、駄都法（如意宝珠法）に関連してとりあげられる重要な尊像であったようである[20]。また台密の『渓嵐拾葉集』巻一〇五「仏像安置事」にも不動像に関する言及があり、弘法大師作という由緒から、中世密教において広く重視されていたことがうかがえる。

前節でとりあげた東寺仏舎利の事例から明らかなように、後醍醐は弘法大師にまつわる重宝に著しい関心を示していた。恐らく後醍醐は文観より不動像の由緒を聞き、これに対する関心を募らせたのであろう。あるいは文観が後醍醐に不動像の召し上げを進言したとも見られる。ともあれ後醍醐による召し上げの真意は、時期的に考えて建武新政の無事を祈ることに眼目が置かれていたのは間違いあるまい。

さて、後醍醐の権力が建武新政期に最も発揚したことはいうまでもない。当時の後醍醐が権門寺院の重宝に示した関心如何を究明することは、重要な意味を持つ。次節では重宝の勅封や召し出しの問題を中心に検討したい。

三　建武新政期の後醍醐と寺社重宝

1　後醍醐による諸寺重宝の勅封

建武新政期において、後醍醐は諸寺の重宝の管理に対して積極的に関与している。本項では、真言密教の中心であった東寺の重宝を中心に検討したい。

後醍醐が東寺重宝に深い関心を抱いていたことは、第一節においてとりあげた仏舎利の蒐集に明らかであるが、後醍醐は仏舎利の管理に少なからず干渉している。鎌倉末期の正中元年（元亨四＝一三二四）一二月一四日、東寺より仏舎利三七粒を奉請したさい、爾後甲壷の舎利を奉請することを禁じ、また乙壷から三粒以上の舎利を奉請せぬよう制限したのはその嚆矢である。[21]ただし、この制限の効力は必ずしも強いものではなかった。同三年二月、後醍醐は仏舎利三粒を奉請するが、このうち甲乙各一粒分は、得宗北条高時とその弟泰家の所望によって、「関東護持」を名目に東寺長者有助（北条氏出身僧）が預かったという。[22]後醍醐といえども、得宗の意思を遮ることはできなかったのである。

建武新政が発足するや、後醍醐は再び東寺仏舎利の管理を強化する。元弘三年（一三三三）九月二二日、後醍醐は仏舎利三粒を奉請するが、このとき自筆の置文を東寺に下している[23]。この置文において、後醍醐は、仏舎利を「国家鎮護本尊、朝廷安全之秘術、無二如レ此霊宝一」と述べ、男女・緇素の奉請によって仏舎利が激減していることを「太以背二大師之冥慮一」と批判した上で、三粒以上の奉請を禁じている。討幕を成就した後醍醐は、その並ぶもののない権力を背景に、仏舎利奉請の制限を徹底したのである。

後醍醐による奉請制限の真意は、置文の末尾に記された「非二其人一而得二此宝一之条、不レ異レ令三赤子持二霊剣一者歟」という一文に端的に示されている。この文言からは、仏舎利を所持するに相応しいものは自分以外にないという後醍醐の強固な自負が読み取れ、奉請制限のねらいが、仏舎利の独占にあったことは明白である。

また、後醍醐は、健陀穀子袈裟の管理にも干渉している。健陀穀子袈裟は、弘法大師空海請来の由緒を持つ、東寺宝蔵に納められた重宝の一つであった[24]。後醍醐は、嘉暦三年（一三二八）正月二二日、破損防止を理由に勅封を付して健陀穀子袈裟の着用を禁じ（『続々群書類従本東寺長者補任』同年条）、翌年七月には盗難事件によって破損した袈裟を内裏において修補している（『東宝記』巻二「大経蔵」）。

建武元年（元弘四＝一三三四）九月、東寺長者道意は東寺塔供養にあたり健陀穀子袈裟の着用を後醍醐に願い出た。道意の記すところによると、この請願は、後醍醐が先日東寺に対して内々に袈裟の着用を禁ずる命令を下したためであったという（『東寺塔供養記』建武元年九月一二日条）。後醍醐による勅封は、建武新政期にも行われていたのである。

このような後醍醐の勅封の目的は、健陀穀子袈裟の独占を企図したものと思われるが、元徳二年（一三三〇）一〇月二六日、後醍醐が文観より伝受した瑜祇灌頂にさいし、東寺より袈裟が内裏に運ばれた事実[25]はこの推測を裏付ける。かつて西山克は、後醍醐が袈裟を修補し着用制限を加えたことから、「犍陀穀子袈裟の本源的な所有権は天皇に帰属する」と評価した[26]。しかし、『東宝記』などを閲するに、後醍醐以前の天皇には、袈裟に勅封を付した例を確認できず、また後宇多を除いて袈裟を修補した例も見られないことから、この見解は首肯しがたい。むしろここには、真言密教の重宝の管理に対して強引に関与しようとする後醍醐の政策的意図を読み取るべきであろう。

要するに、後醍醐による東寺重宝の厳重な管理とは、その内実において、重宝の独占的掌握と表裏をなすものであった。後醍醐は、仏舎利や健陀穀子袈裟などの真言密教の至宝の掌握を通して、真言密教の頂点に君臨することを構想していたと思われる。

東寺以外にも、後醍醐が管理に干渉した重宝は少なくない。東寺と並ぶ真言宗の古刹である神護寺は、後醍醐の父後宇多が再興に尽力した寺院であるが、建武二年（一三三五）閏一〇月一五日、後醍醐は同寺に行幸したさい、金堂に安置された僧形八幡神像の御帳を開けてこれを拝観し、勅封を付している[27]。この八幡神像は、空海自筆との伝承があり、長らく勝光明院宝蔵に置かれていたのを後宇多が神護寺に返納した重宝であった。東寺重宝に匹敵する由来を持つ八幡神像の勅封は、真言密教の支配を企図した上での行為の一つであろう。

また、南都唐招提寺の仏舎利は、鑑真請来の由緒を持つ仏舎利であるが、年月未詳ながら、後醍醐はこれに勅封を付している（『招提千歳伝記』第五冊）。この当時の唐招提寺長老は、後醍醐の討幕計画に深く関与した慶円であった[28]。この勅封は慶円を介して行われたと思われ、東寺と同様に仏舎利の奉請制限を目論んだものに違いない。後醍醐は、日本有数の仏舎利の奉請制限を通して、自己の権威を仏教界全体に定着させようとしたと考えられる。

2　二つの『御手印縁起』の召し出し

建武新政期における後醍醐と寺社重宝との関わりを考える上では、古くから注目されてきた四天王寺と高野山の『御手印縁起』の召し出しを逸することはできない。

建武二年（一三三五）五月、後醍醐は、四天王寺より聖徳太子筆とされる『四天王寺御手印縁起』を召し出しこれを拝観した[29]。この時、後醍醐は自ら縁起を筆写し、奥書と手印を加えて正本に擬した上で、以後正本を堂外に出すことを禁じている[30]。御醍醐による写本は「宸翰本」と呼称され四天王寺に伝わるが、この写本で注目されるのは、つとに『宸翰英華』の解説が指摘するごとく、各行の字数を伝太子自筆本と同様に配し、字画の末にいたるまで旧様を厳守した点である。ここには聖徳太子に倣おうとする後醍醐の意識が顕著である。

後醍醐の書写奥書には、四天王寺を「仏法最初霊地、王道擁護之壇場」と述べ、王法・仏法の結節点に位置づけている。そして、後醍醐は、聖徳太子が縁起を筆録した「乙卯歳孟春八日」（推古三年正月）と、自らが縁起を披見した「乙亥歳仲夏八日」（建武二年五月）との干支と日が符合したことを「似レ有二冥応一矣」として喜んでいる。太子信仰に発した随喜といえなくもないが、むしろここに読み取るべきは、自らを神秘化しようとする後醍醐の意図的な演出であろう。

続いて同年閏一〇月、後醍醐は、高野山より弘法大師筆とされる『高野山御手印縁起』を召し出し、写本を作らしめ自らの手印を押している[31]。後醍醐が写本に加えた奥書には、「以二此本一、為レ擬二正文一、所レ捺二手印一也。自今已後、不レ可レ出二寺外一故也[32]」とあり、四天王寺と同様に、写本を正本に擬して正本を寺外に出すことを禁じた点が注目される。また、後醍醐が手印を加えたのは、弘法大師を意識した行為であったことはいうまでもない。

『高野山御手印縁起』が、高野山の寺領拡張運動を正当化する切り札であったことは知られている。これより先、元弘三年（一三三三）一〇月、後醍醐は『御手印縁起』に基づき高野山の主張を認める勅裁（元弘の勅裁）を下したが、その二年後における『御手印縁起』の召し出しと写本作成は、この勅裁を再確認する意義を帯びるものでもあった。後醍醐の重宝に対する関心は、高野山の寺領支配を大きく促進させたのである。

『四天王寺御手印縁起』の書写奥書が端的に示すように、後醍醐による二つの『御手印縁起』の写本作成は、王法と仏法の中心に自己を位置づける象徴的行為であったと考えられる。特に、後醍醐が聖徳太子や弘法大師に擬えて手印と奥書を加えた行為は意味深長である。すなわち、武田佐知子や黒田日出男が指摘したように、ここには自らを太子や大師の後身と捉える後醍醐の自己認識を読み取りうるのである。[33] かかる後醍醐の自己認識は、重宝蒐集とも深い関連があったと考えられるが、これについては次節で論究する。

さて、建武新政はその発足当時より後醍醐と護良親王との対立が発生し、その上諸国における北条氏余類の反乱や中先代の乱などに直面するなど、極めて不安定な状況にあった。そして、足利尊氏の離反により、建武新政は決定的な危機を迎えることになる。それでは、緊張を増す政局に、後醍醐が蒐集した寺社重宝はいかに関わるのであろうか。

3 尊氏調伏と重宝

建武二年（一三三五）一〇月、中先代の乱を鎮圧した足利尊氏は、後醍醐の上洛命令を無視し鎌倉にとどまった。これに対し、一一月一九日、後醍醐は新田義貞以下の軍勢を関東に出陣させる。その二日後の二一日、二条富小路内裏の清涼殿二間において、後醍醐の信任篤い醍醐寺蓮蔵院道祐が、尊氏調伏のための聖観音法を修した。この時の本尊について『醍醐寺座主次第』「第六十三代道祐」は、「此本尊者、延喜聖主《(醍醐天皇)》御本尊。自二当寺《(醍醐寺)》三味堂一、当年、、所レ被レ奉レ移二此内裏一也矣」と記し、醍醐寺から内裏に移されたことを伝える。『醍醐雑事記』巻三によると、この聖観音像は、元来醍醐天皇の本尊である観音像三体の一つであり、醍醐死後に内裏より醍醐寺法華三昧堂に移された由来があった。網野善彦は、この聖観音像召し上げに文観・道祐らの関与を認めているが、恐らくその推測は正しいだろう。[34]

『溪嵐拾葉集』巻九二「神明二間安置事」には、二間観音に関する秘説が収載されている。注目されるのは、その末尾の、「師物語云、此御本尊、験無双之間、賞罰厳重。故被レ移二醍醐寺一畢。而当今（後醍醐）御代、建武元年被レ移二二間一畢。已上法性〔勝〕寺上人（円観恵鎮）拝見方如レ此云云」という一文である。聖観音像が内裏に移された年については『醍醐寺座主次第』と一年食い違うが、「効験無双」・「賞罰厳重」という文言には注意が惹かれる。後醍醐が聖観音像を内裏に移したのは、醍醐天皇の本尊であった由緒もさることながら、その比類ない霊験に期待するところあってのことであろう。『醍醐寺座主次第』には、後醍醐が聖観音法の開白直前に出御し、みずから観音像の帳を開けたと伝えるが、ここに尊氏打倒を願う後醍醐の強い祈念が読み取れる。

　尊氏調伏祈禱は、聖観音法以外にも行われているが、後醍醐自らも調伏祈禱を修した徴証がある。『水無瀬神宮文書』（『島本町史』史料編）第六七号「勅書注進状写」によると、建武年間に後醍醐は後鳥羽院の置文(35)を水無瀬御影堂より召し上げ、「常御行法之壇上」に安置した。そして後醍醐が祈念を凝らしていた時、尊氏の進撃により後醍醐は俄に山門へ行幸し、置文は「洛中物忩」のため紛失したという。後醍醐が自ら聖天法を修して討幕を祈ったことは著名であるが、この尊氏調伏祈禱も同様に注意すべき事実であろう。後醍醐が後鳥羽を尊崇したことは『後鳥羽院御霊託記』に詳しいが、後鳥羽の置文が行法の壇上に安置されたことは興味深く、後醍醐は後鳥羽怨霊の霊威によって勝利を得ようとしたと考えられる。他の重宝とはいささか性格を異にするが、調伏祈禱に使用された点で後鳥羽の置文は注目すべき存在である。

　このように、建武新政が最大の危機を迎えた時、後醍醐は重宝を駆使して尊氏打倒を祈念している。この事実から、後醍醐にとって寺社重宝は、熾烈な権力闘争を勝ち抜く力のより所として捉えられていたことが読み取れよう。寺社重宝が、後醍醐の覇権保持と一体のものであったことは見逃せない。

　以上、三節にわたって後醍醐による寺社重宝の蒐集や勅封などの軌跡を見てきた。次節では後醍醐における重宝蒐集の意義を論じ、その背景について考えるところを述べたい。

四　後醍醐による寺社重宝蒐集の意義とその背景

1　重宝蒐集の意義

かつて黒田俊雄は、後醍醐の重宝への関心に顕密仏教を支配する企図を読み取った(36)。確かに、東寺仏舎利の奉請制限をはじめとする諸寺重宝の勅封、四天王寺や高野山の『御手印縁起』の写本作成などには、仏教界全体を掌握しようとする後醍醐の意図がうかがえ、建武新政による宗教政策の一種であることは間違いない。

しかし、鎌倉末期の重宝蒐集のあり方を見ると、寺社統制の意図から発したとはいえない面がある。たとえば、山門や東寺など強力な権門寺院の重宝の奪取は隠密裏に行われており、後醍醐が掌握した重宝を誇示した徴証はまったく確認できない。この場合、重宝の奪取と寺社統制とは無関係であったと見るのが適切であろう。後醍醐の重宝蒐集には対寺社政策に収斂されない一面もあったと考えなければなるまい。

その意味で重要なのは、後醍醐を取り巻く政治状況である。およそ鎌倉末期から建武新政にかけての政局は、予断を許さぬ緊張の連続であったことはいうまでもない。すでに見たように、後醍醐の蒐集した重宝には、政治性を帯びた宗教儀式に使用されたものが少なくなかった。たとえば、東寺仏舎利は討幕を成就する「勝軍破敵御本尊」に擬せられ、また醍醐寺の聖観音像は尊氏調伏祈禱の本尊に用いられている。後醍醐は自己の権力の存亡を重宝の霊力に託したのではあるまいか。伊勢外宮の「鮒形御剣」や杵築社の「宝剣」など、神宝の召し上げも同様の目的による行動と見てよい。後醍醐の権威は一見強大に見えるものの、本来は一代限りの中継ぎ天皇であったように、その内実においては正当性に欠ける面が少なくなかった。後醍醐は数多の重宝を手許に置くことによって、脆弱な自己の権威を観念的に強固にしようとしたのである。後醍醐の重宝蒐集を考える上では、後醍醐が抱えていた政治的危機を軽視してはなるまい。

ちなみに、後醍醐が自己の正当性に不安を抱いていたことは、三種の神器に対する態度からも明らかである。尊氏勢を洛中から撃退してまもない建武三年（延元元＝一三三六）二月七日、内侍所神鏡が比叡山の行在所から後醍醐の住む花山院邸に渡されたが、三月二八日、後醍醐自らが神鏡を新造の唐櫃に移している（『御神楽雑記』乾）。建武新政の崩壊に直面した後醍醐が、自己の権威の源泉というべき神器の保全にいかに心を砕いたかがうかがえると共に、その内なる不安を見て取ることができよう。

2　重宝蒐集と後醍醐をめぐるイメージ

さて、重宝の蒐集に関わっては、後醍醐に仕えた東密・台密の僧侶が重要な役割を果たした。次に、その中でも研究の蓄積が多い真言僧文観の後醍醐観をとりあげ、それが後醍醐の自己認識と密接に連関していたこと、さらに後醍醐の自己認識が重宝蒐集の重要な背景の一つであったことを論じたい。

文観が筆写した、醍醐寺三宝院流の秘法三尊合行法の奥旨を伝える『秘密源底口決』（『真福寺善本叢刊』第二期第三巻 中世先徳著作集）には、如意輪観音を天照大神・大日如来・一字金輪仏頂と同体とみなし、聖徳太子・弘法大師を如意輪の応現とする言説が見られる[37]。これは本地垂迹の論理を基軸とする中世密教の秘説群から生じたものであるが、かかる同体説を立脚点として、後醍醐そのひとの存在を説明したのが他ならぬ文観であった。後醍醐が書写した『天長印信』に文観が加えた奥書[38]には、「然今上聖主（後醍醐）、誠大師再誕、秘蔵帝王」とあり、後醍醐は弘法大師の再誕とみなされている。また、文観が主体となって作成された清浄光寺所蔵の後醍醐像は、文観の後醍醐観を視覚化したものとして、これまで多くの研究者の注目を集めてきた。先学の研究をまとめると、この後醍醐像は、後醍醐と金剛薩埵を同体とみなし、さらには金剛薩埵と天照大神との同体説を踏まえた上で、後醍醐と天照大神が結び付けられているという[39]。また、後醍醐像と聖徳太子勝鬘経講讃像との図様の近似から、後醍醐を聖徳太子の後身とみなしたという指摘もある(40)。論者によって着眼は異なるが、文観が三宝院流の秘伝にアレンジを加えた上で後醍醐の存在を神秘化したことは確かである。

また、文観以外の真言僧も、類似の後醍醐観を抱いていた徴証がある。建武元年（一三三四）九月二四日、後醍醐の臨席のもと、東寺において塔供養が行われた。この時、大阿闍梨をつとめた東寺長者道意は自草の表白を読み上げたが、そのなかに次の一節がある。

武将極レ侈、雖レ有二僭上之企一、王事靡レ砧、忽及二背北之儀一。誠是我君(後醍醐)聖徳之所レ致、抑亦高祖(弘法大師)冥助之所レ感。所以者何、西海遷幸之処、辺城皇居之時、通二霊夢於枕間一、真容忽浮二蒼溟之浪一。呈二奇瑞於船上一、生身面現二碧落之雲一。昔上宮太子之討二守屋一也、偏依二四天王衆之擁護一。今北闕至尊之征二武関一也、寧非二三地大聖之加被一。

（『東寺塔供養記』九月二四日条所引(41)）

まず、後醍醐の討幕成功の要因をその「聖徳」に見出すとともに、弘法大師の「冥助」にも求めている。さらにその説明として、後醍醐が西国滞在中に大師の「霊夢」を見たこと、また大師がその姿を海上に表わし「奇瑞」を示したことをあげている。加えて、聖徳太子の物部守屋討伐を回顧し、これを後醍醐の討幕に比している点も見逃せない。この表白に見える道意の後醍醐観が、先にとりあげた文観のそれと軌を一にすることは明白であろう。後醍醐による東寺塔供養の眼目は、建武新政の威信を誇示することにあったが、真言僧はかかる公的儀式の場において後醍醐の権威を荘厳する役割を果たしたのであった。

後醍醐が臨席した東寺塔供養の場において、後醍醐と聖徳太子・弘法大師とを結び付ける表白が読まれた以上、後醍醐自身も自己を神仏の応現として捉えていた可能性は極めて大きい。先学がいうように、四天王寺や高野山の『御手印縁起』の写本作成の態度からもそれは首肯されよう。してみれば、後醍醐の重宝蒐集活動の奥底にその自己認識を見出すのはあながち誤りではあるまい。すなわち、後醍醐は聖徳太子や弘法大師の後身であるがゆえに、彼らにまつわる重宝が後醍醐のもとに帰すべきであるという論理がここに生ずるのである。後醍醐が諸寺から数多の重宝を召し上げ、多くの僧侶がこれに協力した背景の一つには、中世密教の秘説に根ざした神秘的な後醍醐観があったと考えられる（なお、かかる観念は前述した後醍醐の不安定な権威の裏返しであろう）。

3　重宝と内裏

次に、後醍醐の蒐集した重宝が置かれた空間について触れておく。残された史料を見ると、後醍醐が蒐集した重宝の多くは、その居所二条富小路内裏に納められたようである。同内裏は、記録所や雑訴決断所など重要な官庁を含んだ建武新政の舞台であり、鎌倉期京中の中心であった閑院内裏を模した権威空間であったことは知られている(42)。その存在は、後醍醐の宗教的側面を考える上でも逸することはできない。

たとえば、建武新政期の二条富小路内裏には護国殿という殿舎があった。その初見は、元弘三年（一三三三）一〇月、道祐が八字文殊法を勤修した事例であるが、『醍醐寺座主次第』「第六十三代道祐」にはこの修法について「是長者不冷座護摩開白也」と記すことから、東寺長者が輪番で修法を行っていた模様である。このような修法空間であることに加えて、次の史料からは護国殿の興味深い一面を知ることができる。

建武二年（一三三五）閏一〇月一三日、三合・変異御祈のために如法仏眼法が内裏仁寿殿において修された。この時、大壇に御経が安置されたが、これは「所レ被レ安二置護国殿一之一切経之内」であり、その形状は「巻経」（巻子装）ではなく「草紙」（折本装）であったという（『門葉記』巻四〇・仏眼法一）。護国殿には数千巻に及ぶ一切経が安置されていたのである(43)。

護国殿に安置された一切経の入手経路については明らかではないが、『三井続燈記』巻五「唐院一切経事」には、文保三年（元応元＝一三一九）に園城寺唐院の一切経が灰燼に帰したため、元弘のころに「関東沙汰」として渡された宋本一切経を、後醍醐が召しとどめたことが見える。(44) 後醍醐の重宝蒐集が寺門に及んでいたことを示唆するものであるが、護国殿安置の一切経が折本装であったことを踏まえれば、園城寺から召し上げられた宋本一切経と同一の可能性も捨てきれない。

護国殿以外にも、第一節でとりあげた東寺仏舎利が安置された五節所など、二条富小路内裏に設けられた殿舎には、後醍醐の諸側面を考察する上で重要な手掛りとなるものが多い。このように、二条富小路内裏は、数多の重宝が集積された空間でもあったのである。

おわりに

建武三年（延元元＝一三三六）正月一〇日、足利尊氏率いる軍勢は後醍醐方の防衛を突破し、入京を果たす。後醍醐は直ちに山門に避難し、二条富小路内裏は兵火のため焼亡した。『神皇正統記』が「内裏もすなはち焼ぬ。累代の重宝もおほくうせにけり」と記すように、このとき王家累代の重宝の多くが焼け失せたという。

後醍醐が蒐集した寺社重宝はいかなる運命を迎えたのであろうか。これを物語るのは、『太平記』巻一四「主上都落事付勅使河原自害事」の次の一文である。

吉田内大臣定房公、車を飛ばせて参ぜられたりけるが、御所中を走廻て見給ふに、よく近侍の人々も周章たりけりと覚て、明星・日の札、二間の御本尊まで、皆捨置かれたり。内府心閑に青侍共に執持せて参ぜられけるが、如何かして見落し給ひけん、玄象・牧馬・達磨の御袈裟・毗須羯摩が作し五大尊、取落されけるこそ浅猿しけれ。

主なき内裏には多くの重宝が散乱していた。後醍醐の重臣吉田定房は捨て置かれた重宝を手際よく回収し、後醍醐の後を追う。しかし、定房さえもが見落とした重宝が四つあった。その中でも「毗須羯摩が作し五大尊」には注意が惹かれる。『太平記』は明言しないものの、これはかつて後醍醐が書写山で召し上げた赤栴檀五大尊像に他なるまい。また、「達磨の御袈裟」については不明であるが、禅宗における伝法衣のたぐいではないかと思われ、その入手経路が気にかかるところである。なお『観心寺参詣諸堂巡礼記』によると、後醍醐が観心寺から召し上げた大師御作不動明王像も、内裏において焼失したという。これ以外にも内裏に取り残された重宝は少なくなかったであろう。かくして後醍醐が蒐集した多くの寺社重宝は、建武新政の象徴というべき内裏とともに灰燼に帰したのであった。

周知のごとく、その後の後醍醐は戦乱の中に身を置くことになるが、寺社重宝への関心は薄らいではいない。延元元年（建武三＝一三三六）一二月二一日夜、京都を脱出した後醍醐は吉野に向かうが、その翌日、大和法隆寺に立ち寄り仏舎利を秘かに拝観したことが『法隆寺記録』[45]に見える。差し迫った状況にも関わらず、仏舎利の拝観に及んだ態度からは、後醍醐の重宝に対する変らぬ関心を読み取ることができよう。晩年の後醍醐については史料に恵まれないが、南朝勢力圏の諸寺社の重宝に対し積極的に関与した可能性は強い。

以上、本稿においては、後醍醐による寺社重宝蒐集について考察を加えたが、残された課題は少なくない。たとえば、近年、後醍醐の「異形の王権」の史的前提を為すものとして、その父後宇多院による密教興隆が注目を浴びているが[46]、後宇多にも真言密教の重宝に深い関心を有していた形跡が確認できる[47]。後醍醐の重宝蒐集には、後宇多から影響を受けた可能性も考慮する必要があるかもしれない。また、本稿では寺社重宝に焦点を据えたため、その他の重宝については全く論究が及ばなかった。最近、王家の文庫や宝蔵に注目した研究が数多く発表されているが[48]、これらを踏まえて、鎌倉末期における後醍醐と王家の重宝との関係を解明する必要があろう。特に両統迭立が、王家の重宝にいかなる波及をもたらしたのかは重要な問題である。ともに今後取り組むべき課題としたい。

注

（1）後醍醐による蒐集行為について言及した主な論著には、以下のものがある。黒田俊雄「建武政権の宗教政策」（『黒田俊雄著作集』第七巻、法蔵館、一九九五年。初出一九七五年）、橋本義彦「正倉院宝物に関する一資料」（『正倉院の歴史』吉川弘文館、一九九七年。初出一九八九年）、阿部泰郎「宝珠と王権」（『岩波講座 東洋思想』第一六巻 日本思想二、岩波書店、一九八九年）、松薗斉『日記の家』第六章「天皇家」（吉川弘文館、一九九七年。初出一九九二年）、筧雅博『日本の歴史』第一〇巻 蒙古襲来と徳政令（講談社、二〇〇一年）三五四〜三五六頁、豊永聡美『中世の天皇と音楽』第一部第四章「後醍醐天皇と音楽」（吉川弘文館、二〇〇六年）など。本稿では紙数の都合から割愛した事例も紹介されているので、参照されたい。

（2）注(1)黒田前掲論文八四〜八五頁。

（3）網野善彦「異形の王権」（『網野善彦著作集』第六巻、岩波書店、二〇〇七年。初出一九八六年）。

（4）以下の経過については、注(1)阿部前掲論文一三四〜一三五頁、松薗前掲書一六一〜一六二頁参照。

（5）奈良国立博物館所蔵（同博物館仏教美術資料研究センター架蔵写真、〔作品ＩＤ〕〇〇〇六九九—〇〇〇—〇〇〇）。『門葉記』巻一七五・山務三（大乗院宮）の原本。

（6）『仏舎利勘計記』（『東寺文書』丙号外一八。景山春樹『舎利信仰』東京美術、一九八六年）。

（7）川上貢「二条富小路内裏について」（『日本中世住宅の研究〔新訂〕』中央公論美術出版、二〇〇二年。旧版一九六七年）一一〇頁。

（8）『東寺記（東寺執行日記）』同日条（天理図書館所蔵西荘文庫本。京都府立総合資料館架蔵写真帳、〔資料番号〕中集古Ｓ三一二）。この盗難事件については、新見康子『東寺宝物の成立過程の研究』（思文閣出版、二〇〇八年）一二四〜一三一頁、四六一〜四六六頁に詳しい。

（9）黒田日出男「肖像画としての後醍醐天皇」（『王の身体 王の肖像』平凡社、一九九三年。初出一九九〇年）参照。

（10）内田啓一「文観房弘真に関係する絵画二題」（『南都仏教』七八号、二〇〇〇年）。

（11）この瑜祇灌頂において文観が着用した「東寺相承袈裟」は、東寺宝蔵の御道具唐櫃に納められた健陀穀子袈裟のことであるが、『藤沢清浄光寺記録』では後醍醐がこれを着用したとする。その齟齬は措くが、東寺宝蔵の出納記録である「宝蔵道具等出納目録」（『東寺百合文書』ヤ函一九。京都府立総合資料館架蔵写真帳、〔資料番号〕中複製S〇一）には、「元徳二十廿六、御道具御唐櫃・八祖御影、被レ奉レ渡二内裏一」という記事があり、瑜祇灌頂にさいして健陀穀子袈裟が内裏に運ばれたことは疑いない。

(12)『日本絵画史年紀資料集成 十世紀―十四世紀』第二〇三号「愛染明王像旧軸木銘文（世界救世教所蔵）」。

(13)『仏舎利勘計記』。注(1)阿部前掲論文一五〇頁参照。

(14)黒川直則「東寺執行職の相伝と相論」（高橋敏子編『二〇〇二年度〜二〇〇四年度科学研究費補助金研究成果報告書』東寺における寺院統括組織に関する史料の収集とその総合的研究』、二〇〇五年）参照。

(15)東寺重宝については、注(8)新見前掲書が現在の研究の到達点を示す。

(16)『出雲大社文書』（『鎌倉遺文』第三二〇五九号）。いわゆる「王道再興綸旨」である。

(17)村田正志「歴代天皇宸翰の伝来とその意義」（『神道史研究』三七巻三号、一九八九年）参照。

(18)「鮒形御剣」は、山門や東寺の重宝と同じく持明院統によって接収され、正慶元年一二月二六日、伊勢に発遣された奉幣使が返納したようである。（『花園』同年六月四日、六日条。発遣の日時は『大日本史料』第六編之五、暦応元年九月三日条所引「中原師右書状」［〈暦応元年〉九月二七日付、『三宝院文書 第三回採訪』］による）。また論証は省くが、年未詳三月四日付「某天皇綸旨案」（『醍醐寺文書』第二二函四九。京都府立総合資料館架蔵写真帳、〔資料番号〕中集古S一八二）は、その内容から、神宮祭主大中臣隆実に対して御剣の進上を嘉した後醍醐の綸旨と考えられる。その年時は嘉暦三年（一三二八）もしくは同四年の可能性が強い。なお、神宝に関する研究には、近藤好和「神宝について」（『明月記研究』七号、二〇〇二年）がある。

(19)川瀬一馬「新発見の資料に拠る新待賢門院御陵墓攷」（『日本書誌学之研究』講談社、一九四三年。初出一九三九年）四五四頁。

(20)内田啓一『文観房弘真と美術』（法蔵館、二〇〇六年）二〇六〜二一一頁。

(21)「後醍醐天皇自筆置文」（『東寺文書』御宸翰之部八。『宸翰英華』第一九二号）。橋本初子『中世東寺と弘法大師信仰』第二章「大師請来仏舎利の信仰」（思文閣出版、一九九〇年。初出一九八六年）一五五〜一五六頁参照。

(22)『仏舎利勘計記』、『異本東寺長者補任』同年条（『東寺観智院金剛蔵聖教』第一八八箱五号。湯浅吉美「観智院に蔵する『東寺長者補任』の異本について」、『成田山仏教研究所紀要』二三号、二〇〇〇年）。平雅行「定豪と鎌倉幕府」（大阪大学文学部日本史研究室編『古代中世の社会と国家』清文堂出版、一九九八年）参照。

(23)「中御門宣明奉仏舎利奉請状」(『東寺百合文書』せ函南朝文書一一。『鎌倉遺文』第三二五七二号)、「後醍醐天皇自筆置文」(国立歴史民俗博物館所蔵。『宸翰英華』第一九三号)。
(24)健陀穀子袈裟については、注(8)新見前掲書一七一~一七三頁に詳しい。後醍醐の健陀穀子袈裟への関心については、西山克「日輪受胎」(林屋辰三郎ほか編『民衆生活の日本史』第二回(火)、思文閣出版、一九九七年)参照。
(25)『瑜伽伝灯鈔』巻九(注10内田前掲論文紹介)、注(11)参照。
(26)注(24)西山前掲論文五二~五四頁。
(27)『神護寺規模殊勝之条々』(『校刊美術史料 寺院篇』中巻、神護寺資料)。行幸の日時は、『師守記』康永四年五月九日条・『園太暦』康永四年七月一九日条などにより推定。
(28)慶円については、細川涼一「三条大宮長福寺尊鏡と唐招提寺慶円」(『中世文学』四七号、二〇〇二年)参照。
(29)『四天王寺御手印縁起』については、赤松俊秀「南北朝内乱と未来記について」(『鎌倉仏教の研究』平楽寺書店、一九五七年。初出一九五六年)に詳しい。
(30)『四天王寺御手印縁起(宸翰本)』奥書(四天王寺所蔵。『宸翰英華』第一九四号)。
(31)『高野山御手印縁起』については、赤松俊秀「高野山御手印縁起について」(『続鎌倉仏教の研究』平楽寺書店、一九六六年。初出一九五九年)、小山靖憲「高野山御手印縁起の成立」・「高野山御手印縁起と荘園制」(ともに『中世寺社と荘園制』塙書房、一九九八年。初出一九八七年・一九八八年)などに詳しい。
(32)『高野山御手印縁起』奥書(金剛峯寺所蔵。『宸翰英華』第一九五号)。
(33)武田佐知子『信仰の王権 聖徳太子』第五章「異形の聖徳太子」(中央公論社、一九九三年)、黒田日出男「後醍醐天皇と聖徳太子」(網野善彦編『週刊朝日百科 日本の歴史別冊 歴史を読みなおす』第三巻、朝日新聞社、一九九四年)。
(34)網野善彦「楠木正成に関する一二の問題」(『網野善彦著作集』第六巻、岩波書店、二〇〇七年。初出一九七〇年)二九九~三〇〇頁。
(35)『水無瀬神宮文書』第五号「後鳥羽上皇置文案」の正文。この置文については、注(17)村田前掲論文に詳しい。
(36)注(1)黒田前掲論文八四~八五頁。
(37)三尊合行法については、注(1)阿部前掲論文一五二~一五三頁・同「『秘密源底口決』『一二寸合行秘次第私記』解題」(『真福寺善本叢刊』第二期第三巻 中世先徳著作集、臨川書店、二〇〇六年)、伊藤聡「天照大神・空海同体説を

巡って」（『東洋の思想と宗教』一二号、一九九五年）など参照。『諜書目録』（『大日本史料』第六編之二一、正平一二年一〇月九日条所引）によると、文観は三尊合行法の次第書を後醍醐に授けたという。

(38) 醍醐寺所蔵。『醍醐寺霊宝館名品解説Ⅰ 和紙に見る日本の文化』（醍醐寺、二〇〇四年）第三七号。

(39) 注(9)黒田前掲論文、松本郁代「中世の「礼服御覧」と袞冕十二章」（『中世王権と即位灌頂』森話社、二〇〇五年。初出二〇〇四年）三三二〜三三三頁など。

(40) 注(33)武田前掲書、黒田前掲論文など。

(41) 京都大学附属図書館所蔵平松文庫本（請求記号）六／ト／三）を参照。字配りは改めた。

(42) 注(7)川上前掲論文、上横手雅敬「内裏と幕府」（永積安明ほか編『太平記の世界』日本放送出版協会、一九八七年）。

(43) 中世の政治権力と一切経との関係については、上川通夫「一切経と中世の仏教」（『日本中世仏教史料論』吉川弘文館、二〇〇八年。初出一九九九年）が示唆に富む。

(44) 園城寺唐院一切経の沿革については、生駒哲郎「足利尊氏発願一切経考」（『東京大学史料編纂所研究紀要』一八号、二〇〇八年）に詳しい。

(45) 大阪府立中之島図書館所蔵石崎文庫本（請求記号）石一三六／四。吉井良隆「大阪府立図書館蔵「法隆寺記録」管見」（『大阪府立図書館紀要』一号、一九六四年）に部分紹介。

(46) 藤井雅子「後宇多法皇と「御法流」」（『史艸』三七号、一九九六年）、横内裕人「仁和寺と大覚寺」（『日本中世の仏教と東アジア』塙書房、二〇〇八年。初出一九九八年）、真木隆行「後宇多天皇の密教受法」（大阪大学文学部日本史研究室編『古代中世の社会と国家』清文堂出版、一九九八年）など。

(47) たとえば、正和二年（一三一三）八月の高野御幸にさいし、後宇多は高野政所の慈尊院に立ち寄り、深更忍びやかに弥勒堂に詣でている。この時、後宇多は寺僧の制止にも関わらず御戸帳を強引に開かしめ、「大師御作」と伝えられる秘仏の弥勒仏を拝観したという（『後宇多院御幸記（仙蹕抄）』）。

(48) 田島公「中世天皇家の文庫・宝蔵の変遷」（同編『禁裏・公家文庫研究』第二輯、思文閣出版、二〇〇六年）など。

〔付記〕 引用史料の句読点・訓点・改行などは私意を以て改め、刊本の鉛印に誤りがある場合は写本・写真版などを参照して訂正した。また、紙数の都合から関係文献は重要なものを注記するに止めたところがある。諒とされたい。

鎌倉後期多武峯小考――『勘仲記』裏文書にみえる一相論から――

木村英一

【要旨】　中世前期、特に鎌倉時代の多武峯については、度重なる火災や戦乱によって多くの文書類が失われたこともあり、断片的な史料によってしかその実像を知ることができず、基礎的な研究さえ充分なされるには至っていない。このような関係史料の欠乏状況を補ってくれるのが、勘解由小路兼仲の日記『勘仲記』の裏文書である。その残存のあり方は、摂関家の家司や朝廷の奉行人といった兼仲の職務活動と密接に関係しており、中でも前者との関わりから、多武峯関係の文書が多く残されている。

本稿では、この『勘仲記』裏文書の中から、弘安九年（一二八六）に多武峯寺内九品院の院主職およびその所領をめぐり、二人の多武峯寺僧の間で繰り広げられた相論に関する文書をとりあげた。まず『鎌倉遺文』の翻刻を校訂し、関係史料の相互関係や成立順序について明らかにした。次に、訴訟当事者の主張を整理して相論の内容を把握するとともに、相論が発生した経緯の復元を図った。

以上の検討結果を踏まえて、鎌倉後期における多武峯の実態に関する論点を提示した。まず、当該期の多武峯の寺僧組織については、本寺である延暦寺と同様に、「惣寺」の下に多楽院をはじめとする複数の「一院」が存在する重層的な構造を有しており、各一院に房舎を構えて居住・生活する寺僧＝「衆徒」による衆議をもって運営されていたと考えられる。次に摂関家との関係については、本相論のように、惣寺と対立する寺僧が直接摂関家と結んで自己の権益を確保しようとする動きが見られたため、多武峯は摂関家と一定の距離を置いて自身の自律性・独立性を維持する必要があった。更に多武峯と興福寺との関係については、当該期の大和国における複雑な土地領有関係が、両寺の対立や矛盾を増幅させた可能性があることに注目する必要がある。

最後に、公家政権と六波羅探題が密接にリンクする検断システムの存在について指摘した。

はじめに

中世前期の多武峯については、これまで興福寺との抗争、墓守の活動、藤原鎌足木像の破裂などに関する研究が行われてきた(1)。しかし、度重なる火災や戦乱によって多くの文書類が失われたこともあり、特に鎌倉時代の多武峯の実像については断片的な史料によってしか知ることができず、その基礎的な研究さえ充分なされるには至っていない。

このような、鎌倉期の多武峯関係史料の欠乏状況を補ってくれる格好の史料が『勘仲記』の裏文書である。周知のように、『勘仲記』は鎌倉後期の中級貴族である勘解由小路兼仲が記した日記で、公家政権の政務・儀礼・訴訟制度や朝幕関係、モンゴル襲来をめぐる動向、寺社権門の活動など、広範囲にわたる記事を含んでいる。その裏文書も、建治・弘安・正応年間(一二七五〜九三)を中心として、質・量とも非常に豊富な内容を有しており、公文書からは知り得ない当時の社会の実態がうかがえる貴重な史料である。

『勘仲記』裏文書については、森茂暁のまとまった研究がある(2)。氏は、記主である兼仲が摂関家の家司として、その家政に関わる職務を務めるとともに、蔵人・弁官に任じられ、訴訟担当奉行や文書の発給といった朝廷の諸政務に従事しており、そのような彼の職務活動が裏文書残存のあり方と密接に関係していたことを明らかにした。またそれと関わって、同記の裏文書には朝廷と並んで摂関家を提出先とする申状が多数残されていること、中でも多武峯関係の文書が抜群に多く、それらから興福寺との抗争や大和国内の諸相論に関与した衆徒や墓守の活動が知られることを指摘している(3)。

本稿では、そのような『勘仲記』裏文書の中から、鎌倉後期における多武峯九品院相論に関する文書をとりあげる。森もこれを多武峯の内部紛争の一例として簡単に検討しているが、本稿ではまず、関係史料の相互関係や成立順序などの基礎的事項を整理し、相論の内容や発生の経緯を可能な限り復元したい。そしてそれを通して、当該期の多武峯の実像に関する論点を二、三提示することにしたい。

一　弘安九年の多武峯九品院相論

本稿で検討するのは、多武峯寺内九品院の院主職およびその所領である大和国稲(南)渕荘内塔堂・干川(星河)両名をめぐり、弘安九年(一二八六)に繰り広げられた相論である。訴人は良忠、論人は栄範で、いずれも多武峯寺僧である。法廷の場は摂関家(関白鷹司兼平)と考えられ、鷹司家の家司であった勘解由小路兼仲が裁判の奉行となった。

『勘仲記』裏文書に収められている関係史料は計一〇点で、そのうち八点が正応元年の巻に、残り二点も正応二年の巻に収められている。文書の種類は訴陳状が殆どである。これらはいずれも『鎌倉遺文』(以下『鎌』と略す)に活字化されているが、翻刻時の制約による読み誤りが多く見受けられるので、全文を掲げるに当たって、国立歴史民俗博物館所蔵原本およびその紙焼き写真により校訂した。なお便宜上、訴人側作成と考えられる文書を【史料1】として各々に記号(A)~(E)を付し、論人側作成の文書は【史料2】として記号(a)~(e)を付した。文書名下の( )内は当該文書所収の『勘仲記』の巻、および対応する『鎌』の巻―号数を表す。文字は原則として常用漢字を使用した。また、原文書の改行は追い込みとして記号「　」を付し、紙替わりは「　」で記した。(4)

【史料1】

(A)　良忠申状(正応元年七月巻、『鎌』二二―一六〇〇九)

多武峯寺僧良忠謹言上、

請レ被下殊蒙二恩裁一、停二止当寺僧永(栄)範当国稲渕庄内□「　」干(星)河両名濫妨一、兼改二易永(栄)範九品院院主一、以二

良忠㆒補㆗任彼「　」職㆖子細状、

副進

□通　当御代御成敗　長者宣并別当法印状案

□通　③興福寺紛失状案并一乗院家御下知状等案

□通　良算売文

「　」□子細者、①当寺九品院院主良賀法印之遺弟良性寺□「　」(文カ)「　」永四年冬比、為㆓悪党㆒被㆓殺害㆒之刻、所
持之財物調度之「　」「　」□被㆓盗取㆒矣、依㆑之、良性之舎弟良算経㆓上裁㆒之処、以良□(性カ)「　」「　」□(遺カ)領
者、可㆑為㆓良算之進退㆒之由、被㆑成㆓下長者宣㆒、以殺害之□(張カ)「　」「　」□仰㆓武家㆒、被㆑処㆓流罪㆒畢、其間
子細為㆓当御代御沙汰㆒之□(前カ)「　」「　」□無㆓御不審㆒歟、仍委細不㆑能㆑令㆓注進㆒、加之、付㆓所領之田畠㆒、既
雖㆑賜㆓「　」「　」□(御カ)成敗長者宣㆒、猶依㆑恐㆓末代之牢籠㆒、②重立㆓紛失状㆒、申㆓賜興福寺「　」「　」□(三カ)綱正権之証
判㆒畢、依㆑之、良算致□下知「　」「　」□年秋比、彼領内以南渕庄之「　」「　」良
算「　」□□(令カ)「　」「　」
「　」遺領「　」「　」而③沽却相伝之上者、不㆑可㆑有㆓子細㆒之処、「　」「　」④殺害之□□□(同流僧カ)永範、此
四・五年之程、□(忩カ)移㆓住九品院㆒、猥令押領「　」「　」間、既為㆓⑤先師殺害之怨敵㆒之上、令㆑押㆓領九品院㆒之前
者、可被「　」「　」罪科之□可㆓訴申㆒之旨雖㆑令㆑存、猛悪不善之悪党也、若企訴詔「　」「　」之致㆓阿党㆒歟之
由、依㆑令㆓恐怖㆒、□(徒カ)懐㆓愁憤㆒空送㆓年序㆒之処、剰□「　」「　」願及㆓⑥所領之濫妨㆒之条、希代之狼藉、超過之
悪行也、然間、依□「　」「　」□(乍カ)恐宣㆓愁訴㆒之処也、訴詔之「　」就㆑中、「　」「　」⑦殺㆓
害児童㆒蒙㆓　上御勘責㆒、未㆑蒙㆓　御有免㆒□「　」「　」□也、尤可㆑有㆓　御炳誡㆒者歟、
⑧抑南渕庄者、為㆓　一乗院家之御領㆒「　」「　」□□(訴申カ)子細於院家之処、既追㆓出永(栄)範無道之使者㆒、可随良忠之

□〔　　〕」〔　　〕□蒙㆓御成敗㆒畢者、⑨早任㆓相伝之道理㆒、可停止永（栄）範之南渕領之〔　　〕」〔　　〕□（旨カ）預㆓御裁許㆒、兼
依㆓師弟之由緒㆒、良忠可㆑為㆓九品院院主㆒□（之カ）由□〔　　〕」〔　　〕□（御カ）成敗者、弥仰㆓憲政之貴㆒矣、仍粗言上如㆑件、

弘安九年二月　日

(B)

良忠重申状（正応元年七月巻、『鎌』二一―一五九五六）

〔　　〕至㆓于未来際㆒、為㆓門葉安堵㆒、令㆑付㆓置後坊㆒者也、全不可有□（他カ）〔　　〕」〔　　〕□之処、①永（栄）範非㆓彼門弟㆒、而
令㆑殺㆓害院主良性㆒、盗㆓取置文㆒〔　　〕」〔　　〕対㆓于良賀之門弟㆒、致㆓遺跡相論㆒之条、希代之濫吹、尤背
□〔　　〕」〔　　〕也、付㆑冥付㆑顕、争可㆑有㆓御許容㆒哉、②同状云、於㆓院主職㆒者、□（為カ）〔　　〕」〔　　〕□沙汰、令㆓定補㆒
畢云々、此条良性之遺領遺跡者、停㆓止峯〔　　〕」〔　　〕妨㆒可㆑為㆓良筭之進退㆒之旨、去建治二年五月十七日任法
家□（勘カ）〔　　〕」〔　　〕長者宣畢、何背㆓御下知并本願之置文㆒、私令補任□（院カ）〔　　〕」〔　　〕之由、可㆑掠㆓申之㆒哉、猛悪
奸謀之陳状、非㆓御信用之限㆒、所詮、〔　　〕」〔　　〕良忠於九品院々主職、且被㆑停㆓止所領違乱㆒、③且被糺返
贓□（物カ）〔　　〕」〔　　〕□（等カ）之後、為㆑被㆑行㆓其身於強盗殺害之重科㆒、重言上如㆑件、

弘安九年七月　日

(C)

良忠書状（正応元年八月巻、『鎌』二一―一六〇〇二）

〔　　〕□（九）品院々務職事、①栄範掠申　二条□（殿カ）〔　　〕」〔　　〕蒙㆓御下知㆒之由載㆓于訴状㆒候之条、存外次□（第カ）〔　　〕」〔　　〕
□故者、峯寺別院縦雖㆑致㆓方々之御祈禱㆒〔　　〕」〔　　〕□（院カ）主職者必蒙㆓　摂録（鎌）御成敗㆒候之条、先□〔　　〕」〔　　〕□
候、則当寺之別院念仏院者、雖㆑為㆓　近□（衛カ）〔　　〕」〔　　〕□（殿カ）御祈禱所㆒、院主弥忍慶円房先年蒙□（罪カ）〔　　〕」〔　　〕□之時、
聊不㆑及㆓御口入㆒、依㆓　摂録（鎌）御成敗㆒〔　　〕」〔　　〕□（流カ）罪畢、次又大和国平田庄官曳田兵衛〔　　〕」〔　　〕（政カ）行、依㆓御墓
守之訴訟㆒罪科之時、雖㆑為㆓同　〔　　〕」〔　　〕□（近衛カ）殿御領之住人㆒、不㆑及㆓直之御成敗㆒、被㆑申㆓〔　　〕」〔　　〕摂録（鎌）㆒之
後、被㆓仰下㆒畢、峯寺之事、皆〔　　〕」〔　　〕此候、何況於㆓当院之事㆒哉、以㆓此旨㆒可□〔　　〕」〔　　〕□（洩カ）御披露候、

恐惶謹言、

十月(弘安九年カ)十九日　　良忠

進上　山城前司殿

(D)　良忠重申状（正応二年正・二月巻、『鎌』二二—一六〇一三）

「　」寺僧良忠重言上、

為二栄範偽訴一、被レ抑二留南渕塔堂・干(星)川両名乃貢一「　」愁状、

「　」件条者、既被レ召二三問三答之訴陳一、可レ仰二　上裁一之由「　」「　」仰下之上者、任二道理一、良忠可レ預二御成敗一之処、雖「　」「　」数箇月、不レ預二　御成敗一事、愁吟之至、無二比類一者也、「　」「　」重言上如レ件、

(E)　延陳挙状（正応元年八月巻、『鎌』二一—一六〇〇三）

寺僧良忠申栄」範□(致カ)濫訴間、□(数カ)月□(之カ)預二　御成敗一由事、良忠訴状」如レ此候、子細見二于状一候歟、」可レ有二洩御披露一□(候カ)」延陳恐惶謹言、

【史料2】

(a)　栄範陳状（正応元年八月巻、『鎌』二一—一五九三二〈第二紙〉）

「　」申云、栄範雖レ令二知行一、何御灯油用途可レ有二闕如一哉、①加之南渕「　」「　」(星カ)河両名良算之令二売買一事者、依レ令レ存下為二仏田等一之由上不能□(知カ)「　」「　」令二売買一歟、爰良忠者、称二入室給仕遺弟一之前者、乍令存知□(仏カ)「　」「　」売買之条、猛悪不善之至極也、②又栄範之使者乱二入南渕庄一「　」「　」責彼両名百姓等之由令レ申之条、甚以無実也、仰二　上裁一之□(前カ)「　」「　」無二左右一可レ致二苛責一哉、良忠之愚案之企、弥招二非拠一者歟、

「　」状③云、良性殺害之同流僧栄範云々、

〔　〕(此カ)条又無㆓跡形㆒虚誕也、証拠何事哉可㆓立申㆒者歟、不㆑然者可㆑被㆑行㆓奏□(事カ)〔　〕□(実カ)罪科㆒者也、〔　〕④状云、栄範者児童殺害之重科深云々、〔　〕(此カ)事又以不実之偽訴也、同被㆑糺㆓明証人㆒者、所㆑令㆓庶幾㆒也、〔　〕(以カ)前条々披陳大概如㆑斯、⑤抑栄範者不㆑存㆓別儀㆒、以㆓多楽院之沙汰㆒、〔　〕(補カ)任院主之間、⑥為㆑興㆓隆此院中㆒、守㆓本願良賀法印之証文㆒、加㆓沙汰㆒〔　〕□良忠者住㆓私曲無実之狂心㆒所㆓訴申㆒者、全非㆓今沙汰之肝心㆒□〔　〕□(栄)範之訴詔者、⑦為㆓九品院院主之身㆒、令㆓居住㆒之日者、為㆓其院領㆒□〔　〕□所㆑令㆓寄附㆒之仏堂領者、院主可㆑令㆓領知㆒之旨、任㆓道理㆒仰　上〔　〕(裁カ)⑧於㆓院主職㆒者、為㆓院内之沙汰㆒、令㆓定補㆒畢(乎カ)、何可㆑有㆓後混(昆カ)之儀㆒哉、〔　〕被㆑停㆓止良忠之無実之濫訴㆒、欲㆑被㆑崇㆓敬九品院之仏堂等㆒、仍〔　〕(言)上如㆑件、

弘安九年六月　日

(b)

栄範重陳状（正応二年四・五月巻、『鎌』二一―一六〇一一）

〔　〕知上者、不㆑可㆑費㆓私詞㆒云々、此段者、栄範令㆓申披㆒畢、良筭〔　〕栄範事者、令㆑移㆓住于九品院㆒之日、兼依㆑恐㆓国中㆒、九品院〔　〕返企㆓濫訴㆒之時也、①良筭・良忠等、尤可㆑思㆓院中繁昌㆒之〔　〕貪欲、令㆑滅㆓亡先師興隆遺跡㆒事、就㆓冥顕㆒可㆑令㆓思慮㆒〔　〕(栄)範者、②以㆓院内計㆒、天然移住之身也、然上者、殆可辞申院□〔　〕既励㆓私力㆒、顕㆓苦労㆒上者、全無㆓曲節㆒、於㆑今者、為蒙　御□(成カ)〔　〕□論之身也、所詮、被㆑停㆓止良忠之競望㆒、南渕塔堂・星河〔　〕為㆓九品院院主栄範進止㆒、可㆑令㆓領知㆒之由、欲㆑蒙㆓　御成敗㆒矣、〔　〕③訴状云、本願門葉、何以㆓院主殺害之悪党栄範㆒、可㆑被㆑補㆓院主㆒〔　〕(良)忠苟為㆓本願之門弟㆒、而峯寺之住侶也、被㆑補㆓院主㆒之条、誰可□(称カ)〔　〕哉云々、此段事新申状也、以㆓良忠㆒可㆑定㆓器量㆒者、④良忠被㆑免㆓〔　〕勘㆒之後、当寺之居住、雖㆑送㆓数十年㆒、一念興行之思無㆑之、

既［　］［　］別遺跡居住之前者、非二所望之限一、然今以二欲心一令レ競二望南［　］［　］□《名カ》等一之日、如レ此令二掠
申一処也、非二⑤院主器量一之条、思定之処、今［　］［　］前後不二相順一之条、尤仰二御高察一矣、
［　］□条々、就二重良忠之偽訴一、取レ詮披陳言上如レ斯、抑自余之偽［　］［　］無益之枝葉也、問答費二紙筆一
無二其詮一者也、故以二肝要一、今□《令カ》［　］［　］□《前カ》者、忝被レ垂二御哀憐一、蒙二御裁許一者、且為一院興隆
之［　］［　］為二摂録《籙》万年之御祈禱一哉、仍重披陳如レ件、

弘安九年十月　日

(c)

九品院院主栄範重陳状（正応元年八月巻、『鎌』二一―一五九三二〈第一紙〉）

［　］《九品》院院主栄範重陳申、
［　］良忠偽訴一一無二其謂一事、
□□《副進カ》
□通　二条殿御下知状案并御宛文案
□通　多武峯三綱中被二仰下一状案
□通　良賀法印注置証文案
□通　多武峯多楽院内九品院注置状案
□通　院内宛文案
［　］栄範者、令レ補二任九品院院主職一事、全非二私競望一、依無人□《于カ》［　］［　］□之扶持、既①任二一院之計一、令
レ移二住九品院一之間、②栄範以二私力一［　］［　］□二面房舎令二興隆一之上者、任二良賀寄文旨一、脩二理仏
堂一［　］［　］致③二二条殿御祈禱一、令レ言二上子細一之処、被二仰下一状如レ此、□《依カ》［　］［　］両部之大法抽二三
密之行業一、専励二長日不断之懇祈一、偏□［　］［　］□泰平之繁栄者也、若栄範為二非器不善之躰一者、争為

□［　　］一院之計、以二栄範一雖レ為二片時一可レ令レ定二補彼院主職一哉、加之［　　］(住カ)□九品院之後者、一向備二仏性灯油一、致下令レ興二隆院中一事上、是［　　］□哉、若又良忠可レ為二九品院院主職一之旨令二存知一者、④良忠［　　］当寺衆徒之免除、令二帰住一之後十余年、何不崇先師遺(跡カ)□［　　］狼之栖哉、前後相違之濫訴、今案偽謀之企、尤可有　御［　　］(哉カ)□、⑤但良忠之訴状云、被レ召二出強盗并殺害人栄範一、被レ糺二返贓(物カ)［

(d) 九品院院主栄範重陳状（正応元年七月巻、『鎌』二一—一六〇一〇〈第一紙〉）

(多)［　］武峯寺九品院院主栄範重弁申、

［　］良忠重濫訴一一無二其謂一上者、早被レ停二止無尽□［　　］訴一、栄範可レ預二　御成敗一愁事、

(副カ)□進

□通　二条殿御下知状案并御宛文案

□通　多武峯執行三綱中御下知状案

□通　良賀法印注置証文案

□通　多武峯多楽院内九品院注置状案

□通　院内宛文案

□通　自二一条殿一被レ仰二付一乗院家一状案

□通　九品院堂塔仏具等破却注進状

①(良)［　］忠重申状云、九品院之造営、非二栄範私力一、還贓物□［　　］重科云々取レ詮、此段、坊舎営作之私力、寺中無レ隠、人皆知［　　］良忠申状者、院内何可レ申二補于栄範一哉、尋器量［　　］然之処、今良忠奸懸二心于南渕仏田等一之日、企虚(誕カ)□［　　］□偽訴者也、弥住二貪欲一、致二院中荒廃之濫妨一、尤仰(当カ)［　　］(籙)②訴状云、致二　公家・武家之御祈禱一之事者、非二制之限一、但□［　　］者、於二所務一者、尤奉レ仰二　摂録

御成敗㆒之条、先傍例也、〔　　〕詮、次□（第カ）之□□（沙汰カ）、□□（掠申カ）　〔　　〕

(e)

栄範陳状（正応元年一〇月巻、『鎌』二一―一六〇一二）

〔　　〕也、①良性・良忠已下之輩等、為㆓満寺衆徒㆒被㆓治罰㆒事、全栄〔　　〕相交者也、若栄範致㆓彼沙汰㆒者、
何良筭等訴詔之時、称張〔　　〕沙汰之日、彼交名不㆑入㆓栄範㆒哉、②抑証文相伝之条者、栄範〔　　〕九
品院之上、欲㆑令㆑興㆓隆院中㆒之間、為㆓□院之沙汰㆒、所㆓送渡㆒也、凡□（良カ）〔　　〕□□③被㆓治罰㆒之根元者、
良賀法印死去之剋、為奉報〔　　〕寄㆓進数多田地于惣寺依怙㆒之処、良忠
□〔　　〕寄進之命、住㆓貪欲㆒、私欲㆑令㆓知行㆒之上、為　大織〔　　〕被
㆑処㆓衆勘㆒者也、此条、栄範雖㆑非㆑可㆑申㆓子細㆒、以不〔　　〕□栄範今為㆑妨㆓九品院領㆒、作㆓出虚誕㆒、及㆓偽
訴㆒事、自他頗〔　　〕益之言論之間、任㆓実正㆒所㆑令㆓言上㆒也、所詮、④栄範為㆓院主職㆒、住九□（品カ）〔　　〕
者、任㆓本願㆒、於㆓彼領㆒者、院主可㆑令㆓進退㆒哉、又九品院者、雖成□〔　　〕被㆓弃置㆒哉否之事、所㆑仰㆓
厳察㆒也、⑤但良忠之申状之中、□〔　　〕拠者、長者宣并　一乗院御下知状云々、此条者、如先度
□〔　　〕□□□□（九品院仏カ）堂修理田等之間、依㆑掠㆓申子細㆒、被㆓成下㆒歟、以□（本カ）〔　　〕□　御斟
酌者也、良忠之訴状事、一一雖可□〔　　〕□言論也、⑥又栄範改名之由令㆑申之条、無㆓跡
形㆒之□（無カ）〔　　〕□称㆓良賀之門徒㆒、不㆑存㆓彼法印之遺跡興隆㆒、只住〔　　〕□（企カ）今案之相論、
⑦栄範者、雖㆑非㆓其門徒㆒、依㆓院内無想之計略㆒、〔　　〕住之間、守㆓本願寄進㆒、修㆓理堂舎仏像㆒、欲㆑致㆓惣別
之忠勤㆒許〔　　〕今良忠以㆓非道㆒致㆓濫訴㆒事、何可㆑相㆓叶冥慮㆒哉者、早任道〔　　〕仰㆓　上裁㆒之状、
粗披陳言上如㆑件、
□□□□□（弘安九年カ）　□

本文書群には、保存状態の問題により生じた判読不能または困難な文字に加えて、一般的な裏文書と同様、日

記の料紙に利用される際に左右天地の一部が切断され形が揃えられたため、文字が欠失した箇所も多数存在する。また、二紙以上の文書が分離され、その一部が散逸したと見られるものもある。そこではじめに、相論の全容を把握するための基礎作業として、残された文書の相互関係や成立の順序から整理していくことにしよう。

まず年月日や文言に注目すると、訴人良忠側の文書【史料1】は、(A)が弘安九年二月日、(B)が同年七月日の日付を持つから、(A)→(B)の順に作成されたことになる。(C)は一〇月一九日と年欠だが、内容から見て(A)・(B)と同じく弘安九年のものと推測される。(D)には日付が記されていないが、本文を見ると、「三問三答之訴陳」が既に行われたにもかかわらず、数ヶ月経っても成敗が下されないとあり、本文書が一連の裁判手続き終了後に作成されたことが分かる。従って、【史料1】は(A)→(B)→(C)→(D)の順に作成されたと考えられる。(5)

一方、論人栄範の陳状【史料2】については、(a)の日付が弘安九年六月日、(b)が同年一〇月日であるから、(a)→(b)の順であることが分かる。次に、(c)・(d)は年月日が欠けているが、(d)の副進文書の五点目までは(c)のそれと一致しており、(d)は(c)の時より副進文書を新たに二点加えて法廷に提出されたと推測されるから、作成順序は(c)→(d)と考えられる。また、事書から両文書とも重陳状であることが分かり、【史料1】(D)の「三問三答之訴陳」という文言もあわせて考えれば、(c)は二答状、(d)は三答状ということになる。

以上から、【史料2】の作成順序は(a)→(b)・(c)→(d)までが判明したが、(e)に関しては年月日が判読できず、各文書の接続関係もまだ分からない。また、訴状・陳状の対応関係も判然としていない。ところで、当時の裁判は訴陳状の応酬、すなわち一方の主張に対して他方が反論を行い、それに対して一方が更に批判を加える形式をとるから、こうしたやりとりから文書の作成順序や訴陳の流れを導き出すことが可能である。(D)から、本裁判では三問三答の訴陳がなされたことは間違いない。そこでここからは、各文書の引用や対応関係のあり方について分析することで、文書の成立順序を復元することとしたい。

まず【史料1】(A)は、関係史料中最も成立が早く、また後述のように、訴人良忠の主張が最もまとまって提示されていることから、彼が最初に作成した申状と考えられる。二紙は直接接続し、間に別紙は挟まないと見てよかろう。この(A)を受けて栄範が最初に提出した陳状はどれだろうか。そこで【史料2】(a)を見ると、【史料1】(A)の個々の主張に対する栄範の反論が随所に見られることに気づく。例えば(a)傍線②は、栄範の使者が稲渕荘内に乱入し両名百姓を苛責したとする良忠の主張を否定した箇所であり、(A)傍線⑧の「追二出永範(栄)無道之使者一」に対応していることが分かる。また、(a)傍線③・④は良忠の申状からの引用部分であり、それぞれ(A)傍線④・⑦に該当する。更に(a)傍線①は(A)傍線③・③′に対応し、良忠が塔堂・千川両名を良算から買い受けた事実に関して非難した箇所と推測される。以上から、【史料1】(A)に対する栄範の初回の陳状は【史料2】(a)と考えられる。

次に、【史料1】(B)傍線②の「同状云、於二院主職一者、□(為カ)［　　］□沙汰、令二定補一畢云々」の部分は、【史料2】(a)傍線⑧とほぼ同一であり、栄範の初回の陳状から引用した箇所であることは明らかである。従って、(B)は(a)を受けて良忠が作成した二問状である。続いて、【史料2】(c)傍線⑤は【史料1】(B)傍線③を抜粋した箇所と判断できるので、(c)は先に推測したとおり二答状であり、二問状(B)に対して栄範が作成した文書ということになる。

次に【史料1】(C)傍線①の「栄範掠申　二条□(殿カ)［　　］蒙二御下知一之由載二于訴状一候」の部分は、明らかに【史料2】(c)傍線③に対応しており、(C)が栄範の二答状(c)を受けて作成されたことが分かる。次に【史料2】(d)傍線②は、【史料1】(C)傍線①の「峯寺別院縦雖レ致二方々之御祈禱一［　　］□(院カ)主職者必蒙二 摂録(籙)御成敗一候之条、先□［　　］□候」の部分とほぼ同じ趣旨であるから、先の推測のとおり、(d)は栄範の作成した三答状である。なお、(d)は良忠の「重申状」・「訴状」に対して出されたことが分かるが、(C)は奉行勘解由小路兼仲を実質上の宛所とする書状であり[6]、申状そのものではない。つまり【史料1】(C)とは別に、二答状【史料2】(c)に対応する形で三問状(C)′が作成されていたと推測される。

ここまでの検討から、(A)→(a)→(B)→(c)→(C)（・(C)′）→(d)→(D)という成立順序が明らかになった。続いて、いまだ作成時期の不明な【史料2】(e)の分析に移ろう。まず栄範側の文書【史料2】との関係から検討すると、(e)傍線④は(a)傍線⑦と同じ内容であり、(e)傍線⑤の「□□□□《（九品院仏カ）》堂修理田」の部分は、(a)傍線①「仏田」・傍線⑦「仏堂領」と対応している。次に(c)傍線④の「当寺衆徒之免除」は、(e)傍線①の「為二満寺衆徒一被二治罰一事」や傍線③の「衆勘」という記述を前提にして初めて理解が可能である。つまり、良忠は「衆勘」の「免除」を受けて寺内に「帰住」したのであり、(c)傍線④は(e)傍線①・③を前提として書かれたことが分かる。従って【史料2】(e)については、(d)ではなく(a)・(c)との対応関係がうかがえる。

では、良忠側の文書【史料1】についてはどうであろうか。まず【史料2】(e)傍線⑤で、良忠が訴訟の根拠としたとされる「長者宣并　一乗院御下知状」は、【史料1】(A)の副進文書「当御代御成敗　長者宣」・「一乗院家御下知状」をそれぞれ指しており、(e)は(A)を受けて書かれたことが分かる。だが、より注目したいのは(e)傍線⑦の「栄範者、雖レ非二其門徒一」の部分である。これは、(B)傍線①の「永《（栄）》範非二彼門弟一」の部分を受けて記されたものと考えられる。すなわち良忠が、良賀の門弟ではない栄範が良性を殺害して置文を盗み取り、良賀の門弟（＝良忠）に遺跡相論を起こしたのは不当だと非難したのに対して、栄範は良賀の門徒でないことを認めつつ、「院内無想之計略」により九品院に居住し、堂舎仏像を修理して「惣別之忠勤」に励んだと反論しているのである。また、(e)傍線②の「証文相伝之条」の部分も、良忠が(B)傍線①で、栄範が本願良賀の置文を持っているのは、彼が院主良性を殺害してそれを奪ったからだと主張したのに対し、栄範は自身が九品院に移住し院中興隆を図った際に多楽院の沙汰として送り渡されたので、良賀の証文を「相伝」したのだと反論したものと思われる。つまり、(e)は(B)に反駁するために書かれた文書と考えられるのである。以上より、【史料2】(e)は【史料1】(B)

の成立以後から(C)成立以前、すなわち七月以降一〇月一九日以前に作成された文書であり、栄範の二答状の一部として【史料2】(c)に接続すると判断できる。(7)このように考えれば、残りの【史料2】(b)は栄範が三度目に提出した重陳状の一部で、【史料2】(d)に接続するものと考えられる。(8)なお、(b)傍線③および(d)傍線①・傍線②はいずれも良忠の重申状からの引用部分であるが、これらは現存する良忠側の文書には見られない。すなわち先述のとおり、紙背に残されてはいないものの、良忠は(c)・(e)と(b)・(d)の間に右の記述を含む三問状(C)′を実際に作成したと思われる。

かなり煩雑な考察となったが、文書の成立順序は次のように結論づけられよう。

【史料1】(A)(弘安九年二月)→【史料2】(a)(六月)→【史料1】(B)(七月)→【史料2】(c)・(e)(七月～一〇月一九日以前)→【史料1】(C)(一〇月一九日)〈・(C)′(一〇月一九日前後)〉→【史料2】(b)・(d)(一〇月一九日以後)→【史料1】(D)

それでは次に、訴論人両者の主張内容を整理しておこう。訴人良忠の主張は、その初回の申状【史料1】(A)にほぼ集約されている。それによると、文永四年(一二六七)冬、九品院院主良賀の遺弟良性が悪党に殺害され、財物・調度を盗まれた。良性の舎弟良算が摂関家に提訴したところ、良性の遺領に対する良算の進退を認める長者宣が下され、殺害の張本は武家により流罪に処された(A)傍線①。この長者宣は明法家の勘文に基づき、建治二年(一二七六)五月一七日に発給されたものという(B)傍線②。続いて良算は、所領田畠に関する紛失状を作成して興福寺三綱の証判を獲得し(A)傍線②、領有を確実なものとしたが、数年後に遺領の一部である稲渕荘内塔堂・干川両名田地を良忠に売却し、以後良忠が両名を知行することとなった(A)傍線③・③′、(a)傍線①。ところが、この四・五年程、「先師殺害之怨敵」(A)傍線⑤・「良性殺害之同流僧」(a)傍線③の栄範が九品院に移住してこれを押領し、所領の濫妨に及んだ(A)傍線④・⑥。稲渕荘は一乗院家(信昭)領であるので、良忠は院家にこれを訴え、栄範の使者を追放して良忠の指示に従うよう命じる成敗を得た（(A)傍線⑧）。そこで、良忠は続けて関白家（鷹司兼平）に提訴し、「相伝之道理」に任せて稲渕荘内所領の進退権を、「師弟之由緒」により栄範の九品院院主職改替と良忠の補任を要求したのである（(A)傍線⑨）。良忠は、栄範は良賀の門弟ではないにもかかわらず、良性を殺害して良賀の置文を盗み、良賀門弟に対して遺跡相論を起こしたと非難し（(B)傍線①）、「院主殺害之悪党」栄範ではなく、「本願之門弟」・「峯寺之住侶」である自分こそ院主にふさわしいと主張している（(b)傍線③）。

これに対して論人栄範は、「多楽院之沙汰」・「院内之沙汰」・「一院之計」により院主職に補任されて九品院に移住し（(a)傍線⑤・⑧、(c)傍線①）、本願良賀の証文の趣旨を守って、私財により堂舎・仏像の修造を進め、院中興隆の沙汰を行ったのであり（(a)傍線⑥、(c)傍線②、(e)傍線⑦）、院主として九品院に居住しているのであるから、院領として寄付された所領も院主が領知すべきだと主張する（(a)傍線⑦、(e)傍線④）。彼はまた「二条殿」（左大臣二条師忠）に「御祈禱」を申請し、それを認める下知状をも獲得したという（(c)傍線③）。栄範の述べるところでは、良忠は多武峯衆徒による「衆勘」を蒙った過去を持ち（(e)傍線①・③）、許されて寺内に帰住した後も院中を興行せず、先師の遺跡を荒廃させたとして（(b)傍線①・④、(c)傍線④）、「非㆓院主器量㆒」と決めつける（(b)傍線⑤）。一方、自身は良賀の門弟でないにもかかわらず、「院内無想之計略」により院中興隆の功績をあげ、「惣別之忠勤」に励んだとして、自分こそ院主の器量であると主張している（(e)傍線⑦）。

以上の分析により、本相論の内容は概ね把握できたものと思う。次節では、この相論がいかなる経緯で発生したのかを検討していきたい。

二　相論発生の経緯

【史料1】(A)で良忠は、弘安九年（一二八六）の相論が起こったそもそもの契機として、文永四年（一二六七）冬に当時の院主良性が殺害された事件をあげている。実は、この事件の詳細を知り得る史料が残っている。一つは、『勘仲記』裏文書所収の【史料3】である。【史料1・2】と同様に、『鎌』の翻刻を校訂した。(9)

【史料3】九品院院主良算重申状（弘安六年一〇・一一月巻、『鎌』一八―一三六四八）

□(大)和国多武峯九品院々主良算重言上、

□□(欲カ)被早任二先度御沙汰旨一、忩被レ経二御奏聞一、可レ令二召断罪一由、仰［　］□寺強盗殺害放火刃傷以

下交名人輩事、

［　］進

［　］巻　悪党人交名　綸旨并長者宣二通　院宣并関東御［　］贓物注文、

［　］慶敏以下交名悪党人等、去文永之比、為二強盗一打二入同寺九品院一、□［　］令レ殺二害良性一之後、盗二取若干米銭以下資財等一之間、依二訴申一、被［　］聞、可レ尋二究犯否一之由、就レ被レ下二　院宣於武家一、被レ召二交名之輩一之［　］尊参洛之間、先就二当参一、被レ定二犯否一之処、至良性殺害并□［　］慶敏以下交名之輩等所行之由、出二慶弁白状一畢、則以二彼状一□［　］聞之処、被レ下二彼状於明法一、任二勘状之旨一、於二慶弁・英尊一者、既以被流［　］□之、慶敏以下八人下手張本等、恐二自科一不参之間、建治二年五月［　］日法印□□雖レ被レ下二数ケ度召文一、敢以不二叙用一、剰彼輩等□(吐カ)悪口□［　］□戸追二返　長者并別当坊御使一之条、希代勝事候也、凡匪至此□［　］於二所々一合戦・夜討・引剥・苅田以下狼籍(藉)、都以無二絶期一者哉、乗一□［　］然間頻就二訴申一、連々雖レ被レ下二召文一、于今不二事行一之間、差二日

限二［　　　］下召文、一向不参上者、不レ可レ有二其期一者、早任二先度御沙汰旨一、□（忿カ）［　　　］聞、被レ仰二付
武家一、為レ被二召断罪一、重言上如レ件、

もう一つは、【史料3】の作成者である良算が正安四年（一三〇二）に弟子宛に記した、塔堂・干川両名田地とは別の水田の処分状である。これは関係部分のみ引用しよう。

件水田者、舎兄僧良性之私領也、而去文永四年十一月十七日多武峯悪党慶弁以下強盗人等、相二寄多楽院温室一、令レ殺二害良性一之上、打二入住坊九品院一、盗二取資財重宝一之内、同彼本券等盗取之条、一国顕然也、然間、舎弟僧良筭訴二申子細於　長者殿下一之処、道理有レ限之間、於二彼遺領一者、良筭可レ令二領掌一之旨、賜二長者宣并寺家御成敗一了、其上立二紛失（状脱カ）一、多年知行之処、敢以無二違乱一、[10]

この二つの史料から、良性殺害事件とは、文永四年（一二六七）一一月一七日、「多武峯悪党」慶弁・慶敏・英尊らが多楽院の温室に押し寄せて良性を殺害し、続けてその住坊九品院に打ち入り、米銭・文書等の資財を盗み取った事件であったことが分かる。[11]

また、【史料1】(A)傍線①の「以殺害之□（張カ）［　　　］□仰二武家一、被レ処二流罪一畢」の部分に関する詳細も【史料3】からうかがえる。良算は関白鷹司兼平に裁許を求めると同時に、治天の君である亀山上皇にも良性殺害の犯人の逮捕・処罰を求めて告訴しており、「可レ尋二究犯否一」との院宣の発給を受けて、「武家」＝六波羅探題（北条義宗）が交名人の召喚に動いている。[12]容疑者のうち、慶弁・英尊の二人は上洛・出頭して犯行を自供し配流されたが、慶敏ら八人は参上せず、数回の召文にも応じないどころか、氏長者・別当坊（多武峯カ）の使者を追い返して更なる狼藉行為に及んだという。以後、この事件がいかなる結末を迎えたのかは不明であるが、いずれにせよ、弘安九年の院主職相論関係史料や正安四年の良算の水田処分状にも事件の顚末が述べられていることから、文永四年の院主良性殺害事件が、以後の九品院の展開にとって画期となる出来事であったことは間違いな

かろう。

それでは、ここまでの検討をもとに、本相論が発生した経緯を復元してみたい。まず、九品院を創立した「本願」は、良性・良忠らの師である良賀という多武峯寺僧である（【史料1】(A)傍線①・⑨、(B)傍線①、【史料2】(a)傍線⑥、(b)傍線③）。彼が自身の住坊として同院を建てた時期は明確ではないが、専玄という僧の記した建長四年（一二五二）四月の田地売券に、先祖相伝の私領を「多武峯九品院御塔供田料」として沽却したとあるから[13]、建立はそれ以前ということになる。良賀は文永四年（一二六七）以前に没するが、死に際して置文（証文・寄文）を作成し（【史料1】(B)傍線①、【史料2】(a)傍線⑥・(c)傍線②・(e)傍線②）、多数の田地を「惣寺依怙」に寄進した（【史料2】(e)傍線③）。そして、九品院の院主職は良賀の遺弟良性が継承したのである。

ところがその後、良忠が本願良賀の命に背き、惣寺に寄進された田地の私的知行を図ったとして、良性は良忠と共に多武峯衆徒の治罰（「衆勘」）を蒙ってしまった（【史料2】(e)傍線①・③）。そして文永四年一一月一七日、良性は多楽院の温室において慶弁・慶敏・英尊らに殺害され、住坊九品院の資財も奪い取られてしまうのである。おそらく文永末年～建治初年の頃[14]、良忠はようやく衆徒により罪科を免ぜられて寺内に帰住した（【史料2】(c)傍線④・(b)傍線④）。間もなく良性舎弟の良算が、良性の遺領の回復を目指して行動を開始し、建治二年（一二七六）五月一七日、その領掌を認める長者宣を獲得した。同時に彼は、良性を殺害した慶弁・慶敏らを「悪党」として院に告訴し、彼らの一部は六波羅探題により逮捕・処罰されることとなった（【史料3】・良算水田処分状）。その後、良算は所領田畠に関する紛失状を作成して興福寺三綱の証判を得、更に良性遺領のうち稲渕荘内塔堂・干川両名田地を、良賀の門弟である良忠に売却した。

一方、九品院自体は良性殺害事件以後、放置され荒廃していたものと思われる。ようやく弘安四・五年（一二八一・八二）頃[15]、多楽院の沙汰により寺僧栄範が院主に補任された。彼は九品院に移住すると、本願良賀の置文に基づき、自らの私力によって堂舎・仏像などを復興するとともに、二条殿（二条師忠）に申請して同院をその祈禱所とした。やがて、栄範は院主の地位と九品院居住の事実を根拠として、同院領塔堂・千川両名田地の領有を主張し、現地に使者を派遣して知行の実現を図った。両名進退権侵害の危機に直面した良忠は、弘安九年（一二八六）二月に関白鷹司兼平に提訴した。こうして、家司勘解由小路兼仲を奉行として裁判が開始され、「三問三答之訴陳」（【史料1】Ⓓ）が行われたのであるが、相論がいかなる形で決着を迎えたのかは不明である。

三　鎌倉後期の多武峯と摂関家・興福寺

ここまで二節にわたり、弘安九年（一二八六）の多武峯九品院相論の内容とその発生の経緯について明らかにしてきた。以上の検討結果を踏まえて、本節では鎌倉後期の多武峯の実態に関する論点をいくつか提示してみたいと思う。

まず最初に、当該期における多武峯の寺僧組織について考えよう。本相論において栄範は、自らの院主職補任を「多楽院之沙汰」（【史料2】ⓐ傍線⑤）・「院内之沙汰」（ⓐ傍線⑧）・「一院之計」（ⓒ傍線①）・「院内計」（ⓑ傍線②）によるものと一貫して主張している。多楽院は、多武峯寺内に建立された「別院」の一つである。[16]『桜井町史　続』によると、中世後期の多武峯は、平等院・南院・浄土院・多楽院という、教学・所領を異にする四院で構成されており、各院には多数の被官坊が建立され、大和国の国人が先祖の菩提のため一族・子弟を入寺させていたという。[17]一方の「一院」・「院内」は、文脈から多楽院を指すものと判断して間違いなかろう。この「一院」とは一体どのような組織であろうか。また、多楽院（「一院」）は九品院とどのような関係にあったのだろうか。

それとともに、もう一つ注目されるのが「惣寺」・「満寺」である。一般に「惣寺」とは、中世の寺僧集団全体、またはそれより限定された成員から構成される、衆議により運営される執行機関を表す語である。[18]【史料2】

(e)傍線①・③に見える多武峯のそれは、九品院本願の良賀より田地を寄進される対象であり、その田地の私的知行を図った良忠らを「衆勘」に処することのできた存在である。では、当該期の多武峯の「惣寺」とはいかなるものであり、また「一院」とはいかなる関係にあったのだろうか。

ここで想起したいのが、中世延暦寺・園城寺の大衆組織に関する下坂守の研究である。(19)それによれば、中世の延暦寺・園城寺では、房舎を有する寺僧は「一院」という居住地域を単位とする生活共同体に所属していた。一院は、年臈をもってなる「宿老」と「若輩」で構成されており、衆議により運営され、「公物」と呼ばれる独自の財源を持つなど、極めて強い独立性を有していた。そして、それら一院が結集して構成されるのが「惣寺」であった。惣寺は一院の上位に立ち、各院の間を調整しつつ全体としての意思を形成しており、また独自の公物を所有していた。園城寺では惣寺の下に北院・中院・南院が存在しており、延暦寺は惣寺—「院々」(東塔・西塔・横川)—「谷々」という構造を持っていた。各レベルの共同体で大衆が主体となり、衆議による運営を行っていたのである。

右のような延暦寺・園城寺像も中世後期の史料を中心に組み立てられたものであるが、多武峯が天暦一〇年(九五六)に延暦寺末寺・無動寺別院となったことを考えれば、その組織や構造が多武峯に導入されていたことは充分想像できる。実際、【史料1・2】にうかがえる多武峯の衆徒組織のあり方は、右の延暦寺・園城寺のそれと対照させて見れば非常に理解しやすいように思われる。つまり、鎌倉後期の多武峯も延暦寺・園城寺と同様、「惣寺」の下に多楽院をはじめとする複数の「一院」が存在する重層的な構造を有しており、各一院には寺僧がそれぞれ房舎を構えて居住・生活していたと推測されるのである。九品院もまた、少なくとも栄範の院主職補任の段階では、「一院」多楽院の下に属する住房の一つであった。【史料2】(c)・(d)の「多武峯多楽院内九品院注置状案」という記述も、この点から理解が可能であろう。そしてこのように、各一院に房舎を構えて共同体を形成し、総体で惣寺を形成していた当該期の多武峯寺僧が「衆徒」と呼ばれていたのである。[20]

　この多武峯の惣寺・一院もまた、衆議により運営されていたと考えられる。その根拠となるのが、【史料2】(e)傍線③の「衆勘」である。延暦寺における「衆勘」は、具体的には僧名帳から名前を抹消して大衆の成員資格を剥奪することであり、衆会による手続きを経て房舎破却・所領没収などの検断が執行されたという。[21]良性・良忠に対して多武峯の惣寺が行った「衆勘」も、「為二満寺衆徒一被二治罰一」（【史料2】(e)傍線①）とある点から、衆徒の衆議を経て決定されたと推測される。また「□当寺衆徒之免除、令二帰住一」（【史料2】(c)傍線④）とあることから、多武峯における検断は、寺外への追放をその一つの内容としていたと考えられる。九品院院主職の剥奪や所領の没収もおそらくその際に行われたのであろう。[22]なお、正中二年（一三二五）二月日付の「多武峯大札禁制条々之事」[23]には、寺内の一部の僧侶が国内の悪党を引き入れて蜂起し、種々の狼藉行為を行う事態となったため、「則満寺随二聞及一莅二彼所一、任レ法加二一同治罰一、被レ没二収坊舎所領一、可レ追二却其身一矣」（第一条）とする規定があり、鎌倉末期の多武峯では「満寺」が検断権を持ち、坊舎・所領の没収や身柄の追放を行っていたことが分かる。また、その第二条に「一類之族、（中略）於二寺中郷内一、閣二寺家三綱一、不レ得二満寺評定一、致二私検断一云々」と見えることから、「満寺」の公式の検断は「寺家三綱」の承認と「満寺評定」の判断を必要としたものと思われる。[24]

　以上のように、鎌倉後期の多武峯は、「惣寺」と多楽院以下の「一院」という重層的な衆徒組織を有していた。そして、栄範はこの多楽院に所属する寺僧と考えられ、惣寺―多楽院の存在を背景に、九品院院主職と稲渕荘内塔堂・干川両名田地の領掌を主張していたのである。良忠が「良性之遺領遺跡者、停二止峯□　□妨一可レ為二良算之進退一」（【史料1】(B)傍線②）と、多武峯側の介入を嫌う姿勢を見せていたのも、彼が惣寺の「衆勘」を蒙って寺外に追放された経歴を持っていたためと考えられるのである。

このように、多武峯惣寺・多楽院の力を背景に自己の権益を主張する栄範に対し、良忠は建治二年（一二七六）に摂関・氏長者鷹司兼平の長者宣を得て所領の領有権を確保し、弘安九年（一二八六）に再度兼平の法廷に提訴した（【史料1】(A)）。また、多武峯の「別院」が公家・武家の祈禱を行うこと自体は問題ないが、院主職や所務については「摂録(鎌)御成敗」を受けるのが傍例だと主張している（【史料1】(C)傍線①・【史料2】(d)傍線②）。良忠は摂関・氏長者の鷹司家を頼って長者宣を獲得し、それを根拠として栄範に対抗し、惣寺・多楽院の力を排除しようとしたのである。これに対して栄範も「二条殿御祈禱」を申請し、二条師忠よりその承認を得た（【史料2】(c)傍線③）。【史料1】(C)であげられた別院念仏院も近衛殿（近衛家基）の「御祈禱所」とされており、多武峯の坊院の中には摂関家の祈禱所となるものがあったことが知られる。栄範は鷹司家と並ぶ五摂家の一つである二条家の名を持ち出して、良忠の主張の相対化を図ったものと考えられる。

前掲「多武峯大札禁制条々之事」の第六条には、寺僧が坊舎の附属や遺領の分配以下の相論を起こした場合、「於二□(寺カ)家一被レ究二訴陳一、可レ蒙二満寺評判衆議一」こと、「若衆議難二一決一者、進二入訴陳状殿中一、請二文殿勘状一、可レ仰二長者御裁許一」ことが定められている。寺僧相互間の相論は寺家で訴陳の応酬を行い、満寺の衆議による裁断で解決すること、それが困難な場合にのみ氏長者の裁許を仰ぐことが規定されており、自身の裁判の自律性・独立性を維持しようとする多武峯側の姿勢が見られる。このような規定が出されたのも、九品院相論の良忠のような、寺家・惣寺を介さずに直接藤氏長者の成敗を仰ごうとする者が存在し、それによって寺内の判断が混乱するケースが実際にあったからではなかろうか。

もう一点、多武峯と興福寺との関係の様相にも言及しておきたい。【史料1】(A)によると、建治二年（一二七六）に長者宣を獲得した良算は、更に良性遺領に関する紛失状を作成し、興福寺三綱の証判を得ていた（傍線②）。また、稲渕荘が一乗院家領であることから、良忠は一乗院（信昭）に栄範の濫妨を訴え、その成敗を受けている（傍線⑧）。良忠は、惣寺―多楽院の力を背後に持つ栄範に対抗するため、興福寺の紛失状や一乗院家の下知状をも法廷に持ち出したのであり、寺僧間の相論が当事者同士の争いにとどまらず、多武峯惣寺と興福寺・一乗院との対抗関係につながっているのである。

『多武峯略記』によると、承安二年（一一七二）に「南淵坂田寺」を多武峯の末寺とする長者宣が出されたという。[25] 一方、中世前期の興福寺一乗院に関する史料である『簡要類聚鈔』には、末寺の項に「稲淵庄（寺カ）在末庄国栖庄」という記述がある。[26] 稲渕荘はこれら二つの寺院と関係する荘園と考えられ、当荘が多武峯・一乗院との関わりを持つ根拠はあったと思われる。しかし、稲渕荘が一乗院領化した経緯や、塔堂・干川両名田地が良性所領（多武峯九品院領）となった事情については、これ以上の史料が残っておらず不明と言わざるを得ない。少なくともここでうかがえるのは、一乗院の所領である稲渕荘の中から、塔堂・干川両名の田地が何らかの理由で多武峯寺僧の手許に流れ、多武峯の一坊院である九品院の所領に組み込まれていたということである。こうした事態が当時大和国内で他にも見られたのかどうかを明らかにする用意は今の筆者にはなく、今後の研究に委ねる他はない。ただ、我々はこれまで、両寺の対立関係については嗷訴や武力衝突にどうしても目を向けがちであった。しかしその一方で、興福寺側の所領の一部が多武峯側の領有するところとなる事態が現実に存在したのであり、こうした当該期の複雑な土地領有関係が、両寺間の矛盾を増幅させる一つの原因となった可能性があることを指摘しておきたいと思う。

おわりに

本稿では『勘仲記』裏文書所収の多武峯九品院相論関係史料を分析し、相論の内容や発生の経緯を復元するとともに、鎌倉後期多武峯の衆徒組織や摂関家・興福寺との関係について若干の考察を行った。筆者自身、寺院史・宗教史については門外漢であるので、先行研究・史料の見落としや初歩的な誤り、あるいは充分考察しきれていない点なども多々あると思う。大方のご批判・ご教示を頂ければ幸いである。最後に、本論で詳しく論じ得なかった、公家政権と六波羅探題による検断システムの問題について簡単に述べておきたい。

鎌倉後期における犯罪被疑者の検断手続きを、【史料3】から復元すると次のようになる。まず、訴人（良算）が犯人の逮捕・処罰を求め、交名注文等を副えて公家政権に告訴する。関係文書は治天の君（亀山上皇）に奏聞され、訴えが認められれば六波羅探題に事件の処理（「可レ尋二究犯否一」）を命じる院宣が発給される。それを受け取った六波羅探題（北条義宗）は、交名注文に基づいて容疑者を召喚し、出頭した者（慶弁・英尊）を拘束して事件について取り調べ、「白状」等の報告書を奏聞する。院は受理した文書を明法家に下し、その罪名勘申に基づき、公家政権の名で罪刑（配流）を決定するのである。

この方式は、寺社紛争における張本の処罰でも採用されていた。弘安二年（一二七九）に起こった石清水八幡宮の嗷訴では、張本の日吉社末寺赤山神人蓮法法師を逮捕するよう命じる亀山の院宣が六波羅探題に下されており、天台座主よりその身柄を受け取った六波羅探題は、事情聴取を進めてその内容を奏聞している。そして、院評定で蓮法の流罪が決まると、六波羅探題はその決定に基づき蓮法を薩摩国に配流している[27]。治天の君が六波羅探題に検断を命じる院宣（綸旨）を発給し、六波羅探題が取り調べの結果を奏聞するルートが形成されていること、公家政権が被疑者の捜索・逮捕を命じ罪科を決定し、六波羅探題が検断指令や処罰を執行するという役割分担がなされていることが分かる。また時期はやや下るが、六波羅探題に召し捕られた伊賀国黒田荘悪党覚舜・清高らの罪名について、「武家状并使者申詞等　奏聞之処、件輩可レ処二流刑一之旨、可下令レ仰二遣武家一給上」と関東申次西園寺公宗に命じる後醍醐天皇の綸旨が発せられており、悪党検断の場合でも同様の手続きがとられていたことがうかがえる[28]。このように、公家政権と六波羅探題が密接にリンクする検断の手続きが、少なくとも建治年間には整備されていたのである。

注

（1）網野善彦「多武峯の墓守」（同『日本中世の百姓と職能民』平凡社、一九九八年、初出一九八八年）、泉谷康夫「鎌倉時代の大和国――興福寺と多武峯を中心に――」（『高円史学』九、一九九三年）、黒田智「大織冠像の破裂と肖像――中世における肖像と『名付け』――」（『年報中世史研究』二三、一九九八年）など。多武峯の歴史全般に関しては、桜井町史編纂委員会『桜井町史　続』（桜井市、一九五七年）、奈良国立博物館編『大和の神々と美術　談山神社の名宝』（奈良国立博物館、二〇〇四年）を参照した。

（2）森茂暁「中状の世界――『兼仲卿記』紙背に見る訴訟――」（同『鎌倉時代の朝幕関係』思文閣出版、一九九一年、初出一九八九年）、同「藤原兼仲の職務と紙背文書」（同書）。

（3）網野も注(1)前掲論文で、『勘仲記』裏文書を多く用いながら、鎌倉後期における多武峯墓守の活動の実相について明らかにしている。

（4）【史料2】(d)について、『鎌』ではもう一紙と接続する形で翻刻されている。だが、二紙目とされた文書（正応元年七月巻）は、

　　□宮禰宜競望之篇者、追可レ被二糺明一者哉、仍粗重言上如レ件」弘安九年十月　日

と読むことができ、「宮禰宜」の語は多武峯構成員の職名としてふさわしくないと思われる。従って、この文書は本相論とは無関係と考えられるので（文書名も「某重申状」とすべきである）、本稿では考察の対象外とした。また(a)・(c)は、『鎌』では一続きの文書とされているが、本稿では別個のものとして扱った。

（5）(E)は「良忠訴状」を取り次いだ挙状であるので【史料1】に含めたが、裁判のどの段階で作成されたのかは判然としない。また、作成者の延陳の素性も不明である。

（6）永仁二年（一二九四）正月四日、前年暮に権中納言に補任された勘解由小路兼仲は、着陣の儀を前に、自邸で日時勘文の入った筥を「家司前山城守信俊宿禰」から受け取っている（『勘仲記』同日条）。この人物は、弘安七年（一二八四）一二月六日に、近衛府生秦弘文を人長職に補任する「蔵人少輔殿」兼仲の奉書を作成した「前山城守信俊」、および正応二年（一二八九）正月二三日に行われた兼仲子息の蔵人秀才光資の献策に出仕した「前山城守信俊」と同

一人物であろう（『勘仲記』各日条）。前山城守信俊は勘解由小路家に家司として仕える人物であり、【史料1】(C)の宛所の「山城前司殿」も彼を指すと推測される。そうであるならば、(C)は良忠が「山城前司」信俊を介して、奉行兼仲に自らの主張を伝達しようとした書状と考えられよう。なお『勘仲記』裏文書には、(C)と同様に「山城前司殿」を宛所とする文書が計三点ある（〈弘安四年ヵ〉八月二九日興福寺三綱等書状〈弘安五年冬巻、『鎌』一九―一四四三七〉、〈年欠〉五月晦日豪隆書状〈弘安七年四月・閏四月巻、『鎌』二〇―一五一三〇〉、〈正応六年ヵ〉二月二三日内膳奉膳秋信挙状〈永仁二年正月巻、『鎌』二三―一八一一六〉）。

（7）このことから、【史料2】(e)傍線⑥「栄範改名之由」は、【史料1】(B)の欠失部に含まれた内容と考えることができる。

（8）ただし、(c)と(e)、(b)と(d)はいずれも文章がつながっておらず、元はそれぞれの間に最低一紙が貼り継がれていたと推測される。

（9）紙幅の都合により本文は割愛するが、『勘仲記』弘安七年九月巻裏文書所収の、ⅰ（年未詳）一二月二日関白家御教書案（『鎌』二〇―一五二九五）、ⅱ（年月日欠）某書状案（『鎌』一九―一四四八〇）、ⅲ（年月日欠）贓物注文案（『鎌』一九―一四四七九）、ⅳ（年欠）七月九日六波羅御教書案（『鎌』一九―一四四七七）、ⅴ（年月日欠）多武峯九品院強盗殺害放火以下狼藉人交名注進状案（『鎌』一九―一四四七八）は、いずれも【史料3】と筆跡が酷似している上、ⅰとⅱおよびⅳとⅴはそれぞれ同一の紙に書かれている。また【史料3】に記載された副進文書のうち、「悪党人交名」はⅴ、「贓物注文」はⅲにそれぞれ該当すると考えられる。以上から、ⅰ〜ⅴは【史料3】の副進文書である可能性が極めて高い。なお、ⅳの署判は「左近将監平義宗在御裏判」と校訂できるので、差出人は文永八年（一二七一）一二月から建治二年（一二七六）一二月まで六波羅探題北方であった北条義宗であることが分かる。

（10）正安四年一〇月一五日良算水田処分状（大宮文書、『鎌』二八―二一二六三）。

（11）注（9）前掲贓物注文案には、輿二丁、鉢大少三百余、幕四帖、釜七、鍋二〇、甕三百余、黒馬一疋、米五千余石、銭三千余貫などの記載があり、九品院が相当の資財を保有する住坊であったことがうかがえる。

（12）【史料3】によれば、張本逮捕を命じる院宣が下されたのは建治二年（一二七六）五月前後であるから、院宣の発給主体は亀山上皇、六波羅探題は北条義宗が該当する。

（13）建長四年四月一五日僧専玄田地売券（雨森善四郎氏文書、『鎌』一〇―七四三五）。

（14）良忠が寺内に帰住したのは、本相論が起きた弘安九年（一二八六）より「十余年」（【史料2】(c)傍線④）前だから、逆算すると大体文永末年～建治初年頃になる。

(15) 栄範が九品院に移住したのは、弘安九年より「四・五年之程」（【史料1】(A)傍線④）以前であるから、逆算して弘安四・五年頃ということになる。

(16)『多武峯略記』（『群書類従』二四）。

(17) 注(1)前掲『桜井町史　続』（秋永政孝執筆部分）。

(18) 久野修義「中世寺院の僧侶集団」（同『日本中世の寺院と社会』塙書房、一九九九年、初出一九八八年）。

(19) 下坂守「中世寺院における大衆と『惣寺』――『院々谷々』の『衆議』の実態――」（同『中世寺院社会の研究』思文閣出版、二〇〇一年、初出二〇〇〇年）。

(20) 弘安二年八月二〇日多武峯寺申状（『勘仲記』弘安六年春巻裏文書、『鎌』一八―一三六七三）に「宿老等重申状」とあり、（弘安二年ヵ）一二月八日多武峯執行上座性継請文（同弘安七年一二月巻、『鎌』一八―一三七九三）に「満□《寺カ》老少之衆会」とあるから、多武峯の衆徒にも宿老・若輩という年臈に基づくグループが存在したと推測される。

(21) 注(19)下坂前掲論文。

(22) 良算・良忠側は、良性殺害に際して「悪党」らが九品院に押し入り資財を盗んだと主張するが、これも惣寺の「衆勘」決定を経て行われた検断行為であった可能性がある。

(23) 国立公文書館内閣文庫所蔵写本。外題は「多武峯大札禁制条々之事　全」となっているが、内容は①正中二年二月日付「多武峯大札禁制条々之事」（本史料）、②建武五年後七月付「重記録」、③永正四年正月日付「重記録」、④大永三年一二月二五日付置文の計四点の史料で構成されている。また、見返しに「日本政府図書」・「修史局図書印」と刻された朱蔵印がある。奥書によると、原本は多武峯の元住僧の家に伝わったもので、明治九年（一八七六）に小河一敏という人物がこれを謄写したという。①は注(1)前掲『桜井町史　続』および泉谷論文に翻刻されているが、文字に異同があるため、改めて写本を調査し校訂した。近代の写本であるので信頼性に若干不安は残るが、内容的には多くの興味深い点が含まれている。

(24) 鎌倉期において衆徒の申状は、検校と上座・寺主・都維那の三綱が署名する文書と共に上部権力に上申されており（例えば、嘉禄三年八月八日多武峯寺言上状〈春日神社文書、『鎌』六―三六四六〉、弘安二年六月一六日多武峯寺申状〈『勘仲記』弘安六年冬巻裏文書、『鎌』一八―一三六一三〉）、延暦寺の「寺家」に相当する、文書の取り次ぎなどの職務を担う寺務運営機構が多武峯にも存在したことが分かる。なお「多武峯大札禁制条々之事」には、これが「三輩一同之群議」により作成されたと記されており、前任・現任の検校や三綱・十禅師その他の寺僧が署判を加えている。注(1)前掲『桜井町史　続』は、この「三輩之衆議」が政所・三綱を含め一﨟・二﨟・三﨟を代表とする僧徒による集会であり、多武峯一山の意志決定機関であったとする。

(25)　注(16)前掲『多武峯略記』。

(26)　『簡要類聚鈔　第二』(『京都大学国史研究室所蔵　一乗院文書(抄)』)。この史料については、大山喬平「近衛家と南都一乗院――『簡要類聚鈔』考――」(同『ゆるやかなカースト社会・中世日本』校倉書房、二〇〇三年、初出一九八五年)を参照。また(文治二年ヵ)五月一日一乗院信円証判藤氏長者宣案(『春日大社文書　一』二二〇号)にも「隆継法橋中南淵寺国栖庄事」とある。なお『簡要類聚鈔』に、鎌倉期一乗院家の中核所領である「十二ケ所御領」の一つとして「南淵」が見えるが、この南淵荘は本相論の稲(南)渕荘とは別の荘園であろう。

(27)　『吉続記』弘安二年五月七・二二日条、『花園天皇日記』正和三年閏三月四日条。なお、鎌倉時代の寺社紛争の処理をめぐる六波羅探題の機能・役割については、拙稿「鎌倉時代の寺社紛争と六波羅探題」(『史学雑誌』一一七―七、二〇〇八年)を参照。

(28)　(嘉暦三年ヵ)一〇月一四日後醍醐天皇綸旨案(東大寺文書一―一―一三四、『鎌』三九―三〇四二〇)。なお、当該期の悪党検断の方式とその実態については、近藤成一「悪党召し捕りの構造」(永原慶二編『中世の発見』吉川弘文館、一九九三年)、拙稿「鎌倉後期の勅命施行と六波羅探題」(『ヒストリア』一六七、一九九九年)を参照。

［付記］　本稿でとりあげた『勘仲記』裏文書の校訂と内容分析および相論過程の復元に当たっては、平雅行氏・正木有美氏のご教示を得たほか、関西・名古屋・東京の若手研究者で構成する「勘仲記裏文書の会」での成果にも依拠している。また原本調査の際には、国立歴史民俗博物館の高橋一樹氏より種々のご高配を賜った。心より感謝を申し上げる。
なお本稿は、平成一六～一八年度科学研究費補助金(特別研究員奨励費)による研究成果の一部である。

あとがき

何事によらず消極的な私が、自ら発議して研究会を作るなど、画期的なことである。しかもメンバーの多くは、それまでにお会いしたこともなく、年齢も隔たった若い人々なのである。鎌倉時代の研究について、柄に無く関西の状況を深く憂えたということなのだろうか。

一九五三年、京都大学を卒業、研究者としてスタートし、鎌倉時代の政治・法制史の研究を志した私にとって、周囲の状況は悲観的であった。京都では、この分野の研究者は皆無といってよかった。私が指導と刺激を受けたのは佐藤進一・安田元久両氏をはじめとして、質量ともに層の厚い東京の研究者たちからであった。手近には東京から奈良文化財研究所に移られた田中稔氏がおられ、私には最良の友人であった。

それから半世紀以上たち、私の研究対象も著しく拡散してしまったが、関西での鎌倉時代研究者の不足は変わらないように思う。鎌倉時代史よりも後発であった平安時代史は、研究対象が社会経済史から政治史に及び、多士済々の現状であるが、鎌倉時代史はあいかわらず寂寥を極めている。鎌倉大仏の話など、関東では聞き耳を立ててくれる人が多いが、京都では話題にさえならない。少し思い入れが強すぎるかもしれないが、そう考えたのである。

しかし期待されるような材料も出始めていた。木村英一・熊谷隆之・宮本晋平らの諸氏によって、鎌倉時代に関する斬新な研究が生まれつつあり、これをより発展させることができないだろうかと考えた。若い人たちとの接触によって自分にも新しい刺激が得られたらとも思った。それで若干の人々には、手紙で発会の趣旨を述べ、参加を呼びかけた。龍谷大学で指導していた諸君も数名加わった。京都大学で元木泰雄氏の指導を受けていた人々の一部も参加した。それ以外にも参加を希望してきた人々もいて、結局十余名のメンバーが集まった。研究会のレベルを維持するため、大学院生以上を参加資格とした。

第一回例会を二〇〇五年四月四日に開催した。私が「寿永二年十月宣旨について」と題する報告を行い（拙稿「公武関係と源義経」参照、大三輪・関・福田編『義経とその時代』所収）、会の趣旨を説明、今後の運営について協議した。会の名称は鎌倉時代研究会とした。

じつは「鎌倉時代」という時代称呼にはいささか問題を感じている。それは政権の所在地による時代区分の一つだが、政権が鎌倉にあったかどうかは疑問である。私は鎌倉時代とは「鎌倉幕府が存在した時代」とのみ規定している。しかし本書所収の論文の中にも「鎌倉時代」という称呼を用いた人がいて、あまり気にしないのが普通なのかもしれない。

発足以来本年七月に至るまで、通算三六回、毎年八月を夏休に充てるほかでは、やむを得ない事情で中止した二〇〇七年四月を除いては、休むことなく例会を続けてきた。専ら鎌倉時代を対象とし、これだけのスペシャリストが一堂に会する研究会は珍しいと聞いている。それだけに緻密な議論が可能であったし、一定の成果はあったものと考える。

私の指導など必要としない会員が大半であるし、私もこれまでのように師弟関係という制約の中で発言させられるのには、ウンザリしていたから、報告に対しては批判とか疑問の提示とかに終始し、指導するようなことは極力避けた。

正確なメモがないが、論文集の刊行を発議したのは、会の発足後一年余りを経たころであったと思う。これも従来の私の方針とは違っている。研究会の成果は、各自が自分の研究に役立てればよいのであって、会の名において論文集や索引の類を刊行する必要はないと私は考えてきた。しかし会の結束と緊張を維持するには、論文集刊行の計画が有効であったのは確かである。こうして本年三月末には、完全原稿を思文閣出版にわたす事が出来た。若干の事務連絡を、他のメンバーにお願いしたほかは、編集は思文閣側との協議によって、すべて私自身が行なった。編者としての責任から、若干の初心の人々の原稿については、注文を加えた。

論文の内容についても紹介すべきかもしれない。しかし、それぞれの論文には執筆者本人による要旨がつけられており、今さら私が書き加える必要はない。じつは本稿を執筆する参考にと思って「要旨」を書いてもらったのだが、提出された要旨を拝見して、そのまま掲載したほうが面白いと考えたのであり、おかげで編者は随分楽をすることが出来た。

集まった原稿を見て、内容にふさわしい書名として『鎌倉時代の権力と制度』と決定し、いささか権門体制論めくが、「公家政権」・「鎌倉幕府」・「宗教と寺社」の三篇に分った。鎌倉時代の諸分野にまたがり、バランスが取れているようだが、論文が公家政権に密で、鎌倉幕府にやや疎であるように思える。「鎌倉時代を理解するには、幕府とともに公家政権のことも知らねばならない」などとかつて私は力説したそうだが（美川圭氏『院政の研究』）、まったく今昔の感がある。鎌倉幕府史にかえて鎌倉時代史、一権門に過ぎない幕府の歴史ではなく、公家・武家政権を総合した、鎌倉時代の日本史の必要性を強調してきた私としては、公家政権研究の隆盛は喜ばしいが、そうばかりはいっておれない気もする。自分のことを棚に上げていえば、本書では幕府を扱った論文が少なく、その上、関係論文は、いずれも労作ではあるものの、視角はやや特殊である。私の当面のひそかな希望は、鎌倉幕府研究をより盛んにすることにあったような気もするが、関西の学界の体質を改善（？）することなど容易ではないのである。今度は「公家政権とともに幕府のことも知らねばならない」と説くべきなのだろうか。

しかし鎌倉幕府史の研究の不振は、関西特有の現象だろうかとも思う。鎌倉中期までは『吾妻鏡』という極めてすぐれた編纂史書が存在し、それを素材とする研究の蓄積は大きい。その反面、第一次史料である文書・記録が貧弱である。しかも『吾妻鏡』の後の時期になると、全体を通観する歴史叙述は存在せず、文書・記録の貧弱はあいかわらずである。このような状況が、鎌倉幕府研究を困難にしているように思われるが、幕府研究の重要性はやはり否定することが出来ない。似たような事情の奈良時代の研究はどうなっているのだろうか。

執筆者たちは実に模範的であり、枚数も、締め切り日もほぼ忠実に守られた。他人の原稿も見ていたからという言い訳はあるが、私は原稿の提出が最後になってしまった。それでも四日遅れただけである。なお通常は世話の焼ける人が必ず混じっていて、そのおかげで、わたしはブービー賞となっている。

発会以来、三名の方が中途退会された。いずれも日本史の研究から外れられたと聞く。新天地での御活躍を願う外ないが、研究目標を明確に立て、すでに論文まで書かれた前途有為の人々に、研究の道を歩み続けさせることのできない、この国の、寒心すべき現状を慨嘆せざるを得ない。

会の運営はオープンにしているものの、私は現在この会のオーナー社長である。後進に道を譲り、代表権の無い会長、または顧問、さらには一会員に身を引きたいと考えているが、メンバーの置かれている現状を見ると、それを提案しがたい。しかし、今回のような論集の刊行でもしない限り、私は会に出席し、適当に発言しておればよいのであって、別段大変なことは何もしていない。ただ休みたいときは休めるようにしてほしいとも思うが、発会の際のメモには「上横手は毎回出席すること」と書いてあった。後期高齢者の老軀に鞭打って、なお暫く現状を続けることにしよう。

最後になったが、思文閣出版には本書の刊行をご快諾いただき、とくに実務については、同社編集部林秀樹、田中峰人氏に一方ならぬお世話になった。心からお礼を申し上げる。

また研究会の運営については吉田賢司・坂口太郎氏、吉田氏が京都を去られて後は、坂口・長村祥知の両氏のご尽力に負うところが多い。深く謝意を表したい。

二〇〇八年七月

上横手雅敬

鎌倉時代研究会　例会記録

〔二〇〇五年〕

第一回　四月四日　京大会館

寿永二年十月宣旨について　上横手雅敬

第二回　五月一六日　京大会館

一条能保と鎌倉初期公武関係　佐伯　智広

第三回　六月六日　京大会館

御教書・奉書・書下――鎌倉幕府における様式・機能・呼称――　熊谷　隆之

第四回　七月二五日　京大会館

知行国主・国守発給文書にみる知行国制の完成　宮本　晋平

第五回　九月二六日　京都大学百周年時計台記念館

中世東大寺における宗教体制　大根田康介

第六回　一〇月二四日　京都大学百周年時計台記念館

鎌倉後期の公家政権と漢学興行――大覚寺統を中心として――　坂口　太郎

第七回　一一月二八日　京都大学百周年時計台記念館

川合康氏の荘郷地頭制論をめぐって

――川合康『鎌倉幕府成立史の研究』（校倉書房、二〇〇四年）より――
第八回　一二月一九日　京都大学百周年時計台記念館　木村　英一
後白河院政期の検非違使庁　横澤　大典
〔二〇〇六年〕
第九回　一月二三日　京都大学百周年時計台記念館
「鎌倉殿御使」覚書　吉田　賢司
第一〇回　二月六日　京都大学百周年時計台記念館
鎌倉前期の在京武士　長村　祥知
第一一回　三月二〇日　京都大学大学院人間・環境学研究科
後醍醐天皇寺社重宝蒐集考　坂口　太郎
第一二回　四月一七日　京都大学百周年時計台記念館
中世禅宗と密教・神道説の交渉――渡唐天神説話の源流を考える――　芳澤　元
第一三回　五月一五日　京都大学大学院人間・環境学研究科
武人政権における文人登用――日本・高麗比較史研究の一視角――　滑川　敦子
第一四回　六月一九日　京都大学総合人間学部
鎌倉初期の伊勢参詣　上横手雅敬
第一五回　七月三日　京都大学総合人間学部
一三世紀後半の替銭について　伊藤　啓介
第一六回　九月二五日　京都大学総合人間学部

高倉皇統における家産の伝領　佐伯　智広
第一七回　一〇月三〇日　京都大学総合人間学部
「悪党論」のための予備的考察　熊谷　隆之
第一八回　一一月四日　京都大学総合人間学部
「家産としての知行国」考　宮本　晋平
第一九回　一二月一八日　京都大学総合人間学部
鎌倉後期の多武峯九品院相論について　木村　英一
〔二〇〇七年〕
第二〇回　一月二二日　京都大学総合人間学部
承久の乱における軍事動員　長村　祥知
第二一回　二月五日　京都大学総合人間学部
御家人制のゆくえ　吉田　賢司
第二二回　三月五日　京都大学総合人間学部
東京大学史料編纂所所蔵『五大虚空蔵法記』について――後醍醐天皇と後宇多院法流――　坂口　太郎
第二三回　五月二一日　京都大学百周年時計台記念館
鎌倉後期における禅宗寺院の展開――禅律僧の特質との関わりを中心に――　芳澤　元
第二四回　六月二五日　京都大学総合人間学部
鎌倉幕府上洛小考　滑川　敦子

第二五回　七月二三日　京都大学総合人間学部
渡来銭受容と、一二世紀末の朝廷の貨幣政策について　伊藤　啓介
第二六回　九月三日　京都大学総合人間学部
「近衛家所領目録」再考――鎌倉時代の近衛家領と鷹司家――　樋口健太郎
第二七回　一〇月二二日　京都大学総合人間学部
源頼朝と延暦寺　上横手雅敬
第二八回　一一月五日　京都大学総合人間学部
家格の成立と院政期貴族社会　佐伯　智広
第二九回　一二月三日　京都大学総合人間学部
建治の守護西下と被官の動向――北条氏時房流と内田氏の事例から――　熊谷　隆之

〔二〇〇八年〕

第三〇回　一月二八日　京都大学総合人間学部
鎌倉後期の禅宗の展開と文芸――禅林文芸の発展と文化交流の一側面――　芳澤　元
第三一回　二月二五日　京大会館
伏見親政と北条貞時政権　木村　英一
第三二回　三月三一日　京都大学総合人間学部
徳治三年の後宇多院と真言談義　坂口　太郎
第三三回　四月二八日　京大会館
平安後期・鎌倉初期の左右馬寮と院御厩　長村　祥知

第三四回　五月一九日　京都大学総合人間学部
借上について　伊藤　啓介
第三五回　六月二三日　京都大学総合人間学部
実朝将軍期に関する一試論　滑川　敦子
第三六回　七月一六日　京都大学総合人間学部
「建永の法難」について　上横手雅敬

熊谷隆之（くまがい　たかゆき）

1973年生．京都大学大学院文学研究科博士後期課程修了．京都大学博士（文学）．京都橘大学等非常勤講師．

「木津荘の開発と村落」（水野章二編『中世村落の景観と環境――山門領近江国木津荘――』思文閣出版，2004年）「摂津国長洲荘悪党と公武寺社」（勝山清次編『南都寺院文書の世界』思文閣出版，2007年）「嘉禎の南都蜂起と鎌倉幕府――「大和国守護職」考――」（大和を歩く会編『シリーズ歩く大和Ⅰ　古代中世史の探究』法藏館，2007年）．

滑川敦子（なめかわ　あつこ）

1979年生．立命館大学大学院文学研究科史学専攻日本史専修博士後期課程単位取得退学．

「12～13世紀における日本・高麗の武人政権」（韓国東西大学校主幹日韓次世代FORUM編『次世代人文社会研究』3号，2007年）．

吉田賢司（よしだ　けんじ）

1974年生．龍谷大学大学院文学研究科博士課程単位取得満期退学．博士（文学）．帝京大学文学部講師．

「室町幕府の国人所領安堵」（『日本史研究』507号，2004年）「室町幕府の軍事親裁制度――義政期を中心に――」（『史学雑誌』115編4号，2006年）「室町幕府による都鄙の権力編成」（中世後期研究会編『室町・戦国期研究を読みなおす』思文閣出版，2007年）．

上横手雅敬　→　別掲

芳澤　元（よしざわ　はじめ）

1982年生．大阪大学大学院博士課程2年（文学研究科文化形態論専攻）．

「花園天皇関係史料・研究文献目録稿」（共編，『花園大学国際禅学研究所紀要』2号，2007年）「室町期禅林における飲酒とその背景」（『龍谷史壇』127号，2007年）．

坂口太郎（さかぐち　たろう）

1982年生．京都大学大学院人間・環境学研究科博士後期課程．

「花園天皇関係史料・研究文献目録稿」（共編，『花園大学国際禅学研究所論叢』2号，2007年）「太平記考証ノート(一)――聖護院庁ノ法眼玄基・万里小路宣房五部大乗経供養小考――」（『寺社と民衆』4号，2008年）．

木村英一（きむら　えいいち）

1973年生．大阪大学大学院文学研究科史学専攻博士後期課程修了．博士（文学）．大阪大学大学院文学研究科招へい研究員．

「鎌倉後期の勅命施行と六波羅探題」（『ヒストリア』167号，1999年）「六波羅探題の成立と公家政権――『洛中警固』を通して――」（『ヒストリア』178号，2002年）「鎌倉時代の寺社紛争と六波羅探題」（『史学雑誌』117編7号，2008年）．

執筆者紹介（収録順）

上横手雅敬（うわよこて　まさたか）

1931年生．京都大学文学部史学科卒．京都大学名誉教授，文学博士．

『日本中世政治史研究』（塙書房，1970年）『鎌倉時代政治史研究』（吉川弘文館，1991年）『日本中世国家史論考』（塙書房，1994年）『平家物語の虚構と真実』（塙書房，1985年）『源平の盛衰』（講談社学術文庫，1997年）『源義経』（平凡社ライブラリー，2004年）．

佐伯智広（さえき　ともひろ）

1977年生．京都大学大学院人間・環境学研究科博士後期課程指導認定退学．神戸夙川学院大学非常勤講師．

「徳大寺家の荘園集積」（『史林』86巻1号，2003年）「二条親政の成立」（『日本史研究』505号，2004年）「高倉皇統の所領伝領」（『日本史研究』549号，2008年）．

樋口健太郎（ひぐち　けんたろう）

1974年生．神戸大学大学院文化学研究科修了，博士（文学），神戸大学非常勤講師．

「院政期摂関家における大殿について」（『日本史研究』484号，2002年）「平安末期における摂関家の「家」と平氏——白川殿盛子による「家」の伝領をめぐって——」（『ヒストリア』189号，2004年）「摂関家政所執事の成立と展開」（『史学雑誌』116編2号，2007年）．

長村祥知（ながむら　よしとも）

1982年生．京都大学大学院人間・環境学研究科博士後期課程，日本学術振興会特別研究員DC．

「『六代勝事記』の歴史思想——承久の乱と帝徳批判——」（『年報中世史研究』31号，2006年）．

伊藤啓介（いとう　けいすけ）

1970年生．京都大学大学院文学研究科博士課程研究指導認定退学．京都大学大学院文学研究科聴講生・大阪経済法科大学アジア研究所客員研究員．

「割符のしくみと為替・流通・金融」（『史林』89巻3号，2006年）．

宮本晋平（みやもと　しんぺい）

1976年生．京都大学大学院文学研究科博士後期課程研究指導認定退学．京都造形芸術大学非常勤講師．

「鎌倉期公家知行国の国務運営」（『史林』87巻5号，2004年）「木津荘の宗教景観」（『中世村落の景観と環境——山門領近江国木津荘——』思文閣出版，2004年）「袖判と奥署判を持つ国司庁宣について」（『富山史壇』156号，2008年）．

鎌倉《かまくら》時代《じだい》の権力《けんりょく》と制度《せいど》

2008（平成20）年9月10日発行

定価：本体6,500円（税別）

編　者　上横手雅敬

発行者　田中周二

発行所　株式会社　思文閣出版

〒606-8203 京都市左京区田中関田町2-7

電話 075-751-1781（代表）

印　刷
製　本　亜細亜印刷株式会社

© Printed in Japan　　ISBN978-4-7842-1432-7　C3021